U0588019

山右叢書·三編

六

山右歷史文化研究院　編

上海古籍出版社

目　録

龍塢集

〔明〕王時濟　撰

張梅秀　點校

龍塢集・詩集

龍塢集·文集

龍塢集卷之三……三二二

龍塢集卷之四……三三七

龍塢集卷之二十三

龍塢集

〔明〕王時濟　撰

張梅秀　點校

點校説明

《龍塢集》八十四卷，明王時濟撰。

王時濟（1532—1594），字道甫，號龍塢，明山西稷山县塢堆村人。萬曆十一年（1583）進士，初任工部都水清吏司办事進士，後官户部郎中，萬曆十九年出任河南衛輝知府。著有《龍塢集》。

《龍塢集》全書前後分兩部分。詩集五十五卷，卷一、二爲賦，卷三至二十二爲雜騷、樂府、古詩、集句等，卷二十三至五十二爲律詩和絶句；卷五十三爲銘，卷五十四爲讚，卷五十五爲箴。文集二十九卷，卷一至七爲序，卷八至十一爲志銘，卷十二、十三爲墓碣、墓表，卷十四爲傳，卷十五爲狀，卷十六至十八爲記，卷十九爲雜議，卷二十爲奏疏，卷二十一至二十五爲祭文，卷二十六、二十七爲啓，卷二十八爲疏語，卷二十九爲引。全書分訂爲十二册，以十二地支順序編次。

王時濟屬大器晚成者，五十一歲才中進士，在官僅僅十年而卒。清乾隆《稷山縣志》説他“督餉西秦，士伍頌德，榷税清源，額外多解銀四千有奇”，《衛輝府志》稱其“政崇簡要，不事嚴，雍容坐理，多所規正”，他自己也説“余以黔淺守司農，日祇慄焦勞，圖所爲副上意者，誠難其慮”。仕途短暫，所以文中所收奏疏、雜議只寥寥數篇。雖然仕途不順，但王時濟極富文才，早年即以詩文名。王震亨稱“河東鄉先生非常倜儻者比肩相接，然理學則首文清，文學則推先祖”，當時當地人多以序、銘委之，故文集中序、銘占較大比重。

《龍塢集》現存明、清兩個版本。明刻本有殘本存世，國家圖書館所藏存前一部分十七、二十二至二十六卷，後一部分二十至二十九卷，共計十六卷；清華大學圖書館藏藍印本，前一部分五十五卷全，無後一部分。

清刻本爲順治年間王時濟從曾孫王震亨一樂堂重鎸。王震亨字乾山，清順治十二年（1655）進士，官江南宜興知縣。據牌記"荆溪馬服之梓"，荆溪爲江蘇宜興所轄縣舊名，書當爲王震亨官宜興時所刻。書前有三序，分别爲史夏隆、鄒登嵋、杜華先所撰，均手書上板。史夏隆序作于順治十八年，鄒登嵋序作于順治十七年，由此推測書應刻于這兩年。山西大學圖書館藏此本，竹紙刷印，老裝未襯，保存基本完好，應該是最全之版本。

順治本《龍塢集》存世亦無多，北京德寶2013年拍殘品詩集目録頁後有清王藻墀跋文一則，云："道甫先生集頗難求，多年遍訪京肆不得。今遇林翁象主人持之阽贈，雖爲殘帙，亦當謹之惜存。己丑十月初五日夕王藻墀記。"王藻墀，字邁庵，號振之，吴江人，官知縣，工詩文，善畫墨蘭，書法神似董文敏，大致活動時間在清光緒間，可知是書在清末就已經非常難見。

此次點校即以清刻本爲底本，稱"順治本"，以國家圖書館藏明刻本爲參校本，稱"明殘本"。

《龍塢集》序

丈夫介然崎嶇宇宙間，其揚身以德，應世以功，言其可已而不能已之者也。昔人以德歸最上，而立言終次之，非薄乎其言也。抑修諸身者可必而待諸世者難期，斯不得已而有言。不得已而有言，則嘉言孔彰，仁人利溥，究之德厚流光而功亦不必自己出也，乃其言亦亘今古而特存。明興，制科取士，似與癸未爲終始，三百年間凡四舉賓興，而三改其期。其道隆時泰，實惟神廟之科，亦得人稱盛，説者方唐之貞元、宋之熙寧也。先太保幸攀附後，先罔敢自談，立朝諤諤，講學孜孜，乃今屈指東南理學宗者，亦竟光炳史册。若西河之教澤甚宏，粤推文中子，薪傳相續。而河東文學卜世再興，道甫先生復追盛一家焉。先太僕早達，而道甫晚成，先太僕杜門詮理，而道甫公謝政著文，其應世同物，身正無异也。由是縟爲鴻詞，發爲奇句，贈人有言，載述有筆，以迄人倫哀樂之章，居室精微之訓，悉本諸身之所有者而爲言，是故其德之淵厚而廣大也，則爲博核詳辨之篇。德之中正而和平也，則爲愷悌慈祥之論。德之肅且哲也，其言明以斷。德之貞且固也，其言廉以潔。德之周摯磅礴肆應乎無窮也，其言有倫有要，有典有則，通物類情無所之以而不當，德之所備言亦備焉，言之所至功亦至焉。古哲賢有立言數百年之前，而符揆數百年之後如左券者，况其爲一家傳衍，中振開皇之緒，而丕昌來奕者哉？宜乎省齋王侯。甫下車而手《龍塢》一編相示也。侯高第偉袍，首試宰丘，循時格也。余嘗言凡宰天下者必先宰一邑，斯宰天下無難矣。彼六卿俱有分職，而獨于論相無專司，冬刑錢穀各有專署，而獨于爲宰無分任。故宰一官而衆孅歸焉。今見侯之理繁馭劇，巨細必親者，不勝其爲博核詳辨也。求民瘼燭民隱，善則先之，苦則恤之，不勝其爲愷悌慈祥也。訟無盡辭，玄惡餙力，有若是之明斷者乎？介然不苟，茹蘗飲冰，有若是之廉潔者乎？俗玩而振之以勤，下頑而礪之以敏，民瘦而理之以密，時絀而行之以簡，有若是之通物類情而措之咸當者乎？侯行其政而道甫公已先見之言，安在功之自己出而亦不自己出哉？余心槁形廢，岌岌微若之隕越，而先德之曠邈也，侯來而命以追述往哲，所稱久而弥著，相得益彰者歟？不寧惟是將取制科得人之盛，端藉侯一身俊偉而光大之，余敢贅一言以附德功于不朽云？

順治辛丑菊旦荆溪後學年家子史夏隆樸題

序

天生哲人，口代天言。昔解梁關子明負經濟大器，妙極占算，揲蓍求卦，遇夬之革曰：歲在丙午達者當生。洙泗之教修矣。殷後不王而仲尼生周，周後不王則斯人生晋。夫生于周者，周公之餘烈也。生于晋者，陶唐之遺風也。開皇四年王銅川夫人經山梁履巨石而有娠，既而生文中子，適與卦象相契。二載知書，厥聲載路，年十五爲人師。嘗稽古于四方，不解衣者六歲。仁壽三年，文中子冠矣，慨然有濟蒼生之志。西游長安，見隋文帝，奏《太平十二策》，公卿不悦，作《東征》之賦而歸。乃潛修九年，而六經大就，門人自遠而至。義也清而莊，靖也惠而斷，威也和而博，收也曠而肅，瓊也明而毅，淹也誠而厲。立齡志而齒徵也，直而逐大雅，深而弘叔，達簡而正。若夫備禮樂者其惟董常乎？餘往來受業者不可勝數。以是能作成將相，基唐之治，則三才九疇之所繫也。越三十五世而有道甫公，文中子之餘裔也。又五世而省齋公，與予爲執友，出《龍塢集》一編俯屬以序，且命之曰：河東鄉先生非常倜儻者比肩相接，然理學則首文清，文學則推先祖。予焚香而莊誦之，乃知道甫以文學度越，即以理學邁倫者也。觀其孔林有歌，顔巷有咏，嚴師有誡，人倫有箴，所謂上敘三綱，下達五常者非耶，豈徒音若壎篪，馳騁乎末流而已哉。抑余嘗驅車稷邑，素耳道甫公豊神澹静，故其立言有本，蓋道甫得之以爲學，省齋得之以爲政，無二致也。然則是集之其猶有陶唐氏之遺風也夫！

順治庚子孟冬汾亭鄒登嵋謹序

刻《龍塢集》序

余生髮未燥，業從鉛槧家耳龍塢君，則共推轂，謂博物君子云。既東髮，挾馬兔而北走，計燕、趙間莫不習龍塢君者，而余因以習龍塢君公車下也，顧耳之輒甚奇，龍塢君且必豪舉悲歌，公其偶以藝相君也者。然目之輒謬于耳，覿其貌孑孑然，聆其聲詹詹然，居常温温然，無町畦以相游于藩藩外，則若無以文爲者，而都人士莫不文龍塢君。文邪？其不文邪？惡乎文？惡乎不文？今試挈其篇什盱衡之，騷不屈乎？詩不唐乎？文不左丘乎？藉令得當數君子，援枹而鼓之，旌旗相望，寧渠溟涬左次邪？叔季貴耳而賤目，彼生見龍塢君容聲無以逾人，安肯弟之，而葆其覆瓿者，此與以耳食者何異？咄咄！獨知之契，千里比肩。使之文也，藏之名山，傳之其人，一當隻眼，旦暮遇之，此豈有不足君所者？計龍塢君必不以彼易此。因爲叙其大致如此。

東魯杜華先

龍塢集卷之一

賦　類[一]

北征賦

朝秣余馬于虒祈兮，越銅鞮以徂征。登烏嶺以偃蹇兮，瞬焉驅此析城。巇層障以崑嵬兮，巒合騤以前迎。大行巍而造天兮，恍馮虚以馭風。念九阪之互折兮，欹阽危而魂驚。陟巉岩而下睇兮，長河亘而東傾。降余涉彼泉源兮，慨山陽之有多賢。晋運遘而昏瞀兮，日餔糟以沉淪。瞻鹿臺以增悒兮，比干竟以剖刓。箕子佯而爲狂兮，怛宗祀或弗存。逾朝歌以遄邁兮，乃又歷兹蕩陰。望羑里吾愴恍兮，岳廟鬱而瀟森。聖有時而迍邅兮，忠或冤而莫信。循鄴都以周觀兮，漳流瀰而長逝。水井塌爲平垤兮，吾又安問乎銅爵？望鼓山以揚策兮，滏流沛焉以匝澧。瞰曠野之莽碭兮，風沙搏而四蔽。曰邯鄲多美姝兮，余實妒此尤物。企魯連之休烈兮，閲异世而弗闕。盧生奚以酣夢兮，俟吕翁而後覺。奄柏鄉以弭節兮，經新莽之廢隍。草木枯棼而留留兮，狐狸跳踼而夜鳴。趫飛虹之巨梁兮，躡仙翁之遺踪。軼趙疆而興喟兮，欽廉藺之緒風。途騣騣以修越兮，矚恢豁以紓情。欒武夙聞于晋乘兮，邈焉拜此頽壤。駟連翩而不可少稽兮，遠余次于沱陽。瀻洋射而苦疾兮，渦溢激而岳崩。壯漢臣之詭對兮，涑適合以濟兵。指博陵以前道兮，頓吾轡于中山。雄辟割據自一時兮，圮壘蕪焉而雜蒿蓁。沿易渚以翹顧兮，誦歌風而慘顔。懷于期之亮節兮，悲荆卿之弗旋。壯志塊獨弗酬兮，奄國削而身殘。事固謀之在人兮，成之亶乎其有天。踐燕昭之遺址兮，訊樂毅之所鄰。金臺仡而崔嵬兮，宗社胡亦弗振？慨終古其侘傺兮，膺怫懯之不可平。溯益津以柏渡兮，冷風射而眸酸。原坱圠其寥廓兮，眇皇皇吾以行。坌壒薄而冥冥兮，騎屢叱而不前。僕夫認以陳余兮，涿野于焉其已臻。悵蚩尤之效戾兮，致帝師而勒陳。代遝沓以届之兮，今幾蹀乎兵燔。晨飲馬于廣陽之潯兮，儵已至乎盧水之干。覲燕都其在望兮，五雲翳而繽紛。由張掖以肅進兮，赫虎視于三關。左匯海以通輸兮，右山陵以固樊。襟要約之險阻兮，控喉頷以并鞏。金庸嶄乎萬雉兮，玉堞蹠乎千巒。入通衢而環視兮，駭莫知所之焉。層閣嵸而嶨嶨兮，象豹威而伏跧。閶闔啓以澒洞兮，警蹕時乎其若聞。冠蓋競而雲合兮，車馬弈而雷奔。藉九達以列肆兮，廓三市以開廛。旃裘胡貉罄琦瑰以來享兮，雕題鏤體服氪費以獻珍。齊萬國之玉帛兮，雜文物之斑斑。光振曜而軋芴兮，乍眩志而移神。周廣覽而縝紛兮，奚名言之可殫？爰作頌曰：奠太一兮會斗宫，翳華蓋兮輔觜龍。混九有兮包八極，謁五岳兮朝六宗。狹漢唐之隘僻，并虞夏而獨隆。羅賢豪以爲衛，分貔虎以爲楯。修道德以植本，務仁義以誕聞。臣紛拱以向北，皇無爲以居中。保神聖之閎宇，侔悠久于乾坤。

北歸賦

幼余懷此修潔兮，躬蹈素而含純。旌性行以郎朗兮，雜墳典之彬彬。紹前烈之明淑兮，思羽儀而作賓。鄙楚狂以歌鳳兮，效宣尼之問津。御六藝之珍駕兮，希孟晋以追群。假妁言爲先容兮，達愚悰于守閽。奈天闕之九重兮，胡屢扣而不聞？淹都邑之未久兮，淪一紀以迄今。進既末之爲階兮，飛鳥依而誰憐？道修長而世促兮，俟河清乎未然。邈皇虞其既遠兮，曷寡遇而多艱？振華耀而罔睹兮，播蘭茝而不芬。增煩毒以瞀悶兮，私湛憂之莫捐。懷徐虚以延佇兮，中迷惑以眩昏。仍鬼物以諏之兮，鑽東龜而乞言。神冥默而難覆兮，奚朕兆之能研？變化紛而相詭兮，何獨離乎迍邅？要窮達之必濟兮，諗孰預其始終？意忉怛而憯惻兮，氣于邑而莫伸。嗟臨川以共釣兮，愧黨人之獨先。影煢煢以孑處兮，愁茕茕以銷魂。喟抑情而自解兮，儵熛灼而熟中。晝遲遲而不瞑兮，宵耿耿而未旦。明發起而不寐兮，誦歸與以致嘆。伊小人之懷土兮，企故鄉而戀戀。鍾楚奏以未忘兮，舄越吟而不變。惻井渫爲不食兮，焉匏瓜之徒困。撫長劍以慨愴兮，涕漣洏而交霰。攬余涕以彳亍兮，諒時命之所爲。聊豁胸以弛念兮，返初服其不違。維仲春之令月兮，選良辰以徂歸。俶余裝以啓行兮，于京邑而頓辭。僕夫慘而無色兮，余督之其何疑。超埃壒以遐舉兮，矯良駟之騑騑。路逶迤而修阻兮，窮日力以爲期。越山川以流邁兮，時弭節而自思。伊孔父之皇皇兮，周列國而遭饑。曰軻氏之不遇兮，果嬖人之能尼。賈貢憤以忌鵩兮，莊矯情而畏犧。欽老氏之懿訓兮，貴知我之云稀。繹上聖之必然兮，豈今古之异規？苟肝膽之可同兮，焉鬚髮之有差？謂德而必尊顯兮，謂材而必充位。殆魍魎之責景兮，曾未知其有待。順性命以作則兮，固窮約爲不貳。孰匪播之有獲兮，安無實而而〔二〕能賁。聿穹昊之炫赫兮，恒棐諶而相惠。苟精誠之能積兮，雖金石其可越。由力行以兢勉兮，敢傲世以肆志？臨焦原以齊踵兮，執琱虎以自試。保令德之正中兮，不吾以其何害。朝余發于星墟兮，暮余越乎冀方。度井陘以前路兮，轉山西之夕陽。縱余緤于浮化兮，亦奚畏乎羊腸。逾壽徐以環顧兮，喜并州之舊鄉。瞻霍岳以崟崟兮，夾汾水其湯湯。藐姑射而南下兮，接仁里以趨蹌。童稚交以迎予兮，妻奴顧而悦康。什轞鞅以舒坦兮，仍吾次其未荒。藉椒蘅以爲塗兮，葺芷若以爲房。製芙蓉以爲衣兮，裁薜荔以爲裳。懷耕而偶曾氏兮，鋤園而侣辟彊。將登高而采薇兮，或臨深而釣舫。追羲農之絶軌兮，躡儒墨之遐踪。諷雅頌之遺音兮，襲道德之餘芳。彈五弦之逸調兮，續千載之文章。玩陰陽之伸縮兮，樂日用以徉徉。始雖冒于九拆兮，今式誠乎垂堂。既冥心于物外兮，何寵辱之足驚？

亂曰：鴻濛均播四時宅兮，污隆顯晦更遷代兮。正身履道遘此踣兮，先民有作維我則兮。行止屈信與時消息兮，將翺將翔無入不得兮。

砧聲賦

緬高秋之凉夜，軫旅况之忡謍。風蕭瑟兮木落，氣沉寥兮天晶。感幽閨之思婦，動搗衣之砧聲。初沉沉而自切，復琅琅而虚驚。諒夫君之遠别，愁皎月之空明。思蹇産而不釋，托杵韵以紓情。杵聲重兮怒以仇，震長平兮摧不周。杵聲輕兮訴以冤，放長沙兮流湘沅。杵聲急兮迫以迅，追六師兮馳八駿。杵聲緩兮狄以豫，蔡姬歸兮王嬙去。征鴻聽兮高翔，寒猿悲兮斷腸。神奔兮鬼號，地老兮天荒。彼婦何爲兮憂心孔殷，杵聲易遏兮痛夫君之不聞。君不聞兮可奈何，誓碎杵兮心靡他。

秋園賦

煩暑沭[三]霖喜初代兮，繞秋園而獨步。面平池之如鏡兮，影樓臺而倒竪。輪囷雜木相糾紛兮，跂者如望，側者如顧，夭者如嫣，怪者如怒。梧桐之葉交張蓋舉兮，如廣川千賈，日行蔽熱，陰行蔽雨。蒼松剥鱗蹇如龍，枯槐攲倚如古服，道人餐霞氣而彳亍。萬竹陰森兮，鎗攙戟列，嚴宿衛之擁護。碩果朱實兮，瑶核而瓊注。細草蒙烟兮，繁英浥露。妖花异卉兮，如濃妝靚女，色矜而貌娭。殘芭墮蕊兮，如寵衰棄婦，斂容而畏妒。泉一勺兮魚撥而溯，山一拳兮雲吞而吐。乍陰蟲之鳴軒，忽玉鷺之振羽。曾不瞬息而幻景變態百不可狀，千不可數，爾乃脱冠投珮兮其樂如何，悠游寄傲兮與物同和。釋宋玉之悲心，怯潘郎之麽麽，發孫登之嘯曲，鳴叔夜之琴歌。

歌曰：龐公鹿門在何處，武陵源深知幾許。此生此地安再圖，白鶴青鸞任來去。

述夢賦

眷東皋之明月，照南野之荒崗。絳漢横兮流影，白榆耿兮森芒。鳥一啼而沉响，猿再號而絶腸。動商飈于廣漠，節環珮于篔簹。乃有幽人玩天，根以静篤。得元化之無爲，意欣欣而自足。羌横琴于膝上，奏廣陵之故曲。嗟三嘆兮有遺，間一搊而復續。少焉有客南來，婆娑盱衡，郁紛繽兮仙從，載委蛇兮雲旌。驂連蜷兮鸞鶩，佩陸離兮珞瓔。憺有容之如玉，褰余袂而抒情。歌曰：天玄遠兮地繚繞，海縈紆兮岳孤藐，萬物雜揉兮疇分而討。豈造化之淵冥兮，將撲之莫可究也。抑夫人其盲昧兮，亦徇象之謬也。行悵悵而莫措兮，何悶獝而卒弗授也。爾乃静尸其神，默握其奇，調陰陽于呼吸，約造物于鑪錘。操縱盈縮，酌量成虧，㥯與吾徒，舍爾其誰？幽人再謝不居，爰作辭曰：何物匪天，何物匪地？天何所私，地何所比？顧混處乎兩間，孰超然而殊致？將習坎以爲行，庶原反之不易。緬澄心以凝思兮，冀沿流以溯源。耐滂沛以綿邈兮，詎薄劣之能闡。意司契而爲匠兮，或岨峿而不安。信象靈之邃眇兮，思研索而無端。幸明德之聿遘兮，願指迷而爲言。將廣予以玄覽兮，奉微訓以永尊。客再亂曰：于予何言，于予何尊？予上爾下，予凝爾融。左予右予，成始成終。予啓爾矇，予助爾聰。爾其念予，永失弗訌。既乃幽人告倦，客曰：同夢相與枕藉于風月之中，乍瞑目以忽覺，驚轉盻而四空。方思頃爾之客信真宰之戲，予也非魑魅與仙翁。

愆陽賦

歲宅箕尾兮赤奮若，旱厲爲殄兮下土灼。川源涸而就燥，塘碭鬱而焚爍。來牟既焉枯滅兮，黍苗亦云卒痒。固元黎之多咎兮，孰天意之可量？大野熂而酷烈兮，甚于燎之方揚。禽鳥暍而隕井兮，矧草木之有遺芒。慨獨遘此愆陽兮，中怛惻以長嘆。屏翳遁而失職兮，豐隆奚而違亂。將燔巫以柴籥兮，何攸救于雲漢。果桑林六禱之未竭兮，抑季宰再雩而有未通？胡觸石膚寸而若起兮，乃崇朝望之而四空。晨鸛鳴于陰垤兮，少女翕而御風。月軌離于星畢兮，竟炎炎而罔功。悲中原之不穀兮，適將投彼樂土。嗟赤地曰千里兮，眇焉莫知所救。死者委于溝壑兮，存者而復嗷嗷。夫捐室以決絶兮，妻往訴而怒號。子呱呱以棄路兮，母掩耳以疾去。男而謂他人父兮，女願從而先汝。悲莫悲兮生别離，苦莫苦兮死莫主。天蓋高兮呼不聞，地云厚兮叩無語。顧我生兮良匪時，不先後兮當其偶。爰欲濟兮非商霖，思無措兮塊獨處。知悔禍兮何時，望太階兮靡所。懷哀哉兮生民，願十風兮五雨。哺而歌兮腹而鼓，返田廬兮獲安堵。游葛天兮越華胥，后王載兮登三五。

齊雲樓賦并序

齊雲樓者，唐相裴文獻公耀卿之裔，今職方公受所構也。其地背姑射面汾水，大行左蟠，洪河右拆。雄勢卓拔，妙制弘敞。懸楹插雲，虚户留月。中藏圖史，傍列琴瑟。暇日登眺，真足以暢幽懷，豁心目，忘其神，游天表，迹縻人間也。余與公受有姻婭之好，一日登樓宴集，酣飲歡洽，願言授簡，一賦其概。蓋欲并八咏于隱侯，永靈光于文考。顧世蔑長卿，虚慚倚席，才非揚子，矧有雕蟲，倘蒙大夫之觀，當恕小子之陋。

詞曰：猗與兹樓，嵬哉邈兮。穹窿突屼，嵬磊瑋琦。竦如鳥革，燁乎翬飛。遠而望之崟嶔㟅岳，近而迫之斐疊離陸。巉若崇岩，拔起以高矗。蓊若垂雲，懸霓以下覆。其經始也，襲先公之燕翼，覲緑野之休光。相爽塏以謀筵，托喬基以周章。廣袤輪徑，審曲定方。土圭既測，山木惟良。師權輿于夏屋，體大壯于歸藏。于是公倕準墨，王爾剞劂。規格四畫，智巧横出。狀岌嶷以嵱嵷，勢嵲隗以抗揭。紛綷豁以疏寮，擢百常而莖茁。干青雲以特立，倒浮景與列缺。翔鸞仰而莫逮，黄雀眇其焉際。溯回風以上征，累層構而涉足。爾其三間四表，九隅八維。外環陽榭，旁峙丹梯。亘雄虹之修梁，加飛狐之長榱。綺疏洞以晃閬，疊軒翼而蔽虧。欃櫨承以岧嵽，奕拱窔以罘罳。瞰棧齴以糾錯，察屏翳之所依。伏欄檻以却顧，若顛隕而復栖。于是游目天表，遠覽地輿。懸楹叢倚，結阿乘虚。平浥銀漢，俯捫玉樞。軼氛埃之混濁，鮮灝氣之清溥。祥風颯以翕習，烟光暎而成霞。承紫臺之月露，含碧落之霜華。暢超然之高趣，極俯眺之佳娱。若乃襟抱汾瀰兮澶漫衍以汩潑，屏亘姑射兮黝隱轔以鬱硉。洪河沛而曲折兮，渺二華之雙嵱。太行翼而奔伏兮，留中條之勃崒。兹境内之山川，猶未極乎大觀。于是望而東兮，日門海宫，扶桑暘谷。望而西兮，昆侖玄圃，黄竹琪葉。望而南兮，昆吾赤水，崒山丹木。望而北兮，幽都雪崖，大陰廣室。或前而參，或後而列。或左而擁，或右而軋。控方外之幽遐，萃宇内之奇絶。既周綿邈，俯察中環。嘉樹灌叢，芳草披蓁。吐葩揚榮，敷郁垂陰。高松偃鶴，翠篠鳴鸞。惠風停馥，曲沼清漣。花四時而不凋，禽五色而關關。于是廣覽既開，體暢心融。塵冗已捐，世慮都降。恣心目之寥郎，任徙倚之從容。佳會時展兮洞啓天窗，綺席肆布兮羅幕分崆。延貴客兮集英朋，飛玉斝兮列珍饔。女娥倏沓乎瓊府，仙姝縹緲乎珠宫。舞紅袖而歌由房，吹参差而鳴號鍾。歡情方洽，幽思無窮。嘆隙駒之易邁，悵度曲之未終。揮魯戈于蒼昊，轉西日而再中。信斯樓之可樂，又何羨于壺蓬。已而風高氣清，情逸思長。眷言却顧，無乃太康。騁視極目，令人心荒。耿千古之遺烈，慨上世之貞明。懷放勛之擊壤，企重華之薰風。瞻二陵之遥峙，想殷周之比隆。眺壺口與龍門，思夏禹之神功。觀平疇之沃腴，仰后稷之躬耕。睇豐壠之曲絜，宛羲和之機衡。感九原其莫作，嗟玉璧之就傾。吊晋魏之遺壘，嘆世道之廢興。苟往昔其皆然兮，又何曠乎今之生。入焉修吾初服兮，假仙居以栖神。頤元隆之逸氣，聳庾公之吟肩。緣信美以摛藻兮，寄遐思于仲宣。左圖右史，秉槧錐鉛。素帙朝披，青藜夜懸。書發《九丘》，易玩《連山》。歌風誦雅，續騷草玄。信時命之有遻兮，何虞乎珩錯之不遠。聞諒雲霄其可托兮，吾將挾翼以高搏。如所求之不我合兮，寧翀然遐舉以葆真。得横木以獨處兮，雖遁世弗以爲難。系曰：樓之高可以揭吾操兮，樓之大可以充吾隘兮。樓之虚可以恬吾素兮，樓之明可以快吾情兮。朝焉而風，夕焉而有月兮，或仰而歌，或俯而玩世兮。苟可以居吾何願乎外兮，優哉游哉聊以卒吾歲兮。

三桂堂賦

明興以來百八十年，川岳靈秀，鍾生人杰，何地無之？至稱一門兄弟之盛，則河東三梁爲最著。三梁者，系右史之蟬胄，藉柱下之燕貽。伯氏先鳴，群空上駟。仲季迭翥，羽賁西雍。譚門族者，以斯推高云。今歲庚申，季氏構居，余顔其堂以爲“三桂”。夫美物者循其乂，贊事者本其實，無桂而稱，奚以示信？蓋吴府郄林，于昔則有，姑舉一隅，吾取諸騷焉。菝蘭蘅杜，必隸君子，蕭艾菉葹，必隸小人。今以桂之芳聞貞姿隸之三梁，孰云不可？矧龍門三珠、燕山五枝亦曷嘗真有邪？思實其事，爰作此賦。韵略風人之體，材乏大夫之賢，觀者得無抵掌云乎？

賦曰：猗斯堂之巍構兮，臨爽塏之弘區。徇蒲坂以左折兮，轉茅茨之康衢。奔洪河爲襟襀兮，夾汾流以縈紆。仰姑射之巃嵸兮，俯蛾眉之層堰。據坤靈之正域兮，爰經始以作圖。測土圭以定景兮，兆筳篿而告俱。競班倕之剞劂兮，俾王爾以繩樞。因環材而究用兮，則大壯以崇模。榱飛抗以浮柱兮，檐磊砢而相扶。揭銀榜之炫爛兮，標三桂于欂櫨。倩雲根于蟾窟兮，移露種于賁隅。回炎肆以駭碭兮，芳酷烈而掀揄。彼松柏詎不可耐歲兮，何香馨之尠也？荷蕖蘭茝洵芳美兮，不無風霜之慛也。芬郁肹蠁非寒燠能怵誘兮，塊獨此桂之故也。軼埃壒之昏濁兮，得灝氣之純殷。抱陰陽之貞潔兮，含元化之絪緼。葉青熒而葳蕤兮，何摇落之能云。影翕習以婀娜兮，光凌越以泯棼。爾其黄則質麗中央，英飄金粟，儼若庚鶖，矯如冥鵠，匪足爲裳鼎耳之屬。其白則皓皓鉛精，旰旰玉粹，滕六施彩，綽約呈媚，素縑綷縩，瑶碧碨累。其紅則蜀葵是陋，山櫻失倫，胎仙脱頂，西施歔唇，彤管之煒，朱衣之賓紛。既有此貞幹兮，又佩之以修嫵。信天葩之不易得兮，宜君子之必取。小山援以招隱兮，吴剛時修乎玉斧。郄生矜其一枝兮，竇氏貪而得五。伊人心之嘉尚兮，今孰云其异古？爰一門之三杰兮，咸桂籍以步武。時仿佛以物類兮，顧斯名而匪迂。豈徒奕曜于橋梓兮，將邁德于珠樹。超棠棣之韡韡兮，奚紫荆之足數。于是天倫克諧，時日維辰。昆季相延，密友近賓。冠裾濟濟，揖遜誾誾。鮮肴兼御，旨酒清醇。豐仁義以沃鼎，羅道德以羞珍。咏雅頌之高唱，繼六藝之彬彬。已而獻酬既交，率禮無哆。和樂且耽，歡情俱寫。起舞婆娑，言笑啞啞。徙倚兩楹之間，裴徊三桂之下。或持蕊以泛觴，或采實而盈把。芳菲菲以襲衣，露浘浘以耀赭。客乃歌曰：升君堂兮撫桂枝，影輪囷兮交參差。坎坎擊鼓兮堂下，伯氏吹塤兮仲吹篪，于胥樂兮思無期。主人叩節賞之而復和曰：桂樹偃蹇兮枝相繆，朝余攀援兮夕焉遨游，歲寒相守兮作好仇，爰鼓之琴兮其樂油油，眷言在原兮將焉求？歌畢時，見日華冉冉而西傾，月魄團團而東吐。客已醉而言歸，主合樽而更娱。于焉懷郅支之馬肝，吸徂徠之烟霧。抽相如之妙思，布楊雄之毫素。停駕言于將别，爲桂堂而作賦。

姑汾子賦

姑射嵚崟，彼高刺天。大汾漭瀁，横流盈川。厥山興雲，膚寸而合。厥淵潛龍，乘空騰沓。曾不崇朝，雨及天下，山川之靈，有如此者。乃伊人焉，結屋其間，冥心探化，握乃樞環。澹呼容與，巽度安閑。倏而爲雲，觸石氤氲。俄而龍變，搗霆掣電。已而爲人，復固其神。爾其獨行掉首，扣杖而歌。歌曰：吾處磻溪，明王卜何？吾卧東山，蒼生望何？於戲！汾水有洲兮，於戲！姑射有丘兮，吾道適矣且焉遨游兮。歌畢軒如，爰歸所止。訊其姓氏，舉莫知己。以其介于姑汾也，姑自稱曰姑汾子。

感舊賦并序

燕京有巨人劉懷叟者，雅與余游。其人自負豪邁，傾襟尚賢。賓館不虚，孤卿日往。過庭茂碩，鬱有英風。别幾何時，化爲异物。情好如在，粹顔永翳。追憶談笑，頓成悲端。山川阻修，生芻難致。墓劍心許，知挂何年？輒模楚些之章，用寫山陽之抱。鷄盟永畢，雲樹增愁。

詞曰：慨歲時之流邁兮，竊獨悲此有生。乘一氣以遒遞兮，莫須臾之我停。陽春敷而周浹兮，衆卉于焉四茁。何繁霜之既戒兮，奄萎約而盡瘁。豈伊人之都美兮，幼而服此芳蓀。既懷芬而罔有兮，乃投佩于皋蘭。藉菲烈以締好兮，謂日月之不可改。曷冉冉以銷鑠兮，卒忽忽其不待。憶扳荆以道故兮，都門騎而送予。曾笑言其未幾兮，長駕逝而焉如。將趠舉呼宇外兮，厭斯世之紛薄。或委形于蟬化兮，聿栖神于冥寞？抑鼎成乎靈秘兮，挾飛仙以翱游？何鷄犬之未往兮，獨夫君之不留。懷舊德以軫恍兮，心于邑吾怛絶。背膺牉以中路兮，思欲極而彌結。賓館閴焉如故兮，歌鍾杳其無聲。綉綺紛而綷縩兮，荃不御兮誰榮？孰有生而弗死兮，何日旦而弗夜？謂性靈其不隕兮，奚賢聖之頽謝？匪純命之靡固兮，乃遂焉而逢殃。羌异路以共盡兮，云何吁呼彼蒼。維民生有欲兮，曰富而壽荃。既兼而有之兮，矧而克昌厥后？造物忌于多取兮，爾無欲而弗周。生咸慊而至足兮，没亦瞑目于重幽。塊獨喟此友生兮，終古莽焉弗作。歷微衷以陳詞兮，溯長風以遠托。靈氛翕而未散兮，竒亮予之遐思。藐徽音而莫覿兮，使余長太息而增欷。

校勘記

〔一〕“頮”，據文意當作“頮”。全書俱誤作“顭”，徑改。

〔二〕“而而”，疑衍一“而”字。

〔三〕“沬”，據文意當作“沬”。全書俱誤作“沭”，徑改。

龍塢集卷之二

賦 類

震龍子賦并序

余志學時，西觀大河，向洋而嘆曰：巨哉川也！逝者如斯夫，不舍晝夜。遂用以顔其居。已構别業塢堆之東，悦其地塽塏，居人農樸可親，輒復更之，邇乃僑居。高梁在震地，則有古木盤曲如龍，朝夕玩之甚適也，又易以今顔云。或疑余爲多取，乃什之曰：人生寄也，而名字之亦寄也，矧居云乎？辟之物一也，江南爲橘，逾淮爲枳。服一也，魯取縫掖，宋取章甫。因地之宜，豈得無謂。若三寓者，果我真有哉？達人閲世如籧廬耳，故以我觀物，盈天地皆所寓。以物觀我，寓與我俱無也。取之何貪？棄之何嗇？爰作賦以志之。

賦曰：震居東，位少陽。五行爲木，厥色維蒼。有星曰歲，神則勾芒。資始之地，生物之鄉。龍乃陽物，鱗蟲之長。能興雲雨，物資以養。玄律閉蟄，威靈是仰。青帝神名。震雷一轟，飛騰駘蕩。爰有一木，居舍之東。地同于震，形實肖龍。朝蟠神霧，夜吼巽風。若驅屏翳，而鼓豐隆。君子取之，無曰苟同。希志諸葛，耻比葉公。遵養時晦，待舉而翀。雲行雨施，爲天下功。

壽 賦并序

嘉靖己未冬十二月十有四日，先黄門給事梁公之配郝太孺[一]矢志逾六十年，乃三子者俱以計偕賓四門，奇矣。于時東阿許用中紀其事，絳郡黨允誠繪以圖，余不揆，乃撰賦焉。所愧淺膚不倫，徒貽彤管之羞，比興失次，詎免騷壇之誚云乎。

賦曰：誕坤德之元辰兮，協冬月之維良。暾初升以蜿蜒兮，氣正雪以一陽。闢華堂以諔宴兮，洞綺疏之煒煌。被雲霞之委蛇兮，拂瑛琚之鏘鏘。曳斑陸之文履兮，綴霧縠之縹裳。雜簫鍾而備舉兮，音于于以皇皇。蘭肴蒸以苾馥兮，桂醖浥而芬芳。彩服爛以盈門兮，藉蔦蘿以末光。載欨歈以流漫兮，翳嘔噱而樂康。貽彤管以摛美兮，匊至和以徵祥。幼既服此修姱兮，穆真淑于閨房。皇父厘余以嘉耦兮，配君子而相將。鳳翩翩以遐舉兮，羌中道而遺凰。哺三雛以懷顧兮，思絓結而徬徨。雛苞羽其翬揭兮，臆闌緩以翱翔。聊假日以容裛兮，超汋約以紆詳。緎青鳥以西鶩兮，速金母于昆方。藐姑射之靈姣兮，棄鯪魚以來盻。麻姑擘果進豐膳兮，飛瓊沓舞弸彋以飄揚。右宓妃以愐瑶瑟兮，左玉女以稱觴。驅燭龍使秉炬兮，嗣望舒以昂驤。芝英瓊液食不可既兮，淪陰沆瀣竟糅冲以爲漿。囧一氣之孔神兮，保純命以無疆。并太初而爲鄰兮，淹不老之舊鄉。信永都之不替兮，謇行樂之未央。重曰：娩嫿愔愿操端絜兮，椒塗蘅薄焉蹩躠兮，渥丹鬒黟憺娛悦兮，岈幪聖善仰烜烈兮，于惟壽考綿悠迭兮。亂曰：天地惇龐世幾不見兮，爰有斯人塊獨不變兮，迪兹休嘉福履永眷兮，敷衽陳詞徽音頫衍兮。

壽　賦并序

隆慶三年二月丁卯十有七日，邑侯孫公岳降之辰，于時農歌于野，旅頌于途，士民胥忭，僚采同和，公之德美不言可徵。乃爾及門四科之徒咸願有言，余爲撰其意焉。

伊歲届于屠維兮，攝提而貞仲。陽蓂初飛乎二莢兮，睹旭日之方將。揆神君之初度兮，協錫嘉之休祥。陟崇堂以環睇兮，雲五色而交光。青鳥下而銜書兮，鸞鳳舞而翱翔。將受厘于西母兮，旋益算于東皇。復有麻姑獻棗，方朔投桃，子晋吹笙，赤松薦肴。玉脂瓊蕊，鳳脯麟胞。芬芳雜進，鬱乎中庖。持九霞以稱慶兮，握三秀以相招。紛容與以康悦兮，中連蜷而情陶。何君之好此姱服兮，被石蘭而帶杜蘅。冠切雲之峨峨兮，珮明月之煌煌。幼既清以絜淑兮，稟疏朗以通明。味詩書之玄液兮，探禮樂之微精。納道義以爲履兮，飾令德以爲容。爾乃驂虬螭以高厲兮，指文林以税武。仙桂奕而曾敷兮，刈吴剛之玉斧。聽鳴鹿之呦呦兮，曾不可以延伫。驅豐隆兮導蹇修，逝與重華游兮瑶之圃。朝發軔于溺津兮，徑姑射而假道。鯪魚矯以前迎兮，曰爲予其少顧。憩孔蓋兮弭雲旌，登玉璧兮歌薰風。景泄泄兮階泰，物熙熙兮向榮。封狐遁兮莽澤，雄虺滅兮幽叢。蕩妖氛兮寥以廓，荃獨宜兮爲民正。企層城之九重兮，羌何俟乎崇朝。排閶闔以踥蹀兮，將余復鼓乎簫韶。酌元氣于北斗兮，均四海以和調。仍不老之舊鄉兮，淹壽域之迢迢。塊獨此邦之人兮，怨乎來暮而行遥。維桃李之芬馥兮，孰謂言之可忘？思絓結而蹇産兮，情陫側以徬徨。集兹辰以延祝兮，乃移頌于南岡。同天地以悠久兮，與日月而齊光。庶爾性之既彌兮，永斯人之令望。亂曰：系康叔兮發浚源，紹叡聖兮祖惠孫。挺不窋兮封后稷，良惠直兮樂且耽。生有自兮翼明辟，將負鼎兮聊烹鮮。春風噓而翕習，品庶育而便蕃。謇孰爲此兮豈伊异人，維君之貺兮胡不萬年。

嘆逝賦

太原高朝列往與吾高梁人交垂廿年，其人情密而德親，禮恭而慮下。訥而若愚，有而罔居，誠古君子也。今已長逝，化爲异物。徽音未沫，宿草將列。生務延頸，山川紆迴。悵然賦此，遠以寄之。

詞曰：已矣哉！四時之氣！回薄而成變化兮，紛贏縮以交禪。靈烏曄而迅邁兮，望舒嗣以騰騫。歲時忽焉遒盡兮，芳華俄而萎捐。維余齒其丱角兮，承夫子之清塵。貌都頎而洵美兮，振陸珮之斑瞵。既閑修而縝約兮，昂獨鶴于鷄群。朝紉蘭于文囿兮，夕投結于德鄰。聲鴻藉而碩茂兮，荃無愧于古之人。謂善而詎止一鄉兮，友蓋盡乎一世。猗踔犖而孤蹈兮，隗抗旌以高厲。托末契于後生兮，咸景行以作則。願遐齡以永享兮，奄乘雲而悠逝。感零露于豐草兮，悲凄颸于日及。曾晤言其未幾兮，何冥寞之遽即？將厭世之混濁兮，乃怡情于亡何之里。或羽化而神游兮，或蟬脱而形委。將上而朝乎玄闕兮，抑下而從乎赤鯉。誠窈化之無常兮，余何知其底止？令德之兼壽考兮，粤自古以爲難。君邁等于古稀兮，庶幾免乎兹嘆。矧大塊勞我以生兮，能不死而息焉。齊運遇于領會兮，固賢聖之所舉安。余獨慨此松檜兮，亦何其秋莽而凋殘。痛觀刑之蔑自兮，氣鬱臆而悲酸。永握手以無期兮，知挂劍其何年？過山陽于它日兮，得無聞鄰笛而涕漣。

吊三烈賦并序

三烈，銅仁人梧州别駕劉仁妾張氏、郭氏、女秀辰也。仁之官梧州，卒，三烈扶櫬歸，至芫藤灘遇猺獞劫逼，悉赴水死。時秀辰年十六，張年二十，郭年廿八。仁孤子時舉亦被掠賊巢，後一年官購之始出。有司以三烈事聞于朝，詔加旌表立祠，有幽光矣。時舉復與計偕，由楚雄令累遷河東轉運同知。友人任憲章識其人，因語三烈事，因傷而賦之。

詞曰：伊予矚瞰絶廓兮，唁沌命之靡常。盈虚糾其還沓兮，由邃古而迄今。緬坱比以谽閜兮，聊憑臆而興嘆。何民生之離錯兮，紛既有此多難？夫君痛其不穀兮，盡瘁奄而永傷。軫异域之遐阻兮，返吾土以皇皇。左遺孤以提挈兮，右而擁兹幼艾。顛躓予既弗堪兮，舀中路而逢殆。彼蕞醜非吾類兮，正言奚而喻也。將强顔以苟從兮，反行露之弗如也。森白刃以陵脇兮，箭筈雨而交下。負蛟蚋以抗山兮，量蠚粉其焉遐。仰蒼昊以長號兮，俯皇輿吾疾呼。高而藐乎蔑聽兮，卑而曾莫我憂。姊顧娣以懷愴兮，息褰母而嗟噎。雲霾翳而增鬱兮，肝腸赤而盡裂。睇長江之澒洞兮，將余就之乎却洄。卒負石以掩面兮，激洪濤以汛沫。波泛濫以泯汶兮，精魄貫而弗化。天具吼而駭蕩兮，負贔怒而啐嚇。鼉窟豈云樂所兮，潛溢濞而厝㪉。蠹水馬以闖踉兮，吞逆鱗而若甘。莽閱代以同盡兮，孰長存而勿死。隕曦慨彼一時兮，美終完而修止。數究以塏領會兮，自人生之有然。禍福杳乎無門兮，疇亮直而顧身。伊申徒之蹈大河兮，屈平沉乎汨水。懷忠憤以賫志兮，信匪云其得已。何女歸至柔暗兮，踵厥人之亢行。羌自沉而弗疑兮，合三淑以同情。諗屈節以苟生兮，斯固時之態也。荃既秉此貞潔兮，良好修之害也。寧葬江魚之腹中兮，忍俯首而從豺狼。偕湘靈以鼓瑟兮，願與宓妃乎翱翔。矢捐軀以矯砥兮，曰修短吾何計。誠隱垢而含羞兮，躋永命亦焉貴。璠瑜珍以無考兮，諶碔砆之莫儔也。如鸞鳥可欺而污兮，何鶏鶩之獨尤也。粤尾生之曲信兮，議言舉而遺訾。乃浣沙之幼媛兮，輕淪生以奚裨。江水浩以長逝兮，終古浥此清流。汀芷匊而芳揚兮，寧惡草之與同枯？猿夜鳴以慘心兮，颷颲衝而簌射。楓梧凋而披靡兮，芫藤蕪而槭藉。望峭岸以遭邅兮，摛楚些以招魂。靈漭瀁以窅黝兮，僾禗禗而若聞。忳于邑以侘傺兮，懷忡營其不可泄。怲愠惀以蹇鏟兮，中煩婪吾懍悷。沂渺晶以投辭兮，氣蒸結而胸填。世淆濁而崩改兮，介塊處以弗遷。洵英姝之可作兮，吾欲起此頑懦。彼鬚眉爲丈夫兮，幾阽危而能諸？

亂曰：昔有賢淑曰三劉兮，遻寇弗污投彼汪流兮。憤抑惋懟靈沕淒兮，瀰洸磅礚愁千古兮。已矣貞媛又何尤兮，將日月與齊光與天地同朽兮。

哀　賦并序

馮孺人，富平令子陽之母。既以賢淑相夫，方訓厥子用射策高第爲循令，而孺人逝矣。痛哉！余與子陽有兄弟之好，均其戚越，爰擬楚招以代蒿里。

詞曰：嗟靈媛之修姱兮，誕神胄以兆祥。秉冲和之秀德兮，懷淑慎以攸行。既獲配于君子兮，婦道順而明章。皇覽錫以嘉胤兮，迪勤誨而勿忘。晝調熊以助之兮，夜繼晷以燃光。俾行成而服寵兮，對大庭以掀揚。信材茂其必達兮，諒慈訓之有方。居然以彼令人兮，知聖善之允臧。奄微疴而弗起兮，孰天意之可量？痛朝露之遽晞兮，中催裂以愴惶。趣九原以税駕兮，陰曀曀而不陽。悲颼䬝而莽發兮，萱草慘而萎黄。將厭世之塵溷兮，超浮景以昂翔。不然杳其焉如兮，俾存者之永傷。

助哀賦并序

太原任舜舉自韓城令扶母高孺人柩過高梁，哀毁骨立，見者涕出。余與有在原之誼，爲之賦助哀云。

慨洪造之浩邈兮，陶萬類而區殊。唯元化以迭蕩兮，嗟徂謝之不可以須臾。睇群卉之葳蕤兮，春陽爗而曾敷。胡白露之既戒兮，榮華奄其就枯。荃既服此伸儀兮，體幽淑而貞惠。曰獲配于君子兮，德允諧于伉儷。忽中道而違乖兮，鳳翽翽而攸逝。守一雛以覆育兮，朝夕恐焉不逮。卒羽翼之幸成兮，鳴高梧以瑞世。聲鴻赫以上聞兮，覽德輝而爰戾。乃俾侯于韓土兮，民蒸蒸其罔噬。茂休嘉于遐邇兮，將翔頡于三臺。荃何倏其不待兮，而遽厭乎氛埃。哺養臨而莫舉兮，中結軫而崩摧。望故都以邅返兮，風回薄而增哀。巫陽招之不可兮，超逍遥兮焉騖。天道悠而莫測兮，塊獨成乎終古。果領會之有常兮，而信莫逃其數。豈造物之見妒兮，求之不知其故。余竊憫此蕙芷兮，何摇落而同衆芳。心憭栗而忡鬱兮，羈旅而憐余友生。歌楚招以往近兮，顧行道而爲之悲傷。

校勘記

〔一〕據文意，"太孺"後當脱一"人"字。

龍塢集卷之三

雜　騷

題姑射麓石壁

日云暮兮山中歸，石齒齒兮泉霏霏。采靈藥兮褰雲衣，别仙人兮心獨違。出谷口兮風生，忽林間兮月明。空含情兮欲待，眇不見兮愁并。

寒士詞

冬日兮無光，北風兮其凉。蓬門兮多竇，緼褲兮無裳。體芒生兮鷄粟，股蟠伏兮繩床。氣綿綿以沉息，頸縮縮以存臘。我思古人兮，離此者多，顧人人而异處，將靡靡以從何？寧扣角兮奚苦，榮帶絮兮奚歌？綈袍受而奚急，牛衣泣以奚過。更有參乎拽履，商也懸鶉。得非道而亦處，曾何病其爲屯。信芳躅其不遠，僶飛步兮絶塵。期好修之莫缺，鄙瑣尾之徒嗔。俄然五内其俱熱，不覺四體之長伸。輒援琴以自矢，何凛冽之爲瘁。

歌思引

江云永兮思無極，海云闊兮愁無涯。愁思悠悠可奈何，輾轉無如命大乖。

寫情詞

憶爾之言兮聆在我耳，招之莫應兮泣憑我几。憶爾之行兮宛在我目，招之無處兮我心如蹴。行爾之處兮如欷其聲，招之莫遘兮泣俯我楹。檢爾之裝兮如居其右，招之不得兮我心如疚。孰綴我裳兮孰舉我履，爾其舍予兮予詎舍爾。

登王莽故城

登古城兮望夕陽，懷往事兮增慨傷。漢恩厚兮積生蠹，外戚横兮夷天綱。神器覬兮僭居攝，黄纛擁兮懷符章。一時竊據稱新美，削平復有真天子。却憶奸雄城此時，那知今日遺空壘。崇宫没兮高臺傾，牛羊踐兮麋鹿行。妃嬪去兮化瑶草，寶珠碎兮填溝坑。草靡靡兮陂陀暗，黍離離兮曲池平。誰向荒阡吊遺迹，空聞鳥雀啾啾鳴。

庭有三章辛酉作

庭有桐兮桐有葉，色青圓兮光沃曄。可以巢彼鳳凰兮，夕風一舉而飄劫。欲留之而莫得兮，俾我涕旁出而承睫。

庭有槿兮槿有花，韡葳蕤兮絢朝霞。可以悦彼佳人兮，夕風一舉而飄沙。欲留之而莫得兮，俾我氣中結而長嗟。

庭有蘭兮蘭有莖，茂沃若兮含芳馨。可以貽彼君子兮，夕風一舉而飄零。欲留之而莫得兮，俾我心徬徨而不寧。

招隱詞四章

歸來兮，山中市朝不可居。山中足蘿薜，與君製素裾。

歸來兮，山中水陸不可游。山中足薇蕨，與君充幹糇。

歸來兮，山中塵宇何紛紛。山中足夷曠，麋鹿堪爲群。

歸來兮，山中機穽良可哀。山中足幽閴，木石終無猜。

龍塢集卷之四

古樂府四言

懊儂歌

布澀難縫，令儂指穿。縫成衣帶，絮以絲綿。君其不御，忍自棄捐？懊儂則甚，嗟嗟乎天。

翔風怨

春日猗媚，秋風殺寒。蘭生不辰，當户自殘。桂芳貽蠹，娥眉失歡。韶華不再，憔悴永嘆。

秋胡行二首

娩彼淑艾，朝行采桑。桑多浥露，采不盈筐。客從何來，莠言自口。妾本有夫，君豈無婦？

漢女可悦，而不可親。交甫何爲，空疲其神。亦有洛妃，飄忽難即。謬矣陳思，徒勞轉側。

隴西行

棟隆柱小，綆短泉深。綿微肩巨，誰其能任？鹿適于野，鳥願在林。居之軒榭，爲苦靡禁。所以君子，臨位耻竊。周任有言，陳力就列。水深則厲，水淺則揭。軌方轂圓，知幾其哲。

獨漉篇

獨漉獨漉，采薪棄菽。雖供我炊，莫實我腹。俔彼薄夫，凝脂在盂。望之則澤，就之則污。蕕莠中圃，蘭生左道。未析本根，誰分惡好？涉深苦輿，行陸苦舟。人孰不省，爾胡爲仇？有豹在山，將子不下。肅彼中林，跑嗥者寡。服以文綉，佩以瓊瑶。坦坦周行，與子逍遥。

龍塢集卷之五

古樂府五言

碧玉歌三首

碧玉小家女，銅釵惜于金。一朝荷郎愛，珠翠不勝簪。
碧玉破瓜時，爲郎迫相抱。回身就向郎，一任郎顛倒。
碧玉向在家，面無脂粉傅。會郎相愛憐，千金輕一顧。

有所思

如何有所思，欲見不可得。階際尋履綦，夢中覓顔色。臨觴更罷歡，對案幾能食。再憶別時言，心曲亂如織。

巫山高

巫山高不極，上有神女峰。暮雨看不見，行雲無定踪。襄王夢疇昔，薦寢若爲容。自別高唐後，相思那可逢。

桃葉曲二首

桃葉復桃葉，桃花相映紅。愛花兼惜葉，莫遣蕩春風。
桃葉復桃葉，夜渡桃花水。儂自掌蘭橈，不用招舟子。

公無渡河二首

勸公無渡河，公去强渡河。渡河竟遭没，忠言奈若何？
勸公無渡河，公怒拍雙股。豈厭世間塵，甘心葬魚腹？

莫愁歌四首

莫愁盧家婦，住在石城西。慣唱江南弄，令人魂欲迷。
莫愁歌一聲，千人萬人嘆。不道梁塵飛，游魚跳上岸。
人知莫愁歡，莫愁愁更有。嫁郎好遠游，空房夜獨守。
朝歌宛轉曲，暮取箜篌彈。彈罷泪如索，相思繞指端。

臨高臺

莫上高臺望，令人增遐憂。孤鳥冥然去，連山無斷頭。所思不可見，道路空悠悠。彼其夫人子，誰知此倦游？

估客樂四首

客處樊鄧間，居貨與時逐。朝來市肆游，暮就娼家宿。
郎來滿堂春，郎去愁日暮。豈無它人行，爲郎美無度。
聞郎駕小艇，明日去湖陽。送郎不辭遠，别後勿相忘。
儂有合歡帶，置郎懷袖間。聊作相思繫，念儂當蚤還。

客從遠方來

客從遠方來，遺我緑綺琴。軫乳一連玉，徽紋數點金。高張弦未改，鼓作别離音。曲罷坐長嘆，相思轉不任。

飲馬長城窟

朔風動高闕，馬飲長城窟。催轡度陰山，風寒直壯骨。下馬暫息屯，前營烽火發。一聞金鼓鳴，心激怒竪髮。僕姑光鑠金，匕首皎凌月。氣奮欲生擒，胡馬前途蹶。射殺左賢王，重勒燕然碣。

從軍行

壯哉從軍士，負氣自平生。方報邊塵起，捐家逐鼓鉦。風寒殺氣肅，日慘愁雲横。一督崇朝戰，再爲挫夕營。龍沙塗刃血，雁寒撼戈聲。已縶單于頸，還摽瀚海名。歸來謝少婦，長笑不言驚。更指封侯者，當年一步兵。

登高臺

登高送遠目，目遠心亦徂。心徂杳何據，悵望空躊躇。須臾見一鳥，飛投一帛書。展玩書行幾，十字更無餘。看取刀頭約，休逾破鏡初。

長門怨

憶昨貯金屋，寧知别長門。長門妾譴謫，金屋誰朝昏？
無識結天顔，有時聞鳳輦。自憐妾分薄，不道君恩淺。
殘月下珠箔，凄風吹珮環。妾心長惻惻，欲訢〔一〕愁無攀。

白頭吟

昔來托衾枕，永作百年期。今來相決絶，言念中路悲。
女蘿藉松檜，無疑引蔓長。浮萍媚流水，漂泊寧自防。
雄鳥鳴中野，有雌相逐飛。望望雄高舉，嗟嗟雌失依。
憶昔聽鳴琴，喈喈雙鳳凰。豈意當壚後，蘭蕙佩不芳。
處世靡根蒂，所貴得好逑。一結同心歡，相看抵白頭。

楊白花

楊白花，情難繫，春風欲作鬧，何事長飄逝？
楊白花，情何蕩，春風縱若游，欲下還復上。

楊白花，艷如玉，飄零何處歸，空覓闌干曲。

楊白花，皎如雪，今日落南家，六宫春未瀉。

蘇小歌

郎在西陵下，妾在江水邊。朝夕轉相盼，咫尺難因緣。江水潮升岸，妾懷郎顧褰。陵樹風色幽，郎合與妾還。郎有一紈素，妾有雙翠鈿。翠鈿郎何有？爲妾心意憐。紈素妾何多？爲郎顏色鮮。松柏茂西陵，明月照江水。聊此結同心，相將願終始。

懊儂歌

儂本池中藻，歡本池中鳥。倩歡相顧依，折儂何輕佻？

三婦艷

大婦鼓瑶瑟，中婦吹參差。少婦亦何事，當筵勸酒卮。丈人且安坐，行樂貴及時。

知音者誠稀三首

知音者誠稀，舉世誰與娱？遂令有心人，翻愛無弦趣。

知音者誠稀，非無角與徵。愧兹太古聲，難入今人耳。

知音者誠稀，鍾子不可作。嗟嗟千載間，山水生寂寞。

自君之出矣二首

自君之出矣，夜夜泣寒砧。願君比明月，還照此時心。

自君之出矣，憔悴落朱顔。于今餘廋骨，能上望夫山。

明妃曲

含啼辭内殿，騎馬出都城。觀者人如堵，其如去者情。稍經光禄塞，還度月支營。風勁玉顔悴，霜寒貂袖輕。胡奴迎我喜，我睹胡奴驚。羞爲殊類耦，耻被閼氏名。不道漢恩薄，傷哉妾命丁。

明妃初去國，馬上彈琵琶。椋轉張愈急，風高調更賒。上宫纔入弄，出塞遞無涯。本以解離思，翻令愁緒加。死牒絶域鬼，生已如蟲沙。日暮朔雲慘，天寒鴻雁斜。向人憐异類，强爲和胡笳。

長安有俠邪

長安盛游俠，五陵多少年。夾路車輪擊，交衢馬轡聯。鬥鷗杜曲裏，折柳章臺前。入幕擁歌妓，當壚數酒錢。丈夫貴適意，何用事拘攣。今朝樂且樂，明朝還復然。

結客少年場

少年喜結納，出入袖青蛇。朝從南市飲，暮食東門瓜。笑駡屠狗輩，狂來歌兔罝。赴義輕千里，快恩在一嗟。借身報嚴仲，亡命托朱家。緩急人所有，富貴我何加。

閨思曲

憶昨送君去，携手河梁間。河水清且淺，照見别離顔。忽驚弦上筈，竟失刀頭環。夢中得歡睹，覺來紅泪殷。有如王子夜，形解神相關。

校勘記

〔一〕“訢”，據文意疑作“訴”。

龍塢集卷之六

古樂府六言

董逃行三首

崇朝步涉南阡，顧瞻芳草鮮綿。氤氲嘉樹含烟，鳴鳩乳鷇翻翩。穆風惠景難全，何不醵飲張筵？

曜靈冉冉西征，洪波瀰瀰東傾。富貴壽命難并，我姑灑掃庭楹。促筵召我同聲，口嚅猩脯駝羹。耳聽趙瑟秦筝，燦然交説平生，展我契闊中情。

吁嗟人世侵尋，兼之修短差參。彼胡慮遠思深？汝有華屋嬴金，何不日鼓瑟琴？而乃如錮如禁，嗒然奄息荒岑。

春　曲

逐興傳杯督後，催詩擊鉢争先。望裏花叢簇錦，坐來柳絮飛綿。

龍塢集卷之七

古樂府七言

長相思

長相思，思欲結，九曲綿綿無斷絶。池上鴛鴦兩兩飛，人生可耐常離别。拂君床，爲君設，忽聽車轔轔，出門望歸轍。寧知他人行，使我空凄切。長相思，思復深，但令歸來日相守，不願天涯萬斛金。

采　蓮

溪頭采蓮誰家女？手拆蓮花嬌無語。紅妝映水私自憐，背人掩袖啼向天。啼向天，愁空暮。棄蘭橈，望歸路。

短歌行

嗟哉日月東西馳，我欲繫彼扶桑枝。不然須臾變寒暑，令人少壯無幾時。相逢適意須行樂，衰老人人悔昔錯。把酒與君君且傾，祝君一飲能長生。

行路難

君不見，浮萍無根蒂隨波，却泛滄溟外。君不見，暗壁螢火流東方，日出光盡休。人生世事杳難定，富貴何爲貧賤羞。

長相思三首

長相思，思無極，遠道悠悠限南北。日夜愁眠眼倦開，夢中願一見顔色。

長相思，思無斷，我欲贈君青玉案。弱水難將一葦航，望而不見空愁嘆。

長相思，思無歇，關山欲去愁難越。不道君情逐水流，徒令妾思隨花發。

長安道

長安道，幾度生芳草。客行猶自遲，春歸何太早？馬上傳[一]書寄阿誰，閨中思婦愁空老。

白紵舞二首

邯鄲少女年十五，緑鬢紅顔曳金縷。爲君小作白紵舞，雙垂半折應宫羽。舞罷回身捧玉卮，勸君滿飲不須辭，千金買笑惜芳時。

薄縠輕綃體如束，玉腕盤旋矯雙鵠。急管繁弦任相促，疾徐各中宫商曲。垂手含嬌乍近前，勸君行樂及當年，莫惜床頭酤酒錢。

將進酒

將進酒，聽我歌，人生如朝露，縱飲能幾何？况今世事難料理，且對清樽片時過。君不見，南鄰老翁不釀酒，東家富少空貯羅。可憐焦苦此心計，百年埋没知誰阿。争如劉伶李白終日醉，千載萬載名不磨。

百年歌

昔陸機作百年歌，爲侑酒也。然六十後歌不及酒，殊使咏者落寞。且詞涉繁靡，未洗故態。予因約而裁之，頗爲簡盡，姑録之以俟觀者。

行年一十顔如華，嬉游終日如飛霞，有酒不樂將何嗟。

年及二十弱冠時，眉目清揚聰慧姿，有酒不樂將何咨。

三十行成名已彰，驊騮長駕騁康莊，有酒不樂將何傷。

四十方剛志可行，終朝獻納侍承明，有酒不樂將何憕。

五十勛業等伊周，致君已臻堯舜儔，有酒不樂將何求。

六十時方見二毛，子孫森森門第高，有酒不樂將何忉。

七十始衰志未改，典刑國是歸元宰，雖然斤力多罷怠，有酒不樂將何待。

八十目眊耳失聰，致政不復入紫宮。安車歸來伴野翁，有酒不樂將何恫。

不覺年華九十過，呼兒認孫多謬訛。感念往事涕滂沱，有酒欲樂能幾何。

綿綿百歲數已滿，肌體朝暮難保管。去日苦多來日短，有酒欲進唇舌緩。

校勘記

〔一〕“傅”，據文意疑作“傳”。

龍塢集卷之八

樂府雜體

李夫人歌

夢邪真邪，將予陳邪。曷可望而不可親邪？

落葉哀蟬曲

對明月兮庭隈，撫婆娑兮高槐。秋風起兮蕭索，落葉鳴兮蟬哀。嗟我心之懷兮千里，思重歡會兮無媒。

鳳竹曲

若有人兮挾長弓，珮陸離兮驂蛟龍。驅屏翳兮前導，後爲翼兮豐隆。排閶闔兮直上，謁玉帝兮紫宫。司北斗之喉舌，酌元氣兮域中。忽陰陽兮少乖，帝乃怒兮薄謫。來人間兮夷猶，冀精誠兮上格。終鸞鶴兮下迎，復逍遥兮銀闕。

龍塢集卷之九

古　詩四言

懷古二首

從古有稱，衛多君子。我行其鄉，茫然故壘。片碣無存，九原不起。景行高山，瞻言勞止。

我行朝歌，升墟四顧。鹿臺已傾，牧野如故。左林右泉，中比干墓。眷言懷思，涕零如雨。

弘　演

演生不辰，丁衛中否。仕若懿公，因而出使。比來遭狄，殺公滎水。盡食其肉，遺肝在彼。弘于肝所，反命卒事。已剖其腹，納肝乃死。嗟哉有生，疇其能此。

伯　玉

衛多君子，孰如蘧瑗。有道則仕，無道可卷。寡過未能，使言良善。孔主其家，臭味斯見。

寧　越

越以苦窮，駕學强力。人寢不寢，人食不食。歲更三五，其學乃成。出而東游，爲齊上卿。

雜咏二首

截趾適履，剖腹藏珠。彼昏何者？逐欲亡軀。君子皭然，以義自許。利非所媒，禍亦不處。

海以卑故，容納百川。岳云高矣，埃壒弗捐。君子博德，蓋之如天。賢恃以立，愚矜而全。

龍塢集卷之十

古　詩四言

游　覽

百　泉

毖彼靈源，其清可鑒。魚不隱鱗，鷗常泛泛。蘇門嵯峨，俯焉如蘸。庶幾予懷，與之同湛。

龍塢集卷之十一

古　詩四言

贈　答

夏日留崔益甫彈琴

夏日苦長，云胡不懌。招我良朋，設之重席。對酒傾歡，高譚疇昔。靡所究心，不有博弈。再撫七弦，幽懷蕩釋。上晝謂何，于焉終夕。

留　客

我有良朋，展也如玉。談麈方將，飛觥相屬。陸博争梟，陽春度曲。夏日靡長，秋宵苦促。歡會幾何，誰能結束？轄已告投，君其留不？

送　友

君子于征，駕言迅邁。追之莫從，慨焉增喟。蘭以久芬，松不易介。念彼素絲，勿忘菅蒯。

送　友

我送我友，于彼汾陽。贈以彩結，雜之瓊芳。明德既遠，離思彌長。薄言往告，尚戒垂堂。

四言集句

彼汾三章贈任子集毛詩

彼汾一曲，攸介攸止。有美一人，仲氏任只。惠而好我，克順克比。愛莫助之，曷維其已。

青青子衿，懷我好音。教之誨之，克廣德心。令終有俶，匪今斯今。云何不樂，如鼓瑟琴。

厥父克武，維德之基。以燕翼子，不愆于儀。昭茲來許，永言孝思。陟降厥家，式穀似之。

龍塢集卷之十二

五言古詩

懷　古

過始皇陵

秦皇冢何在？十里驪山東。高餘五十丈，望之猶穹隆。當彼强霸日，虐焰吞七雄。四海遂兼併，志願恣無窮。登山刻金石，入海訪仙翁。徐福去不返，神藥迄無功。始穿南山石，欲以托身終。興徒七十萬，越歲争磨礱。丞相報深極，叩之聲空空。有如下天狀，鑿鑿難爲攻。旁行三百丈，内復錮以銅。水銀爲江海，灌輪相流通。黄金鳧雁動，人魚膏燭紅。明年祖龍世，殉葬傾後宫。工人施機械，輒亦閉羡中。無何楚難作，鹿走逐四充。三月原上火，一朝戲下風。藏既燒牧豎，丘遺不蔽蓬。一世至萬世，曾未閲其躬。往事嘆何已，重爲來者恫。

過臨潼同邑侯張君觀湯泉

驪邑一何奇，嵬然對綉嶺。嶺下有温泉，凝波寫人影。却憶開元時，唐宗歲游幸。彼時同玉環，取樂須臾頃。不謂千載來，妖星隱如綆。我欲往訊之，其人骨已冷。但看華清宫，頽梁餘藻井。

望驪山舉火臺

驪山高不極，上有百尺臺。妖姬博一笑，舉火諸侯來。無何構戎難，輦道蒙塵埃。火即再三舉，四國兵互猜。宗周遂撲滅，黍離良可哀。炯戒存千古，茲臺猶崔嵬。

過王村傳舍有書漢臣張綱名者感而賦此

昔我過都亭，埋輪不知處。今來山磵中，公名揭村墅。尚憶在漢庭，豺狼遁如鼠。千載仰其風，奸雄色猶沮。如可作九原，執鞭吾與汝。今也亡是夫，欲語復誰語?

過茌平爲三君咏

魯連天下士，千秋令人仰。片言解趙圍，一矢殺燕將。長揖不受封，歸卧東海上。肆志在賤貧，富貴豈吾尚。

嘗嘆淳于生，資身本無藉。一語及穰田，千金驟勸駕。趙兵爲之出，楚師遂以罷。歸來飲後宫，石斗戒長夜。調笑三十年，坐令齊國霸。

馬周昔未遇，徒步入秦關。沽酒新豐市，聊爾沃塵顔。朝來常何家，暮列青雲班。讜言時以進，受之如轉圜。匡君衆所易，削草良獨艱。用意一何篤，耻爲管晏奸。策長日苦促，遺恨向丘山。

過長清望遲賢亭即靳公夫婦上升處有吕公草書十字

遥望遲賢亭，攀躋不可得。想像仙馭臨，鸞鶴紛如織。山中一壺酒，飲罷揮醉墨。緑字蒼蘚合，風雨永不蝕。遲之如可來，予且候岩側。

謁孔林

星駕發奉符，凌晨涉泗水。豈不憚苦辛，瞻言詣闕里。行過洙水橋，孔林鬱而起。瓣香一以拜，千秋仰聖軌。左昭爲伯魚，伋也穆乃是。傍有端木廬，古道厚如此。夫子手持檜，爰在廟宫裏。矯如蒼龍形，偃蹇東南指。榮悴自有時，常關興廢理。日不夢公旦，吾衰嘆久矣。掩袂西狩麟，空言托魯史。詎知世萬間，光業垂不毁。師範及百王，春秋肅明祀。

靈光宫在曲阜東南

漢統已中墜，宫室蕩烟荒。嵬然而存者，獨有魯靈光。魯其果足恃，托之得素王。所在非闕里，灰燼同咸陽。于今閲千載，存者亦復亡。伊昔齊雲構，化爲禾黍場。緬懷文考賦，喟焉空悲傷。

顔　巷

孔門稱四科，無如顔氏子。屢空常晏如，好學殊未已。六代請爲邦，四勿任諸己。用行舍即藏，日惟我與爾。農山志謂何，居然及没齒。朅來闕黨間，陋巷訪遺址。分明舊井存，因令汲其水。立飲盡一瓢，樂哉良無比。

挂劍臺在東阿西南

賢哉吴季子，佩劍往聘魯。東道逢徐君，色欲口未吐。詎知返魯時，徐君已爲土。心許安可違，解劍挂壠樹。風流河濟間，薄俗敦千古。

黄　石在東阿

子房報韓仇，博浪椎秦雄。少年寡幾慮，惆悵走西東。適來經圯上，邂逅得老翁。翁命取遺履，跪進禮愈隆。遂爲橋下約，三朝誠始通。异書果親授，出翁懷袖中。讀此師王者，譚笑收成功。穀成見黄石，慎母〔一〕忘乃公。他日留侯過，糞除起齋宫。我行濟北道，追懷千古風。披蓁竟阻絶，駐馬思何窮。

游　覽

飲任園得“事”字

昔有華山老，閱世恣長睡。向來柴桑翁，陶情任一醉。軒冕豈不榮，所貴在無累。爾我諧素心，千載同高致。相逢且盡歡，俯仰悲何事。

華陰道中

驅車西入關，行過華岳下。矯首望三峰，雲中翠欲瀉。豈假巨靈力，削成本造化。上有真仙游，願言叩其舍。手無九節杖，令人空嗟訝。

秤鈎灣

君子貴直道，此道曲如鈎。委蛇亦可達，當無憂阻修。河水東到海，九折不自由。胡爲涉遠道，而欲跬步求。

發會寧值風

西北多妖風，烏蘭風更惡。白晝失前茅，黄塵張大幕。從兒强欲行，十步九回却。豈在襄野中，令人足無著。

問惡溪

曾聞惡道溪，上書穴星瀨。五十九灘中，何所稱奇最？逸少妙心賞，康樂得領會。胡乃辱此名，而令聞者外。

過蒿里山

驅車向東岳，行過蒿里山。山上多冢墓，纍纍松柏間。碑斷翁仲卧，草深狐兔跧。舊葬不知主，新魂土未斑。下有古叢祠，云是鬼王關。陰風晝常嘯，磷火夜復殷。俯仰嘆人世，應凋壯士顔。

憩御帳亭

宋王嚴東祀，龍輿暫此停。御帳復安在？大書揭丹青。想像登秩日，從官紛如星。瑞雲望不極，天書空杳冥。已往有殷鑒，來者胡未醒？長卿導漢欲，李斯惑秦聽。有時禪梁父，或在云云亭。功德藐虚誑，海内敝生靈。末世競相煽，兹事不可經。聖朝少游幸，地道一何寧？

登岱岳

岱宗何巍藐，儼爲五岳尊。登之小天下，齊魯安足論。夜半見海日，天晴望吴門。封禪留漢址，輦路摧秦轅。丞相碑盡剥，大夫松僅存。憶及車子侯，黯然傷心魂。端禮丈人石，問道桃花源。萬壑割昏曉，群峰羅兒孫。分流挂水洞，膚寸生雲根。濯髮玉女池，側身帝子閽。獨往恣冥覽，寧辭足力煩。俯仰慨今古，臨風絶語言。升中會有待，遐想寄羲軒。

觀泰山無字碑

伊昔事封禪，七十二代君。合符荅靈貺，終古靡虚文。秦漢胡爲者，亦復仿前聞。書伐示功德，駕言凌華勛。檢玉不知處，片石倚空雲。上無譬巢迹，旁誰鎸八分？訪落竟藐絶，長嘆向斜曛。

廣川樓

客行劇游覽，一上廣川樓。海岱翠烟杳，青徐平野悠。遠村樹杪見，長河天際流。舳艫下吴越，帆檣達燕幽。帝京千萬口，仰此一綫流。孰爲疏鑿者，功與神禹侔。

夏日游百泉

曰予羈塵鞅，藐懷林壑情。朅來乘休暇，飾駕及朱明。晨遵汲水曲，日暮薄共城。蘇門騁長望，泉源漾寒清。高山欣在仰，臨流思濯纓。夙昔抱微尚，耻爲外物嬰。兹游何曠絶，悠然愜平生。

登嘯臺

蘇門高不極，乘暇一登眺。上有百尺臺，臨風何孤峭。安得起公和，與之共長嘯。詎以人代殊，千秋庶同調。

安樂窩

昔賢秉幽尚，結廬岩曲間。味道已云樂，處身安且閑。于世澹無欲，終日常閉關。誰復爲鄰者，高風杳莫攀。

感述

感興二十首效陶

性辟寡所諧，索居城南隅。鄰并少知識，而况車馬徒。履聲忽接耳，一見欣子都。携樽更酬和，怪我與世殊。紛紛逐榮利，胡不争馳驅？感謝金玉音，其如秉性愚。權門耻投足，善價將誰沽。願且進杯酒，初心不負吾。

弱齡受欺惑，薄游至海東。蓬萊更綿阻，舟航焉可通？愀然惕中抱，神仙真渺濛。始知羨門侣，詭道煽其風。處世恬吾素，修短無弗同。世師在鄒魯，返駕終吾躬。

夷齊棄國命，西山行采薇。魯叟周列國，不虞陳蔡饑。遘運固亦惡，所願良不違。楚子愛軀體，石椁終無依。乃有楊王孫，裸葬不爲非。達人解意表，愚者遺世譏。

蘭生衆草間，穢蕪將無擇。薅然除衆穢，芳香滿幽宅。涸蔓不見奇，孤根始超格。開樽對前軒，引滿不復惜。遠風時自來，雅韵一何適。人生復幾時，悠然睹西夕。

園竹何青青，風來時習習。結實繁以滋，琅玕穎而立。托根五百載，當有鳳鳥集。期逝胡不至，對此空悒悒。日月迅流邁，已矣將焉及？何以解蘊蒸，一樽聊自吸。

處世有兩端，一行與一止。行止各异趨，互然生美訾。紛紛千載間，誰復直其是？山林詎遠君，廊廟非失己。肥遁良可嘉，濟世顧不歸。所以君子徒，惟義之與比。

僑居屢遷次，出門無定歸。舊徑亦鹵莽，何知今是非。朝同去鳥翔，暮與孤雲飛。豈無行迹累，中心良不違。此中有要妙，伊孰窺其微。問之胡爲爾，身無嬰禍機。

喬木鮮扶枝，清泉無濁派。君子處兩間，正爾得冥解。奉身在高明，耻爲未流届。胥胥俗中惡，謬焉興長喟。我心良匪石，云胡易其介。

大道久淪没，舉世汨其真。但知名可貴，無復愛此身。得失苦交戰，憂端如棘鱗。人生百年内，身名孰與親。盛年難久恃，歲月如轉輪。勞生願未畢，軀車化爲塵。誠哉珠彈鵲，可以監後人。

天道曰有常，人事何乖違。懷玉屢遭斥，伐檀恒苦饑。積善苟無應，君子將何依。固窮節乃樹，慍見深爲非。一瓢不改樂，戰勝能自肥。故人已如此，今我安與歸？

大運有興復，榮衰亦屢更。朝看花灼灼，夕風落其英。昔時冶容子，忽爲老醜形。物理誠固然，其何嬰吾情。有酒不惜飲，彈琴遂幽貞。軀命幻如寄，况此身後名。

陶令之官日，八旬賦歸來。五斗何足多，折腰違性材。荷畚辭楚相，自昔稱老萊。豈不顧榮寵，物役良可哀。古人有深鑒，勢利禍之媒。我亦沉冥者，懷念心悠哉。

有客同里閈，出門各异圖。販珠一入海，求名赴帝都。積珠竟遭没，盛名翻速辜。所得不償失，斯人何其愚。往事不可諫，重爲來者吁。

故人叩我門，壺中携新釀。席地同數酌，沉鬱已開蕩。發言不復忌，傲世恣酣暢。我有違俗僻，喜君同夙尚。一飲便須醉，日暮燭當上。古來誠有之，今人絶此况。

獨坐常閑思，攝衣彈鳴琴。清聲散虚室，逸響振幽林。因之托佳况，可以開煩襟。彈罷自嘆息，此曲感人深。鍾期既已往，舉世誰知音？聊對一片月，寄此千古心。

幽居百計廢，試覽古人書。李斯嘆黄犬，龍陽泣前魚。因知千載間，榮華難久居。盛滿器自覆，知足樂有餘。邵平歸瓜田，列侯總不如。他日東門餞，賢哉惟二疏。

桃李何葱蒨，逾時飄風塵。霜霰不改操，松柏得其真。君子有達節，處世澹無親。紛紛逐光耀，而我甘沉淪。浮榮坐捐棄，矯然方獨伸。夙昔抗微志，用是書諸紳。

嚴公昔玩世，賣卜成都中。得錢輒沽酒，取樂良無窮。晦迹觀元化，吸和游鴻濛。不求當世知，名或天漢通。竭來千百載，無復見此翁。俯仰愧今古，何以挹高風。

少有四方志，浩氣凌青雲。有時拂劍起，思欲静世氛。羞作環堵士，挾策談空文。至今向立年，閶闔卒不聞。時哉悲不遇，何以收奇勛？去去無復道，甘與沮溺群。

黄虞去世遠，澆漓散淳風。王迹淪三季，霸業更七雄。道絶幾如綫，尚賴詩書功。嬴秦戾天紀，乃畀焰火中。漢魏竟何準，區區争异同。李唐縱妖談，荆榛路益充。宋運躋嘉泰，文教始復隆。殷勤數君子，爲世開群蒙。衆星紛拱北，百川障以東。今往數百載，孰能外折衷。夙志在紹述，兼之晦蝕恫。將吾艮其輔，何以示無窮。世人多責之，凝冰語夏蟲。辯言不可得，長醉欲懵懵。

雜咏二首

穆滿昔好游，八駿馳天涯。遠見西王母，歌竹晏流霞。不復念周鼎，堪爲從者嗟。君子化猿鶴，小人爲蟲沙。至寶竟淪喪，何以示悠遠。

懿哉庚市子，道逢相鬥者。問之爾何因，錙銖競多寡。笑取懷中玉，毁棄擲地下。兩人復駭顧，慚愧各相捨。舉世皆若人，折衡言詎假。

讀史二首

魯多賢大夫，無如公儀子。園葵既已拔，織婦安用彼。食禄在公朝，可妨小人理。上下千載間，孰能繼絶軌？牧民而剥民，豈不戾天紀。

我愛齊晏子，相國有餘休。豚肩不掩豆，十年一狐裘。待以舉火者，七十家常優。斯人不可作，千載思悠悠。彼夸者誰子，豐靡恣遨游。骨肉藐不視，而况他人周。感時動深慨，胡不如前修。

感興二首

周周向河飲，銜羽防其顛。甘草壓所嚙，乃爲蛩蛩先。物性尚如此，卒之能自全？饕餮世永監，貪夫殊不然。撲滿競吞蝕，破碎將誰憐？

開士來震旦，伯陽度恒水。無出人我間，在彼猶在此。何如逢掖徒，恢張布倫紀。大道坦蕩蕩，安事生荆棘？

五側體

日燕苦未足，卜夜更引白。待子莫秉燭，月色照我席。鳥宿露葉冷，犬吠客語劇。百歲幾笑口，萬事任落魄。

五平體

嘉賓奚從來，歡言升中堂。前事書聞不，阿咸俱平康。呼奴開新醅，雌鷄聊烹將。雖無東家陳，平生知相忘。

感懷二首

我生胡爲哉，沉憂日煩亂。雖有并剪刀，緒多幾能斷？丈夫欲雄飛，將誰假羽翰？由來一顧難，九死何足嘆。

少負霸王略，溺志青雲館。羈旅三十年，黄金等閑散。有如挂帆舟，無風坐長嘆。泛泛在中流，何由登彼岸。

效曹體一首

明月照高樓，高樓思婦愁。君子遠行役，一别更九秋。瑶瑟慘不御，錦衾誰與儔。妾如匏瓜繫，君如萍梗浮。行止各异勢，相望不可求。神往夢欲會，庶幾奉綢繆。夢中迷去路，懷念空悠悠。

鴻鵠篇

矯矯鴻鵠飛，青雲近咫尺。饑餐赤壤田，渴飲玄溟澤。下視斥鷃群，腥穢恣吞嗌。安知各有心，顧之反相嚇。宜哉斯人徒，衷曲千與百。

咏　感

長安似奕棋，當局戰勝負。勝之多德色，負者貽其醜。須臾一士來，勝者復敗走。持此終日着，幾人戰能久？我行適見之，長嘆不容口。寄言善奕人，傍觀且束手。

冬日咏懷

冬日倦晨沐，卓午裹我頭。北風利如割，凍雲凄不收。滿目餘積雪，着體無重裘。誰其堪此者？而我獨無憂。方爲振虞弦，高咏揚清悠。平生信義命，執鞭良所羞。

靈濟宫避人

君看得意者，真如神仙人。顧我空昂藏，避彼車前塵。窮達有時命，請君無復嗔。一朝升天衢，果登要路津。豪杰如我輩，握髮當求親。

寫　懷

白日不在天，明月忽滿地。抱影私自憐，况復鼠憂積。纏綿方寸間，因之動遐思。伊昔懸弧辰，四方示有事。由來秉微尚，謬負經世志。許身皋與夔，孰能學季次。局促三十春，壯懷一不遂。邇蒙明主恩，先鳴濫竽吹。廊廟信非才，風雲幸遭值。胡寧迫内難，母妻衷禍祟。賀者方在門，吊者踵而至。朝哭痛劬勞，暮悲眷中饋。人生期百年，大半淪顛頓。往哉良莫追，來亦安可冀？玄髮俄已霜，榮華坐抛置。撫枕空啜嗟，宵長耿不寐。

過會寧寄懷前令高宗極宗極時守京兆丞

會邑有賢宰，今爲京兆丞。去會日已久，循良聲逾騰。弦歌尚滿耳，桃李如雲烝。三輻近多盜，赭衣半平陵。爾即關都尉，得無勞寢興。昔賢有成説，理民如亂繩。求安固其所，勝之將何能。行使握刀者，佩犢滿郊塍。比迹龔渤海，千古同休稱。

安定道中

游子苦無悰，驅車歲云暮。遥途催短景，落日下山脚。越磵踏層冰，披蓁度深壑。絶壁有居人，鷄犬何蕭索。逝去安所投，欲留恐非托。

雜咏四首

彼美東鄰子，妖冶呈華姿。臨妝對寶鏡，拂枕褰羅帷。鳴琴横在御，彈爲長相思。相思詎在遠，欲托空自疑。歲月易云暮，朱顔難久持。

托交良不易，念我平生親。蘭芷棄中道，而與蕭艾鄰。磁石解引鐵，金玉難爲因。伊昔歌伐木，咄嗟勿復陳。

威鳳栖枯桐，翻令斥鷃欺。一朝翔阿閣，四海欣來儀。君子懷道術，卷舒良有時。當其被褐日，流俗安所知。

羲農逝已久，末俗良可嘆。權智日傾奪，周術生險難。出入觸機穽，相市成禍患。達人有遠識，動欲求所安。處身在不競，庶無非咎千〔二〕。

雜詩四首

夙昔愛修嫮，自比雙南金。俗輩耻相狎，故人良所欽。幽蘭植中畹，忽爲蕭艾侵。咄嗟勿復道，歸卧西山岑。

伯夷夜行游，東家執爲盗。五倫篣婦翁，孤女爲絶倒。古來信有之，今人何足道。彼其非吾徒，駕言從所好。

鸑鷟集昆丘，日厭琅玕食。鴻鵠翔神皋，稻粱〔三〕恣委棄。彼鴟何爲者，腐鼠相嚇視。哀哉有生倫，誦言令人醉。

弱歲慕仙真，不食亦不娶。彼美東鄰姝，挑之肯一顧。啖我以棗梨，喀去若將污。持此多歲年，冰壺貯寒露。悠悠者誰子？而欲涅吾素。

咏　懷

自信固云易，知人良獨艱。仲尼至明聖，拾摩尚疑顔。曾豈殺人者，慈母投杵還。興言以及此，有涕空潺湲。

虚白庵遣興

謀身愧鳩拙，聊借前賢居。庭楹窈以窕，軒窗幽且虚。塵慮既已息，公牘喜復疏。乘兹休暇日，還讀故人書。往事不可迹，矧乃糟粕餘。徙倚臺上花，俯玩盆中魚。所交良不泛，時來君子車。歡然爲道故，數酌常頹如。且焉托卒歲，此外任蘧廬。

校勘記

〔一〕“母”，據文意當作“毋”。全書此字多誤，徑改。

〔二〕“千”，據文意疑作“干”。

〔三〕“梁”，據文意疑作“粱”。

龍塢集卷之十三

五言古詩

贈　答

懷遠三首

送君春草緑，思君秋葉黄。春秋忽不待，惻然生悲傷。寸心無遠近，日夜在君傍。

送君山之麓，君行向海涯。山重海復闊，離緒日紛挐。何當覯顔面，慰我饑渴嗟。

送君車轍新，車塵逸以緬。離腸如車輪，日夜幾回轉。豈無萱草枝，憂懷自難遣。

送　别

朝送君行矣，日中賣瑶琴。匪以家貧故，孰復是知音？君懷寶珠去，掩藏宜更深。不然光耀發，恐生按劍心。

送憲章入試限韵

蛟龍自神物，尺水難終潛。鴻鵠有遠志，榆枋非所淹。之子青雲器，抗節砥隅廉。冥心探古始，玄覽窮羲炎。文學乃餘事，言卜真能兼。弘詞爛霞日，鋒穎凌霜嚴。猥哉班與馬，謄腹嗤徒沾。平生富經濟，况復足韜鈐。時乎不可失，去矣勿濡沾。我願陟高臺，爲爾縱遐瞻。

贈范醫

范生餐霞侶，閉機恣沉淪。蚤諳岐黄術，邁等秦越人。賣藥適燕市，出入依平津。九位耽冥契，因之謁紫宸。湛恩被組綬，清銜列縉紳。終然和九鼎，歸來寧二親。入門拜嘉慶，光儀蔚里鄰。昔爲布衣去，今來寵渥新。相期復不淺，斯懷難具陳。少君幾誤漢，徐市亦誑秦。他日奉明御，肅哉守至真。

贈王崇剛

古稱豪杰人，多生燕趙間。今夕復何夕，乃覯之子顔。雄辯若洪河，高標儼泰山。贈我珊瑚鈎，愧無瓊玉環。願言執鞭役，慎勿棄懦頑。

速任憲章小酌

我有一樽酒，懷君欲同酌。君亦素心人，豈謂一樽薄。有酒慚無肴，小摘園中藿。君來共解頤，願有一語諾。清飈動前軒，丹葉走低箔。鴻雁影迢遥，蟪蛄聲寂寞。朱鵲乍西飛，玄兔忽東躍。人生瞬息間，可復空牢落。一日一相見，三萬六千度。近遇浮丘翁，授我長生藥。形如蒼精龍，皎若紫金錯。常恐真宰嗔，轉令魑魅攫。珍藏不自吞，待君同一嚼。一嚼我乘龍，再嚼君跨鶴。飄然謝塵氛，天地歸橐籥。徘徊五岳巔，污漫三山脚。遠携扶桑雲，趨騁昆侖約。足濯弱水涯，手把琪花萼。旋陟重陽宫，清都瞰寥廓。倘見韓衆侶，一笑如今昨。倒浥天漢津，淺斟北斗杓。群仙弄雲曲，爾我更奕博。奚直終古歡，聊爲後天樂。

貽孫明府古琴并賦此

我有嶧陽桐，繫以朱絲弦。玉徽光錯落，拂之聲鍧然。一彈山水清，再彈山月娟。松風颯入耳，能令塵慮捐。差足供獨樂，世人難與傳。敬致單父宰，兼貽南薰編。三嘆成初弄，何當太古還。

書周氏卷

岩岩望京邑，灼灼奔塵流。九衢日充隘，車馬紛填蹂。聲利何烜赫，其如嬰百憂。乃有沉冥子，超然事遐修。冠簪厭局促，韋布亡愆尤。崇朝步南陌，日夕西園游。岩穴得深趣，富貴寧吾羞。接輿嘆衰鳳，莊叟畏犧牛。高踪已綿絶，方之君爲儔。

鳳雛贈辛四

瑶山有威鳥，將子丹穴隅。朝哺竹之實，暮宿高岡梧。習羽瞰寥廓，飛翔千仞衢。有時覽德下，百鳥争歸趨。一鳴諧韶奏，再鳴和都俞。君家九苞種，居成五色雛。引頸望朝日，舉聲宛提扶。他時紫庭上，重見儀皇虞。

贈宗極

之子何特杰，勃勃英氣駸。弘詞奪雲錦，偉器輕瑶琳。揭來問奇字，起予諧素心。親就比芝蘭，聆言同瑟琴。老成在英妙，寸衷難丈尋。峭如千仞壁，純然百煉金。一朝游膠序，獨步冠青衿。論材須大受，寧與時陸沉。蛟龍起深澤，威鳳翔喬林。來儀虞庭奏，遍灑商岩霖。明堂充巨棟，清廟列奇珍。左手補天缺，右手麾妖祲。所希樹休烈，詎徒榮華簪。因之銘常鼎，可以揚徽音。莫謂東家丘，鶴鳴正在陰。以吾孟浪語，爲爾座右箴。祇哉奉茲訓，永爲當世欽。

贈史司庫

貨利能中人，深莓淫骨髓。欲解不可得，淪生方始已。庫藏金滿睫，廉士節難毀。皎然不受侵，乃獨見之子。

題雲山卷

翠微藐何處，西望凌高旻。賢王昔游晏，行樂窮朝曛。桂枝小山賦，兔苑枚生文。曳裾迹雜沓，設醴意何殷。東平差足亞，河間難并群。一夕慘不豫，奄然謝塵氛。緱嶺羽卒化，淮南鼎遂焚。笙鶴俱已矣，鷄犬杳無聞。嗣體有英胄，罔極懷糾紛。登高寄遐思，佳城鬱氤氲。山下劍履秘，雲際草樹薰。願身化山石，望親成白雲。永言大孝慕，千載繼餘芬。

送裴職方守山海

聞君遠行役，契闊三年期。臨歧一把袂，相看各泪垂。豈以袮袍故，道義生乖離。丈夫勞王事，而敢他念辭？矧乃挈妻妾，兼之奉母慈。隨在集家慶，中心良無虧。山海固雄鎮，鎖鑰實重司。胡塵久已滅，折衝其焉施。但于樽俎上，緩帶歌委蛇。安邦屬有道，聖主稱無爲。歸來恣燕喜，坐令清譽馳。側身伊吕并，邁迹蕭曹歸。勛業信如爾，努力將何疑。短言愧清穆，聊以慰遐思。

寄吴武城

遥語武城公，月中竟何似。歲序坐且遒，深懷汨没耳。君行百不來，我去一無使。浪信口頭言，相負以至此。哀哉復哀哉，謂之命也已。

贈田封君夫婦凡三首

皤皤渭濱叟，釣竿手自援。問年餘八十，居然二齒存。意在靖四宇，豈曰老丘樊。後車未登載，已吐興王言。玉璜置卧内，熊夢摇精魂。藏丈一朝語，應知尚父尊。

蕭史得仙日，秦女與之同。賢哉孟德曜，作配稱梁鴻。千載誰繼者，若母偕若翁。鷄皮母三少，龍鍾翁始童。綉衣拜家慶，宛在瑶池宫。相看兩愉快，舉世高其風。

教子信不易，成名良可觀。過庭方問禮，入夜和熊丸。君恩一朝至，紫誥裁雙鸞。母已被翟服，翁仍峨豸冠。大官足豐膳，菽水何云歡。長跪拜翁母，人間如此難。

答梁二丈時余舉次女，梁丈亦未子

世人重生男，有男女何忌？獨無一男生，轉覺生女累。爲此重咄嗟，連宵耿不寐。中懷知者誰？于焉諗同志。

周女咏三首并序

周氏女許姚生，未及婚，姚生物故，女百計欲殉之。父母日防守，不得，則告父母欲往哭姚生家。既至，自爲文祭之，已，遂拜翁姑，留事左右不復歸。余异其事，爲賦此。年友郭弼明告余曰，是女徐子與外孫也。子與以詞賦名，高淑其内及其外氏。嗟乎！風致亦遠矣。

父母生妾時，謂妾端容止。俟其長成年，覓婿須快美。五歲學擇言，七歲習圖史。九歲弄琴瑟，十三能裁綺。君家朝委禽，父母共歡喜。若兒攻讀書，立可拾青紫。跂予望藁砧，待冰期在邇。夜成綉裌裙，晨刺鴛鴦被。門前擊掌聲，忽報君長已。聞之五内崩，一號痛欲死。本意托終身，傷哉今如此。誓從地下游，以身薦螻螘。偏親呼向兒，嗟兒見何鄙。同穴較百年，差遲旦暮耳。堂上有姑嫜，室中寡妯娌。雖未奉夫歡，爲夫代甘旨。沉慮可奈何，母言得無似。賫步往君家，驚喧動鄰里。姑嫜聞女來，是乎倘非是。迎門睹顔色，感愴頓還起。女不負吾兒，吾今復有子。卸却來時裝，中厨視滫瀡。掩面泪偷彈，回頭應姑使。常誦《柏舟》篇，《燕燕》歌任只。豈不稱姱節，彼已成婦禮。孰與閨中姝，大義能終始。願言表丹青，萬世揚風軌。庶令薄俗敦，因之扶人紀。

君如芳樹枝，妾比女蘿草。本意效纏綿，托爲百年好。一朝狂風來，枝摧樹已槁。女羅不自疑，枯根永相抱。成説既有初，忍言棄中道？

結束入君門，姑嫜驚抱持。女來何太晚，不及夫存時。床有合歡被，紅羅複四垂。緣以結不解，著以長相思。君懷妾已會，寧辜泉下期？

贈吴春元舉子

豫章擢神皋，珊瑚茁溟水。异物天地間，托根類如此。君方妙弱齡，已作青雲士。授室曾幾何，門前桀弧矢。奇毛自九苞，汗血應千里。要知吴氏宗，世不乏季子。

秦隴遇雪任年丈遣送絨衣并酒饌

雨雪度秦嶺，風寒竦骨毛。故人百里外，爲我贈綈袍。服之比挾纊，況復投以醪。飲罷再三嘆，君誼一何高。

過武城馮令見招歸至船頭賦此

武城有馮令，賢哉言偃儔。入邑寂無事，弦歌聲悠悠。吾道詎小試，行爲禮樂謀。得人今在女，可有澹臺不？

懷文穀二首

明月臨高牖，清風吹素襟。轉側不成寐，起坐彈鳴琴。弦急調苦促，繞指揚哀音。誰爲知我者，悵矣懷所欽。

幽蘭不自馥，好風爲之音。桃李寡言説，履迹來何頻？彼美服修姱，四海多德鄰。邂逅適我願，爰如平生親。願言托終始，垂見白頭新。

贈文穀之富陽

宿昔懷之子，中心如渴饑。相見苦不早，而復當乖離。車馬在明發，借問安所之。剖符向江縣，行過瀨水涯。子陵去已久，釣臺屬阿誰？爲我一言謝，清風百世師。

贈晋民部

伊昔王子晋，得道緱嶺中。吹笙動靈籟，跨鶴凌烟空。曠絶二千歲，不謂復見翁。朅來棄軒冕，脱略仙人風。朝游姑射洞，夕卧昆侖宫。舉手謝時輩，逍遥誰與同。長生果有術，天地將安窮。

題袁守紹龔卷

古稱二千石，孰與龔渤海。不謂袁府君，休風紹千載。佩犢俗依然，甘棠蔭不改。于今伏臘時，俎豆儼如在。

曾聞淮海間，風流有袁淑。蚤歲常挂冠，月旦更評目。闕黨化畋漁，畏壘共尸祝。欒社今尚存，令人仰喬木。

雲耕館

曠懷寄物外，絶壑構幽軒。溪徑曲以滑，垂蘿庶可捫。虚谷亘緬邈，疑入桃花源。矯首屏紛雜，寧知足力煩。東睨海水闊，西連岱岳尊。伐木亂鳴鳥，層崖聞夜猿。訪落冶長氏，遺堵今尚存。讀書論其世，况乃同丘樊。曾是翠微末，腴田出高原。竭來偕沮溺，耦耕動雲根。竟畝秀嘉禾，别畹滋芳蓀。晚釣向溪沚，摘蔬及朝餐。于焉托卒歲，因之歌勿諼。沉冥諒如此，盍各亦有言。豈其術王霸，空令歲月奔。龍蛇以時化，肇允會騰翻。抱膝吟梁甫，聽鷄舞劉琨。所希軼衡軌，爽鳩安足論。

病起留客

幽懷忽不樂，憫默如倜饑。坐俾性靈捐，兼之服食違。經旬理藥物，伏枕良憂疑。上恐官長怒，下畏友朋非。適來乍歡聚，頓覺沉痾微。肝膽互相吐，孰云知我稀。

《海籌圖》爲胡氏題

仙客藐何許，向在昆侖丘。高舉厭塵坱，時與韓終游。出入閬風觀，偃息十二樓。甲子杳不識，矧復知春秋。頃愛蓬萊勝，作屋鳳麟洲。蟠桃樹屋後，大椿當屋頭。無事樂容與，手持白玉籌。海水變桑田，此籌方一投。投來滿十屋，十屋尚虚留。彼其爲阿誰？因之問蹇修。仿佛重華裔，猶云是耶不。

時　序

春　思

春風動微和，宿草漲新緑。睇景何參差，感懷空躑躅。紫燕從東來，音書杳無屬。安得順水魚，中心一以告。

春日喜晴

鎮日苦陰雨，朅來睹辰曦。深竹亂鳴鳥，密林凝華滋。夭桃半吐色，蛺蝶雙飛遲。對此偕良友，似與春風期。陶然共一酌，宇宙忘所爲。

五　日

命縷表佳節，出門欣子都。攬衣欲解佩，褰裳行摘蒲。蕩舟矯龍翼，貼艾分虎鬚。忽聞九招咏，懷哉楚大夫。

上　巳

淑景届元巳，傾城事祓除。暮春天氣好，況復禁火餘。淇上多妖麗，踏歌臨清渠。笑折金堤柳，影駭銅池魚。采蘭握未滿，飛觴行且徐。歲時競爲樂，試問今何如。

咏　物

美　人

阿嬌年幾許？風流二八餘。可憐傾城色，絶世誰復如？臨風艷穠李，映渚成芙蕖。輕綃間紫縠，羅帶雜鳴琚。爲愛遠山翠，還停流水車。招摇竟莫待，悵望空踟躕。

螢　火

草木分同朽，不意復含生。流影雜星貫，弱態隨風輕。入手火不爇，度帷珠乍明。掇拾君相愛，微光願自傾。

悲　悼

悼亡二首

坐我寂寞床，展我相思簿。相思不可見，寂寞終難愈。清風滿素帷，明月當朱户。風月易相招，華顔難再睹。黄金可鑄身，白玉今埋土。有泪空自零，有語復誰吐？悠悠泉下魂，應識予心苦。

昔耽朝暮歡，風月時相守。明月去還來，清風無更有。可憐風月存，不見當時偶。風前獨蹙眉，月下誰携手？殷勤問明月，重可相逢否？明月寂無言，風聲似啼嘔。應知冉冉魂，與我相依附。或在我之前，或在我之後。或在我之左，或在我之右。汝心定不灰，汝意詎能朽。綽約兩含情，百年仍聚首。

龍塢集卷之十四

七言古詩

懷　古

題劉松年《香山九老圖》

唐家累葉全盛朝，乘時賢俊争金貂。富貴功名不盈眦，須臾禍敗隨相招。江州司馬慣世故，陸海風波幾增懼。一朝高作冥鴻飛，走馬香山結鄰住。香山蒼蒼洛水溶，當時行樂孰相從？高年徒有李元爽，百三十六稱龍鍾。僧蒲九十更加五，胡杲八十惟九數。吉劉盧鄭八十餘，張白七十貌奇古。是作香山九老人，當時圖畫爲傳神。惜哉狄盧年頗少，同游不列將無嗔。祇今人去幾千載，往往人傳畫圖在。豈無三楊與二張，徒看糞壤同臭穢。

銅雀臺

古來銅雀臺，今在漳河岸。漳河之水日夜流，銅雀臺傾亦復半。此臺却憶初築時，便作君王萬歲期。三千粉黛陪雕輦，十二珠簾鬥畫眉。那知歌舞須臾事，繐帳徒令設脯糒。今望西陵何處邊，纍纍疑冢無人識。

龍塢集卷之十五

七言古詩

游　覽

酆都城

泰山南麓奉符北，宫殿陰森古道側。問之云是酆都城，主者稱爲韓柱國。韓公世上有威名，地下還能剖曲直。多少奸雄過此時，得無俯首自悚息。

披《嶧山圖》鄒令王君送

不到嶧山數舍許，側身東望空延佇。王君飛送嶧山圖，恍忽將身墮其處。嶔岏千峰與萬峰，玲瓏疊作綉芙蓉。石下泉流洞見底，别有窟宅蟠蛟龍。秦皇功德留片碣，李斯八分書奇絶。秖今碣斷書已剥，虐焰空遺後人説。岡頭古桐百尺强，吐花時見鳳來翔。孫枝削斫爲琴瑟，清廟一鼓薰風揚。披圖反覆問來使，指點山形似不似。直言摹寫頗逼真，它日登臨總如是。

水岩洞

天漢奔流忽傾下，白虹倒地光照夜。織女機石萬丈崩，陰精水怪互吞瀉。雲間藐出姑射神，冰姿綽約絶風塵。朝來跨鶴蓬山館，暮去浮槎弱水津。小别蒙莊幾千載，洞口垂翳蒼靉〔一〕。有時化作升天龍，雷雨風行薄寰海。

楊氏新樓歌

君家高樓高幾許，登樓人在空中語。曉光簾外映扶桑，夜色窗前伴牛女。行山東望大于拳，太華低垂玉井蓮。黄河之流來天上，細盤睥睨生寒烟。主人好奇兼好客，不重黄金重肝膈。作賦時來王仲宣，談玄亦有浮丘伯。不用短簫學鳳吟，放歌杳入青雲深。滿泛玉醴不成醉，坐對明月揮瑶琴。仙人樓居良不惡，五城十二今有作。飛梯纔上一憑欄，九土茫茫瞰寥廓。

校勘記

〔一〕“蒼霱”，後疑缺“黤”字。

龍塢集卷之十六

七言古詩

感　述

戰馬行丁卯作

我生之初尚無爲，晏然四海歌雍熙。窮鄉袛解供傜賦，追呼戰馬誰復知。何事北門失鎖鑰，胡塵千里日星薄。初來朔方驚殺人，旋向神京戲鳴繳。數年出没如里鄰，籌畫空煩禦侮臣。坐喜饑鷹暫飽去，藿食之謀將誰陳？官兵日疲家兵富，胡馬日肥我馬瘦。官發十金易一馬，府縣百金馬不售。幾家産破苦遭刑，欲走四方畏强寇。嗟哉購馬常例開，泰運不回心動摧。袛見日趨戰馬去，不見生擒單于來。倘使生擒單于來，捐家購馬心快哉！

田父嘆

野老荷鋤長嘆息，空向山田憊斤力。人喜今秋禾黍成，我恐秋成不得食。饒使輸官有零落，新陳丐貸苦追逼。場頭净掃脱粒無，足了一年受奔踣。冬來過遣將奈何，老妻號寒兒饑色。縱有幹菜少米漿，强把饑腸謾填塞。謾填塞，却嘆息。貧有極，富無極。君看五陵豪貴家，犬常食肉馬食稷。

義田咏

人生四海同一親，疾痌癢疴皆吾身。末俗頹風轉偷惡，骨肉相看如路人。有兄自享千鍾禄，弟也藜莧不充腹。釃酒椎牛日燕賓，不聞饑侄路傍哭。况爾鄰里鄉黨爲，近且不能贍一族。我思往哲高其風，破金買田不自豐。謳窶滿車歲其有，百廛盡發周孤窮。寒者足衣饑足食，向自憔愁今喜色。坐致澆漓還大淳，令人千載仰休德。

瓦亭值雪

五夜月明光射牖，曉來雪片大如手。聞之枕上堅欲眠，問道前驅去已久。强起巡檐望碧空，眩然滿目飛瓊玖。天寒裘敝將奈何？欲發重斟隴州酒。正苦六盤行路難，灞橋逸思吾何有？

金城行

將軍蕩虜金城戍，萬騎材官食不足。詔書趣發水衡錢，轉向安西大都護。行者愁經古戰場，欲行不行心徬徨。夫人城上草常碧，光禄塞邊雲日黄。况是胡兒飲馬處，秋高風勁弓矢强。我聞髮竪眦如炬，怒殺人間懦兒女。丈夫有志在四方，猛虎當前挺身去。君不見漢陳湯傅介子，威烈桓桓灌人耳。一朝斷取老上頭，歸謝君王伴黄綺。

胡笳歌次清水，夜聞有吹蘆者，倚而爲此

塞垣月照沙如水，沙中戍兒睡欲死。何人吹出胡笳聲，夢裹聞之驚復起。一聲未盡一長嘆，曲罷魂銷泪已幹。關山欲度不可度，萬里思歸歸又難。此時却憶閨中婦，刀尺還應未離手。縫衣欲寄誰寄將，坐對寒燈哭良久。胡笳兮胡笳，奈何使我心如麻。吹者爲誰吾殺汝，緑眼胡兒暗中去。

龍塢集卷之十七

七言古詩

贈　答

勸　客

主人滿酌金屈卮，請客痛飲無復辭。明月當筵照歌舞，對此不樂將何之。君不見，園中花，何灼灼，朝看開，暮看落。

雲樹圖

彼其之子美無度，千里相思阻修路。梁間月色如可親，夢裏神交幾能晤。張生畫手稱入神，匠心枯思圖毫素。天連渭北樹復春，雲在江東日空暮。長望飛鴻欲寄之，不妨并寫停雲賦。知君懷我情更勞，披圖咫尺宛同聚。

河水歌送梁二丈還汴

君行河之南，送君河之北。河水東西流，一葦渺難即。況逢三月時，河橋柳垂色。我欲持贈君，柔條折未得。別後相思如許長，滔滔河水流無極。

《海籌圖》壽胡別駕

海水去天不盈尺，天色遥同海水碧。三山半露扶桑枝，彼高者屋神仙宅。何事仙翁持玉籌，往來赤脚踏滄洲。笑看籌滿幾間屋，盡道從前手自投。海水清冷照眉目，海屋從今更欲築。一年一度增一籌，籌盡南山萬竿竹。

晴石圖

姑射山頭一片石，五色雲光映朝夕。忽然日出海水東，晴烟紫翠紛如積。山人元是奇章公，平生愛石亦成癖。曉吸晴霞潤渴吻，暮吞石髓充饑膈。揭來拂袖石上眠，氣吐晴虹高射天。叩之不減荆山璞，何由剖致君王前？

水岩圖

君不見，姑射岩巃嵸轉無極，巑岏直上幾萬丈，谽谺下視不可測。中有一竅天漢通，女媧煉石補不得。半壁颯然風雨聲，晴晝濕雲變昏黑。迸空噴薄如練垂，化作白虹映天色。岩底婆娑居者誰？神情偃蹇冰雪姿。百仞蕩胸同磊落，千流着眼稱絶奇。朝看岩頭石，暮看岩下水。得處不須言，自稱水岩子。水岩子，平生自負天下士。出岩便灑傅説霖，掬水莫洗許由耳。丈夫出處各有時，肯學東山痴不起。

劉太平《朝天歌》

海日涵天影初射，朔風捲地聲如剳。有客有客儼金羈，切雲之冠珮霜韉。聖代車書統八荒，玉帛萬國同趨蹌。當寧循良正在念，雙鳧喜見來翺翔。的應召入承明裏，顧問殷勤榮莫比。千秋一言相可居，陟要階華等閑耳。青衿愧我情莫裁，何以餞之汾水隈。我姑酌君白玉斝，君其遲我黄金臺。都門二月烟草緑，相逢有日重徘徊。

《醉歌行》贈任子

長安獻策不見是，掉臂歸來寡相識。數日習懶不出門，出門衹訪任公子。任公子，天下賢。眼中俗士不忍見，到處論交推我先。相逢坐飲茅堂下，寫意輸心其瀟灑。數載囊琴今始開，無乃謂我知音者。我欲援琴試一鳴，七弦歷歷清風生。將歸淒其不可聽，倚蘭掩抑多悲聲。曲罷令人魂欲越，拔劍起舞怒直髮。須臾氣平劍且收，捲簾墮地空明月。君莫苦我去，我願爲君留。富貴功名果何物？孰能爲此心煩憂。主人有酒情更款，莫惜深杯爲傾滿。人生喜聚不喜離，昨苦日長今苦短。丈夫意氣淩蒼旻，黄金白璧安足論？得錢沽酒任一醉，世間萬事同埃塵。

《晴江草堂圖》歌

江上草堂誰者居？古松斷石相盤挐。遠水近水杳莫辨，陂陀沙嶼羅階除。白鶴向人渾欲舞，蕉花翠竹争扶疏。旁有青童捧如意，道人撚毫閑且舒。美髯修修炯雙目，似欲草玄淩子虚。年來卜築臨江野，角巾灌園更瀟灑。翻然嗤彼雕蟲徒，往往抽思鳴大雅。一日閶闔門盡開，天子召爲蒼生來。冠簪着體更拘束，草堂却憶江之隈。生絹忽托良工手，縱横寫出分纖埃。有時退食公餘裏，焚香静坐烏皮几。披圖豁然萬里心，此身忽墮草堂底。呼兒滿酌金屈卮，痛飲大叫狂且痴。乾坤無處不可樂，江湖廊廟何猜疑。

蘇運使東歸

丈夫負奇氣，變化如神龍。有時奮雷雨，四海無乾封。翻然抱珠去，九澤藏深踪。君不見蘇運使，早年挾策見天子，一日聲名滿燕市。花縣纔看潘令春，秋曹更識皋陶理。一麾出守江南城，再訝中州竹馬迎。詔問河東阻鹽榷，庭臣交薦須君行。君來談笑徒耳耳，坐令國用如山起。政暇閑吟條岳雲，官清祇飲涑川水。竭來忽動蒓鱸思，賦歸詎待秋風時。遥向故山返初服，却把黄金買酒巵。朝鳴鐘，暮擊鼓。散髮歌，拔劍舞。世間萬事止若斯，肯爲浮名作囚虜？

壽郝太夫人

華堂曉日開瓊席，賀客賓紛管弦籍〔一〕。云是瑶池獻壽辰，玉樽滿酌黄金液。且喜萱花晝錦長，種成三桂凌蒼蒼。長君早歲充觀國，仲氏已陪鴛鷺行。季子挾策干明主，大魁天下名須揚。嘉哉慈母樂復樂，霞帔雲冠自容若。却憶熊丸教子時，詎知眼見争輝萼。初度今逢七九齡，朱顔未改鬢未星。更祝千年萬年壽，常令四海同儀刑。

東山翁歌

賢哉東山老，昔居廣文堂。皋比日擁坐，桃李滿門墻。故山纔返孫明復，里社徧欽王彦方。祇今身没名不没，鄉人俎豆嚴蒸嘗。承家有子賢且貴，明時五馬稱循良。天子褒書降雲錦，横空鸞鳥飛銜將。官階已從大夫列，幽隧頓令揚休光。於乎！人世百年須同盡，争如此老藉餘芳。

贈亢氏

君不見，徐卿懷二雛，杜老稱絶奇。商瞿有五子，尼父能前知。何似君家産六郎，滿前羅列呈瑰姿。大郎闊眉宇，二郎豐頰輔，三郎削玉山，四郎儼瓊樹。五郎學步氣食牛，六郎在抱健如虎。從來大澤出龍蛇，是子應知有是父。遲爾十年材幹成，參差俱作明堂柱。

燕都别友

斗酒對君處，燕臺春草深。相看泪滿把，其如離别心。一曲驪歌情未舒，緑楊回首空躊躇。十年獻策一不遇，歸向山中復讀書。

憲章惠書

王充無金買書讀，鄴侯家藏三萬軸。數函分贈輕連城，赤簡半開光觸目。秘象玄文夜作妖，風雨撼床魑魅哭。曉來緘封并送斯，何如高枕坦便腹。

贈辛母

仙人童顔髮垂縞，朝度昆侖暮蓬島。歸來海屋不計籌，握中惟有金光草。明窗塵落蒼龍精，九鼎粒粒還丹成。雲節西來降王母，相逢欣送蟠桃顆。仙人共燕蟠桃醉，董玉雙成轉相待。旋吹鳳管合雲璈，更舞霓裳曳霞帔。仙人不問閟逢周，一日人世八千秋。仙人自是一不憂，瑶砌萱花知看不？

贈裴氏生孫

君不見，璠璵之種出昆丘，珊瑚倒茁溟海洲。古來靈物詎浪産，毓秀吐珍良不侔。裴氏從來有三眷，漢唐迭入黄金殿。于今猶自稱相門，一派雲仍尚如綫。君家嗣世汾水限，姑射朝霞擁瑞來。即看元精鍾英物，摩挲知是天上材。致語阿公好持護，熊丸早和資良傳〔二〕。晋公事業索更圖，莫令習嬾終絝〔三〕褲。

贈陳懷清畫士

西山布衣性多技，眼中落落誰知己。日來喜聽子晋笙，坐對偃蹇談奇詭。酒酣氣激發狂叫，濡毫潑墨圖山水。溟渤洪濤沸欲動，泰華嶙峋對而峙。小處怪石插湖脚，磵道細聞瀉清泚。剥根古木風瀟瀟，暝色遠村雲四起。變化須臾萬象森，筆到興極亦能事。君言瑣瑣何足稱，意匠奪天天亦憎。美人屏間欲下走，蒼龍壁上驚雷奔。傳神乍識開生面，毛髮竦動真息蒸。吴道子，王右丞，世人往往誇其能。那知此輩徒工似，由也之堂不可升。如君絶藝世稀睹，富貴等閑持此取。問之何不干王侯，貴來如玉賤如土。君不見，今人任耳不任目，嗟哉良工心獨苦。

贈尚禮

大隱在城市，屏俗常自如。家有圖書滿四壁，門前長者多留車。陸地仙人果誰伍，廣額修髯顔復古。借問君年今幾何，纔然知命同尼父。回首四十有九年，絶非自比蘧瑗賢。看君道骨時應長，更祝莊椿壽八千。

贈酉哥

白玉郎齒年幾何？九歲强對客，吟詩成七步，過庭記誦俄千行。愛畫不減王摩詰，學書如見孫大娘。遲爾十年出頭角，早從雲路看翺翔。

贈孫二哥

不愛堂前十丈菊，不愛軒外千尋竹。愛君膝上白面郎，骨氣清冷宛如玉。几上簡編日須讀，床頭燈火夜還親。生來慧種自應别，那愁不作玉堂人。

《東門行》贈張丞

曉出東門送君别，河橋衰柳不堪折。弦管紛紛空遏雲，幾能挽得君行轍。君到家山幾日程，到時應慰别時情。里中故舊争相勞，堂上嚴親笑且迎。問君囊橐一何有，去日蕭蕭今素手。數載常耽赤子憂，朅來留取歌盈口。丈夫生世志四方，俯仰胡能戀故鄉？祇今天子重藩國，欲令宗廟嚴蒸嘗。知君久諳曲臺禮，暫借威儀相周邸。況復梁孝殊愛賢，不徒楚元虚設醴。勸君可行直須行，古來賢達俱有聲。不聞兔苑淹枚乘，有日長沙召賈生。

寄孫户部

去歲相逢柳色新，别來再見桃花春。此時故人在天上，何能不憶平生親。君不見，日夜滔滔東流水，顧我思君亦如此。臨風倘有北來鴻，莫惜緘書慰知己。

贈楊尹

大梁作者今楊雄，少年獻賦明光宫。一朝天子動顔色，剖符遥向沮洳東。椒聊舊是桓叔理，蟋蟀不改陶唐風。幾年卧閣耻鈎摘，曉雉將雛夜犬寂。滿城桃李花紛紛，入耳弦歌聲歷歷。朅來詔起侍承明，九流品藻屬銓衡。四海才人仰司命，奚直簡要稱王戎。春亭垂柳揚如玉，矯矯風旌斷還續。鳴騶欲行擁不行，父老遮留候吏促。愧我年來與世疏，送君無奈意躕躇。他時莫訝嵇康懶，不向山濤一治書。

贈王廣文

君不見，連城璧，卞何未遇山中石。又不見，千里駒，孫陽不來轅下駑。丈夫處世亦如此，不重黄金重知己。相如聲騰楊億舌，馬周價溢常何齒。關中夫子絶代賢，青氈坎坷垂十年。一朝當路動顔色，便生羽翼行冲天。富貴到頭穎還脱，買臣主父皆晚達。時人争羡木槿榮，請君更味橄欖末。

贈王尹

漢主憂民首如疾，朝遣直指使者出。驄馬行部須急才，治行何人屬第一？使車纔度太行來，已有聲名滿路隈。平陽郡縣三十六，眼底無如王令才。王令當官愛赤子，撫摩日見瘡痍起。入境鐃聞千室弦，在公衹飲一杯水。衹今長吏多賢豪，朴擊買請稱名高。案牘如山置不理，桃李滿城空徒勞。令也賢聲竟獨擅，我其寵之百六椽。爲報山公啓事行，的應召入黄金殿。

贈楊丞

我聞關西多豪貴，看君果有凌雲氣。君家舊族推弘農，一門三公四太尉。爾來一千五百載，清白傳家殊未改。君今起自丞史間，日握銅章稱茂宰。屈郊戎馬已無驚，虞芮閑田訟又平。借問高梁政何似，試聽滿耳弦歌聲。君不見，楚和璧，砂礫雜之光益射。又不見，吴豪曹，能剸犀象况蓬蒿。君才磊磊正如此，更喜臺中遇知己。丈夫成名須及時，斷令公侯復其始。

送李明府赴韓國

君侯伊昔來河陽，滿城桃李争春芳。君侯衹今去南國，四野甘棠莽秋色。三年爲政口碑多，召父杜母稱無過。曳裾又作王門客，矯首雲空望飛舄。隴樹秦山莫嘆嗟，兹行不比賈長沙。丈夫隨地踔風軌，自古賢豪總如此。君不見，袁絲相楚兼相吴，兩匡驕主沮深謀。董仲江都厭不逞，膠西去後無訾省。便説游梁數長卿，鄒陽枚乘揚休聲。當時善規亦善頌，調笑還令若主重。君侯兮君侯，我今願爾追前修，不須官爵差高下，好取功名竹帛留。

贈楊時茂二子歌

韋家掌上炫明珠，徐家庭中矯鳳雛。座上千人百人顧，愛此如玉雙頭驪。世人淺見真自鄙，但説多男便稱喜。多男少材殊可慚，爾今有此不須三。君不聞，禰衡語，大兒孔文舉，小兒楊德祖，餘子碌碌何足數。

山中叟

山中叟，家在翠微東谷口，淥淥泉聲繞前後。深檐笠子短布衣，髮禿眉長龜兩手。朝跨黄犢山上去，暮跨黄犢山下歸。杖頭撅得瑶草嫩，腰間把束蕨芽肥。問年甲子今幾許？掉首不知難告汝。近指五朝親眼過，往事談來如夢語。憶昔生男喜滿門，男今老醜孫又孫。當時同輩争席者，十人那見一人存。側聞新皇稱有道，典錢酤酒還自勞。年年樂得太平身，愧于朝廷無補報。叟言叟言真有倫，觀叟豈是無能人。獨不見，楚丘先生年已長，抗論諸侯方始壯。又不見，渭濱釣徒二齒藏，非熊一起即鷹揚。山中叟，山中叟，爾若爲之亦其偶，更享千年萬年壽。

《河汾行》代贈劉解元

君不見，黄河渡，滚浪衝濤勢如怒。又不見，汾水頭，崩沙頽岸行人愁。况復天寒阻綿絶，北風吹人骨欲裂。洛下邵公門不開，剡川子猷棹應輟。君來底事犯垂堂，千里馳驅踏雪霜。欲把長劍挂徐壠，還驚横吹在山陽。我見故人轉駭愕，故人見我泪如索。原上空自悲鶺鴒，人間少爾重然諾。伊昔憐余兄弟行，早從伯子列門墻。陸氏機雲原并美，謝家連運借聲光。二十年來托膠漆，白頭如新情更密。尺書會向雙鯉傳，兩地時將寸心悉。弱弟今春逐計偕，與君燕市日徘徊。明光獻賦偶不遇，弟也賫恨歸泉臺。豈意君聞喪一臂，畏途險惡奔相視。隻鷄尚爾一拜玄，絮酒那知再逢稚。平生浪説交情深，倒海移山始見心。幾復婆娑嘆庭樹，獨爲愴惋悲人琴。解榻留君且宿宿，他時會面安可卜。緒長正苦日不長，愁蹙翻嫌夜亦蹙。伐木真堪動鬼神，如斯友誼況君親。陳雷欲作不可作，君即今人中古人。何方最是銷魂處，握手飛虹橋下語。感君高義輕黄金，一作長歌送君去。

贈何掾

何郎昔從儒者游，乃今胡爲法家流？法家于人澤易曁，爾其果有平反未。獨不聞，漢時爾祖名比干，兩攝獄吏稱能寬。老嫗懷中出符策，九百九十紹纓冠。怪哉世德推何氏，前在比干今在爾。

贈吴簿

吴氏世不乏季子，看君骨氣無乃是。已曾如魯觀周聲，轉向康衢佐堯理。小兒拍手歌攔街，鸞鳳枳棘胡爲來。豈知局促矮檐者，還顯凌雲蓋世才。眼前叔向逢不得，堂下鬷明瞥相識。人生遇合良有時，從此雙金價增直。君不見，習鑿齒西曹，一語桓卿喜。又不見，顧少連登封，虎走南山巔。昔賢光烈今垂蔚，龍蠖安能久蟠屈？四海風塵好策勛，湛盧況是君家物。

校勘記

〔一〕“籍”，據明殘本疑作“藉”。

〔二〕“傳”，據明殘本當作“傅”。

〔三〕“絖”，據文意疑作“紈”，“紈袴子弟”。

龍塢集卷之十八

七言古詩

時　序

七夕歌

織女南，牽牛北，明河淺淡鵲橋即。禾麻薦，瓜果馨，人間竟夕宴雙星。

中元行

七月新凉雨初過，南遷小徑泥不涴。葛巾苧衣一出游，柱杖行踏緑雲破。正值中元拜掃晨，家家野祭無小大。拂石扳荆向冢頭，女拜右行男拜左。舉酒酬地地還乾，設食餉鬼鬼空餓。焚罷楮錢啼數聲，却走白楊樹下坐。冢邊禾黍青油油，舊是冢中人耕疇。冢中人去今人主，的應還與後人留。請看當日同游者，地上全稀地下稠。到此自然堪墮泪，牛山豈待雍門周。

龍塢集卷之十九

七言古詩

哀　悼

挽歌一首

松柏蒼蒼南山麓，百年奈此一坏〔一〕覆。去者精魂不復還，送者血泪迸雙目。秋風蕭索聲何哀，曠野陰雲慘不開。奔湊周親嘆疇昔，百身莫贖歸泉臺。素車無淹期，玄駟影超忽。一聞薤露歌，令人斷心骨。空躑躅，重徘徊。歸路促，暝色催。傷哉傷哉復傷哉！

哭任世方二首

吁嗟任生胡罹此，年未三十身遽死。高堂有母垂華巔，少婦痴兒真可憐。相逢未久成昔昨，滿壁琴書生寂寞。月下幽魂歸不歸，徑中衰草行人稀。

憶昔使氣雄千古，眼底之人無足數。自謂前身是馬周，放歌縱酒輕王侯。當時行樂暢心目，不道乾坤有反覆。一朝化爲逝水波，黄金難鑄將奈何？

吴姬歌

嘆息復嘆息，太行九折行不得，到頭難借一人力。初得吴姬年十七，入門不知南與北。土花古鏡半開蝕，焦尾枯桐學短側。青絲綆斷瓶忽墜，雲收在天雨在地。姬兮姬兮可奈何，使我仰天發長喟。

校勘記

〔一〕“坏”，據文意疑作“抔”。

龍塢集卷之二十

七言古詩

雜　咏

結交行

君不見，古人真，傾蓋如故白頭新。又不見，今人陋，朝同腹心暮仇寇。當時富貴果在身，炙手可熱交情親。肝膽還應薄王貢，義氣不啻輕雷陳。忽然失勢復貧賤，咫尺相逢却背面。廷尉門前羅可張，司隸榻上塵空遍。富貴貧賤何足論，世人乃爾生寒暄。等閑然諾莫浪許，王丹誡子真名言。

赤松行

一年三百六十日，人事十分占却七。算來月中開口時，大都旬間日或一。火鳩西山飛未入，兔奴東海躍已出。人生草草能幾何，少去如奔老來疾。富貴執鞭不可求，河水澄清亦難必。得錢酤酒還自謀，醉覺多歡醒多恤。敲玉壺，鼓瑶瑟，忽謾相逢且促膝。不願白璧百十雙，不願黄金千萬鎰。但得蓬萊從赤松，與爾共學長生術。

行潦嘆

火龍飛空噴赤烟，遠道羸馬驅不前。吻燥脣乾渴欲死，望來那得清冷泉。洞彼行潦傍中路，小奚見喜主人怒。再三勸捧一掬嘗，果然美似金莖露。飲餘回首語小奚，取舍從知萬不齊。堪嘆人生不濟物，得無愧爾一涔蹄。

請莫疑

目皮兒，嗤老蒼，我思古人詎可當。公望遇獵垂八十，鬻熊遭周九十强。目皮兒，矜少年，我思古人更英妙。項橐七歲爲聖師，甘羅十二列廊廟。天生材用各有時，蒲柳早成松檜遲。遠水近水俱到海，未睹收功請莫疑。

寫懷歌

君不見，苧羅山前鬻薪女，吴王不知越王舉。纔離都巷來館娃，内殿千人色凋沮。又不見，長門宫中灑泪人，昔時如玉今如塵。枉把黄金買詞賦，昭陽舊寵奪于新。古來萬事總如此，鏡裏看燈影相似。造化小兒何足言，沐猴而冠堪笑死。天生東海爲我胸，清流濁流俱能容。桃蟲且莫欺紫鳳，尺蠖安得驕白龍。主父謀身豈無術，長孺灰燃更有日。英雄顛倒須臾間，竈户無勞問凶吉。

聽杵歌

秋夜誰家搗練女，深閨無人悄無語。天邊忽見明月來，愁絶無聊連擊杵。練捶一杵一摩挲，得似柔腸周折多。杵聲未斷腸已斷，君其不聞可奈何？

龍塢集卷之二十一

七言古詩

咏　懷

喜客過

有客朝來訪茆屋，且喜殷勤慰幽獨。貧家詎無供客資，黄鷄正肥酒正熟。把酒勸君君莫辭，青春一去無歸時。三山海底不易到，百歲人間那可期。人世相逢俱草草，有酒何能不醉倒？古人結交貴結心，願君貧賤相看老。莫道明朝不復來，東園有菊花正開。與君携手日行樂，萬事置之如塵埃。

古　興

墻頭李花落如雪，春風欲歸柳堪折。綺窗窈窕二八年，新妝對鏡幾愁絶。珊瑚寶釵石榴裙，蝴蝶雙飛籠鬢雲。輕羅捲袖理瑶瑟，一曲清商不忍聞。曲罷顰眉掩庭户，欲啼不啼情更苦。年年空織錦迴文，誰爲殷勤寄阿甫？

夜醉放歌

天風萬里推海月，灝氣淫淋濕鶴髪。歌聲忽動殷如雷，震落繁星裂岩崒。蛟龍入水愁莫吟，鳳鳥翔空懷憤厥。短笻踏雲瞰十洲，瑶草瓊色莽銷歇。扶桑挂衣枝半垂，長河渴飲津欲竭。歸來暫宿麻姑洞，預駕虬螭俟明發。約過仙人王子喬，遲我同行朝貝闕。

雜　興

去日花開蝶戀枝，妾心已抱今日悲。今日花落蝶亦去，君心應復去日時。妾有香奩久已閉，妾有膏沐久已徹。玉欽寶鈿雜置床，君其不來爲誰悦？愁眉爲君日空鎖，愁腸爲君夜復結。妾顔可愛不可注，君身乍會還乍别。别去經年動不歸，關山遠阻音信稀。相思那有横天翼，日日隨君到處飛。

月下吟

霜寒夜白驚桐封，斗浥銀河倒注東。捲簾明月坐瓊户，美人瑶瑟聲遏空。湘娥啼竹素女苦，老鶴昂身瘦蛟舞。逸響嗷嗷駭列仙，霓旌鸞御紛連卷。争叫地傾海水竭，女媧補天石更裂。五城十二樓盡摧，帝遣天龍下訢〔一〕哀。暫置冰絲五十柱，金鷄未鳴天未曙。世人一半猶夢中，嗟哉此曲誰與語。

三林行

橋東橋西楊柳枝，水南水北芳荼蘼。誰家女兒來浣衣，韵態盈盈二八期。頭上翠鈿雙鳳岐，耳邊金絡連珠垂。回身照水嬌容儀，乍見二鳥飛依隨。摶沙打雄還打雌，打來打去不相離。捧情佇立渾如痴，拋衣入水忘所爲。含顰欲訴誰復知，誰復知，腸自斷。我欲從前一問之，紫騮不駐空長嘆。

悶極歌

我有胸中氣，隆隆半出口，泰山崩摧蕩平畝。天傾銀漢星斗沉，海翻陸地龍蛇走。男兒生世百可爲，骫髒六尺今如玆。身騎土牛耐鞭着，手嬰刺馬空袖垂。悶極徒然對樽酒，酒酣耳熱重擊缶。但得時來掉臂行，腰間轆轤一聲吼。

致酒行

呼奴大酌金屈卮，聽我高歌前致辭。與君喚起千古夢，始知碌碌將何爲。朝刺促，暮刺促，精衛填海日不足。百年更覓一百年，堆着黄金無處贖。君不見，姑蘇臺上麋鹿行，梁王宫中荆棘生。當時歌舞那在眼，秋月常白江水清。

牛馬嘆

昨日青驄斃中路，使我往來成徒步。今日欄邊黄犢僵，耕奴呼嗟愁田荒。呼奴勸爾莫愁蹙，爲爾買刀更買犢。奴亦勸爺不用猜，塞翁失馬還復來。回看床頭酒新熟，且漉且酌聊且覆。醉後頓覺天地寬，萬事無勞煎腎肝。

校勘記

〔一〕“訢”，據文意當作“訴”。以下徑改。

龍塢集卷之二十二

七言古詩

咏　物

冰燈歌

竹東居士負奇好，巧鑿冰燈窺靈造。四面玲瓏鑒水精，滿堂皎潔光瓊膏。昨宵携之游廣寒，蟾蜍駭視不敢道。歸來徑泛銀河槎，女牛兩岸驚長號。銀河西下抵昆墟，王母遥駕翠雲車。觀燈知是游仙過，邀入蕊珠宫裏居。歸來玄圃贈靈藥，服之常遂冰燈樂。入門置燈瑶凡間，招我駭叫更狂躍。拊掌從前述所由，笑指冰燈天遣作。我閑心醉笑顔酡，倚琴轉作冰燈歌。冰燈信爲天地成，玉枝九華何足名。我更祝君好護持，此燈聚散原有數。抵防南陸駕羲和，天帝携歸瀚海波，冰燈冰燈奈若何。

龍塢集卷之二十三

五言律詩

懷　古

龍門二首

輿地分秦晋，風烟接古今。兩山同倚劍，一水共爲襟。虎據先朝事，雄觀此日心。高樓跨斗絶，極目盡西林。

峭閣臨清迥，無端引望長。郊墟連遠近，樹郭帶微茫。落日低秦徼，洪河抱晋疆。百年戎馬息，西北恃金湯。

謁漢文帝廟在稷邑小寧里

别殿秋風裏，何年鳳蹕行。天潢分代邸，玉璽入咸京。古棟丹青落，巖扉石竹傾。异時臣子禮，猶若對英明。

文中子洞得“牢”字

王子藏修地，千年石洞牢。徑幽人罕過，林黑虎常號。北接黄河近，西來華岳高。异時懷仰止，聊爲薦溪毛。

郭林宗墓

我讀先賢傳，君爲漢世英。司徒不可召，有道亦何榮。仙借同舟迹，巾仍折角名。千年遺冢在，落日復含情。

豫讓祠

尺軀愛有甚，國士遇難任。吞炭緣何事，擊衣祇此心。石田荒冢斷，雲樹古祠深。日暮寒原上，堪爲梁甫吟。

薛萬轍廢廟在稷邑烏堆村南嶺，有碑存

登高一吊古，落葉滿秋山。廟廢千年後，名留片石間。頽垣餘鳥迹，剥瓦剩苔斑。蘋藻知誰薦，閑雲自往還。

過平壠二段故居

策馬過平坂，愀然眺廢墟。家稱喬木後，業墜世臣餘。有鳥悲先壠，無人式舊閭。溪毛深欲薦，落日轉愁予。

河中二首

千載重華去，令人仰聖君。荒城涵暮色，古俗挹餘芬。韶樂名空在，薰風曲莫聞。蒼梧望何處，極目黯愁雲。

蒲坂今名郡，虞都古帝基。條山横地軸，河水浚天池。尚憶賡歌處，還如吁咈時。争憐千載後，無復鳳來儀。

關中二首

試問咸原上，愀然感廢興。渭川微雨歇，綉嶺淡烟凝。古木多秦樹，豐丘盡漢陵。代移人事往，欲訊已無徵。

秣馬臨關内，堪嗟古帝都。風雲餘王氣，龍虎尚雄圖。漢苑名猶在，秦宫草欲蕪。山河稱百二，興廢亦須臾。

沙苑懷古

沙苑今何似，年來草又芳。深秋虚坰野，高柳卧殘陽。牧廢

更朝市，名留尚漢唐。中原愁血戰，安得馬斯臧。

附馬相國和韵

白沙如白水，杜老爲傳芳。陵谷迷奇迹，蘼蕪漫夕陽。柳殘寧識魏，苑廢不知唐。欲問牧羊者，誰爲穀與臧？

春日同孫明府登龍門

山川靈迹在，疏鑿禹功徂。黑浪翻鯨窟，黄雲躍馬圖。瞿塘無此險，磧石向來紆。自愧乘槎者，誰當擊楫徒？

永壽懷古

古漆還兹邑，因之仰昔賢。陸生當漢日，安氏在唐年。南粤空談定，中宗剖腹全。更多婁建利，尚有種金田。

望昭陵

异世瞻陵邑，當年憶壯圖。指揮收社稷，談笑定江湖。冢列千官在，形鎸六駿俱。寢門堪闃寂，誰爲掃榛蕪？

過華峪故城有感周齊往事

秦晋分疆地，周齊割據年。孤城千里戍，萬命一時捐。廢壘生秋草，空林起暮烟。于今傳部曲，愁絶百升天。

冒雨尋三巴王碑冢二首

試上祁連望，風雲護翠岑。斷碑新雨洗，荒址舊苔侵。返日戈誰折，衝霄劍自沉。睹兹堪墮泪，詎待雍門琴？

伊昔三巴勇，誰當百戰功？力扶宋社稷，名并漢英雄。俎豆荒祠廢，山河舊壘空。登臨重懷愴，灑泣向西風。

望王官谷

王官谷口路，南望一停車。遠樹浮雲表，飛泉落照餘。宜休名自爾，耐辱意何如。亂世能高枕，司空信起予。

龍塢集卷之二十四

五言律詩

游　覽

晚登城南樓

霽雨新登閣，孤城澹晚烟。疏林不礙日，遠水故銜天。雁陣斜衝塞，鷗群半在田。物情欣自適，倚杖且盤旋。

真定南樓

爽閣憑危堞，春空散旅魂。蹉跎懷上國，感慨望中原。道路衣裘敝，風塵歲月奔。故山千里隔，何處是荆門。

早春郊行

步屧東風裏，春光已趁人。杏花紅尚淺，芳草緑還新。日色暄沙静，鷗聲泛水頻。踏青憐往歲，猶喜及兹晨。

游古觀

絶壑標雲洞，回峰擁玉壇。百靈朝絳節，三素拜黄冠。壁畫龍蛇古，庭喧鳥雀殘。仙真如何遇，一爲證金丹。

南樓春望

試上高樓望，沙郊日正暄。川雲浮水動，海燕蹴泥翻。柳色侵官道，梨花帶郭村。野情吟不極，回首欲騰騫。

夏日題水岩寺

水氣晴薰閣，岩光夕照臺。野人聽梵罷，童子散花回。祇座憑風掃，松窗待月開。金仙學未得，已覺净塵埃。

觀大都燈市

紫陌春風滿，華燈午市開。纍珠分象緯，綴玉儼樓台。不吝千金價，争爲一夜魁。將無愁侈靡，聖世固多財。

姑射别業

别業千峰裏，居然异景繁。瀑飛晴作雨，雲合晝成昏。鹿豕穿松徑，藤蘿繞石門。幽懷良自愜，終日對忘言。

平定山行

赤嶠愚公界，青驄竪亥緣。羊腸盤叠石，鶻嘴挂飛泉。草色融殘雪，風光逼暮年。關門憑望極，懷切五雲邊。

留題姑射山寺

紺殿清霄近，石林暮雨晴。僧歸雲外錫，鳥下水邊蘅。福地殊三界，人天接五城。何時謝塵鞅，就此學無生。

水岩洞

古洞名招隱，幽尋暫一棲。冷泉通地脉，倒石挂天梯。雨霽青巒出，風翻白鳥低。賞心殊未愜，歸路晚烟迷。

出郭

乘閑一出郭，登眺謝塵煩。翠落山頭寺，青浮水上村。沙行驚宿鳥，林卧聽猿啼。此地終堪隱，何須傍鹿門。

避暑水岩寺二首

梵宇臨丹壑，幽栖過客稀。聞鐘雙鳥下，踏月一僧歸。香象經時現，天花幾處飛。遠公如見許，蓮社日相依。

曲磴攀緣上，幽懷更爽然。遠林雲氣合，虛谷鳥聲偏〔一〕。姑射青天外，黄河落日邊。此生端有寄，長嘯不知還。

登水岩鐘樓偏〔二〕望

不盡東林興，高樓望遠山。月來仙掌動山名，雲鎖馬頭閑山名。天隱空餘洞王通云至人天隱有洞存，龍禪已閉關山有黄龍禪師寂地。臨風重感慨，千古一惆顔。

佛閣寺二首

步入招提境，捫蘿上翠微。樓高雲影落，林静鳥聲稀。花雨談今夢，風旛看夕暉。室中跏坐者，空爾悟禪機。

山寺擎天末，攀騰迹更幽。長風吹短幘，落日隱層樓。貝葉聞僧語，石町看鶴游。望中興不極，欲去復夷猶。

秋野觀禾

獨步觀農畝，家家在井廬。刈禾當午後，剥棗趁秋餘。共説今如式，長歌古有且。寧知貧屢子，猶不供官儲。

自雲水鄉歸過竹塢再酌得“寒”字

兹游不盡興，移席更成歡。共惜梨花落，須傾竹葉乾。春光隨日暮，雨氣入霄寒。漫憶前溪水，吾生豈釣竿。

園亭新霽

閑園初雨歇，小徑踏泥香。露薄衣襟濕，風生竹樹凉。鳥窺留客榻，花覆讀書床。物色饒生態，令人思欲狂。

渡黄河

此日乘槎處，曾經博望侯。千年清始見，九曲沸還流。正爾思龍馬，將誰問斗牛。大方長恐笑，合抵海東頭。

南郭春游

散步從南郭，春光正爛然。桃花紅映日，柳絮翠含烟。鳥弄風中管，泉鳴水上弦。興來堪一笑，誰給杖頭錢。

游佛洞

曲徑通雲壑，叢林入翠微。客來喧鼓吹，僧訝出荆扉。貝葉翻香案，曇花上寶衣。壁間多舊咏，讀罷思依依。

孟廣文話蓬萊海水

海上令何似，千年憶舊踪。晴天見蜃市，潮日擁鰲峰。精衛填應半，麻姑涉莫從。衹應河伯在，望若爲朝宗。

題公受齊雲樓

高樓俯城郭，暇日共攀緣。目極窮千里，身騰住半天。山河收座外，星斗落杯前。作賦無不可，非材愧仲宣。

山中對月

獨宿山齋夜，況逢山月明。一簾寒水色，十户擣衣聲。泛斗槎宜上，填橋鵲易平。徘徊寄遐思，不寐欲三更。

投山寺無僧

古寺依山遠，荒墟過客稀。僧知何歲往，鳥向夕陽飛。貝葉經文散，蓮花寶座微。獨行厭岑寂，策馬急言歸。

游裴鴻臚園亭四首

郭外幽栖處，墻東隱者家。徑深三尺草，窗對數枝花。客到酒常滿，風來冠任斜。自餘簪紱在，底事卧烟霞。

沉冥君自謂，行樂合當年。暫罷趨朝履，還耕負郭田。無時不引白，有客即談玄。況復耽佳句，誰賡大雅篇。

吾黨多狂簡，君懷獨隱淪。漢陰機自淺，濠上樂還真。軒冕豈不貴，身名孰與親。醉來歌偃蹇，無愧古之人。

自昔聞三眷，于今見二難。清聯和氏璧〔三〕，香靄謝庭蘭。名已通金藉〔四〕，身仍在磵盤。何當懷魏闕，兄弟共彈冠。

孔廟假寐宰予廡下

予亦能言者，其如晝寢何。論賢吾豈敢，知聖爾無阿。迹已成千古，名猶在四科。居然同坦腹，懷念一興歌。

大通橋泛舟

此日游河朔，歡情縱所如。黄頭摇短棹，緑幘曳輕裾。逐浪鷗群散，牽風荇葉舒。龍陽翻掩袂，猶恐棄前魚。

游香山寺

何處開香剎，鐘聲隱翠微。松門山四合，雲竇鳥雙飛。石落星臺古，燈傳鷲嶺稀。波旬無限在，若個寄初衣。

碧雲寺觀泉

卓錫空前事，冷然奈此流。直看龍噴雪，不辨月吞樓。響瀉桐三尺，波回玉一鈎。坐來纓可濯，况復狎群鷗。

御溝春水

御溝春水緑，風起揚微波。蒲葉浮渠短，楊花傍岸多。放船何處鼓，繫纜幾人歌。流入深宫去，黄頭奈爾何。

出　郭

曉日出城郭，春光滿目中。一川蒲漲緑，十里杏舒紅。澗道曲還直，人家西復東。興來隨所偶，争席向林翁。

靈　山

靈鷲千峰裏，微茫一徑分。疏林稀過鳥，遠壑半吞雲。泉脉行初見，鐘聲到始聞。幽懷方此愜，誰報日將曛。

京洛道中

凌晨發京洛，蹀躞馬頻嘶。緱嶺如聞鶴，尸鄉或祝鷄。王風周本舊，霸業漢多迷。爲問長安道，函關一直西。

次劉户部留飲吏隱園見贈之什

愛客還投轄，移樽向碧潯。由來歌鳳侶，共有狎鷗心。大業存中論，高懷托素琴。驪駒在明發，眷别思何深？

題宣城施隱君東山草堂

何人構清隱，遥對敬亭山。徑折溪流細，窗空雲影閑。客來頻問字，酒到一開顔。幽尚足如此，高風那可攀。

隆福寺

奈此鋪金地，依然舊化城。經臺香藥散，講殿昔邪生。古佛燃燈在，秋空智月明。纔聞三藏解，頓覺六塵清。

署中微雨

朝來策羸馬，到署即投冠。積霧釀輕雨，威風動薄寒。其如羈思苦，何處酒杯寬？好去邀同舍，相將醵一歡。

游崆峒山志感二首

逾險曾何意，飄然舉半空。高雲稀鳥度，絶壁有猿通。不遇廣成子，虚傳軒后宫。倘令玄鶴在，一跨問洪濛。

纔上崆峒望，寥然俯八荒。去天真咫尺，到此豈尋常。莫是風爲馭，還堪斗挹漿。飛仙如可遅，拍手共徜徉。

隆德曉發

雪報孤城霽，人歌行路難。骨銷無限思，裘敝不勝寒。西北天應盡，風塵歲欲殘。遥遥重回首，何處是長安？

侍御楊公席口占

彼美新驄馬，家傳舊玉堂。九苞憐鳳羽，一角識神羊。厭虜頻行塞，憂時數上章。高談向樽俎，慷慨意何長。

登南安關將軍廟同太守許公、别駕喬公、理官任年丈

晚出南安郭，重尋漢將壇。褰幃隨五馬，飛步上層巒。火炬星同曙，笙歌漏欲殘。歡留歸未得，無奈侍兒寒。

秦隴道中

客行厭隴坂，盡日越山樊。谷水自嗚咽，關雲任吐吞。猿常迎月嘯，鳥亦解人言。忽爾聞羌笛，深藏何處村。

姑射夜坐同任憲章有懷梁三丈

清夜耿不寐憲章，空山坐月明道甫。千林惟有影憲章，萬壑更無聲。嘯罷孫登曲，吹殘子晋笙道甫。此時憶同好，南望不勝情憲章。

校勘記

〔一〕“偏”，據文意疑作“遍”。

〔二〕“偏”，據文意疑作“遍”。

〔三〕“壁”，據明殘本當作“璧”。

〔四〕“藉”，據明殘本當作“籍”。唐温庭筠《酬友人》：“寧復思金籍，獨此卧烟林。”

龍塢集卷之二十五

五言律詩

感　述

聞邊捷志喜

萬騎奔塵黯，千山候火明。朔雲嚴殺氣，哀角助軍聲。飛將原無敵，殘胡已遁營。三年勞戰血，此日喜休兵。

生日值雪

去歲逢初度，關中雨注泉。朅來還此日，户外雪飛綿？豈畏沾衣上，生憎點鬢邊。沉冥對醪酌，一飲一悽然。

暇日檢書笥卷帙紛籍次爲箋識戲成口號

堪笑家空屢，年來剩積書。鄴侯酷得似，元凱癖難除。夜案親螢火，晴窗辟蠹魚。平生快心目，此外總無如。

燕南旅思二首

世事杳難定，驅車空自迴。應知初别日，滿意望中台。雲路方垂翅，龍門又曝腮。風塵兼病僕，矚目一含哀。

帝城春已盡，客思暮堪悲。前席無今日，登樓憶往時。投珠疑乍見，抱璞願多違。去矣將何待？吾生自有期。

夜過琉璃河

促轡孤征夜，蕭條斷旅魂。人歸千里路，月照一家村。漁火明還滅，沙禽卧更翻。無端思故國，早已閉荆門。

途中遇故人因寄家音

我去愁千里，君歸樂一丘。往來無定迹，邂逅且登樓。骨肉心偏〔一〕繫，家山夢亦悠。憑將書咫尺，莫任水沉浮。

憤　時

海寇連銅柱，天驕接玉關。催征新校急，竊食大官閑。信有封侯意，都無壯士顔。蒼生懸望絶，誰起謝東山？

獨　酌

獨酌茅檐下，悠然遠興生。雨中秋果熟，竹裹夜琴鳴。懶慢嵇中散，逍遥阮步兵。沉冥觀物理，一脉有餘情。

寓　目

斗室開平甸，虚檐敞四圍。徑連春草合，柳變夏禽飛。坐石看云起，移樽待月歸。新詩獨咏罷，隨意掩柴扉。

獨　步

春日尋芳步，青青踏野莎。水邊驚鷺起，林外喜鶯過。世態妍桃李，王孫舊薜蘿。還知風浴咏，點爾意如何。

初度二首

瞥眼驚初度，年華廿八齡。青雲愁鎩羽，白日坐銷蓂。待兔原非計，屠龍已不經。何時司馬賦，重售漢皇庭？

未際雲龍會，虚驚歲月過。一身愁若此，百病欲如何。賈傅才難并，終軍愧已多。漸看西日下，誰把魯陽戈？

老人嘆

老去身爲贅，浮生夢裏過。壯年那可再，來日苦無多。短髮肩披雪，長涎口瀉河。悵然懷往昔，不語泪滂沱。

搗　衣

寒夜已蕭索，那堪聽搗衣。入雲聲更切，傍月願多違。西路幾人返，北風空雁歸。寧辭砧杵重，愁絶布花稀。

除　架

瓠葉已蕭没，葡萄空蔓垂。衰榮原物理，愛惡豈人爲？刈架軒楹豁，芰毛絡緯悲。便應論浩劫，天地復如斯。

被盜二首

生理苦羞澀，那防盜賊侵。開門當白晝，發篋取黄金。几上留殘帙，囊中剩古琴。歸來無復恨，四壁總堪吟。

萬事不如意，一身難諱窮。藜羹差度日，盜賊忽成風。平子愁堪數，樊侯計轉空。昔人論得喪，漫倚塞邊翁。

村　夜

雀散蒼林月，人閑白板扉。竹深三徑暗，窗缺一燈微。晏榻同僧定，冥心與道幾。向來混囂俗，回首總知非。

塢莊即事

村塢少人事，北亭幽且閑。日高藏五柳，雲破出千山。竹動風前籟，苔生雨後斑。閉門了長計，一任鶴飛還。

南　麓

習隱遵南麓，縛[二]茅自一家。屏移青嶂入，徑逐紫苔斜。酒熟樽浮蟻，詩成筆吐花。個中無限趣，身外不須嗟。

喜　晴

久雨忽澄霽，雙眸着處新。看花饒野色，出郭净風塵。水映樓臺入，天開島嶼伸。放歌須盡日，浩蕩屬閑身。

憂旱三首

陽亢今如此，田疇竟若何。已知枯夏麥，無耐廢秋禾。月馭虚臨畢，豨蹄漫涉波。雲霓空自望，曾未睹滂沱。

朝霞生海上，晚照入雲邊。雨候常如此，天時今未然。陽門無可閉，陰石漫加鞭。吾欲訟風伯，惰龍何處眠？

五月苦未雨，三農愁見灾。巢鳩不逐婦，柱楚轉生埃。數片雲初合，幾翻風又來。蒼生懸望絶，誰是作霖材？

睡起自嘲

宵眠曉不休，日午尚科頭。蝶化漆園吏，蟻封槐國侯。戰蠻驚枕遠，啼鳥隔窗幽。争被兒童聒，華胥阻勝游。

苦夜雨

久雨無完屋，深更徒繞床。呼奴移枕席，續燭散盆礶。天漏倩誰補？身窮衹自忙。東鄰居爽塏，安寢衹如常。

賦　歸

兹行不得意，歸去復如何？已阻青雲步，猶爲白石歌。山田今剩幾，租税舊無多。生事還堪托，初心寄薜蘿。

疊前韵

世路今如此，初心可奈何？非熊周主夢，衰鳳楚狂歌。爲客黄金屋，逢人白眼多。故鄉千里外，回首憶烟蘿。

曉發良鄉

千里徒行役，一官不可求。鶯聲添旅思，柳色帶春愁。莫以詩爲祟，其如命作仇。歸時還著賦，有日達宸旒。

乙丑北歸宿水頭

春日妍芳草，王孫嘆旅游。鳥歸山欲暮，泉咽水空流。共抱荆人痛，誰憐季子愁。相逢漫惆悵，且上酒家樓。

留張生書館

離家纔咫尺，猶是客中身。夜阻抱關禁，朝生風雨嗔。高齋還自托，小僕轉相親。竟爾銜泥去，何曾識主人。

與客談時事

食貧已如此，况復動邊塵。無地堪龜縮，何時得蠖伸？縱横流涕眼，南北轉蓬身。愁思看江海，茫茫未有垠。

途中書懷

共有窮途恨，寬爲半日醺。世應憐季子，天亦忌劉蕡。回首戀丹闕，歸心輸白雲。何時一片玉，重獻聖明君？

閑　書

世上幾多事，無如貴此身。青山不厭我，白髮謾欺人。酤酒可辭醉，問花當及辰。東風閑倚杖，一日抵千春。

山房即事

丘壑甘吾分，茅亭足自怡。徑苔深履迹，門網結蛛絲。白日開書倦，青蚨覓酒遲。抱琴成兀坐，流水待鍾期。

生日書懷丙寅

揆予初度日，十月朔之庚。大葉高風下，霜華短鬢生。壯觀工市劍，長笑蠹魚精。坐閲年光暮，求名尚未成。

秦曆新正始，堯蓂一莢初。虎年看此日，鳩壘笑吾居。七十身將半，三千翼未舒。徒然成玩愒，運甓愧無如。

丙寅閏十月一日

陽月已復贅，孤辰兩度仍。碧山甘隱豹，溟海愧摶鵬。歲會黄楊厄，愁兼白髮增。壯懷無可奈，那得酒如澠。

閑居秋興

日落千山暝，風凋萬木秋。夢中園吏蝶，身外海翁鷗。對酒須邀月，吟詩且上樓。當年貴行樂，白髮謾爲愁。

感時

問我胡不樂，出門良可嘆。千家三户在，九日一餐難。號哭那能聽，衰羸詎忍看？兵戈滿天地，何處是平安。

任園校獵

曠野秋雲白，寒原野燒紅。醉馳千里驥，笑挽六鈞弓。共效穿楊技，争邀静虜功。封侯他日事，投筆氣何雄。

猗氏道中值雨

匹馬經郇甸，秋風颯凛顔。雲陰忽到地，雨氣已吞山。無奈敝裘濕，其如行旅艱。衝泥定何向，烟樹有柴關。

馬相國宅二首

滯雨何時已？迷雲黯不收。秋禾應茁耳，陸海待通舟。石裂天還漏，烏藏日豈囚。綿綿竟昏曉，祇益客中愁。

客夢連三夜，偏于枕上驚。愁心隨百草，共向雨中生。作賦悲王粲，賡歌賴長卿。凉秋更蕭索，遥繫倚門情。

十月一日乾庵宅述懷

此日余初度，還從客裹過。懷親心痛裂，羈旅泪滂沱。秦正初開莢，冥冬未渡河。半生虚歲月，末路竟如何？

和相國《地震》韵

勢若舟將覆，聲如雷乍轟。千家雜犬吠，百口失麏行。豈謂地維絶，翻疑天柱傾。藏身更何所，跼蹐幾魂驚。

附相國原韵

睡覺床頭響，兼聞地下轟。衣裳顛倒着，門巷疾趨行。兩脚欹難定，千家動欲傾。半宵衰病裏，無奈幾番驚。

道真定次壁上韵

丈夫負奇氣，一唾竟成空。價溢千金外，瑕生尺玉中。可能知命蹇，底事嘆途窮。擊水看他日，還乘萬里風。

卧　病

不出惱官長，那堪病日嬰。休文移帶孔，司馬望金莖。數月唯高卧，何時更適情？枕邊苦蕭索，霜雁向人鳴。

初夏喜雨

明堂左個開，炎馭氣蒸哉。觸石雲初合，傾盆雨乍來。崇朝何但已，破塊不須猜。果有爲霖者，嘉生暢九垓。

朝退左掖門有作

宸御初鳴蹕，鴛行拜舞同。玉顔争就日，天語乍移風。翠葆分墀上，朱衣衹殿中。俄傳封事畢，緩步掖垣東。

讀《臣鑒録》志感

清暇讀臣紀，居然世可論。身餘臧否在，代往是非存。奸奪生前氣，忠褒地下魂。因之懷作者，垂鑒永無諼。

工部署中作

分署同何遜？之官豈少陵。猥從冬省屬，長揖尚書丞。罷直退常早，閑居懶或增。出門望歸路，款假亦騫騰。

書　懷

睡起杳無事，愁來不可捐。家仍千里外，身尚五雲邊。給事非郎署，空餐愧俸錢。老親過八十，那更倚門憐。

讀《趙閔思傳》

閔公遺事在，讀罷令人嘆。衹解爲親急，那知蹈火難。剩留雙眼赤，猶表寸心丹。青史將誰似？曹娥可并觀。

獨　坐

客去何所賴，獨坐悵無歡。緑醑堪誰共？朱弦好自彈。短墻新月吐，高樹晚風寒。聊復一中聖，幽懷寄猗蘭。

對　客

蹈海本非計，窮途安所嘆。狂來時駡坐，醉後欲投冠。禮詎緣吾設，懷當爲汝寬。風光看流邁，何惜數爲歡。

暑中齋居二首

迎至承嚴祀，群仙集省闈。坐看河色淺，寒咽漏聲稀。句就新題草，香分舊護衣。齋心共清莫，一脉待灰飛。

齋居向深閣，冥坐復何爲？中聖都無酒，猶賢剩有棋。天寒燈欲燼，夜久僕多疲。好去邀同舍，墻東問所知。

過隆德有感吴玠兄弟

宋室艱危日，吴家好弟兄。西常輕夏敵，北已挫金兵。獻捷書頻上，班師詔復行。至今譚及者，尚爲惜垂成。

隴干川思曹瑋

曹瑋名家子，西人尚起祠。隴干存遠略，南市動遐思。除夏自成算，徹桑誰復知？英雄千載恨，常苦不逢時。

好水川感昔

宋有好水役，曾傾數萬師。謀緣涇帥失，伏中夏人奇。曹瑋饒先見，王礟奈後時。百年憐往迹，到此不勝悲。

思　婦

不睹夫君面，深閨坐自嘆。經時忘舊愛，何處結新歡？愁黛舒還蹙，啼紅落更彈。欲知別思苦，試看帶圍寬。

校勘記

〔一〕“偏”，據文意疑作“遍”。

〔二〕“縛”，據明殘本當作“縛”。“縛茅”，蓋造簡陋的房屋。

龍塢集卷之二十六

五言律詩

贈　答

贈劉兩川西歸

亘奈劉公幹，相逢忽别期。居然傾蓋語，不盡數年思。去解黄河纜，行過華岳祠。臨風還憶我，莫遣雁書遲。

寄贈任憲章

角巾良夙好，一别渺難求。水落蒹葭晚，霜寒蟋蟀秋。掃雲思下榻，望月憶登樓。信爾餐霞客，寧忘索處愁。

山中留别

此地真良晤，其如遠别愁。傳杯當午後，把手到溪頭。爾住青蓮社，予歸白鷺洲。异時如見憶，莫惜雁書投。

代贈薛舉人

人杰聲名久，于今壯志酬。驊騮開遠道，鴻鵠起高秋。脱穎真毛遂，傳家自薛收。更期得意日，同醉曲江頭。

贈别任憲章

此去應難别，爲君且暫留。行藏蕉下鹿，身世水中鷗。對酒歌仍發，臨期語未收。殷勤千里後，書札效綢繆。

贈郭簿

有美東都士，簪纓舊世家。赤城曾入幕，花縣又分衙。政已歸時論，才應爲國華。鳳鸞聊枳棘，鸂鶒望金沙。

憲章左顧失展侍寄此謝之

旬日成幽寂，暫時過比鄰。寧知門有客，可是主無人。儒素今多棄，君情久更親。何當重問訊，談笑竟吾真。

同憲章話舊

昔去猶長夏，今來已晚秋。歲華驚冉冉，世路嘆悠悠。習懶多疏禮，論交不廢游。故人誠愛客，聊爲夜深留。

姬黄二廣文見過二首

槐署應多暇，蓬門喜重尋。憐君雙倚玉，顧我一開琴。身世欣萍會，乾坤笑陸沉。相留無斗酒，傾蓋托知心。

彼美西周裔，何如江夏賢。一官同浪迹，千里并寒氈。俸薄酤誰給，經存腹自便。寧知横講席，更有雀賢鱣。

酬任子惠瓜二首

摇落荒村迥，悠悠别思賒。忽逢蘧玉使，還寄邵平瓜。欲報慚瓊玖，空懷托綺霞。殷勤多釀黍，早晚過君家。

此屬東陵物，今移學士家。開盤疑絳雪，入口即丹砂。頓濯詩腸藻，偏消醉面霞。近聞緱圃貴，仍許百錢賒。

留贈梁二丈小齋別業

卜筑同村僻，虛窗竟日幽。疏花供野眺，啼鳥伴閑謳。抱易追三聖，席珍蔑五侯。超然一徑裏，此外復何求。

贈姬廣文

數仞宫墻裏，一泓泮水濱。官閑仍吏隱，俸薄祗家貧。坐擁皋比舊，盤堆苜蓿新。可無愁簿領，終日集儒紳。

答梁三丈惠書

玄晏圖書府，鄴侯錦帙樓。論衡不解秘，奇字更多求。獨抱醯鷄陋，常慚海若咻。披君數卷贈，萬鎰詎爲酬？

題孫令《爵禄圖》

孫楚稱殊調，王喬喜此逢。雲飛鳧并舉，人望海同宗。美秩班台省，休嘉溢鼎鐘。俯躬三命後，益荷聖恩重。

贈李御醫父子歸及生孫

苦縣家能繼，猶龍德不違。纔承丹闕詔，已托赤松歸。有子朝同列，懷孫世更稀。他時繩祖武，袍笏益光輝。

贈王生九歲游鄉校，善書圃

王子真堪畏，相逢一燦然。灌園過仲子，草聖學張顛。問爾三三歲，詢余六六年。他時成羽翼，伫看海鵬摶。

次韵贈梁三丈

草玄時起慕，此日過楊雄。共待樽前月，同披竹下風。摛辭慚我拙，作賦羨君工。興劇渾忘醉，徐生復一中。

贈孫令翁四首

投轄寧辭苦，開樽莫厭頻。君來題鳳户，我近謫仙人。風雨談今夜，乾坤笑此身。酣歌情正劇，耐可謂傷神。

把杯稱酒聖，揮麈識談宗。流水琴初罷，磨崖墨正濃。公才堪倚馬，吾意豈明濃？他日雲龍際，須知果類從。

雨逐千山晚，雲穿一徑賒。醉須眠酒甕，愁耐服鹽車。善織終成錦，奇文更若霞。登高聞有賦，妙思復誰加？

民瘼喜君求，行春及麥秋。雨隨百里轂，棠蔭萬家疇。已著循良譽，還分聖主憂。高談傾四座，方寸益休休。

聞清潭王孫會公受園亭欲訪不克

肺病何時已？秋宵耿未明。空然懷玉軫，無分乞金莖。公子開芳酌，王孫耐舊情。相從不可得，深覺負平生。

懷清潭王孫兼欲邀致

曾識王孫面，于今十載過。燈前留客話，竹下憶琴歌。音忽空中斷，思從别後多。聞君到山縣，枉駕意如何？

過猗氏有懷何中丞

故人有何遜，官亦近楊州。少作高時調，長懷俯世猷。玉珂驄裏步，金闕鳳凰游。局促空慚我，紅塵迴自愁。

過下任懷任職方

薄暮訊君處，臨風動我悲。十年鯤并起，此日鳳何衰？適館誰投粲？張燈自咏詩。宵寒耿不寐，無限故人思。

過七級懷李上舍柏

李子曾吾面，風流更可攀。家聲傳苦縣，人望等函關。久別三年後，今違數里間。登龍深有欲，無奈客程艱。

沙苑留别馬太史

雅望孫弘閣，欣登李相門。形能忘爾汝，分已略卑尊。盡日陪豐膳，中宵領緒言。居然傾蓋合，古道于今存。

贈薛君用懷孫二首

抱子人稱足，懷孫爾若何？適來阿大喜，不啻右軍過。穴鳳看初哺，天麟試一摩。百年真有托，此日且高歌。

有子已云足，君家又抱孫。胎珠光乍動，雛鳳羽初騫。犀果争開宴，桑弧早挂門。莫論繩祖武，戈印試曾援。

贈孟廣文還蓬萊二首

海水積空闊，仙洲絶渺茫。望來天欲盡，别去日應長。折柳那堪贈，分杯重可傷。他時憶顔色，落月照疏梁。

廬卧久跧迹，汾橋此送君。行看千里别，坐惜一杯分。奇節陳無己，清貧鄭廣文。去思碑剩在，留取挹餘芬。

與趙子陽話舊

别久情何曠，扳留意自頻。君爲投轄主，我愧謫仙人。織錦初騰價，焚魚早乞身。晚看詩律細，不啻舊精神。

端陽後五日孫令約集岳祠不獲往書此寄謝

抱病幽居日，孤村偃卧時。側聞河朔飲，獨失竹林期。對酒應懷我，高歌復共誰？山翁知醉否，笑問葛强兒。

和石翁贈韵

結社本高陽，談詩在草堂。放歌成百首，縱飲累千觴。目洞乾坤細，身閑日月長。曾言金紫貴，不易薜蘿裳。

賀高若金棄官二首

夫子何爲者？明時不拜官。終然山隱豹，寧爾枳栖鸞。開徑延三益，承家有二難。誰能更局促，世上效彈冠。

久繫東山望，聊爲北闕游。楚狂悲鳳日，葉子畏龍秋。一笑辭黄綬，長歌戀白鷗。歸來遂嘉尚，身世有餘休。

贈醫士

爾本壺中叟，人稱地上仙。韓康逃姓日，弘景挂冠年。袖有君臣藥，囊無子母錢。還丹饒口訣，爲我示真詮。

讓其愚子

憶昨真兒戲，居然喪德多。其愚君莫及，好勇我能過。破甑原無謂，眠途可耐何。豈知談笑裏，果矣起干戈。

代贈史胄子

夫子人中杰，逢時意自欣。十年曾抱璞，此日遂空群。上苑花如錦，官橋柳覆雲。北行知有賦，還獻聖明君。

再贈石翁二首

暮年東郭履，何似北溟魚。十載隆中卧，一編圯上書。醉搔雙鬢短，歌發七情舒。更有飛騰日，雲雷壯帝居。

君豈沉冥者？忘筌已得魚。一壺酣剩酒，萬卷讀殘書。詞賦今枚乘，天人舊仲舒。平生富經濟，且莫著閑居。

再用韵書懷

幽齋日無事，堪笑注蟲魚。白髮能饒我，黄金盡買書。窮通元自定，俯仰亦何舒。懶性真如杜，偏宜水竹居。

和《贈公垂》四首

少日詩成癖，長年興未孤。氣吞山欲盡，思入海應枯。佳句同誰賞，狂歌足自娱。索居深憶汝，家有醽醑無？

氣格禰生近，風標靖節孤。身如雲共懶，名忌草同枯。老鬢經秋改，愁顔待酒娱。竭來三徑裏，客有可人無？

世人皆苟合，夫子孑然孤。野徑蒼烟斷，秋庭碧葉枯。抛書真是懶，得句又成娱。客至呼童問，瓶中有酒無？

徑入三秋晚，窗懸一榻孤。寒蟲風外急，病葉雨中枯。白髮添新恨，青衿損舊娱。不緣文字累，一字坐來無？

題《哦松卷》

仙郎稱吏隱，廳事晝沉沉。獨對雙松樹，閑行五粒陰。散衙乘晚興，消牘供幽吟。不托凌雲幹，那知用世心。

贈人生子

自昔占蘭夢，于今茁桂枝。人稱龍馬异，我識鳳麟奇。入户啼應試，充閭喜可知。他時當跨竈，何啻守弓箕。

爲起莘遣悶

獨夜耿不寐，懷人咫尺間。畫堂銀燭冷，翠幕錦衾閑。秋雨臨邛館，寒雲巫峽山。綺琴三弄罷，魂夢杳難攀。

夜坐有懷梁二丈

知己伊何在？關山北望餘。相思今夜月，未報隔年書。高步追香署，清銜近玉除。故人還寂寞，無計脱樵漁。

次韻贈孟將軍捧賀便省東歸四首

北使旌旗掣，西來甲馬寒。三呼天子壽，一展廣文歡。滄海尋歸路，行山踏曉巒。别哉君莫嘆，努力早登壇。

風轉朋簪合，霜沉鼓角寒。逢秋無那别，卜夜暫成歡。去去蓬萊觀，登登岱岳巒。到來青海上，回首憶鷄壇。

知爾千夫勇，藏身一劍寒。長驅緣國命，遠道爲親歡。醉思吞雲海，歌聲撼翠巒。壯心元汗馬，餘興寄騷壇。

送君臨水上，别我九秋寒。海樹牽多恨，風蓬促此歡。青齊遲馬足，晋趙轉峰巒。闕里行將近，能無拜杏壇。

絳州汪判擢本州同知

蹀躞奔雲驥，升騰得雨蛟。銜開新半刺，土襲舊分茅。久憩棠垂蔭，時觀鳳振苞。休風披下邑，三嘆托神交。

陳金部姊《貞節卷》二首

結髮年方妙，離鸞影已孤。半生愁未子，百死欲從夫。無耐姑親老，聊爲菽水娱。綱常還自許，真足起頑懦。

阿閣空鸞在，秦樓嘆鳳歸。泣將青鏡掩，愁聽紫簫非。夫義終常報，姑恩未可違。古來稱婦道，節孝似君稀。

逢寶公門徒因寄寶公

多病憐摩詰，經時憶道林。落花飄講席，孤月照禪心。柱錫看山色，焚香譯梵音。朅來逢法嗣，爲我寄情深。

過玄武臺丁隱居索題

千載遼東鶴，歸來尚姓丁。風盤雙翮白，露宿一松青。氣養金仙骨，身依太乙靈。偶逢王子晋，挾爾入高冥。

葛氏玄室二首

卜筑孤城外，曲蟠一徑微。虚櫓留鳥宿，别館待僧歸。善卷逃名久，龐公出世稀。還容息心侣，暇日款柴扉。

一榻足幽尚，千言已洞微。露臺風任掃，雲樹鳥隨歸。流俗見君少，時人知我稀。偶同縮地客，談笑倚岩扉。

玉泉王孫六十

公族稱誰最？王孫獨爾賢。行年今六十，賀客舊三千。帝脉流愈遠，天潢派正綿。修齡吾擬祝，不啻過彭籛。

題范御醫卷

埃壒看吾子，翛然道骨清。金門曾避世，藥市舊逃名。杏圃千株滿，丹爐九轉成。玉函靈訣在，好爲授長生。

杜朝列五十

爾豈吹簫侣，人稱引鳳郎。家傳唐僕射，系出晋當陽。反骨三千後，飡霞五十强。喜逢初度日，椿樹頌蒙莊。

寄崔舜卿

亭伯平生契，别來歲月深。龍門人獨仰，魚腹字空沉。漸改惟雙鬢，難違衹寸心。忽逢江縣使，遥寄白頭吟。

再壽杜朝列

雅尚敦風義，幽懷邃古初。幾人推月旦，獨爾住華胥。學易年加孔，知非日數蘧。遥憐稱慶處，佳客滿門閭。

贈汪二守

久慕南州士，新承北闕恩。江山名并美，禮樂化須敦。位亞諸侯重，官聯五馬尊。异時堪下榻，吾欲踵龍門。

贈高八十翁

薄俗嗟紛逐，頹然見此翁。髮垂渾是鶴，身出即非熊。數子家聲在，三杯世慮空。貌言看簡略，無愧古人風。

贈陳母五十詩

五十憐阿母，筵開錦帨辰。婺星南極并，萱草北堂新。彩服承歡洽，蟠桃獻壽頻。令人懷聖善，益重大丘陳。

賀人生次子

雲鳳驚初兆，石麟喜復生。潛夫他日論，英物此時聲。已抱雙珠美，須聯五桂榮。公侯看衮衮，更莫羡徐卿。

贈李御醫父子同朝休致

早歲業岐黄，承恩待上皇。金門初奉詔，玉署已投章。舉世多弘景，同朝又仲將。衣冠歸沐日，父子藉休光。

加尉抱孫

梅尉能成道，于門又抱孫。宦游情自洽，政在頌誰喧。太華鍾靈秀，長河浚慶源。鸞雛隨枳棘，他日看騰騫。

贈邢守

刺史元中秘，文章律後生。匣看銅虎出，道喜竹驄迎。身外留孤劍，公餘覓短檠。郡齋無事日，琴鶴長高情。

睹謝山人稿

郢上傳清奏，寰中仰少微。蒼溟遺世久，白雪和人稀。未可馴龍性，其如阻鳳威。澄江佳句在，空憶謝玄暉。

壽高鴻臚母

八十人間母，筵開錦帨辰。漸聞星髪黑，幾見海桃春。有子金門貴，稱觴彩服新。更知移孝後，鸞誥日邊臻。

書王氏《慈節卷》

别鶴雲間唳，孤兒膝下愁。藁砧無日起，血泪幾時收。夜雨和熊膽，秋風咏柏舟。芳聲那得似，漳水歲東流。

再題《慈節卷》

白髪憐貞淑，青年喪藁砧。欲遵從一約，其耐撫孤心。斷織燈前語，空梁月下吟。羽毛今已就，况復荷綸音。

贈王尹二首

花縣神明宰，牛刀試政初。寸心勞撫字，百里頌安居。訟簡堂逾寂，陽和日更舒。九重名已達，知有鳳銜書。

卓哉新令尹，無愧古人名。宓子居單父，言游在武城。官閑惟雅曲，政理聽歌聲。小試應吾道，于今兆已行。

再贈王尹

仙令有能政，遥聞如古人。魯郊初乳雉，范甑已生塵。化洽鳴琴早，工成製錦新。聲華從此茂，莫爲督郵嗔。

定州大興寺贈真環上人二首

此日招提步，多因惠遠來。劇談消永夜，感慨復深杯。莫問三生劫，須知一念灰。他時謝塵鞅，同坐雨花臺。

郭外招提寺，停驂試一游。松關人閴寂，石徑鶴夷猶。遇我還青眼，憐君已白頭。相留一夕話，世事等蜉蝣。

别梁二丈四首

君行持使節，北望五雲深。不忍辭親泪，其如送别心。霜風嚴遠道，鼓角壯秋音。去去休停駕，掀揚正在今。

此别幾千里，相逢何許時？青雲倡後進，黄閣是前期。候吏徵行早，停杯欲去遲。長安書到日，方可慰遐思。

曉日望行色，霜空多白雲。如何千里去，忍此一杯分？落葉豈堪數，征鴻不可聞。秋懷已悲切，况復惜離群。

君向長安去，吾寧賣素琴。今人不免俗，古道少知音。兩地共明月，百年同此心。將何慰離索，惟有白頭吟。

贈生曾孫

佳氣滿于門，榮生四代孫。神駒驚跳躍，雛鳳喜飛翻。賀客迎珠履，華筵倒玉樽。异時知跨竈，莫作祖風論。

贈趙舉人秋捷

得意憐吾子，秋闈戰勝歸。南山驚豹變，北海喜鵬飛。擢桂榮如此，題橋願不違。春風三月後，争看錦爲衣。

留别趙生

一别十年後，相逢俱老蒼。感時堪墮泪，話舊且開觴。術業知君進，風塵愧我忙。驪駒在明發，去住又分張。

梁三丈以詩見懷用韵奉答

爲憶梁園客，能詩早出群。名高唐李白，年少漢終軍。萬里來江雁，千金寄朔雲。瑶華吾擬報，獨愧續騷文。

贈白雲張煉師三首

仙客居何處？五城十二樓。日華琪葉晚，風露碧桃秋。弱水塵應隔，蓬山夢亦悠。昨來青鳥使，相約白雲游。

辟穀家風在，修真更得仙。藥投鷄犬試，方許世人傳。絳節朝元日，丹臺紀籙年。偶逢一語合，罔象得珠玄。

幾年成隔别，重對一樽開。素簡分題遍，青囊散藥回。鼎稱龍伏火，孕喜聖爲胎。縮地從今去，何時許更來？

送黄廣文遷官貴池八首

聽話池陽事，爲予且暫留。土風非古越，人物儼中州。九華連東鎮，三江控上游。君行毋憚遠，春水正宜舟。

江夏黄夫子，南州得好官。揚帆千里去，别我寸心難。行近魚蝦地，寧忘苜蓿盤？梅花隨處有，肯寄一枝看？

一氈汾水上，萬里越江行。桃李分陰息，魚龍待化成。路隨雙眼闊，雲逐片帆輕。何處堪回首，離筵此日情。

池陽在何處？宦路爾相尋。南望江湖闊，東連島嶼深。岸花迎遠棹，沙鳥動離襟。不盡長亭酌，難爲去住心。

宦有師儒貴，天爲木鐸司。中原分俎豆，南土式威儀。道在寧辭遠，江行莫厭遲。春風他日座，不盡故人思。

無奈青春日，爲君慘别顔。孤槎通海國，遠道隔關山。柳嚲心同折，鴻飛翼莫攀。朝來相送處，遍灑泪成斑。

握手難爲别，何當萬里餘。風塵雙鬢白，天地一舟虚。冀北饒多雁，江南剩有魚。相思情好在，還寄故人書。

衹命趨南國，乘春揚彩帆。心隨秋圃折，目極楚雲緘。萬里寧吾道，三鱣爾定銜。其如中路别，揮泪濕青衫。

石翁使訊奉答

牢落荒村迥，秋來百計非。轉蓬不自定，歸鳥欲何依？四海戰塵起，千家烟火微。殷勤勞遠訊，暫爾慰相違。

留别馬太史

豈著潜夫者，頻勞倒屣迎。問奇知博古，投轄見高情。雨霽芙蓉岫，風寒大荔城。驪歌從此發，别思幾忡愕。

代題《鸞誥光先卷》二首

鸞翮何翩翩，飛來自九天。一封銜寵命，五馬遠褒賢。聖典恩推世，綸音賁及泉。邦侯崇祀日，俎豆益光前。

早見銜書鳳，應爲返哺烏。徽綸開紫誥，恩數賁黄壚。舊命惟司訓，今銜列大夫。承家有如此，忠孝世間無。

桂堂話别

正倚河東牧，其如塞北行。聽歌調苦促，把酒别還輕。定遠昔投筆，終軍此請纓。壯懷須激烈，去矣莫懸情。

正倚河東牧，其如塞北行。飛鼠凌曉迅，高準擊霜清。且自看龍劍，何勞唱渭城。懸知魯連子，談笑却胡兵。

答贈睢州陶使君

大郡須良牧，君行意若何。碭山增氣象，孟澤望恩波。已協三刀夢，應聞五袴歌。故人正相憶，春雁幾時過。

酬憲章過訪

正擬停雲賦，巾車喜重尋。斷金原自昔，倚玉更如今。相看同青眼，高談愜素心。莫輕流水奏，俗耳少知音。

代裴公受壽其叔坪野五十

小阮慚無似，承歡侍步兵。十千寧惜酒，半百豈虚聲。賭墅消清晝，餐霞卧赤城。他時憐老蚌，重見掌珠明。

陳進士永思堂

先世流遺澤，承家啓後人。松楸驚歲晚，棟宇起祠新。俎豆情何厚，蒸嘗事更親。百年敦薄俗，人仰大丘陳。

贈劉掾

楚楚衣冠少，乘時早脱囊。道逢三語合，才并一身長。高誼推同舍，清風滿故鄉。莫言刀筆小，須步鄭侯芳。

再題永思堂

肯構前人址，崇祠奕代心。兩楹春閴寂，叢柏晚蕭森。孝享時無匱，齋容頃若臨。那知牲俎外，世德速居歆。

贈夏縣李尹

遥聞周柱史，出宰夏王城。小試烹鮮理，俄成製錦名。四郊從雉乳，一甑任塵生。伫看承恩詔，飛舄入帝京。

孫令能忘爾我適得貽書即以白柬不書姓氏奉答承嘲次韵

心齋坐忘久，門外忽傳聲。三使來何遽？八行喜復驚。世人皆有我，吾道本無名。竟達空函去，知爲一笑傾。

附原韵

河上王夫子，日中有寄聲。藻思真若慕，姓字遺堪驚。情恰渾忘禮，心知何用名。料君多此意，相笑好懷傾。

戊辰歲歉迨己巳春民斃半矣邑侯孫請于上得千金并勸富民出粟賙之李簿實監是役賦此贈之且以識時事云

荒歉真無奈，君侯隱至情。應憐貧到骨，且喜死回生。得食翻疑夢，含恩藉作聲。發棠遺躅在，今古兩佳名。

薛生輝以輸金築城入邑校

雅尚陶朱術，能敦卜式行。才均商版築，身列魯諸生。冉冉芹香襲，漪漪泮水清。資郎更文藻，益重長卿名。

過梁丈三桂堂留贈二首

西蜀楊雄宅，東山謝傅家。問奇人載酒，着奕座隨花。紫閣名非忝，蒼生望豈賒。乘時能自取，門地倍光華。

幽居喜岑寂，況對泬寥天。翠竹穿沙嫩，黄花浥露鮮。秋高頻落木，地迥乍聞蟬。客到留攀桂，長歌興杳然。

贈安丞三首

三輔推名早，一官佐政新。高才應曠達，薄俸衹清貧。吏散時開卷，賓來暫曳紳。無愁黄閣遠，知已是通津。

縣吏亦何忝，循良正在今。清才閑案牘，高咏播詞林。已入方皋目，偏憐鍾子心。百年知己在，不啻萬黄金。

黄金臺下客，佐邑獨稱賢。訟理槐庭内，詩哦竹檻邊。孤標真鳳鳥，素志耻鷹鸇。已入山公啓，吹嘘看上天。

姬邑博生子

官舍懸弧日，他鄉喜若何。神駒騰渥水，雛鳳集瓊珂。俎豆提應解，無之識更過。外家三晋望，知爾壯岷峨。

廷材宗子生〔一〕

世胄分潢派，孫枝應小同。居然雛是鳳，果矣夢維熊。异相驚凡目，魁標詑祖風。充門饒賀客，佳氣望青葱。

壽安丞三首

昔人稱傲吏，之子寄微官。庭狎梅生鶴，爐封葛氏丹。政聲傳膾炙，文字耀琅玕。何物爲君壽？南山永不刊。

有美邦之彦，一官不受塵。弦歌風已洽，詩酒樂全真。柱下元周史，東方舊漢臣。袖中靈藥在，還解壽斯民。

曉日迎賓館，清樽介壽筵。分明金粟佛，再入歲皇躔。自握長生籙，何須九轉丹。年年漢庭下，雙舄望朝天。

贈秋潭王孫二首

不見王孫久，欣逢嗣好音。八行通契闊，數語寄情深。招隱憐蒼桂，停雲托素心。愧無雙白璧，持報萬黄金。

伊昔陳思宅，論文過夜分。魏車虚左顧，寧笛暗中聞。一别王孫草，偏憐日暮雲。淮南蒼桂樹，何日挹清芬？

贈范醫二首

知君有仙骨，寄迹在人間。袖内藏真訣，爐中養大還。貌兼紅玉潤，心共白雲閑。五岳行應遍，重游何處山。

秦越名何愧，岐黄道自諳。千頭林店赤，百口橘泉甘。偶中吞蛇誤，空懷伏枕慚。君來靡藥餌，起我祇清談。

贈屈生兄弟還關中

豈謂靈均後，于今見二難。衣冠同在泮，詞賦共登壇。去發黄河棹，行歸華岳巒。相逢更何日？别念若爲寬。

贈衛昌二首

武公有遺裔，克肖亦堪欽。悔過常因酒，規行不廢箴。邵年兼邵德，如錫復如金。于祖真無愧，高風仰在今。

八十人間叟，翛然野鶴姿。衣冠不厭俗，飲啄自隨時。甲子豈能管，春秋安所宜？百年好長健，况際太平期。

梁太安人壽七十

壽母同阿母，今辰及帨辰。五花天上誥，三鳳膝前人。婺女光摇漢，宜男色映春。索將九霞液，長獻萬年身。

梁三丈舉子

喜見河東鳳，新生五色雛。出應爲覽德，鳴或是提扶。謝氏毛真似，崔家種不殊。他時聞九奏，儀舞慶姚虞。

贈蘇孝廉二首

外家公著是，繼世子瞻真。氣拔千夫勇，詩成一字神。識荆無奈晚，談劍莫辭頻。已就長揚賦，吹嘘合有人。

彼美西周士，乘春恣壯游。才名季子上，詞賦少陵儔。姑射堪停駕，汾江暫繫舟。切來更長嘯，豪思若爲酬。

蘇子來稷視其姨兄孫明府歸而贈此

季子策羸馬，何來汾水濱。言觀彭澤令，同是渭陽親。傾蓋情如故，酣歌興益新。明朝惜分手，安得角生輪？

辛四科生子

忽報庭生玉，懸知門繫弧。渥洼千里種，丹穴九苞雛。喜溢枚都尉，歡同陵大夫。誕彌今幾月，應解識之無？

校勘記

〔一〕“生”，據目録“子”後當有“孫”字。

龍塢集卷之二十七

五言律詩

贈答

姚公垂諸君過訪次見贈韵

切喜朋簪合，虚堂儼德星。醉堪雙眼白，笑對一燈青。風激飛龍曲，雲翻舞鶴形。人生貴行樂，何事獨爲醒。

贈裴公受擢第歸覲

吾子最英發，居然戰勝還。聖明三賞策，慈母一開顔。郤玉光生潤，萊衣色映斑。朝恩重如此，移孝莫辭艱。

贈何掾

我愛古賢達，多從刀筆成。試看秦故吏，不説魯諸生。之子追三語，居曹矧一清。功名在垂手，絶代振休聲。

贈孫翁

河上有仙隱，沉冥閲歲華。膝前遮彩服，頭上岸烏紗。已覺恩波重，還知壽域賒。相隨羨門子，終日醉流霞。

林母王夫人八十

聞説西王母，今朝宴碧桃。群仙供雪藕，侍女奏雲璈。海水波從淺，瑶臺月正高。驟傳天帝使，絳節遠來褒。

贈鄉寧張明府

花縣鳴琴者，賢方宓子多。化同風偃草，清若水澄波。已慰來蘇望，還賡勿剪歌。鳳墀行且召，無奈去思何。

贈雲山權上人西游

南國安禪久，隨緣西渡河。雲間雙錫振，雪裏獨披蓑。白社歸應晚，青山閑已多。不忘塵外契，他日復相過。

戲贈馬亭長

青眼看三老，白眉最五常。賢豪推月旦，分義儼秋霜。不廢公門役，能令下户康。古來稱長者，獨爾挹餘芳。

代贈武太平調盧龍二首

薛賞今移邑，升卿未改官。有才無不適，隨地可辭難。樹復河陽種，琴同單父彈。賢聲動雙闕，咫尺躡鴛鸞。

纔下河東舄，俄懸薊北旌。一官仍墨綬，兩地爲蒼生。擁鵲車難進，鳴騶吏趣行。離亭對樽酒，去住總含情。

段唯曾生孫

昨語熊羆兆，今看弧矢懸。月含珠影射，雲吐鳳毛鮮。共叔宗還大，文昌世更賢。莫論寒素地，繩武在他年。

代贈馬子游鄉校

從游二三子，孰與起予多？傳習同參省，文章列偃科。明經須待詔，在泮且行歌。他日爲霖雨，無忘此切磨。

走和吴武城

春色看如許，高齋誰共將？應憐松與鶴，不效鳳求凰。梅蕊還三嗅，椒花試一嘗。撚髯獨咏處，五字興偏長。

寄近稿公受

久別逾三載，新詩積百篇。殊非愁自理，多爲酒相牽。險語啼山鬼，清歌怨杜鵑。滿筒今寄爾，莫向俗人傳。

次贈平陽守二首

竹騎迎新刺，茅階即舊封。郡人争擊賞，黄霸喜重逢。高格雲間鶴，前程夢裏松。棠郊深藉庇，已自勝登龍。

見説河東守，青年把一麾。憂時頻卧閣，問俗暫褰帷。日就康衢理，風從擊壤移。九重深眷注，有待佐無爲。

題張琴軒卷

見説張公子，能高物外情。囊中蛇腹古，腰下蒯緱輕。岳館初移杖，江村漫濯纓。一錢行不治，到處是平生。

贈裴母胡太安人榮封二首

有子含鷄舌，爲親捧鳳冠。功從三徙就，澤自九重干。紫誥雲中降，斑衣膝下歡。應知移孝思，未覺報忠難。

舉世稱賢淑，何如胡大家。一經能教子，雙闕喜宣麻。翟服增恩賁，萊衣藉寵嘉。婆娑北堂上，無事樹萱花。

代王孫壽七十

王孫多道氣，七十尚童顔。枕自藏鴻寶，爐常養大還。種桃曾海上，跨鶴偶人間。他日將鷄犬，寧無憶小山？

贈宋文學冢〔一〕嗣游泮

伊昔侍夫子，趨庭見伯魚。早承詩禮訓，蔚作廟廊儲。名列周庠右，光生魯泮餘。他時佐明辟，家學盡應攄。

過平定聞李南召告歸不及面書此寄懷

何事辭南召？歸來卧北岑。休官纔汝見，高躅使人欽。門列陶潛柳，堂閑宓子琴。相過重相憶，一寄白頭吟。

代贈王生游泮

知爾負英特，青年卓不群。獲麟傳信史，倚馬識雄文。春色依壇杏，秋香浥泮芹。還應奮長策，家學寄河汾。

贈李明府二首

柱史猶龍胄，郎官列宿精。纔看雙舄下，聊試一鮮烹。桃李春生色，弦歌日有聲。公卿待遷次，天子早知名。

漢庭重循吏，之子果能官。地即康衢舊，人同擊壤歡。素琴聊復理，塵甑且容安。已有憐才者，無愁展驥難。

代贈侯侍御母八十

八十憐王母，瑶臺此舉觴。坐邀青鳥使，戲舞綉衣郎。桃實垂應熟，萱花吐更芳。還聞天上誥，五色喜相將。

壽李明府

苦縣當年裔，猶龍再識君。青牛來汗漫，紫氣轉氤氲。執象行無見，烹鮮政有聲。金丹知已就，一粒肯爲分。

贈段椽

詎以文無害，原非刀筆倫。承家干木舊，業紹酇侯新。用世才難屈，逢時志可伸。丈夫自陵跨，何愧古之人。

壽裴母三首

壽母今何在，板輿駐海東。直緣小司馬，分得大官饔。舊訓稱三徙，新恩沐九重。長生還有曲，迭奏間笙鏞。

遥憶稱觴處，東臨海一方。蓬萊看咫尺，仙闕辨微茫。王母桃應熟，麻姑棗可嘗。膝前簪紱者，端拜祝如岡。

母生今六十，母德合千年。教子登三事，成名本一編。恩沾鸞誥近，光賁鳳毛鮮。無藉忘憂草，從知百慮捐。

題崔參政《椿萱册》二首

爲問崔亭伯，高堂樂更多。大椿年幾許，萱草色如何？禄養三朝重，身經四聖過。彩衣稱慶處，還誦白華歌。

母也今稱孟，翁其舊姓龐。等年過甲子，齊德藹鄉邦。鶴髮垂元并，蟠桃獻自雙。瑶編吾擬頌，安得筆如杠。

贈邢生仁甫游武陟學

儼爾趨庭日，居然在泮辰。才陵鄴下輩，年少洛陽人。天馬元高步，風鵬自絶塵。青氈饒舊物，還奪錦標新。

代贈楊叟

側聞楊伯子，潦倒説平生。自昔文無害，于今宦已成。草玄餘世澤，清白舊家聲。問齒將誰似，其先有宋卿。

贈王明府母夫人明府有兄執金吾

世稱王母壽，不道樂無涯。教子當年事，調熊向夜賒。弟兄雙比玉，文武各傳家。彩服承顔處，時聞奏白華。

答裴司馬見訊

有女方欣嫁，無男不慮婚。看雲時倚杖，待月旋開樽。經濟非能事，文章愧立言。本朝公等在，自分老丘園。

與任憲章話舊二首

别去無多時，相逢各自悲。空持高世論，都負少年期。歲月寧吾與，風塵奈爾爲。不知愁幾許，請看鬢邊絲。

世人皆任耳，夫子合休聲。斷梗文堪被，連城價或輕。隱侯原重望，張率不知名。他日看桃李，無言蹊自成。

贈張生

長憐起予者，伊昔爾垂髫。負笈餘三載，傳經在一朝。衹今優既稟，無復嘆簞瓢。它日看鵬舉，風摶九萬遥。

贈裴公受誕子二首

聞道阮新婦，將雛已得雄。參軍饒不翅，散騎喜應同。麟種元天上，珠光自掌中。傾朝來賀者，齊擁日華東。

郎舍依雲處，懸弧映日紅。即看雛是鳳，向説夢維熊。漢世分三眷，唐朝有數公。故家喬木在，取次屬阿童。

出都門却寄裴公受

却憶裴司馬，都門無限情。狂奴憐故態，肺腑話深更。魯國欺曹沫，秦人笑孟明。何當三載後，一灑慰平生。

送蔡廣文之官武都

經術名高者，看君獨擅揚。官猶秦博士，人即漢中郎。復此驅車去，其如别思長。他時武都月，千里挹清光。

送張文學傅東藩

君曳長裾去，王門亦樂哉。楚元能設禮，梁孝實憐才。歌向流塵聽，詩從授簡裁。同游二三子，誰不讓鄒枚？

寄吕給舍二首

何事游燕日，西曹遽拂衣。世方稱曼倩，人自等玄暉。雅調裁紅藥，風流動紫薇。平生慕顔色，梁月照依稀。

豈是沉冥者，年來剩著書。五陵歸騎早，七葉珥貂餘。汾水堪垂釣，茅茨尚卜居。倦游無不可，孰與漢相如？

贈劉紀善

藉甚看吾子，名高松署間。欲邀十日飲，却就八公班。短鋏還隨客，長裾且度關。翩翩饒意氣，何事愴離顔？

代贈王州幕

應仲今何在？墻東日閉關。宦抛黄綬外，情共白雲閑。可解上流飲，能將結脉還。于懸誰不羨，方朔復人間。

贈楊掾

喜劇憐吾輩，爲君覆一觴。向來驚繞膝，蚤已報扶床。蘭蕊嬌春色，明珠吐夜光。他時饒點頷，差似郭汾陽。

贈王國胄

三晋推經術，君家兩世高。共看鵬擊水，偏訝鳳生毛。鼓篋游何壯，登臺氣更豪。公車宜早對，側席聖躬勞。

題《樂善卷》四首

王孫有高行，常與古人期。試問家何樂，唯稱善可爲。不慚要腹大，最喜漢皇知。千載東平美，于今更媲之。

今昔論公族，王孫孰與并？奉藩饒善狀，屬籍獨高名。漢世逾千載，劉蒼復此生。卓然歸大雅，端不愧宗英。

昔讀侯王紀，東平漢世賢。一稱爲善樂，千古令名傳。以我觀之子，子今可并肩。它時青史列，誰載筆如椽。

屬籍如君者，翩翩復幾人？菟園時更涉，藜火夜常親。愛客頻虚左，談詩每絶倫。邇來稱孝友，孰不重君陳。

題王明府《椿萱卷》

遍閲人間世，如君夫婦稀。伯鸞元自許，德耀雅相依。春色看萱草，星光仰少微。懸知稱慶處，膝下舞萊衣。

贈李母表節

伊昔操箕帚，中年喪藁砧。食貧猶自可，孤在更誰任？熊和緣何事，雛成庶此心。欲知高世行，明主有綸音。

十月一日夜集

流光自堪惜，況復老荷衣。到此無如命，從前總覺非。白頭心更折，青史願多違。豈意勞車馬，猶來款夜扉。

潞府至國送至南館陶二首

策命親王日，分茅大典成。兩宮牽愛子，介弟别皇兄。無奈連枝重，將如一體情。猶憐藩國近，千里密燕京。

衛國封康叔，周王重剪桐。九重分緹騎，中使肅行宫。此日山河誓，千秋帶礪同。願言崇令德，享祚自無窮。

先至館陶有懷吴水都

驅車日云暮，燈火是誰家？暫把塵襟拂，翻令客思賒。清尊還自覆，白雪向誰誇。季重真知己，仙舟杳衛涯。

病中趙民部過存兼聞有西役爲賦此

一病兼旬久，形餘瘦骨存。日還操藥裹，誰復理琴樽。知己勞相問，鄉情重可論。聞君有西役，過里寄寒温。

送趙民部督餉金城二首

聞有金城役，因君憶昔游。皋蘭當户見，河水抱關流。充國平羌日，嫖姚破虜秋。于今遺烈在，好爲吊前修。

莫苦遠行役，邊城异昔時。漢衣胡婦舞，羌笛戍兒吹。帳下閑刁斗，軍中偃鼓旗。去應逢伯始，爲我寄相思。時胡汝拱管蘭州倉因懷及之。

喜苗明府令稷

陬邑今何幸，居逢茂宰賢。雙飛王子舄，一試宓生弦。此去看馴雉，從來喻小鮮。漢家推治行，它日復誰先。

送苗明府之稷

都門一尊酒，無奈聽歌驪。堤柳未堪折，春風何太遲。行山迎去蓋，汾水望前麾。别後傳新政，遥應慰所思。

贈張錦衣二首

驃騎將誰似，風流漢辟疆。幾年提禁旅，何事謝班行。老驥懷千里，冥鴻瞰八荒。終然熊略在，它日看鷹揚。

侵晨出東郭，爲訪執金吾。五葉餘貂珥，三朝握虎符。放歌驕白雪，沽酒擲青蚨。自笑余何事，承家有鳳雛。

贈晉翁

看君鍾异國，曼倩果前身。調笑侏儒泣，偷桃王母嗔。别來金馬日，常卧碧山春。時輩安能識，松喬近作鄰。

涿鹿道中遇陳許二年友燈下共小酌留别

一别三年後，相逢歧路間。班荆仍話昔，把酒暫開顔。莫以時名在，須令古道還。明朝復分手，千里邈關山。

贈余良鄉

茂宰臨京邑，人稱治行高。仲康占雉乳，言偃試牛刀。課奏三年最，恩兼兩世褒。華堂承寵日，孰不羡奇遭。

送仲文督學關中取道丹陽省覲二首

爲送輶軒使，都門祖帳開。舊游同漢署，新命别燕臺。紫氣衝函谷，青衿滿市槐。到時春尚早，桃李更宜栽。

此日若爲别，春風無限情。寧親須過里，趨命莫稽程。丹郡雲飛蓋，秦川柳拂旌。文章道中否，遲爾復西京。

送侍御何靖卿謫楚照磨三首

聞君謫荆楚，惓别一相過。直道古如是，獨醒今奈何？莫投湘水賦，且和郢人歌。去矣毋惆悵，天家雨露多。

彼美臺中妙，胡爲襆被行。北辭雙闕迥，南去片帆輕。吾道惟愚直，天王自聖明。行看宣室召，重問洛陽生。

南去承嚴譴，令人嘆賈生。地卑饒霧濕，峽近剩猿鳴。過峴思羊祜，臨湘吊屈平。丈夫無不可，慷慨是今行。

陳誠甫督糧永平二首

東望盧龍塞，西連碣石宫。征人懷遠道，去馬逐長風。看取椎牛日，行收破虜功。指揮應有暇，消息托飛鴻。

日下輶軒使，風流畫省郎。從來操管赤，此去倚干將。籌倡邊威重，醪投士氣揚。功成麟閣上，同舍藉生光。

留别同舍郭寅丈

彼美司徒紱，仍爲畫省郎。鳳毛新吐色，鷄舌舊含香。世業看繩武，風流更擅場。憐予最同調，别去思應長。

贈林總戎

伊昔登壇日，知君富六韜。名緣推轂重，誼況脱驂高。季布千金諾，平原一世豪。有懷終報主，看取匣中刀公嘗資給寧郎中棺。

贈李丞陟隴西令

好送雙鳧去，無愁度隴遥。城當清渭曲，山有赤亭朝。户口餘羌種，民風尚漢謡。它時看治行，孰與野王饒。

贈同舍劉介徵

未有平生分，親知傾蓋間。寸心明曉月，片語洞幽關。業在應不朽，詩成許共删。古人安可作，大雅遲君還。

代贈郭茂才

青衿吾愛汝，籍甚向東膠。赤汗應千里，丹雛自九苞。雲霄須早達，歲月莫虚抛。况復遭逢偶，岩廊屬泰交。

贈梁長武萬曆癸未，新設長武縣，屬梁君凝道經始之，過而贈此

長武新爲邑，誰先百里才？弦歌不日化，桃李及時栽。地即鮮原舊，風從七月回。聞君行報政，人訝古公來。

送帥金部赴南部并示從龍

淇上一樽别，江南千里行。最憐春水便，可信布帆輕。我愧王文海，君爲陸士衡。相思在它日，勉矣樹休聲。

送李符卿還武林

竭來送君别，何地好相思。靈隱鐘鳴處，西湖月上時。最憐孤鶴唳，偏動曉猿悲。歲暮還相訪，殷勤莫負期。

代贈何年兄歸覲

平叔真憐汝，纔登片玉科。恩知雙闕在，情奈二親何。令伯疏還上，相如榮更多。入門拜嘉慶，彩袖舞婆娑。

題張贈君高行卷三首

夫子賢何似，寥寥千載間。風流存泌水，門徑對行山。姜被香仍故，萊衣色尚斑。更聞三不惑，高躅杳難攀。

孝友憐張仲，斯人尚典刑。還金身待鑄，棄責口多銘。舊業餘三徑，傳家剩一經。向來高士傳，誰爲繼丹青？

鄴下推先輩，賢哉張長公。孤標凌海鶴，高誼薄秋鴻。詎以天倫重，還于物與同。平生伉疏節，無愧古人風。

送周生篤祜還潮州

燕市初傾蓋，遽爲嶺海行。一帆從下瀨，萬里近交城。南去風烟異，秋來瘴氣清。到時拜家慶，應慰倚門情。

題《兩造天然卷》林子正康，廣西人，原籍沂州，宅前俱有石人馬

舊有青齊宅，中分赤嶠符。兩鄉翁仲在，萬里玉驄俱。浩劫還遺象，昌時或負圖。從知表東海，詎意復番禺。

送潛甫令諸城

纔射金門策，遽爲宰邑行。岳雲迎去蓋，海氣薄前旌。花看河陽色，琴聽單父聲。三年歸最日，緩步侍承明。

送張仲言令蘭溪二首

奈爾吴中俊，之官復越鄉。曉雲雙舃舉，秋水一帆揚。政自

烹鮮得，才于織錦長。莫令聞問缺，漢主俟明光。

豈厭承明直，郎官屬上才。問程過富渚，把袂暫燕臺。我惜江淹別，人歡召父來。行看馴雉化，莫爲督郵猜。

答和王平甫

春來苦蕭索，懷舊欲傷魂。顧我風殊下，憐君道自尊。向分高士榻，幾掃舍人門。咫尺雲霄隔，相思奈廢餐。

送平甫令保定

汾水一相別，蘇門千里看。去天纔咫尺，得地小彈丸。自可鳴琴化，無愁織錦難。三年論最後，應着惠文冠。

贈陳簿

鑿齒分曹日，仇香受署初。暫栖應戀枳，一詣勝觀書。文已稱無害，才多讓不如。青雲饒自致，况復借吹噓。

贈蒲守

向憶雙刀夢，今看五馬榮。股肱寧爾屈，治行復誰并？擊壤仍堯甸，薰風滿舜城。漢庭方論相，已上次公名。

壽張叟

問齒同公望，承家自辟疆。五朝歌帝力，一級沐龍光。貌共烟霞古，心期歲月長。晝堂春正好，遥爲祝如岡。

梁二丈少參

此日還高卧，東山道未窮。八分書更細，七步句猶工。俠氣消三雅，榮名讓數公。相逢俱斥鷃，誰不羨冥鴻？

題張太守《禱雨卷》二首

雲漢憂三事，齋心動彼蒼。纔聞迎蜥蜴，已見舞商羊。稿色回青野，歡聲待白藏。居然同磈磊，尸祝向庚桑。

旱魃方爲虐，斯民重可哀。使君稱露禱，天意動昭回。膚寸雲初合，崇朝雨忽來。歡聲滿郊甸，端屬作霖材。

送家相諭繁峙

君自儒中俠，譚經最有聲。一官纔博士，兩地領諸生。不改青氈故，還高白雪名。行當過夏屋，北望好縱横。

送憲章赴試

此日王孫别，無勞更黯然。玉憐三獻後，人望一鳴先。老驥初辭櫪，秋風快着鞭。買臣今五十，富貴正年先。

贈陳春元

此日還鶩座，當年本聚星。赤霄千里步，丹穴九苞翎。桂折花初馥，楊穿葉尚青。行看偕計吏，大對向明庭。

贈還虚道人二首

蚤歲能聞道，飄然孰似君。冥鴻高物表，孤鶴絶人群。興寄壺中日，情閑嶺上雲。藥爐丹已伏，一粒肯爲分。

誰復同幽賞，夫君重啓予。鼎藏軒後訣，囊有伯陽書。五岳孤踪在，層城一笑餘。向來恣汗漫，豈是厭樓居。

贈劉叟

家本豢龍氏，人傳哺鳳雛。探來疑頦下，聽却似提扶。尚繼青藜業，無論赤伏符。不然豚犬輩，曾是滿其隅。

送劉兹出判兩淮二首

側聞淮海役，爲爾重悽其。展季還三黜，梁鴻奈五噫。如弦名自美，折檻迹同奇。若比長沙去，君恩更過之。

尚友看前輩，常多漢世英。君山才特達，長孺道孤貞。鹽鐵當時論，淮陽向日行。寥然千載後，不謂有黄生。

贈李將軍

君自隴西族，何如右北平。鳴弦驚没羽，當虜幾摧旌。豹略行間識，鷹揚塞上名。封侯原有骨，况復藉先聲。

送子順判華州

聞君承嚴譴，單騎入西秦。華岳行看月，黄河去問津。最憐知舊在，况復土風鄰。得藉板輿便，還應慰老親。

贈牛文學二首

莫謂廣文冷，青氈自不妨。厭餐饒苜蓿，高論滿堂皇。文學朱翁子，風流馬季常。及門二三輩，還解祝如岡。

上黨天應近，君家喬木存。行山平入座，藍水曲當門。薄宦微堪惜，鄉心重可論。欲歸歸便得，何以答君恩。

從軍二首

少年本輕黠，投袂學從軍。燕馬青絲絡，吴刀紫艾文。一身懷遠略，百戰睹奇勛。未滅匈奴日，無家何足云。

聞道軍書下，櫜囊結束牢。劍文横赤土，弓影偃烏號。馬踏祁連隘，星瞻太白高。自將身許國，百戰敢辭勞？

送長統南還

君才古誰似，高步齊梁間。獨絶王文海，清新庾子山。摐金三起嘆，如玉一披顔。此會愁明發，長驅返故關。

贈吴孝廉

君向番禺去，知從下瀨過。粤南風自美，嶺外日偏和。到處梅花發，相逢鳥語多。入門家慶集，萊舞喜婆娑。

贈曾孝廉

别去應長憶，清燈向夜闌。七弦同雅調，一笑罄交歡。猿嘯月初曙，鐘鳴霜正寒。師涓不可作，流寫到君難。

寄慰任憲章

知子無過父，曾參豈殺人？梁庭書已達，秦鏡照還真。且喜青蠅散，虚愁白髮新。萊衣不日待，一笑滿堂春。

贈童功倩父母受封

籍甚人争仰，仙郎治行高。直將三載績，博取九重褒。錫類良不次，移忠可憚勞。庭闈應樂豈，何用薦蟠桃。

夜過君寵小酌

人生行樂在，况復對胡姬。客久貂從敝，歌狂鳳豈衰。青雲還我輩，白眼竟阿誰。罷酒游燕市，相將獨漸離。

春日聖駕謁陵

漢皇徵七萃，春日事諸陵。北闕雙龍引，西山萬馬騰。墮弓尋自得，厘室問誰承。更向橋原望，千秋王氣鍾。

金山寺湛上人談禪次余相國韵

何處堪逃俗？迢迢出禁城。仁祠一以過，塵慮灑然清。誰也爲師利，公其即静名。頓開三昧見，早已證無生。

西直門迎駕

破曉趨西直，班行俟翠華。龍顔迎日近，雉尾逐風斜。組練千重騎，昭容四望車。還聞恩澤詔，過處即横加。

法藏庵聽無弦上人彈琴

定衷師何解？還將廣樂傳。暫開瓊玉軫，一試兜羅綿。山水成三嘆，松風繞七弦。聲聞從可入，即此是逃禪。

摩訶庵静公閑話次余相國韵

此地行深者，何如休上人。乾坤饒覺路，日月轉空輪。沙界渾如夢，須彌等若塵。誰能捨寶筏，許爾度迷津？

月山寺與衍上人閑話

智月峰何秀，招提最上方。有僧稱法寶，爲我話空王。燈照禪心寂，風傳梵韵長。纔分甘露飲，特地覺清凉。

留　客

邂逅俱難棄，虚亭坐晚幽。玉船酒器波更泛，石鼎句堪留。席貯空林月，琴揮一榻秋。轄投君莫苦，他會恐無由。

訪憲章二首

散步秋雲外，相尋一徑幽。故人情曠達，愛客意綢繆。不廢論文會，何妨拄杖留。興來奇絶處，盆水泛虚舟。坐間有盆水葉舟之戲云。

易訪高人迹，虚亭自好修。霜花猶吐色，啼鳥不關愁。得意詩千首，臨風酒數甌。身雖塵壤裏，心已寄滄州。

戲　贈

何物傾城者？君家貯素屏。舞花翻鳳彩，歌曲轉鶯聲。已識春風怨，偏留夜月情。真成共燕喜，寧爾誤平生。

過憲章聽琴

夜過君山處，相留啓素琴。漫調流水曲，翻作廣陵吟。已却成虧慮，都忘物我心。徐徐三弄罷，殘月下西岑。

竹東艸堂

舉世逐紛薄，幽居獨爾期。亭藏山郭遠，徑入竹林遲。窗有閑雲住，門無過客知。瑶琴千古意，終日寄相思。

即席次孫尹書屏韵

名本三秦望，才爲百世雄。共邀今夜月，再見古人風。酒半情愈洽，詩成句益工。陽春真寡和，我輩愧巴中。

即景書竹居扇面

白社相逢日，黄梅正熟時。禽聲如奏曲，物色恍呈詩。亭挂風簾敞，渠衝水碓遲。眼前吾已醉，何用倒金卮。

夏日飲此君塢二首

亭竹堪浮蟻，場苗暫縶駒。鶯聲當午直，燕影逐風斜。醉倚將軍樹，歌翻逸女花。還成金石奏，擲地向君誇。

晴雲度檻餘，落日映窗疏。乘興傾賢醞，揮毫賦子虛。丹山驚鸑鷟，北海起鯤魚。自有凌雲翮，何勞封禪書。

催詩得杜韵

鉢韵聲頻擊，燈華影屢催。罰依金谷數，醉待玉山頽。簾外逢初雨，窗前倚古梅。浪吟何用律，興到不須媒。

孫明府劉廣文同過山房留酌二首

竭來環堵地，何似聚星筵。雅調驚孫楚，高懷況鄭虔。張燈紅藥畔，移席緑筠邊。車馬休催去，酣歌意正綿。

此日高軒過，堪同訪戴游。園禽初變夏，竹樹迥含秋。雨果隨車至，天應欲客留。兒童多意見，井轄已先投。

留題子陽書屋

君家在何處？一徑雜芳蘅。座上看山色，門前聽水聲。園同張仲蔚，客盛蔣元卿。未果爲鄰願，題詩空復情。

同姚公垂任憲章再訪此君塢二首

偶爾逢姚合，相將過叔魚。傳來任訪句，喜得右軍書。翠篠含風細，幽襟待月舒。人間清暑地，孰似水雲居。叔魚，梁鱣字，孔門弟子會中任四先以詩至。

豈是濠梁上，虛觀莊叟魚。常因懷舊賦，不作絶交書。浮世空牢落，閑雲自卷舒。能無嫌褦襶，日過草玄居。

再贈任四

薛公門下士，莫嘆食無魚。圖上看方略，匣中秘陣書。得雲龍自變，朝日鳳還舒。處世渾多事，何勞誦卜居。

再留梁丈書屋

此地開芸閣，知君亦蠹魚。案堆楊子槧，架插鄴侯書。螢火三冬足，鵬風萬里舒。伫看通籍後，别有廟廊居。

再贈姚一

君材元縱壑，投老泣枯魚。病渴難忘酒，窮愁剩著書。吟常懷惠弟，懶一任阿舒。此日西城下，何人伴索居？

平生薄肉食，不釣錦江魚。細讀周王傳，常觀郭槖書。迹同沙鳥逸，心共野雲舒。一徑稀來客。真成隱者居。

夏日飲裴氏池亭

欲求彌暑地，獨駕短轅車。一徑來東郭，高樓是主家。水沉朱仲李，盤薦邵平瓜。盡日成酣飲，言歸趁暮鴉。

暑日過任園

緑野裴公徑，清池習氏家。深林不受暑，殘雨剩飛霞。信有賢人酒，虚慚長者車。相逢須盡醉，莫負檻前花。

再咏任園

一徑穿林入，孤亭傍水開。雲光常在户，山色半侵臺。載酒人争過，忘機鳥自來。登臨饒逸興，欲賦愧非才。

題葛氏玄室

真館何年闢，蓬門盡日扃。地高宜早月，窗暗趁疏螢。吴市藏仙隱，平原老歲星。逢人渾是醉，愛爾獨能醒。

過柏井貽任伯子二首

同發燕京道，知君歸未歸。扳荆空繾綣，過里復遲違。季子裘將敝，劉蕡策已非。相逢恐羞澀，不道故人稀。

君屋在何處？朝霞映遠岑。徑迷芳草合，窗鎖緑筠深。几上坡仙帙，囊中雷氏琴。二玩皆君畜也。三年重過日，端爲一相尋。

秋日留客

故人能枉駕，况值泬寥秋。簾捲月初上，竹深風自颼。共開賢聖醞，一破古今愁。行樂胡不早，星星已到頭。

集起莘宅得“魚”字

秋來日無事，一過草玄居。徑繞千竿竹，窗堆萬卷書。遠村饒市酒，新饌剩烹魚。别久應多賦，先爲誦子虚。

到沙苑馬相國席上口占

懷刺重過日，相留意更親。醉來非是酒，座上陡回春。顧我多違俗，如公復幾人？他時馬融帳，還許步階塵。

附相國和韵

秋晚衝泥過，來敦莫逆親。淹留非爲雨，苦憶已經春。白雪堪驚代，青雲豈後人。九方慚未及，識爾出風塵。

馬相國兄弟留飲占贈

三輔稱名閥，白眉世莫先。弟兄荀氏貴，子侄阮家賢。香若芝蘭襲，清如玉璧聯。自難題鳳户，聊共聚星筵。

春日孫令範野見過留酌

凌漢飛凫舄，行春及考槃。貌言清比玉，意氣臭如蘭。未可三杯别，須成盡夜歡。醉中歌白雪，應信和爲難。

留酌李簿

枉駕日云暮，隨車雨又來。君當題鳳客，吾豈卧龍才。剪燭陪清話，聯床倒濁杯。且舒憂世抱，况屬發棠迴。

任惟孝《宅雨集》二首

驟雨洗煩暑，微凉生座隈。雲光低遠岫，電影逐輕雷。草徑步生滑，玉山行不頽。呼童更移席，傍竹好傳杯。

一雨暮不止，相留遂爾期。節歌揮短麈，迎舞覆深巵。簾捲水花落，窗空雲葉垂。接䍦還倒載，莫是習家池。

飲史明府園亭同崔院幕二首

試上層臺望，令人逸思濃。疏林時度鳥，遠寺乍聞鐘。雲影當杯落，山光繞檻重。衹今高卧者，不羡五侯封。

史叟丹其輩，崔生亭伯儕。爲君雙着眼，使我一開懷。側聽草蟲語，何如金石諧。醉來真孟浪，忘却舞金釵。

過方順橋聽劉逸叟彈琴

衹謂搏風上，于今嘆陸沉。公車仍報罷，客路轉侵尋。傾蓋逢知己，扳荆一論心。還將流水奏，爲我洗煩襟。

報國寺留别蓮上人兼呈吏部馬一丈趣和之

此日招提境，相逢泥舊歡。爲牽龍樹愛，欲别虎溪難。堤柳憐春稚，征衣怯曉寒。明朝更相憶，南北渺烟巒。

題月岩書屋

朱邸饒風概，王孫幾當才。斷緱門下客，濃醴坐中杯。叢桂游方倦，題屏宴復開。濫推仍受簡，吾自愧鄒枚。

送尹觀察移鎮東郡二首

敕使移東郡，甘棠在兩河。離亭春色滿，别緒柳絲多。去爲摧鯨鬣，行看静海波。承家原吉甫，六月更須歌。

何在非王事，兹行顧托隆。揚旌斜捲日，去馬快嘶風。海寇聞三北，天恩念二東。雀臺無奈别，麟閣好收功。

校勘記

〔一〕"冢"，疑作"冡"。《國語·晋語三》："十四年，君之冢嗣其替乎?"韋昭注："冢嗣，太子也。"全書多處出現，徑改。

龍塢集卷之二十八

五言律詩

時　序

秋　懷

摇落歲華晏，泬寥天氣清。虹兼殘雨霽，霞映遠山明。墮葉此時色，擣衣何處聲。閑情寄秋水，更欲作麽生。

歲序真無耐，蹉跎鬢欲斑。晚風驚雁度，積雨送秋還。芳盡留殘菊，林稀見遠山。村酤不厭汝，須爲破愁顔。

庚申元日立春

寶運初開曆，農祥正此晨。灰飛葭管急，菜送玉盤新。草閣烟籠曙，山城物遞春。一樽柏葉酒，還醉太平身。

人日旅次

改歲逢人日，幽心念客居。雁歸仍旅食，家在幾傳書。驛路梅新折，官橋柳乍舒。長安分遠望，策詔近何如。

晦日宴游

提月饒春興，東風絢彩霞。倚墻紅杏出，沿浦緑楊遮。落日停車騎，開樽對苑沙。眼前吾已醉，更莫嘆生涯。

上巳

淑日逢元巳，佳游重昔聞。杯盤浮水荇，花鳥亂春雲。野外冠簪集，城邊鼓角分。蘭亭千古禊，徒此挹高芬。

五日

五日池亭宴，蒲樽興不空。蜩鳴梅子雨，燕撲石榴風。角黍堆盤上，靈符佩帝中。江湘無限思，有句寄豐隆。

七夕

璧月低銀漢，天孫渡鵲橋。歡娱惟此夕，别怨在明朝。泛海槎難遇，支機石更遥。年年痴兒女，乞巧漫相招。

中秋三首

此月尋常見，何如今夕明。色侵銀漢淺，影透桂輪清。乍辨霓裳態，遥聞玉斧聲。素娥吾羨爾，獨處得長生。

明月中天滿，孤雲萬里收。清光疑不夜，灝氣故分秋。碧海波還静，蒼山影欲浮。元規興不淺，重擬上南樓。

久坐廬陰直，威風海暈舒。一樽寒琥珀，萬里共蟬蜍。横笛高雲遏，流螢近檻疏。却思天柱上，清景更何如?

九日

霜天變摇落，嘉會惜芳辰。墮帽空前輩，登臺却後人。銜杯稱酒聖，把菊訟花神。日暮休歸去，重來迹恐陳。

守歲

臘雪隨冬盡，春風候曉來。藏鈎仍舊俗，入眼更新梅。燭映星河亂，歌喧烏鵲猜。窮年那可駐，莫惜倒樽罍。

除夕旅次

故節歲當守，他鄉誰更親？一年過隙日，萬里轉蓬身。柏酒寧辭苦，椒盤衹益辛。不眠渾待曙，客意劇逢春。

元　夕

燈火千家市，烟塵十里樓。暖風薰舞席，明月對歌甌。海暈星初曙，梅香雪暗浮。玉橋回首處，却憶昔年游。

寒食莊居〔一〕

幽居秋興十首

鳩居何閴寂，一徑轉城闉。車馬時難到，琴書日可親。窗中留紫翠，户外出嶙峋。叔夜其真懶，經旬不見人。

坐閲時將暮，蘧廬寄此身。寒砧聽處斷，旅雁望中頻。雲白雨初罷，葉黄霜正新。蒹葭思水國，彼美可藏真。

鼓角西城晚，霜風北雁遲。雨深黄菊病，秋老碧梧衰。野燒將殘日，江潮欲没時。登高懷宋玉，蕭瑟不勝悲。

北地秋常早，高林葉盡萎。沙明汾水亂，雁媚楚天遲。日色初沉閣，蟲聲漸入帷。一樽聊對菊，不負歲寒期。

門背層城隘，階當落葉平。孤樽消白日，壯志倚青萍。天地身仍寄，風霜眼屢驚。草玄今已懶，名實竟何成？

曉日寒烟破，孤亭爽氣新。雁來江海畔，人與竹松鄰。已識秋將盡，那知道未貧。三杯饒野興，無愧葛天民。

萬里秋風起，千門落葉驚。滄江澄曉月，畫角動邊城。遠戍衣誰授，深閨泪自傾。四郊多苦戰，何日見銷兵？

地迥堂逾寂，天高月正明。商風經夕改，螢火隔年生。寶瑟增新怨，賓鴻寄遠情。感時無那爾，獨坐欲沾纓。

秋閣人同眺，荒城日半曛。寒蟲吟抱葉，獨雁影翻雲。木杪千峰出，郊園一水分。此時瞻景物，愁思苦紛紛。

落日層臺上，那堪秋望遥。白雲初度雁，衰柳罷鳴蜩。歲月變寒暑，乾坤幾暮朝。牛山不可見，揮泪已瀟瀟。

九日獨居

佳節今重九，幽居思莫遥〔二〕。白衣誰送酒，黄菊自開花。雨阻登臺興，風添落木嗟。張琴還罷弄，寂寞到昏鵶。

春日出南郭

春色滿天地，風光遍郭門。幽人開竹徑，高士卧雲軒。鶯語沙邊樹，鷗行水上原。落花深處酌，恍已在桃源。

南郭訪友

閑來雙步屧，春色與君同。蛙鼓深陂外，鶯簧細柳中。酒吞杯底月，花舞席邊風。萬事堪成醉，機心付海翁。

五日孫令招集東岳祠至則改約戲呈一首

令節逢重五，佳游擬岳宫。方期龍競渡，忽阻石尤風。艾席聞還徹，蒲樽望已空。歸來倍惆悵，翻似泣途窮。

七　夕

銀漢經秋淺，天孫向晚過。填橋應待鵲，倦織已抛梭。破涕開星靨，含羞解雪羅。針樓休乞巧，方恨别情多。

中秋不見月二首

佳節届中秋，携樽坐庾樓。浮雲生野暗，好景使人愁。不見海輪上，須登天柱頭。難孤今夜興，却憶去年游。

月向何時好？秋從此夜分。廣寒深自閉，舞曲杳難聞。雨灑織阿泣，雲拖异婦裙。人生幾圓缺，愁思苦如焚。

客中聞雁和昔人

何處一聲雁，中宵動客愁。枕邊不忍聽，泪下幾能收？風急秋行斷，霜空月影孤。關山千萬里，同爲稻粱謀。

春日村行

春日步遲遲，烟村景物熙。梨花輕若粉，柳絮重于絲。逆水魚穿荇，迎人犬吠籬。田家紛社飲，扶醉笑參差。

對雪效樂天三首

何處難忘酒？風寒雨雪辰。梅逢江上使，歌憶郢中人。季子貂裘敝，王恭鶴氅貧。此時無一盞，愁緒若爲伸？

何處難忘酒？幽亭雪正深。閉門同洛市，倚棹想山陰。兔苑詞人賦，龍城羈客吟。此時無一盞，幽思豈能禁？

何處難忘酒？紛紛六出奇。初回秦嶺客，况對黨家姬。高咏梅花句，低歌錦帳詞。此時無一盞，何以暢襟期？

重陽後對菊晚酌

秋高風欲颯，坐迴露生凉。雁去三湘白，花過九日黄。孤砧敲斷砌，落葉藉寒塘。緑鬢真憐我，年來未受霜。

秋晚閑步

行雲暮不止，落葉秋復深。霜雁遠空下，草蟲何處吟。青尊真汝惜，白髮慢吾侵。一笑唾壺缺，狂歌莫自禁。

秋憶舊游

去歲中秋夜，同登緑野臺。臨風還擬賦，對月更傳杯。萍散悲秦贅，蕭條憶楚材。此時知共賞，爲我重遲回。

九日四首

此地茱萸會，何如請節鄉。開樽無不可，有客亦相當。晚徑花含露，寒空雁叫霜。漫留吾輩迹，他日是柴桑。

九日多風雨，今朝喜乍晴。籬花開較淺，露蝶舞還輕。蕭索梧桐影，悲凉絡緯聲。呼童急酌酒，詩興晚來清。

秋水蒹葭老，霜天蟋蟀哀。風前愁落帽，雨後却登臺。木葉瀟瀟下，雲鴻陣陣來。吾生非宋玉，漫覆菊花杯。

籬下簪黄菊，囊中佩紫萸。狂來冠不正，醉後杖須扶。折簡真憐汝，題詩可奈吾。相留乘晚興，明月到菰蒲。

春　游

載酒出烟郭，驅羸度水鄉。梨花飄雪白，柳色蜱金黄。山勢登登近，溪流曲曲長。尚思暮春咏，點爾未爲狂。

春　雨

春雨如秋雨，連纖無已時。寒欺鶯語澀，濕重燕飛遲。滴滴草頭乳，飄飄風外絲。坐愁門徑滑，嘉客阻深期。

除　夕

此夜復不惜，流年良可驚。臘纔餘一刻，春已到三更。漸懶世間事，那堪燈下情。無聞過四十，回首負平生。

除夕對雪

宵迴雪仍急，臘歸春欲來。平分新舊歲，共酌暖寒杯。火爆西鄰竹，歌傳北院梅。兒童渾不寐，坐待曙鐘催。

壬申元日留客

忽漫逢元日，蹉跎又一春。争憐蓬鬢改，强對彩盤新。客到寧辭倦，杯來莫厭頻。椒花不解頌，有婦愧劉臻。

早春書懷

物候何匆遽，空齋坐復春。醉懷良自遣，愁思果誰因？白髮偏先我，青雲已後人。亭亭門外柳，又見一年新。

上元觀燈同憲章

正月夜十五，佳辰稱上元。兒曹争火勝，女輩踏歌喧。何以酬千古，相看共一樽。無勞嘆白髮，春已到蓬門。

上巳過介休

上巳今何在？綿陽此暫經。泛觴懷洛水，修禊愧蘭亭。柳色初含碧，苔痕半吐青。如雲勝觀眺，歸騎若爲停。

端午同憲章和杜韵

重午亦佳名，相逢喜顧榮。帽簪蒼艾嫩，背繫紫囊輕。角黍金堆燦，蒲觴玉泛清。劇談揮羽扇，颯颯有餘情。

九日游窑庄次郭生韵二首

作賦非吾事，登高奈此游。兩山行欲合，一徑到來幽。日薄青樽晚，雲含白雁秋。不堪摇落思，何處更滄州。

千古龍山後，還知有此游。風高落木亂，日下寒塘幽。折角巾如故，刀騷鬓耐秋。磯頭共一醉，宛在鳳麟洲。

姚徵君趙别駕任胄子見訪次日姚還山

相看不成醉，還須月上樓。君行在明日，誰忍别今秋？有客皆同調，無詩可當游。要知行樂晚，白髮已渾頭。

秋　夕

正爾旅情結，秋聲何處來？真憐梧葉下，况復草蟲哀。故國杳千里，愁心付一杯。堪誰還作賦，對月强爲裁。

辛卯都門同趙洵陽守歲

燕館經除夜，心期共一樽。漏催年歲變，途换鬢毛新。到處身仍客，相依僕更親。寄家淇水上，還憶頌椒人。

八月十七日萬壽節

玉珮千官擁，金門五夜開。鷄傳清漏曙，樂動紫雲回。虎拜争趨日，嵩呼盡沸雷。天顔應有喜，一上萬年杯。

校勘記

〔一〕此處有題無詩。

〔二〕原書作“遥”，朱筆改作“遮”。

龍塢集卷之二十九

五言律詩

咏　物

雙　檜

爲愛婆娑影，幢幢滿户庭。月來三徑黑，雲去四時青。枕上風疑雨，窗間翠若屏。莫言同槐柳，終是不凋零。

山　泉

寒淙灑雲竇，石齒漱潺湲。長挂虹千尺，分流玉一灣。雨聲當白晝，海色落蒼山。豈是禹功鑿，原從開闢間。

新　荷

仙掌承珠露，靈犀茁玉潭。製衣吾有待，巢蔡爾其堪。向日先擎蓋，因風欲折簪。碧筒應忍刺，相對自成酣。

漲　水

萬傾侵天色，千雷撼地聲。洪波連島没，遠勢入雲平。岸闊牛難辯，洲移鷺乍驚。遥遥望星海，吾欲棹歌行。

咏　鶴

怪爾非凡羽，昂然瘦骨亭。長吟驚月白，獨立喜松青。入蜀還隨趙，歸遼或姓丁。天風時借力，一舉薄高冥。

初　雪

暮色蒼雲合，晨光素雪飄。迎風斜入幕，藉霧迴連霄。興劇歌黄竹，寒重擁黑貂。豐年應有兆，三白已堪謡。

對　雪

玄朔重陰變，冥威積霰紛。倚樓看舞鶴，着地辨屯雲。作賦思梁苑，爲歌擬郢濆。瓶空無耐酒，煮茗對爐薰。

春　雨

密雲低復裊，疏雨乍還霏。有滴多垂葉，無聲漸濕衣。烟沉樓閣迥，野暗釣船歸。入夜增泥濘，寒燈罷掩扉。

咏　竹

亭亭亞窗緑，栗栗净埃塵。日照蒼烟合，風鳴翠珮匀。清標醫末俗，晚節助幽人。留取琅玕實，終期鳳鳥鄰。

有　鳥

有鳥下長空，爲巢倚木叢。葉稀難障雨，枝弱不驚風。燕雀愁傾覆，鴛鴉笑困窮。翩翩奮雙翮，還住海雲東。

圍　棋

道人日無事，奕客喜相過。局動楸紋玉，心揮橘叟戈。一枰輸謝墅，數着爛樵柯。遇敵真難屈，覆圍更取和。

觀　書

耽書已成癖，費購積縹緗。賢聖淪千載，精神儼一堂。連宵螢自伴，數月味俱忘。開卷誠多益，籯金笑虜藏。

彈　琴

虚亭月初上，獨坐理冰弦。猿鶴驚商變，松風入夜宜。泉聲當磵落，岳勢倚天危。誰是知音者？黄金鑄子期。

戲　墨

松魂凌浩瀚，縹素灑淫淋。雲樹冥江闊，烟扉約島深。毫端神欲絶，阿堵妙難禁。能事窺真際，良工獨苦心。

塵

乾坤饒幻態，撮爾競高低。滚滚拂人面，輕輕逐馬蹄。曉行疑霧障，晴望若雲迷。稍待天風定，知從何處栖？

賞　月

海月看如瀉，清光萬里同。入杯吞不盡，到手掬還空。天載孤輪上，秋分一鏡中。坐來渾未解，人在水晶宫。

聞　雁

秋空旅雁鳴，聽爾若爲情。此日隨陽去，何時復北征？群悲湘浦斷，影逐塞雲横。倍覺年光暮，令人萬感生。

對客咏亭前雙紫荆

佳樹連株秀，春花韡徑長。奪將桃李艷，分與竹松光。雨過西施醉，風來荀令香。眷言興友愛，千古憶田郎。

咏沙同馬太史作

試上高原望，稜層徑莫分。日含金錯落，風揚水犀紋。縱雨難停潦，如山易起雲。百年看陵谷，遷變成紛紛。

題《鳴鶴圖》

胎仙吾愛汝，孤絶與群違。露浥丹砂頂，風翻白雪衣。偃松神自定，步月影堪疑。獨唳九皋上，無愁子和稀。

對　雪

清曉窺簾望，漫空舞鶴來。乍隨風捲去，又逐蝶飛回。地變藍田玉，家開庾嶺梅。煨爐興不淺，且覆暖寒杯。

咏　塔

此地開龍藏，何年瘞雁王？浮屠標劫外，華蓋接天長。鐸轉隨風韵，珠懸向月光。躡雲聊一上，沙界瞰微茫。

龍塢集卷之三十

五言律詩

悲　悼

挽董希夷隱居

豈意餐霞者，今同朝露晞。脱驂誰解賻，挂劍我沾衣。犬或偷丹藥，人疑杜德機。尚餘林杏在，春日惜芳菲。

聞梁二丈傷主器輒欲棄官歸侍寄此慰留

驛使傳消息，聞君欲賦歸。緫然悲驥子，底事卸朝衣？慈室情何慰，明庭戀遽違。三號痛季札，更莫苦依依。

過任世芳故居見茂竹感而賦此

種竹增新笋，傷懷憶故人。十年曾倚玉，數日已埋麟。緑籜餘荒徑，蒼烟鎖暮春。壁間多舊咏，讀罷泪沾巾。

聞楊都事没白下哭之二首

名爲文章重，才應造物讎。西臺官舍冷，南省旅魂悠。華表今威去，豐城劍氣收。青衿憐往昔，不覺涕交流。

海岳英靈盡，乾坤事業空。關中懷伯起，稷下憶文翁。歸櫬淹江雨，游魂散越風。寧知不朽計，惟有舊詩筒。

挽俞方伯

何日沉龍劍，衹今對鳳毛。曾聞貙虎避，幾見璽書褒。舊業空江水，新阡漫野蒿。懷君重悽惻，無計返天弢。

方憲副父母雙挽二首

偕老悲風燭，相從掩夜扉。大椿枝遽折，萱草葉驚飛。正擬三椿報，其如五鼎違。還看雙鳳誥，地下賁恩輝。

叵耐承家貴，從知教子難。趨庭懷鯉對，向夜憶熊丸。白日重泉隔，秋風宿草寒。百年烏鳥恨，有泪衹空彈。

悼六日兒

謾喜爲人父，寧知鍾我情。頭顱真得似，眉目亦堪驚。玉復懷中墮，珠從掌上傾。果誰持愛刃，一割使吞聲？

過李同年故居

前度論心處，今來寂寞生。笥餘千帙在，囊剩一琴横。妻子饑寒色，交親感慨聲。黔婁君不忝，無誄豈吾情？

悼長姊

薄命今如此，悲懷正切儂。世緣俱已斷，泉路永難逢。一子爲秦贅，終身負衛共。百年憐骨肉，豈是涕無從？

丁卯迎世宗皇帝哀詔

世仰無爲化，天摧有道長。山河驚改色，日月忽頹光。北面臣鄰舊，西城輦路荒。龍髯愁莫挽，弓墮鼎湖旁。

戊辰中秋哀感

耐此中秋月，還同向歲圓。如何椿樹影，不到彩衣邊？霜冷烏啼夜，烟冥鶴去天。悲心憐兔魄，空爾照荒阡。

壬午哭伯兄四首

吾宗推伯子，矯矯屬前茅。里有欒公社，人多劇孟交。平生呼白興，不解啜醨嘲。詎以年如許，風流一旦抛。

蹡絶天空杳，其如終鮮何。老堪鴻雁失，愁奈鶺鴒多。荆樹增新怨，唐華剩舊歌。却看姜被在，不禁泪滂沱。

伯也中奇禍，闔門復幾人？萊妻先十日，鯉婦後三旬。一倩同兹月，雙甥未浹辰。百年憐骨肉，痛哭向高旻。

世上無窮事，居然罷解弢。七齡兒齒弱，八十母年高。婚嫁何曾畢，温靖果憚勞。孔懷方此日，一顧一長號。

悼　亡

有生同一盡，念爾獨堪悲。半世修裙布，終朝掩蕙帷。狂夫其若我，愛女欲依誰？最是傷心處，床頭舊涕垂。

挽孟母二首

何事稱賢母，都歸孟氏家。鄰疑鄒是近，軻仿子非遐。教藉三遷得，恩將五鼎加。一朝同逝水，言念不勝嗟。

人稱阿母貴，有子佐皇家。夕膳猶調鼎，朝萱不見花。潘輿翻作櫬，萊彩變爲麻。一去歸芒麓，千秋恨莫涯。

龍塢集卷之三十一

五言排律

懷　古

函關十二韵

絶險橫殽上，重關鎮雍西。兩京通道路，終古幾輪蹄。虎視山吞魏，鷄鳴客遁齊。漢憑三尺劍，隗誤一丸泥。秋晚餘桑柘，時清罷鼓鼙。棄繻行自壯，望氣度空迷。季子虚投策，張侯却戀綈。雄圖那更在，霸業已成睽。舊壘人分戍，崇墉鳥亂啼。平蕪連遠近，野樹逐高低。地信金湯故，天疑鎖鑰携。如何稱百二，胡馬亦頻嘶。

龍塢集卷之三十二

五言排律

游　覽

游姑射仙人洞八韵

姑射非塵境，丹崖接洞天。神仙應藐爾，雲樹尚依然。一路通還塞，千山斷復連。精靈聞夜語，麋鹿看朝旋。石髮稀人迹，霞裾避俗緣。更無今世約，虚有舊名傳。幾歲歸玄圃，何時返洛川。冰肌如可見，端禮學長年。

秋夜飲憲章園亭次立夫韵

身世浮萍迹，乾坤閲歲華。西風何太急，落葉任交加。幾處蛩音細，遥空雁影斜。樽中初墜月，檐外已栖雅〔一〕。紫氣談龍劍，紅爐焙鳳茶。詩成藤閣裏，思入海天涯。掉筆鋒如劍，横書勢若蛇。故人成好事，他日看籠沙。

公受園亭雨中賞月季忽被人折去悵然賦此

玉圃開芳宴，瓊臺列翠翹。笑如鶯弄管，痴學鳳吹簫。月姊移仙珮，天孫下鵲橋。腮含西子醉，腰嬋小蠻嬌。冒雨翻朱髻，因風舞絳綃。無端逢惡少，一折使魂銷。

吴岳

夢寐懷吴岳，今來果一躋。危橋斜度磵，亂石細尋蹊。特地芙蓉秀，中天玉笋齊。嵐光凝碧巘，虹影挂丹梯。北望崆峒小，東臨太華低。仙人行欲睹，霞洞出還迷。湫底蒼龍蟄，松間白鶴栖。掉頭回日月，飛步脱塵泥。獨往人能否，重游迹恐翳。張衡愁遂破，謝眺句曾携。窮覽將何已，高寒奈久稽。總緣耽勝絶，歸路首仍西。

崆峒歸興

崆峒高萬仞，逝欲陟其巔。童僕渾相棄，藍輿亦并捐。雲根當面起，鳥道逼空懸。禦寇風生腋，洪崖手拍肩。未經磨杵觀，暫就浴佛筵。劫盡還餘塔，僧多總解禪。問途紆更遠，掉臂興逾偏。竟去辭初地，翻飛及二天門名。棧頽行反却，石滑折仍前。耳忽聞鷄報，書應怪鶴傳。徐來雙侍子，顧盼儼神仙。扶掖登重閣，殷勤謁上玄。冥接軒後記，細叩廣成詮。霞洞關常扃，丹爐火不然。瑶函那可得，寶笈迄無傳。散髪欲狂叫，吾師善杜權。向非弓在日，已失鼎成年。暝色催人去，嵐光尚自妍。勝游同浪迹，妙契會忘筌。下士聞應笑，長歌托此篇。

過永壽

奈此彈丸地，獨當陝服衝。輪蹄西屬國，綰轂右扶風。漢時遺丘在，邠人舊俗同。室家陶復裹，鷄犬翠微中。天外浮屠出，雲間雉堞雄。弦歌歸茂宰，屏匽賴群公。虜已聞三北，民何嘆二東。行聞有大賚，爲爾恤孤窮。

紀　行自金城歸，賦此以括行迹

星海朝行役，皋蘭晚趣裝。雪兼沙浪白，日共朔雲黄。定北胡笳裹，安南錦谷傍。土居饒板屋，人語雜戎羌。鳥鼠流清渭，魚龍度夕陽。山當朱圉轉，路入赤亭長。過隴聞鸚鵡，臨岐憶鳳凰。九成餘宿莽，太乙接穹蒼。茂苑追司馬，成歡問季常。美陂誰復泛，細柳自成行。故堞尋龍首，浮屠訪雁王。江名曲水涸，園在樂游荒。歲迫嚴程暮，途催驛騎忙。涇泥纔利涉，河霧乍榮光。祝網懷殷帝，横汾仰漢皇。睢留碑半没，鼎去氣全亡。趣駕唐堯里，言尋后稷鄉。暝烟迷遠近，野火辨微茫。故舊争相勞，僮奴喜欲狂。共憐裘敝雪，還訝鬢凋霜。詎黍黄華使，聊歌杕杜章。轉蓬猶未定，明日又分張。

游梁園

此地同諸妙，過從二十年。向來人盡改，行處徑依然。睥睨當窗外，仙宫俯枕邊。秋高梧半落，霜重菊仍鮮。俗態今堪脱，朋簪晚更聯。主高松下鶴，客并池中蓮。傲骨經時長，榮名與世捐。幸無愁寡和，伐木有新編。

校勘記

〔一〕“雅”，原作“雅”，有朱筆改作“鵶”。

龍塢集卷之三十三

五言排律

感述

喜雨十韻

無計逃炎暑，如焚可奈何。片雲纔觸石，急雨乍翻波。垂練全遮霤，跳珠半没荷。阿香車豈駕，蒼水使應過。地自迴青海，天疑倒絳河。雷兼風力疾，虹雜電光多。暫免雙鱗鮒，行看异畝禾。作霖還我輩，浥露竟誰佗。白帢凉初趁，朱絲緩更和。煩襟一以洗，聊爾寄長歌。

書懷二十四韻

笑被逢衣誤，空令歲月徂。董帷當晝下，藜火伴宵居。簡閲陳農外，功搜左史餘。詞常卑賈誼，賦不厭相如。逐客排斯論，攻聊擬魯書。一行隨計吏，數上對公車。詎意摶風鳥，頻成點額魚。緇衣塵盡化，緑鬢雪難除。入楚雙遭斥，游秦十見疏。鹿迷終是夢，鰲大若爲漁。蹢鼎垂無用，寒灰忽待嘘。買臣窮且已，主父憤還舒。氣鼓千人廢，鋒撝萬堞虚。敢言通籍晚，真喜得君初。蓬苑仍開館，翹才共曳裾。鳳毛争羡汝，牛耳或推予。作色凌金馬，低眉阻石渠。由來嗤狗監，那更覔龍屠。詰曲悲歧路，遲回望敝廬。東皋饒舊業，西土剩新畬。掃石堪留客，分泉可灌蔬。興乘三雅間，調入七弦徐。半醉呼從事，長謡寄接輿。殷勤祝名岳，副在好藏諸。

過滄州憶舊守張君與行

景城古名郡，川會九河遥。舟楫通吴越，風烟接薊遼。緑低堤外柳，青漲雨中苗。小墅分魚市，平蕪蕩海潮。地餘芻秸利，户敝挽輸繇。舊守能爲政，民間尚有謡。

龍塢集卷之三十四

五言排律

贈　答

贈王鄉寧二十韵代作

聖主臨軒日，英雄駕馭時。雲從龍自合，神降岳偏宜。擢桂稱吴斧，脱囊見遂錐。一朝分簡命，百里寄封提。鳳鳥人争睹，驊騮世莫羈。盤根迎利器，陽鱎試投絲。花縣棠陰芾，山城麥秀岐。心還勞撫字，政已起瘡痍。俗本唐堯舊，風從漢令移。村居那犬吠，廳事任簾垂。士論歸身鑒，民歌足口碑。郡曹觀雉化，太史望鳧儀。烏府旌初下，金門詔未遲。當庭懸夢寐，側席待疇咨。白筆應簪手，蒼生料察眉。作霖終不忝，補衮信能追。玉笋聯青瑣，牙璋侍赤墀。無爲資燮理，有道賴綱維。勛業伊周并，功名管樂卑。前程寧若此，慎勿易操持。

贈樗園子二十韵高樗園六十始舉子

間氣儲應久，元精降故遲。百年深種德，萬事足生兒。昴宿光天漢，川靈動地維。蛟螭齊擁護，仙佛共奔馳。秋水丰神炯，朝霞秀骨奇。蚌珠驚握掌，雛鳳詫鳴岐。熊夢占前日，英啼試此時。蟠桃垂晚實，丹桂挺新枝。更見商瞿後，仍過白梁期。名駒宜汗血，於菟會吞犛。吉月開湯餅，春風揚彩絲。晬盤陳玉菓，賀客走金羈。疊作笙歌沸，繽紛笑語熙。犀錢矜盛舉，麟紱侈多儀。願假徐卿祝，空慚杜老辭。殷勤忘犢愛，珍重取師資。詩禮承家學，箕裘紹父規。須成瑚璉器，莫競綺羅姿。將相知誰定，公侯任爾爲。請看簪笏者，盡是短檠糜。

次韵贈梁三丈三首

禰生鸚䳇賦，崔灝鳳凰題。氣岸千尋壁，才華萬丈霓。幽懷誰與并，逸興自難齊。徑竹依人坐，庭梧任鳥栖。長談消燭短，高咏遏雲低。不識東家叟，爲憐愧我西。

酒盡防酤值，詩成更品題。高才知倚馬，逸思看吞霓。摩詰名堪亞，梁鴻德可齊。羽觴同水泛，城市等岩栖。月色虚檐上，螢光暗壁低。草堂吟咏罷，如在瀼江西。

來叩龍岡隱，難將鳳字題。樽中堆琥珀，筆下吐虹霓。令德人争仰，高才孰與齊？鯤鵬原自擊，燕鵲豈同栖？坐近梅香暗，窗横竹影低。放歌吾擬醉，莫謂月沉西。

夏日集此君塢奉和晴翁八韵

何處堪逃暑？篘亭六月寒。來隨裘仲步，倒載季倫冠。翠籜風初定，烟梢露未乾。身如留洞壑，興已寄幽巒。灝景中天滿，幽懷此地寬。醉須傾五斗，醒不厭三竿。運際千年盛，時逢四海安。吾生行樂耳，底事起憂端？

贈趙富平

河陽爲宰日，彭澤折腰年。歸去詞方切，閑居賦已傳。二毛良足感，五斗豈能牽？縣裏花從發，門邊柳剩鮮。板輿王母壽，卧榻上皇仙。禊汜行春樂，登皋省宿愆。世途寧爾拙，吾道不其然。築室依仁里，尋僧結净蓮。柴桑稱處士，洛水遂高賢。酒漉巾仍著，歌揚席更連。獨遺千古躅，疇并异時肩。叔代看之子，休風共一筌。平生欽仰止，三嘆贈長篇。

賀石翁五十壽

鈞冶精英合，春風淑氣涵。行年稱半百，初度届重三。閥閱推山右，聲華仰斗南。詩才高適得，書法右軍諳。蘧叟非應却，宣尼易可探。未趨金馬詔，閑縱漆園談。徑對千竿竹，門迎萬叠嵐。桔槔機本息，泉石味能甘。學已過元凱，賢將繼仲堪。綺筵方酌醴，珠履幾停驂。鶴舞飛還拊，鸞歌韵正酣。羽衣紛授訣，綉佛喜同參。依玉懷深愧，摛詞負大慚。會兼修禊雅，樂爲上除耽。岱岳欣相望，昆桃謾共餤。前身元漢朔，間世復周聃。訓溢他人父，恩沾异姓男。壽籌今擬祝，遍滿海中龕。

寄題王三尹忠孝堂十八韵

輪奂成嵬構，綱常萬古存。君親倫莫大，臣子道當敦。重以栽培力，况兹稚弱根。難酬惟海岳，有造總乾坤。望闕丹心耿，趨庭綵服翻。白頭增懼色，黄綬感綸言。可耐桑榆暮，寧辭簿領繁。誓爲輕犬馬，豈是厭丘園。寸草三春戀，單騎九折奔。情含烏鳥哺，義急野人暄。捧檄真同軌，絶裾果并論。鷄鳴先寢問，鸞集罔卑喧。雲仰行山近，星瞻北極尊。退云思過補，勞亦念靖温。葵自能傾日，萱將慰倚門。他時推考叔，此地舞劉琨。鼎禄承家慶，身資貨國恩。先民遺訓在，資事兩無諼。

贈張練師

我本吹笙裔，君爲辟穀孫。丹臺同紀籙，絳節共朝元。信有壺中樂，絶無世上喧。白雲隨去住，黄鶴任騰騫。瑶草時堪把，瓊芝日供餐。長歌凌汗漫，少憩卧昆侖。王母蟠桃摘，麻姑紫棗吞。投籌傾島室，着奕爛樵痕。煉骨應難老，靈樞自有存。身名留洞府，足迹斷塵根。縮地今回首，驂龍暫息轅。崇玄須守默，抱一可辭繁。鼎在金還伏，丹成火欲温。仙居鄰并邇，道契往來敦。别後懷真訣，逢人莫浪言。

題張氏新第十韵

晋國稱喬木，君家世澤長。闢居高士里，雄構德星堂。翠拱流雲氣，珠簾敞日光。定巢來燕賀，揭彩動翬翔。頌美歸張老，承休即辟疆。槐庭新覆蔭，蘭砌晚生香。湖海今仍尚，詩書後可倡。行從歌百爾，義自訓諸郎。題鳳知無客，登龍笑舉觴。何當于氏第，駟馬堪騰驤。

題《鸞誥光先卷》二十韵

宋室親王子，平原异代豪。鱣堂開日講，槐署譽時髦。不厭青氈冷，寧辭緑蓿饕。士敦還復晋，俗讓更如陶。徑偶歸松菊，門空鬱李桃。田園供暮景，詩禮付兒曹。里美春風浹，鄉評月旦高。俄然神返岳，竟爾化弛弢。祀典邦侯重，儀型後進叨。百年崇俎豆，二仲薦豚羔。且喜承家貴，兼多治郡勞。九天覃龍澤，五馬沐恩膏。錦誥回鸞彩，綸音慰鳳毛。瑶函光燭野，玉檢鮮臨皋。封樹雲生靄，泉臺樂起濤。流芳看燕翼，頒命動烏號。孝顯緣忠達，親榮恃主褒。人間嗟盛舉，海内羨奇遭。詞客争爲頌，文儒競染毫。愧予懷仰止，摛句附諸騷。

贈宋太守三十六韵

夫子吴中杰，英標代絶倫。生才元海岳，負氣崛風塵。價溢南金重，名懸北斗鄰。世推江令筆，時效介休巾。卓穎稱無敵，摛思覺有神。文章還勃勃，道術益醇醇。擊水鯤鱗躍，空群驥足伸。夢從周主卜，策向漢皇陳。杏苑花摇目，瓊林酒入脣。明堂收巨棟，清廟列奇珍。方喜趨金馬，俄傳握玉麟。片云隨皂蓋，雙節擁朱輪。晋國分茅遠，堯封割壤新。絳臺增色象，姑射聳嶙峋。轉聽銅鞮唱，紛迎竹騎駪。褰帷聊問俗，露冕且行春。争説逢廉暮，先懷借寇頻。官僚崇軌範，品庶荷陶甄。持操兼貞潔，催科寓拊循。政成惟偃草，訟簡但垂紳。旱賴隨車澍，恩沾轉壑貧。赭衣逃莽陸，白額徙汾濱。澤并乾坤闊，民同父母親。專城纔保障，要路遂通津。近報三公薦，遥聞四岳詢。倪寬論最日，黄霸詔歸辰。厘室虚前席，彤庭待秉鈞。召棠存宿愛，萊竹寄深仁。和鼎須王佐，攀轅奈野人。顧予慚非質，伊昔接華茵。附鳳叨于末，登龍得所因。交情蘭共契，分義骨同論。况乃居邦士，常參下榻賓。幸蒙千厦宅，感切二天身。頌德衷逾劇，憐知意總真。其如精衛鳥，填石若爲垠。

贈邢中舍守絳四十韵

紫綬辭黄閣，朱旛入絳臺。三刀何日夢，五馬逐風來。天子專城命。君侯濟世材。褰帷汾水曲，弭節虎祈隈。童騎紛迎竹，英聲軋動雷。枯條沾雨潤，寒谷喜陽回。訟有蒲鞭設，科無租吏催。蒼生懸盡解，造物覆還載。禮樂文翁教，痌瘝杜母哀。倩淮歸卧理，借潁息喧豗。化洽通堯甸，歌傳遍晋垓。郡齋閑舞鶴，聽事半侵苔。治最當屏識，功高屬篆枚。豈云工案牘，曾已擅琪瑰。伊昔居中秘，清光燭上臺。藜燈恣校閲，綸汗代披裁。掞藻千言足，堆胸萬卷該。雲編飛玉屑，錦帙落珠胎。逸氣南溟翮，元神北斗魁。學從鄒魯範，藝出晋唐媒。肅肅鵷行并，雍雍衮職陪。先朝麟筆炯，繼體鳳毛毸。許國忠逾篤，承家業益恢。平生原管葛，獨步失駑駘。可耐官分岳，端知位列槐。一麾寧暫屈，八座竟難推。周憶明堂棟，商須和鼎梅。孫弘儲館穀，孔舉富瓶罍。縫掖虚参乘，長裾望接埃。情酣防脱轄，興極掇于鬛。顧我身仍困，于時羽屢摧。田園荒雀鼠，門徑没蒿萊。耕壠成虞質，伐檀踵魏灾。登龍慚局促，下榻遂徘徊。卜夜勞張宴，留歡更趣杯。窮途青眼在，傾蓋赤心開。供給壬林盛，猖狂笑語詼。直將常偃草，噓起不然灰。真荷投膠舂，能忘按劍猜。含恩精衛鳥，填海欲山頹。

壽孫明府五十韵

河岳英靈久，乾坤間氣生。圖當龍馬躍，瑞兆鳳凰鳴。藴藉天人富，魁梧道器宏。關中夫子譽，洛下少年名。辭穎元無敵，騷壇竟主盟。賦兼金石奏，筆驟薤琅行。向夜珠還吐，衝宵劍自横。棘闈纔戰勝，雁塔遂峥嶸。海擊三千水，風摶九萬程。揚鞭隨計吏，挾策謁承明。帝座瞻臺象，郎星映玉衡。兩舄乘舄發，百里震雷轟。盤錯初逢刃，弨弛更受檠。仲康三异化，季路片言平。樂育收狂簡，哀矜撫獨煢。鑒垂秋月皎，操炯玉壺清。坐聽揮琴理，旋看織錦成。晋陽崇保障，魯泮費經營。中澤鴻多集，荒村犬不驚。雪冤伸痛鳥，正法伏强鯨。轉覺狐狸遁，難欺鼠雀争。口碑隨處滿，棠蔭望來盈。桃李非潘縣，弦歌即武城。庭閑教舞鶴，谷暖待遷鶯。神降佳辰協，弧懸令節貞。曆開陽四位，蓂脱莢雙莖。姑射仙曹至，丹臺寶籙擎。韶華宜宴喜，壽域快春晴。笑倚蒙莊樹，歌吹子晋笙。前身周柱史，此日漢星精。客劇南山祝，樽連北斗傾。瓊脂供列饌，蘭蕊薦新羹。强仕年方壯，餐和骨益輕。身將同國泰，武即接衢亨。報首山公啓，知先卓茂迎。鵷班虚左次，驥足試長征。鼎鼐須梅實，岩廊屬棟楹。八荒沾沛澤，一代播休聲。顧我潛圭竇，于今守鑿耕。雅懷憐曠達，逸調解拘儜。仲舉能留榻，朝宗幸識荆。黄絲倡後進，白雪動高情。廣厦居堪庇，醇醪飲易酲。有招恒亟往，無作不連賡。玄論參談麈，雄篇借珮珵。賞音彈詎已，悦己飾空縈。願放籠中鴿，常馴葉底鵲。香分荀令裾，砂襲葛洪鐺。任爾桑田變，依然殿閣榮。寸心寧啻出，披腹若爲呈。

裴氏生孫

震宇青宫闢，丹丘紫鷗生。异鍾天間氣，歡動海潮聲。入賀迎珠履，開筵倒玉觥。一經還繼業，四世幾忝丁。會點汾陽額，看分逸少鍚。輝煌他日事，歌頌此時情。門户繽紛盛，公侯次第榮。摛詞究終始，聊爾爲鳴禎。

題崇孝祠十六韵

彼美周王胄，能敦百行先。事親同愛日，達孝本由天。籲疾身求代，和羹股亦捐。糞嘗憐罔極，烏集感通玄。慕自追虞舜，稱無問閔騫。遂令雙鳳闕，飛下五雲箋。璽命光潢派，龍章表世賢。誠于金石貫，名并日星懸。嘆逝俄成昔，旌來更益前。地當梁苑勝，祠構宋京偏。榜揭綸恩重，徽揚御墨鮮。綱常千古繫，俎豆四時虔。子道將何媿，人倫賴爾全。瓣香欣有托，挂劍恨無緣。睹像興顒若，摳衣拜儼然。九泉如可作，吾爲執其鞭。

題李憲副《恩榮册》二十六韵

楚國稱名閥，唐宗迥絶倫。乾坤鍾异氣，江漢毓高人。喬木承家蔭，明堂副世珍。文章班軼駕，道術孔爲鄰。獻賦排嚴闥，鳴珂列禁宸。清譽喧畫省，長價溢朝紳。旰食憂西土，綸言降北辰。乘傳勞問俗，隨地借行春。鷙隼霜凌翮，豺狼路辟塵。黄麻隆簡在，紫誥答恭寅。禄已增三鼎，恩兼賁二親。正憐趨鯉頃，不負和熊頻。翟服光非舊，簪袍寵聿新。松顔充渥澤，鶴髮倍元神。湛露滋忘草，休風拂大椿。歡當偕老日，慶際百年身。鳩刻形雙健，龍章色并洵。衹緣忠自盡，詎意孝還伸。阿閣看雛鳳，仙郎儼石麟。早稱金籍彦，竞署玉堂賓。勛業今方赫，聲華後益振。伊衡須協陟，甫佐又生申。父子同朝美，君臣一德純。洪禧應迭沓，懋典合紛繽。晝接勤聽履，時庸伫秉鈞。褒嘉欣有俶，奕世荷駢臻。

贈毛憲副十四韵

卓犖毛夫子，英聲早擅揚。燕臺驕駿骨，杏苑占花王。出守偏宜晋，移星忽度湘。行過王燦宅，會吊屈平鄉。江漢歸清理，東南屬紀綱。乘驄遥問俗，飛隼下凌霜。化洽同堯日，功存補舜裳。一朝歌喜起，千載頌明良。愧此蓬蒿士，曾分桃李芳。梁園推作賦，魯國借升堂。傳鉢情何切，書紳意詎忘。居然千里别，遂爾各天望。輪轂難生角，郊亭暫舉觴。他時動離思，目斷楚天長。

贈柴醫六韵

條山有仙逸，市藥出人寰。術妙軒岐上，聲馳汾晋間。探囊施秘餌，灼疾洞幽關。濟物無求報，論心常自閑。生來存道骨，老去益丹顔。塵世仰休伯，高風不可攀。

贈李簿擢晋府儀曹八韵

之子促征蓋，離亭惜舉觴。三年勞簿領，百里佐星郎。短李才非短，長卿賦更長。曳裾緣國命，入邸事賢王。雪苑雲生白，花城綬脱黄。鶯飛寧戀枳，人去剩留棠。此日辭汾曲，何時屆晋陽？醴筵知遇主，切磨嘆行藏。

贈劉郡伯擢憲副十六韵

夫子挺河華，居然命世英。商王求夢卜，傅説本星精。鬱作明堂棟，饒和巨鼎羹。鳳池初視草，豸角舊簪纓。郡國需良牧，朝廷重股肱。三臺虚左次，五馬暫西征。民瘼褰帷得，風謡擊壤成。覆盆能返照，槁木盡含榮。下榻慚陳客，樞衣厠魯生。借留情正亟，移鎮詔非輕。無奈甘棠思，其如棫樸情。畫輪姑射轉，彩斾阱陘行。曉日紛騶從，霜天雜鼓鉦。燕南膺保障，趙北屬澄清。别有崇班待，還將側席迎。他時麟閣上，不説漢公卿。

代壽垣曲房明府十八韵爲張子學作

帝命分銅綬，郎躔映璇衡。雙鳬初奮迹，百里得專城。郭外黄河繞，廳前紫嶂迎。境連潘縣勝，人較范塵清。政美歸言偃，曹閑等宓生。棠郊看化雉，梅鼎待和羹。此日揆皇覽，前身本歲精。端陽纔過九，瑞月已幾盈。北海賓仍集，南山曲再賡。幼喬饒宦達，伯武接衢亨。勛業蒙莊樹，聲華子晋笙。玉皇曾作吏，金馬舊知名。有道時逢泰，長年世會平。且然辭案署，還爾佐承明。自昔常瞻斗，于今幸識荆。真憐牛馬走，况藉犬豚榮。時文學子作垣曲簿。香就荀君襲，丹從葛令成。神仙足官府，好挾故人行。

祝岳父母晴翁胡夫人六十壽二十四韵

門族稱同大，乾坤屬并賢。春秋推首亥，甲子更齊年。冀野分賓抗，平陵舉案虔。由房招舞籥，在御静和弦。身逐龐公隱，名携美玉仙。坐邀青鳥使，閑咏白頭篇。花吐宜男色，椿含太古烟。况當慈竹茂，猶學彩衣翻。時郝太安人在堂。孝及成風篤，情兼愛日專。親憐萊子順，姑美少君偏。拜慶紛堂上，承歡滿膝前。郎饒趨鯉慧，我顧乘龍便。東禮丈人石，西臨王母筵。雙瞻人比玉，叠獻酒如泉。敬叔功名薄，曹昭女誡玄。夙成殊婉娩，晚達會騰騫。彤管時應紀，明庭此待宣。徽音高漆室，邁迹等菑川。氣以精英聚，形于金石堅。鷄皮須返蜕，鶴髮未盈顛。却老今偕矣，維祺再頌旃。麻姑人共訝，曼倩世争傳。竟睹桃垂實，無論海變田。間生原五百，閲歲合三千。

贈内弟梁德馨十六韵

奕世擅風騷，承家爾更豪。才過司馬氏，齒少洛陽曹。博士欣登籍，諸生愧接尻。宫墻今且入，俎豆舊能操。會見魚生角，争誇鳳有毛。可知搴錦思，寧憚下帷勞。氣辟萬夫色，詞雄百叠濤。居然光岳聚，況復聖明遭。西漢推經術，東周得髻髦。早傳鸚鵡賦，遥唱鬱輪袍。上國誰同步，中原幾屬櫜。三冬差足用，一第諒非叨。片玉名元重，連城價獨高。何愁千里驥，不遇九方皋。攘臂終擒虎，投綸竟掣鰲。殷勤他日贈，看取吕虔刀。

贈劉憲副二十韵

維岳嵩高下，成周伊洛東。賢生原不偶，神降會須馮。況屬春將暮，偏憐日正融。蓂開餘二筴，月合近重弓。卜曆花周甲，當筵酒吸虹。星精今曼倩，氣概舊終童。伊昔騰霄漢，翩然佐股肱。澹臺居自守，齹蔑乍相通。遂度驪黄外，兼收彀握中。升堂慚季路，刮目詎阿蒙。步舄歸青瑣，簪毫衛紫宫。讜言成主悟，諫草避人烘。忽秉三齊節，仍將一劍雄。才聞奔猰貐，早見起疲癃。襆被行何遽，思蒓計轉工。倦游司馬是，薄宦邴生同。舞膝饒雛鳳，吟塘并雁鴻。江湖聊寄迹，鍾鼎莫忘功。九萬天池鳥，尋常渭水熊。舉觴遥且祝，明德與時崇。

送應宿讞獄中州一首

仙郎持使節，暫出白雲司。爲藉皋陶理，能寬大禹悲。吞舟鱗莫縱，有角雀堪推。梁獄焚猶得，秦臺照可知。三章原漢法，一面本湯規。兩造還須聽，惟輕在所疑。會除安國溺，重解冶長縲。計返顯輿日，榮當過里時。徐看班袖舞，高咏白華詩。椿倚蒙莊樹，桃將曼倩枝。擊鮮寧憚數，介壽欲無期。見説平反報，親心更自怡。

壽晋翁

曼客薄禄仕，蚤歲謝風塵。名削皋夔籍，身甘綺季鄰。丞郎嬉彩暇，副相擊鮮頻。自得沉冥契，人稱静者倫。鷗群聊復狎，龍性杳難馴。見説黄牙長，何妨白髮新。有懷都付酒，無事且投綸。尚恐周王獵，前驅到渭濱。

葛尚寶奉使周藩便道歸省代

聞君持使節，兼得覲重闈。正值刀頭望，居從闕下歸。阿劉深自慰，令伯乍相依。喜動椿萱色，光增晝錦輝。總緣慈室戀，叵耐簡書違。暫舞萊衣罷，還歌四牡騑。

送李啓鑒入滇典史

此日興賢詔，君行好肅將。旌隨函谷轉，途繞蜀川長。萬里通滇海，千峰到點蒼。然于曾間道，莊蹻舊開疆。頌播王褒美，經傳許叔芳。衣冠同内弟〔一〕，文物變夷方。談藝宗鄒魯，論才邁宋唐。翩翩入彀者，雲路看翱翔。

代贈蔚守十二韵

漢家思共理，推擇慎惟良。遂易郎官綬，俄分太守章。郡當龍朔險，山接雁雲長。問俗頻褰幕，行春每憩棠。式歌民頌德，有勇士知方。政獻三年最，恩褒兩世光。鶩鸞回紫誥，賀燕集華堂。類錫緣移孝，榮施及所將。自追河内寇，人比穎川黄。鐘鼎名須在，丹青業未量。借留聊牧署，大拜遲岩廊。會見登樞日，矢心奉我皇。

代壽吴封君八韵

延陵季子裔，世不乏賢豪。翁本沉冥者，人稱素行高。卜居惟海上，垂釣向江皋。膝下懷烏鳥，池邊識鳳毛。斑襴更綉服，寬博易恩袍。堂構瞻具美，綸音喜獨褒。何言莊叟樹，幾啖歲星桃。已入非熊夢，寧辭後載勞。

送袁中舍還東莞

聞君朝輟直，襆被趣歸裝。萬壑東南盡，孤帆道路長。論才高鳳閣，把袂惜鴛行。鈎朐行須避，含沙影且妨。璠璵原自美，薏苡復何傷。到日偏親悦，迎門稚子狂。不違晨省願，兼藉晝游光。明主仍虚遲，胡寧戀故鄉。

贈晋民部

有道辭郎署，遺榮返故關。身仍同海鶴，志已薄塵寰。光禄能供膳，中丞解舞斑。風光饒晝錦，春色滿童顔。本自通玄契，何勞問大還。客逢初度日，争爲誦南山。

贈林師南出守雷州

從來二千石，共理仰惟良。遂自郎官署，俄分太守章。地連秦尉壘，風接越王鄉。啮水須吴隱，還珠待孟嘗。衣冠更卉服，禮樂變炎方。會見波澄海，旋令蔭藉棠。行牽官柳緑，到及荔枝黄。他日推循吏，應聯漢史芳。

得梁伯隆渡江書賦此寄之

南來逢驛使，得爾渡江書。于役無不可，揚帆縱所如。誰將舟共李，或有榻迎徐。騰閣吾家筆，匡山彼氏廬。勝兼龍虎阜，望切斗牛墟。風會三吴上，湖分九派餘。壯游行且遍，旅思頓應舒。須遲歸來日，從容效啓予。

校勘記

〔一〕“弟”，據文意疑作“地”。

龍塢集卷之三十五

五言排律

贈　答

代贈封御史邢翁十六韵

齊魯多遺逸，斯人長者行。鹿門稱德叟，碨壘儼庚桑。簪紱家饒舊，詩書道未忘。奈將耕作耦，詎謂酒迷方。誼托田間俠，名收膝下郎。趨庭原伯鯉，觸佞本神羊。補衮工逾密，批鱗氣益昌。九重褒所自，三命錫非常。服并臺中綉，冠仍柱後梁。在車寧爾僊，循步尚然蹌。里重欒公社，時高劇孟鄉。健于熊豈是，清比鶴而昂。主進紛爲壽，酣歌共舉觴。桃争貽曼倩，椿或頌蒙莊。不道仙同璞，從知鈞得璜。夜來南極彩，直接少微芒。

壽太保王尚書二十六韵

翊聖看今代，惟良邁古風。才原干氣象，運復際升隆。通籍緣經術，康時賴樸忠。九遷當劇鎮，三葉佐重瞳。初領西都護，遥專北總戎。勝謀尊俎外，敵却笑談中。孰與長沙策，人多魏絳功。黑山争保塞，青海盡呼嵩。刁斗行間息，拂廬望處空。纔言收檄羽，有詔補華蟲。官本周司馬，階仍漢上公。副腰鷩玉白，聽履識珠紅。鵷鷺班殊絶，麒麟畫最工。一朝輕軒蓋，累疏謝宸楓。無事和梅鼎，翻然戀桂叢。向來隨尺鷃，飛去即冥鴻。樂寄平泉足，聞方緑野同。偷桃疑曼倩，訪藥或韓終。他日鴟夷子，當年矍鑠翁。承家金馬貴，繩武錦衣榮。齒較榮平後，名于郭令崇。兹辰逢覽揆，七度越端蒙。循髮猷逾壯，稱觴祝未窮。前身應是鶴，往獵殆非熊。天使存元德，皇情念匪躬。蒲輪聞且駕，還遲大河東。

送平甫令保定

一縣纔如斗，雙鳧去若何。到時尋督亢，幾日渡滹沱。故壘行昌國，前旌及濮磨。金臺生氣色，黍谷變陽和。地即全燕舊，風餘節俠多。縱難回舞袖，最易播弦歌。列宿光三輔，清聲撼九河。他年看治行，卓魯復誰過。

岳父母晴翁胡夫人並壽七十同公受贈

喬木高秦仲，名媛出大姬。雀屏曾中目，鴻案舊齊眉。雅自宜裘褐，居常樂倡隨。挾書初與計，勸駕幾炊扊。旋報公車罷，歸嫌友瑟遲。低頭無乃就，掃迹復奚疑。節概平陵後，行藏冀野規。世多黄絹語，人咏白駒詩。豈謂風塵倦，翻承雨露私。告同三院長，清近五花資。署寄留臺重，名緣執法奇。豸冠光欲動，翟服寵須知。謝草池邊夢，萊衣膝下嬉。有時躬澗沚，無日廢塤篪。已訝雛成鳳，真憐玉吐芝。稀年從古羨，偕老遂今期。却杖神逾王，能餐氣未衰。丰稜偏鶴骨，色澤絶鷄皮。淑景當皇覽，歡聲競祝厘。絳桃共貝闕，青鳥集昆池。半子慚非分，乘龍謬見推。猥云聯肺腑，敢曰藉門楣。尚想趨甥館，由來閲歲時。愛深慈并母，誨善誼兼師。矯翼懷精衛，騰身奈鷺斯。一官雖晚達，兩地繫長思。頃輟含香直，恭諧捧壽卮。南山暨東海，不盡介遐禧。

送董承之檄巡官園渡

一官匆厭薄，西北控遐荒。紫塞千峰轉，黄河一水長。戍樓瞻月暈，寒角動星芒。地險分秦晋，天驕近虎狼。重門原禦暴，萬貨莫侵商。縮轂斯其口，丸泥詎所防。晨鷄疑走趙，夜柝或歸梁。漢世關都尉，君行好自將。

壽吴太常父七十

齊魯推儒術，斯人尚典刑。獨甘東海釣，共仰少微星。爲士無兼業，傳家剩一經。鳳毛紛吐色，桂樹藉聞馨。篋自藏玄草，樽常滿醁醽。皇華新出使，彩服遠趨庭。拜慶歡何似，稱觴醉忍醒。還將蟠木實，重祝大椿齡。

龍塢集卷之三十六

五言排律

時　序

端陽賜扇十韵

令節今重午，承恩自尚方。冰紈宫製巧，脯篷御厨香。酷暑正無賴，仁風兹以揚。規如蟾乍吐，軒即鳳初翔。荷葉臨池影，松紋燭簟光。花間揄遠馥，月下薦微凉。陋失蒲葵色，榮增篷羽行。合歡矜少使，移孝憶文强。披拂終堪托，周旋未可量。願言同百草，懷德若爲忘。

龍塢集卷之三十七

五言排律

咏　物

觀《蘭亭圖》八韻

蘭沼修春禊，芳亭憶勝游。高風終古在，曲水至今流。佳麗宜三月，東南擅九州。嵐光低嶺峻，野色泛輕鷗。白認觴浮羽，青當樹映樓。坐憐依草次，望若列仙儔。受飲歡成醉，含毫思入幽。畫閣〔一〕空爾識，真迹復誰收？

冬日對雪謾成十六韻

青女司玄朔，蒼穹變素霞。初疑飛絮是，翻動落梅嗟。獨擬梁園賦，誰乘剡水艖。灞橋應得句，翰苑剩烹茶。姑射仙人館，瑶臺阿母家。山川銀總積，樓閣玉重遮。醉裏歌黄竹，風前舞白沙。袁安空卧枕，劉子漫吟車。鹽虎頳如兔，翁禽却是鴉。孫生聊誦讀，黨氏競豪奢。不夜窗含碧，先春樹吐花。省郎憐壁粉，曹國羨衣麻。秦嶺同雲黯，齊宫映月遐。貂裘那可借，鶴氅自從加。徑樹低垂折，檐茅壓復斜。坐來肌起粟，何處酒堪賒？

對鵝十六韻

舒雁爾何適，毰毸雪羽嬌。池邊時出没，籠外日逍遥。得食呼群啄，回身避客調。杜陵携酒對，逸少用書招。興慶新增價，東堂舊見邀。掌丹輕鷙距，冠赤小鷄翹。拊翼慚鯤舞，長鳴學鳳韶。泥行緇豈涅，草卧白愈影。宋御爲陳際，唐兵破蔡朝。機同鷗泛海，清勝鶴衝霄。刻木空臨渭，鎔金助伐遼。蟲蛇難竊伏，鄰并苦喧囂。殺本桓玄鄙，哇真仲子驕。此生常脱略，于物果殊條。徒倚諧幽尚，昂藏伴泬寥。兼之無俗累，玩目足歌謡。宋公子城與華氏戰于赭丘，鄭翩願爲鸛，其御願爲鵝，皆陳名。

校勘記

〔一〕“閤”，本作“閣”，有朱筆改作“間”。

龍塢集卷之三十八

五言排律

悲 悼

哭同年王侍御二十韵

喜見乘驄去，驚聞抱病歸。讀書他日上，指佞一朝非。歲合龍蛇讖，霜餘斧鉞威。螭頭抛白筆，豸角謝彤闈。柱史星還隕，遼陽鶴竟飛。拍烏空月色，薤露奈晨晞。鐵面人曾識，丹心孰可幾。水流知莫返，雲去定何依。信時從神解，虚疑杜德機。山頹靈氣歇，劍化寶光微。伊昔群鄉士，因之共棘圍。豈徒傾蓋雅，不啻嗅蘭馡。調蕩鏗金石，清瑩湛玉璣。汪襟千頃闊，詞穎萬軍揮。鸞翮孤懸彩，鴻音數嗣徽。并驅憐我後，同輩似君稀。附驥名真忝，彈冠事已違。計來猜若夢，懷往惄如饑。地下開文館，人間閟夜扉。延陵三尺劍，欲挂泪沾衣。

代哭御史大夫葛公十八韵

海岳來真氣，圖書應聖君。皋陶生畀舜，傅説降從殷。早係蒼黎望，同推社稷勛。含香初接武，振鐸遂敷文。鞭韃天驕遁，衡持藻鑒分。春卿恩乍被，副相命旋聞。綿蕞儀仍具，封章草屢焚。三朝崇舊德，一代荷清芬。調鼎須梅實，歌弦挹鼓薰。居然嬰霧露，不謂謝風雲。遽爾歸長夜，將誰返夕曛？撤懸皇念切，罷杵里悲勤。信史留班筆，徽音托練裙。沃衷知耿耿，禪稿説云云。後進憐予蹇，餘光竊自欣。迷途争問驥，斫堊藉揮斤。小鳥方依侶，令威頓别群。延陵空有劍，凄斷蕩陰墳。

挽何封君三十韵代邢侍御

駭矚嵩高下，長嗟避世賢。家稱平叔舊，業紹比干前。本以文無害，宛其廢中權。一官纔治粟，再告即歸田。徒步夷門道，勞歌湋水邊。樂猶歸帝力，貧詎受人憐。有服唯須捷，非時敢擊鮮。白蓮紛主進，黄髪共談玄。禮讓侯生左，評推許邵先。心冥蓬已定，夢絶鹿相牽。閱曆常矜老，焚香偶似禪。漢陰機盡黜，河上道應全。砌矧蘭香在，庭鐃桂影偏。臨軒看射策，同日聽臚傳。剖竹孫如許，埋輪子儼然。于公聲益重，謝氏美難專。正此恩初沐，何哉舍遂捐？輟春悲自昔，移壑嘆當年。杞國天仍墜，遼陽鶴遽還。梁空明月色，星失少微躔。顧我隨群從，成名賴并肩。分甘牛耳後，契實雁行聯。攬轡過仁里，觀風駐彩旃。問廬將式假，懷典欲咨虔。且爾希咳唾，因之效執鞭。忽云眠永夜，果矣閉重泉。忍令千秋隔，愁翻五内煎。西州回故道，南省起新阡。徐孺芻聊具，延陵劍未懸。不知方丈石，誰爲太丘鎸。

龍塢集卷之三十九

五言絶句

懷　古

苦水川

曉發清家口，暮及苦水津。苦水尚可酌，行人多自辛。

宿故山鎮

方歌行路難，忽報故山喜。令人回首時，故山尚千里。

游　覽

登丘二首

赤日登高丘，林深不知暑。脱巾卧石床，疑是羲皇侶。

清林人迹稀，我來何所玩。卧看嶺上雲，天風欲吹斷。

登　城

城中車馬奔，城外桔槔舉。適我登高情，勞心任爾汝。

躡　山

整步躡雲根，力薄經樹歇。不見采樵人，歌聲何處發？

孫令宅約詩行酒

一簾紅雨落，雙鳳紫簫鳴。盡醉須三斗，通宵衹五更。

戲公受

舊日章臺柳，秋風敗已多。柔條君不折，衹折大枝柯。

裴園分咏得平泉醒酒石

風摇竹色斑，酒映霞觴碧。醉倒緑野臺，踏伏平泉石。

山中兒

山中向火兒，目白面如漆。忽道官人來，伸頭出土室。

西　兒

西兒耐苦寒，雪中赤雙足。拾得馬通來，火爇釜無粟。

板　屋

板屋居人少，客來何所投。三杯阿剌吉，送爾上凉州。

鎮西峰

西鎮胡其高？金天作椅〔一〕角。居然擁萬靈，徽稱配五岳。

望輦峰

何處堪騁望？凌層上玉臺。長安在眉睫，若見翠華來。

會仙峰

渺彼白雲峰，仙真闢靈府。有時跨鶴來，絳節朝元祖。

大賢峰

大賢青入雲，群峰拱而峙。試問高幾何？去天不盈咫。

靈應峰

靈應積翠間，疑有主之者。膚寸雲始生，崇朝雨天下。

晴雨岩

嵬彼千丈岩，蒼蒼欲倒竪。岩下無片雲，四時雨如注。

感　述

晨　起

睡起搔短髮，日高五尺强。鄰家息晨炊，呼兒淅黄粱。

客　京

憶昔郊亭別，月圓今幾回。萋萋看芳草，遊子心痛摧。

觀匠二首

匠氏爾何心？準繩不肯下。寧知妙理存，欲授誰能者？
匠門無散材，方圓就規矩。如何用世人，竟爲長短苦？

阻[二]汾

河南望河北，難將一葦杭。疇能寄離思，爲我慰徬徨。

不　豫

飲痛心已醉，朝來未解醒。縱然對杯酌，相看若爲傾。

胡　奴

胡奴雪中來，腰横薪一束。朝驅牛車行，暮就車下宿。

寫　懷

誤被人稱佛，遂逢歌利王。割截雖云苦，實相曾何傷。

贈　答

贈任憲章赴試有序

惟友任子憲章，奇瑰士也，予常切飲風範，共倒情瀾，斷然若金，温其如王[三]。身軀不滿五尺，英鋭可當萬夫，雖則鵾溟未擊，勁翮已齊，乃今邦伯羅賢，鹿苹食野，嚴程在即，促駕以行。予與水岩梁丈携酒挈榼遠于將之。斯時也，鳥南飛以變夏，火西走而薦秋。宿雨初晴，新凉如洗，姑山聳色，汾水增波。珮劍耀而星斗寒，羽觴錯而雷電舉。主客既洽，逸興四馳，然後擊筑高歌，抗目遠覽，騫騰之志，縛之誰能？君乃輟酌揚襟，摇心去路，眷言肆好。予其可靳君往勖哉？筆海擒鰲，詞場角虎，搴錦幖以速返，望天闕而同趨。予與梁丈撰裝相俟，當不失期也。小詩寵别，搦管立成。

駿骨未售價，冀野常滿群。詎意驪黄外？三千獨得君。

次韵贈張錬師四首

此身爐火具，何處訪丹臺。莫道山中去，還能寄藥來。

君行何匆遽，别我向瑶臺。莫學令威子，千年始一來。

重游在何處，約我到天臺。好覓桃花片，扁舟溯水來。

玉圖藏五岳，金醮禮三臺。此日乘風去，何時跨鶴來？

題《汾橋送别圖》贈劉兩川

秋意苦蕭瑟，况逢遠别期。汾橋此分手，何日寄相思？

再别竹軒二首

蓬萊稱洞府，姑射亦仙鄉。别去憑青鳥，音書好寄將。

握手難爲别，殷勤其此杯。君行東海上，遲我釣鰲來。

次汾野見贈韵

揮毫飛玉屑，擲地試金聲。下里非無句，陽春獨擅名。

水岩丈病痔奉訊

王粲登樓日，長卿卧病時。春來風物好，何處不相思？

次韵贈水岩丈

竹影暗若山，月光明如水。坐向古梅根，膝間彈緑綺。

慰任小塘喪明即席日〔四〕占

張籍非爲瞽，卜商豈喪明？世人空有目，終日祇冥冥。

戲責竹東

聖訓依然在，平生久要稀。莫言千里諾，咫尺已多違。

聯句同鳳竹二首

閱世當着眼，莫令紫奪朱。鳳竹。平生清白操，誰許貯冰壺？龍塢。

剪燭還開酌，清談莫問天。鳳竹。夜深情不既，欲去且留連。龍塢。

戲東寧敬叟

寧戚今何似，猶爲叩角歌。倘逢小白輩，應不久蹉跎。

送易户部

叵耐銷魂處，揚帆欲别時。一杯須更進，它日好相思。

里人薛九敬訪我汲郡

久别頭渾白，相看眼尚青。結歡良不淺，把酒未須醒。

送周生篤祜還潮州

送君從此去，何日到潮陽？别後梅花發，一枝好寄將。

戲郭弼明

猥有緇衣好，能無白粲來。館人正翹絶，一授莫相猜。

時　序

春咏二首

桃李雖穠艷，衹博春風歡。何如松與柏，青青耐歲寒。

桃花紅渥若，李花白紛如。是時若不飲，春風徒笑余。

七　夕

向月初開靨，臨機且罷梭。衹言歡會促，轉恨別離多。

咏　物

吟竹石

竹間一拳石，咏石書竹林。颯然風雨至，聽是鳳凰吟。

書畫扇二首

一握小壺天，飛仙何遽遽。知從蓬島來，會赴瑶池去。

樵歸山下徑，漁泊渡頭舟。夢失蕉中鹿，機忘波上鷗。

題畫猫四首

玉奴渾似醉，盡日衹長眠。不見嚙藤者，威風信凛然。

平生牡丹種，愛食李樹精。長嘯真如虎，負嵎莫敢攖。

分明于兔種，蹲視何眈眈。碩鼠猶興刺，吾應爲爾慚。

乍見烏龍尾，居然白虎身。梅妃月下影，不似壁間真。

題畫四種四首贈任氏昆玉

野黯楚雲合，天低吴岫平。濕垂楓葉重，浪泊釣船輕。雨釣。

濕雲低遠岫，新水漲秋陂。歸路溪橋滑，孤村欲到遲。雨歸。

月種含金蕊，天香帶露團。君家兩兄弟，各折一枝看。桂花。

羌笛吹殘月，冰魂度暗香。終然何鼎實，豈是戀宫妝。梅花。

校勘記

〔一〕“椅”，據文意疑作“犄”。

〔二〕“阻”，目録作“沮”。

〔三〕“王”，據文意疑作“玉”。

〔四〕“日”，原目録作“口”。

龍塢集卷之四十

七言律詩

懷　古

鄴中懷古

水咽漳河萬古流，雲遮襄國一天愁。魏王臺上青娥罷，石虎宮中碧草秋。地歷金元多戰壘，風存燕趙尚歌樓。黄金百鎰知誰壽，一爲蘇君换敝裘。

叢臺懷古

趙武叢臺何處尋？荒蓁半没古陴陰。市朝遷變餘秋壠，歌吹蕭條剩野禽。亂世幾人還躍馬，清時無主更酬金。雄圖霸業須臾事，漳水悠悠繫客心。

經煬帝故宫在馮翊

隋主曾聞此發祥，帝初生此。却追往事倍堪傷。龍舟南去蕪城晚，日角西來故國荒。别苑飛螢那見火，揚州有煬帝放螢苑。長堤垂柳幾凋霜。景陽樓下逢陳主，羞對麗華更進觴。

玉璧故城

玉璧空城隱暮笳，勛君曾此建高牙。鐵騎戰後餘秋草，金鏃拾來半吐花。落日斷雲歸故堞，西風獨木噪寒鴉。當年敕勒歌猶在，眼底興亡更幾家。

麒麟冢在安肅

誰貢白麟赴帝臺，還聞折足棄蒿萊。碑亭落日孤猿嘯，驛路西風過客哀。魯國春秋聊紀异，漢家元狩竟爲灾。太平事業何關此，田父區區亦鄙哉。

經淮陰侯祠次韵二首

一飯難忘漂母恩，築壇心事可重論。炎劉勢定身爲祟，汗馬功成命轉屯。夢澤雲深横殺氣，未央宫冷鎖冤魂。當時拒徹忠如許，赤日誰將照覆盆？

十年汗馬定炎基，無奈功成致主疑。總爲固陵征戰日，却緣齊國請封時。一函血首空埋爾，千古忠魂欲吐誰？伏臘幾人還薦藻，夕陽駐馬不勝悲。

再過韓祠

十過韓祠此又逢，不堪落日下高舂。登壇却憶人如虎，歸漢原知主是龍。拔趙旌旗來指顧，徇燕羽翼轉風從。曾經齊楚求遺事，見説當年誤請封。

經薄太后廟

漢家原廟鎖高舂，嘆往還因此過逢。曾向宫中占王氣，蚤隨夢裹據蒼龍。當時鐃畫丹青在，終古猶傳雨露濃。却憶澤中相迹者，不知薄氏代吾宗。

馬　嵬

馬嵬坡下憶楊妃，不見霓裳舊舞衣。粉落當年餘土在，魂歸何處逐塵飛。沉香亭北歌纔罷，牛女星前願已違。空向高原望金粟，無情輦路映斜暉。

過七賢祠

晉代風流幾夢思，那堪重過七賢祠。當年曠達名空在，往事沉酣世莫知。司馬朝廷寧自小，中原文物使人悲。多情咏舊非今日，已屬山陽聽笛時。

龍塢集卷之四十一

七言律詩

游　覽

雨中望華岳不見

往歲看山烟霧中，竭來猶自雨濛濛。烟消雨霽幾能料，客鬢山光難久同。漢馬草空沙苑北，秦雄波逐渭川東。人生豈得身長健，每阻登臨恨未窮。

望函關

蒲津亭上望崤函，猶去孤舟半日帆。輦路三千通漢朔，雄關百二鎖秦咸。河衝地折盤渦轉，峰壓天低倒影銜。却憶當年棄繻者，歸來不着舊青衫。

自龍門歸問病梁三丈因述龍門之勝三丈舉王珪“六鰲海上駕山來”之句趣足成之爲消病散云

六鰲海上駕山來，萬里河流壅復開。博望乘槎空浩渺，劉昆擊楫更徘徊。盤渦欲折中天柱，駭浪驚聞匝地雷。他日同君泛牛斗，不知機石在何隈。

題葛先生玄室

玄武壇西結小亭，清光時映少微星。徑邊瑶草霜猶紫，爐内丹砂火尚青。玉節中霄朝絳闕，珠窗暇日課黄庭。知君自是仙翁裔，煉骨看成野鶴形。

同石翁憲章游雲水鄉賞棠梨值雨次韵

三月春光總未闌，尋春倍覺酒腸寬。乍飛柳絮不堪把，半落棠花巧耐看。池面泠泠生雨足，山頭宛宛着雲冠。醉同野老還争席，尚識詩人氣若桓。

寄梁二丈兼訊汴中形勝

中州名勝古稱奇，節使南行屬盡知。梁苑多才何似漢，夷門垂柳或如隋。岡留花石非今日，地有繁臺豈往時。休暇定應游艮岳，憑高還繫故人思。

題小桃園

桃園若個是通津，此地依然絶世塵。酒熟幾逢千日醉，花開常見四時春。烟霞洞裏那知晋，鷄犬林中豈避秦。但恐重來迷處所，祗于歸路記須真。

登佛閣

高閣棱層入碧霄，登臨此日喜僧招。窗中雲度晴飛雨，檻外河流暮起潮。禮罷香燈如見佛，坐來鐘磬忽聞韶。他時免向廬山隱，已上青林遠市朝。

過姚氏園亭

見山亭子禁城西，暫憩危欄望眼迷。窗色日懸雙闕下，嵐光時映五雲低。烟茸細草侵階滿，露净繁花倚檻齊。千里此身慚寄旅，不堪登眺轉含悽。

觀水岩大定年號

昔人到此亦何意，石上猶書大定年。古洞陰風還峭峭，懸岩滴水自涓涓。别來歲月虚驚眼，何處烟霞更有仙。悵望暮天思無極，詩成不覺轉悽然。

登姑射絶頂午日方赫下作雷雨

姑射山頭赤日暉，滴水岩下片雲飛。奔雷忽發摧天柱，走電虚明失翠微。客在上方愁炙背，僧來别壑苦沾衣。乾坤咫尺分晴晦，知有何人握化機。

登城懷古

孤城雄據自高梁，目極雲空引望長。河水怒濤驚汨没，行山遠勢辨微茫。霸圖事往猶稱晋，風俗年來不似唐。獨把一樽酬千古，九原何處思徬徨。

題迎禧亭四首

岧嶢仙館杳難蹐，直上青雲萬仞梯。却訝地平銀海闊，不知天近玉繩低。女墻夜半烏頻宿，翠拱朝來鳳乍栖。醉拍闌干歌一曲，誰言人世有途泥？

層臺巀嶪刺高冥，臺上迎禧更有亭。拂檻飛來雙鳥白，捲簾突入數峰青。虚疑絶漢槎堪乘，無奈臨風酒易醒。對此多才慚宋玉，抽毫欲賦又還停。

試倚星欄百尺限，萬山回谷擁青來。身便天外騎黃鵠，境與人間斷紫埃。氣逼斗牛雙劍在，波摇銀漢一樽開。翩翩更對佳公子，他日凌雲壯此臺。

緑構新成半插天，振衣纔上即登仙。屏開睥睨山層出，窗映扶桑日倒懸。已向雲空留客住，旋從鳥外把杯傳。興來更弄桓伊笛，無限塵心一灑然。

次兆文游鼓堆泉

何處堪停使者車，澄湖一色碧涵虚。遠沙鷗鷺如相待，深窟魚龍好自居。畫槳幾人摇舴艋，緑雲十里漲芙蕖。坐來無事前溪舞，已較濠梁樂有餘。

夏日聞館中諸丈集衆香亭次“同”字韵

群仙纔下蕊珠宫，香刹重游喜又同。貝樹蓊雲不受暑，衹園過雨更宜風。乍聞鳥弄諸天上，突見嵐光震旦東。日暮歸來月入洗，分明人我相俱空。

至後過郝常侍聽琴二首

紫禁城限别有天，解貂同赴近臣筵。階頭晷影饒增綫，指卜陽春忽滿弦。吾輩正慚金馬客，汝曹真是玉臺仙。相逢更喜乘休暇，引白何辭醉若顛。

别院新開鳳闕西，主人尚御候朝鷄。風流不出長卿後，節概還應巷伯齊。尚説焦桐三尺在，肯容烏雀一枝栖。當壚有酒須頻炙，已擽今朝醉似泥。

游回山王母宫同諸生魚子附龍、閆子炯、楊子文明、馬子應乾賦此識之，時萬曆丙戌長至也

王母宫高積翠間，萬山回合水潺湲。風來陡覺瑶池冷，雲近空疑玉珮閑。爲問碧桃成大噱，再歌黄竹欲凋顔。殷勤好遲三青鳥，何事翻飛竟不還。

夏日邀内翰劉君士和同諸君小集觀音寺士和有作屬爲和之二首

青蓮居士愛逃禪，乘暇呼朋集梵筵。花色正當新雨後，鐘聲忽送晚風前。維摩枕上三生夢，寶積厨中一縷烟。禮罷空王問因果，可無半偈向人傳。

殿前旛影逐風斜，臺上游人看雨花。貝葉一函垂曉露，摩尼五色絢晴霞。欲參綉佛何妨酒，纔涉空門莫問家。明發長安君且去，得無回首厭紛華。

和達卿武公祠避暑作

涉世堪憐不繫舟，此生誰復爲身謀？相逢且倚青萍嘯，得意還將白璧酬。膝上五弦隨我奏，門前雙轄任君投。可知避暑袁公輩，痛飲何曾問去騶。

春日游東岳祠次吴武城韵二首

常苦求閑未遂閑，翠微今喜與君攀。石臺草合春迷徑，岳殿雲深晝掩關。行見野花偏動色，坐聞黄鳥更開顔。登臨漫擬山翁興，盡醉何妨倒載還。

何處相逢一笑開，春光盡矚九層臺。山花又向東風發，江燕仍先社日來。座上清樽聊自酌，簪中白髮任相催。須知雅興尤難極，更看歌兒舞袖回。

龍塢集卷之四十二

七言律詩

感　述

塢莊刈麥寄孫明府

大麥如銀小麥金，千箱滿載慰農心。姑臧九穗空聞昔，漁海雙歧果見今。樂歲幾人還際遇，太平無處不謳音。問言帝力吾何有，惟頌君侯雨露深。

冬日孫明府邀〔一〕射圃觀射

仲冬風日淡烟凝，挾矢張弓奏爾能。肅肅冠裳分衆旅，雍雍揖讓偶同升。貫鴻自没將軍羽，穿葉誰援養氏矰。射畢孤亭開宴賞，長楊有客賦還曾。

玄帝廟修邑乘次石翁韵

急雨瀟瀟晚更凉，連床重爲著秋陽。夜堂莫負千鍾禄，霜葉頻驚萬木黄。良史已慚司馬後，校書真愧更生長。座中白雪還高唱，屬和應爲刻燭忙。

次韵寫懷

誰向東山起謝安，中原戎馬正凋殘。江風萬竄鯨鯢吼，塞月千嶨虎豹寒。肉食其如經國計，書生無耐濟時難。長纓未請慚空老，剩住龍門八節灘。

感　昔

十載同驅翰墨場，幾人草奏向明光。鳴珂入陛隨天仗，緩步歸曹惹御香。賈誼才名難自屈，相如詞賦有誰長。莫言文字終無用，韋布還堪錦綉裳。

次韵懷世

辟穀休論漢子房，蔣公三徑已成荒。九淵欲起蒼龍蟄，千仞争憐紫鳳翔。陸海風塵那可定，潢池戈劍總堪傷。憂來萬事無如醉，安得仙人碧玉觴。

次韵言志

俠氣雄襟隘九州，年來局促使人愁。封泥欲就函關晚，七首空歌易水秋。鳥道西南通遠徼，龍城東北起高樓。丈夫四海皆吾分，未展那知俯世猷。

次韵早朝

御溝春水漲金灘，鳳閣晴雲映木難。歲月又頒新正朔，乾坤不改舊長安。八蠻道路通堯貢，四海威儀擁漢官。共效嵩呼歌萬億，皇居惟見冕旒端。

遣　興

廢却琴書盡日閑，雀羅門巷少人攀。樽中緑醑真可酌，世上紅塵總不關。病渴兼旬餘瘦骨，商歌一曲破愁顔。眼前歲月皆虚擲，可是無心煉大還。

志　隱

莫向浮名競觸蠻，何勞大藥駐朱顔。層城九萬風多厲，弱水三千路亦艱。獨鶴永歸華表樹，幾人生入玉門關。小齋偃蹇終吾傲，百尺竿頭任爾攀。

書　懷

閑情可耐酒消除，醉裏狂歌效起予。滿徑蓬蒿同鄭圃，一身天地偶莊樗。馬卿多病猶能賦，虞氏窮愁剩著書。好在年光莫牢落，由來世故等籧廬。

閑　居

龍塢岡頭結草廬，世人休擬卧龍居。薄田逢稔餘酤酒，舊業雖貧剩積書。盡日白鷗機泄泄，有時黄蝶夢蘧蘧。故交却憶青雲上，欲效彈冠愧不如。

龍塢閑居

自昔吾宗結輞川，披圖不及此悠然。落花徑裏隨風掃，芳草亭前任醉眠。逸曲秖來山鳥和，新詩多付野人傳。蓬窗盡日觀《周易》，懶學楊雄著《太玄》。

書　懷

幾年落魄似陳人，萬事無營愧此身。足下青雲何日起，簪中白髮逐時新。愁將薄命占靈蔡，懶向窮途問要津。試酌村醪歌一曲，不堪彈鋏重逡巡。

東　第

耳邊絲管何紛紛，東第邀歡集世勛。門外柳嘶金絡馬，堂前杯勸石榴裙。雙環鬥舞揺紅燭，一曲輕歌駐彩雲。縱飲不知鷄報曉，趨朝猶自帶微醺。

園亭新[二]霽

斷虹斜日揚疏烟，緑洗紅妝霽景鮮。枝上亂垂珠滴滴，峰頭叠擁翠娟娟。苔滋綉石迷三徑，壁潤焦桐緩七弦。安得高陽諸侣在，共將懷抱醉風前。

憶姑射舊游

天際孤峰擁翠霞，捫蘿初上日西斜。寒岩積雪無三伏，絶壁梯雲有數家。谷口幾逢猿挂樹，洞門時見鹿銜花。不堪極目增遼闊，四海茫茫類聚沙。

黄河待渡

渡口沙寒轉夕陽，一川秋水正茫茫。風來極浦驚鷗散，雲盡長空見雁行。鷄犬中林喧估市，蒹葭别渚繫漁航。宋生愁絶還能賦，蕭瑟深知爲送將。

晚行塢嶺

絶壁巔崖冒險行，千峰迴合暮雲生。虚疑虎豹當關隘，欲避干戈大地横。莫向世途稱命蹇，須知吾道會時亨。臨風增慨非無意，目極頻勞望帝京。

郊　野

郊外孤亭近水潯，雨餘烟樹静沉沉。窗分竹影看天小，徑接藤梢避日深。出處休憑三尺劍，成虧好寄一張琴。杖藜嘆世非吾事，惟許沙鷗共此心。

晴　望

中宵驟雨度江城，曉出千門濕翠生。花露濡衣貪看蝶，柳風聒耳詫聞鶯。漢陰頗解忘機事，河上終能斷世情。况屬暮春饒野興，吟懷着處若爲平。

旅　懷

楚人三獻愧無功，日暮長途衹自恫。燕昭虚傳求駿馬，葉公何事畏真龍？家山渺渺雲天外，芳草萋萋客舍中。身計十年渾未定，不堪回首嘆飄蓬。

小園即事

道人心迹野鷗同，爲卜林塘塢嶺東。滚滚落花飄水檻，亭亭斜日隱房櫳。行藏頗類山中相，得失渾忘塞上翁。况有琴樽堪寄傲，百年未覺此身窮。

王屋山行遇雪

匹馬瀟瀟踏曉寒，前途風雪苦瀰漫。山溪一色連天際，鳥雀無聲隱木端。剡水自應回凍舸，霸橋誰復駐吟鞭。嗟余故國今何處，千里獨歌行路難。

壽　親嘉靖辛酉正月二十三日，家君壽七十，賦此志喜

畫堂春日起歌筵，爲祝莊椿壽八千。絳縣可同推甲子，赤松不獨餌丹鉛。瓊漿液徹琉璃碧，金蕊羹浮玉筋鮮。共説紅顔却少壯，彩衣跌舞喜蹁蹁。

燈下同憲章有感〔三〕

志在青雲苦未成，短檠燈下獨含情。乍時痛極咽無語，何處懷開歌有聲？長翮縛來飛却隕，疏林投去集還驚。百年四十今過五，尚爾勞勞愧此生。

晚次明月店

驅車日月走風塵，厭見長堤柳復春。擊水翼成難自奮，移山志在欲誰因？途窮轉覺友朋絶，客久方知奴僕親。暫把一樽銷旅况，英雄那有不逢辰。

戊寅十月一日晨過岳祠

孟冬風日藹如春，策馬携童出近闉。水落尚餘枝底葉，草枯猶障徑中塵。岳廟向過驚甲子，道人重見話庚申。振衣更上岡頭望，爽氣朝來逐興新。

題陳進士永思堂

棟宇何年結構成，雲松漠漠閟宫清。深知寸草酬春思，不盡慈烏返哺情。伏臘肅將崇俎豆，羹墻儼若對冠纓。承家况是金閨彦，移孝爲忠屬此生。

書　懷

燕市狂歌酒半濃，坐看新月挂西峰。宫高碣石空憐汝，臺起黄金可耐儂。詞客盡成陳氏虎，世人争好葉公龍。生涯堪足南山豆，歸去何妨邴曼容。

校勘記

〔一〕“邀，”原目録無此字。

〔二〕“新”，原目録作“喜”。

〔三〕“有感”，原目録無此二字。

龍塢集卷之四十三

七言律詩

贈　答

贈孫二郎

年華羨爾日升東，眉目清揚慧且聰。曉拜嚴君還問鯉，夜依慈母爲和熊。亭亭對我標如玉，勃勃兼人氣若虹。揲取十年看揮霍，承家不啻漢終童。

贈人生子

春暖阿巢鳳出雛，月明滄海蚌生珠。芳蘭夢兆從今協，英物啼聲自昔殊。漫説雕盤堆玉果，且看蓬矢映桑弧。人稱有子無餘事，莫惜開筵倒玉壺。

次孫明府校士見寄韵時余寓西堂作邑乘

向夜星奎貫井東，正憐殘月曲如弓。長天劍射光生紫，暗地珠投色映紅。喜報青衿聯稷下，驚傳白雪到巴中。不知此日升堂者，曾有當年國士風？

再次韵贈孫明府二首

忽聞鈴鐸響丁東，相去西堂祇數弓。鎖院影連庭樹緑，銜枚氣拂陣雲紅。争知桃李盈門下，笑看英雄入彀中。盡道持衡在今日，憐才無愧古人風。

共擬擒鰲瀚海東，還同角虎欲張弓。稜稜阿劍衝霄赤，焰焰驪珠射日紅。雕翮好摶雲路上，桂華須折月輪中。此時正喜逢楊意，一氣能吹萬里風。

次劉進士見贈四首

健筆孤鋒掃萬軍，盛名不負十年聞。翔空鳳鳥原非偶，逸駕驊騮迥出群。千里幸同蘭草臭，一樽聊對菊花芬。遲君再獻長揚日，挾我飛身傍五雲。

秦晋科同十八年，當時人擬作神仙。豈期未灑商岩雨，到此還耕鄭谷田。龍劍衝星纔咫尺，鯤鱗擊水合三千。遭逢禄閣須聯步，却對青藜校斷編。

當年苦憶鮑參軍，傾蓋相逢愜昔聞。落落才名難并駕，翩翩逸思欲空群。投來荆玉和烟潤，贈得江籬浥露芬。但向寥天歌白雪，豈堪别後賦停雲。

少小求名已壯年，瀛洲日日望登仙。相如苦有凌雲賦，季子貧無負郭田。生世漫言當五百，入宫猶恐妒三千。此身遇合渾前定，細讀黄公圮上編。

己巳生日次憲章韵

嗟予初度難開抱，泪眼思腸兩不禁。一水眼穿萱草隔，時母氏滯汾南。百年腸斷蓼莪深。朋簪偶合逢今日，天地無窮識此心。珍重故人歌白雪，啼烏何以報知音？

寄題崇孝祠

包祠西畔于祠東，接構連雲起閟宫。盛説綱常持一孝，須令俎豆伴雙忠。香壇盡日烟浮翠，御榜經時墨吐虹。欲把生芻寄遐思，若爲天際仰高風。祠在包孝肅祠西于肅愍祠東。

姚公垂約文飲時過公受處不獲往賦此寄謝

折簡相邀分已深，滿期良夜話同心。早行東郭逢投轄，却望西門阻盍簪。蔣徑若爲延俗駕，杜陵尚説有知音。何時更解陳公榻，策杖還容我一尋。

送孫明府行邊

歲暮憐君絶塞行，河橋相送若爲情。碧天雲捲旌旗色，朔野風喧鼓角聲。烏府檄傳霜節凛，雁關騎候鐵衣明。策歸方略圖須記，尊俎于今盛論兵。

孫明府宅次子陽韵因贈子陽

早歲焚魚卧碧岑，偏于林下縱豪吟。閑身自共雲舒卷，劇飲何辭酌淺深。愧我頻來言偃室，同君一聽宓生琴。吹嘘見説東風便，會向商岩作雨霖。

讓其愚子

西鄰已喜醉言歸，東道那知觸禍機。衛國有時思酒過，邯鄲何事受兵圍。綈袍加我渾無意，奴僕從君亦作非。莫是歌牛同寧戚，翻來夜半扣人扉。

除日得崔子孝書奉答

潦倒年光逼歲除，衡門忽枉故人書。數行錦字驚愁目，千里鴻音慰索居。少負才名同賈誼，老成詞賦本相如。别來遥憶洪河曲，安得乘槎一問渠。

壽張叟

長公家世祖留侯，郭外青山俯屋頭。老去漫拋黄石略，年來常伴赤松游。不須昆岳分桃實，何用蓬壺驗海籌。但得生平能辟穀，後天歲月任悠悠。

題西河王子顧雲山

子晋長辭緱嶺間，劉安剩有八公山。雲中吠犬丹應試，月下吹笙響已還。塵世頓成今日夢，王孫猶憶昔時顔。登高若見歸來鶴，影斷飛霞泪復潸。

戲贈起莘

莫自臨風泣斷琴，鸞膠續處有知音。桃花渡口舟宜進，藍水橋邊路可尋。仙子定須雙白璧，玉人何啻萬黄金。朅來已得朱絲繫，行雨行雲早稱心。

壽仲材王孫

三千珠履列華筵，十二金釵促管弦。膝下九龍蟠紫霧，仲材九子。雲中一鶴吐丹烟。仙人露浥銀盤濕，帝子枝分玉葉鮮。身入壽鄉應不老，籌看海屋更須添。

壽邢太守五十

七旒五馬古諸侯，班笋鳴珂是舊游。北斗正爲喉舌地，河東元屬股肱州。年當蘧瑗無非日，政在汾陽署考秋。柱石一身須永健，君王遲爾鳳池頭。

丘僉憲生祠二首

知是天朝柱石臣，暫乘驄馬福斯民。九霄霜擊狐狸遁，萬谷春回草木新。莫待棠花他日思，還看俎豆此時陳。詔歸留取儀刑在，願得摳衣拜後塵。

憲節依然駐晉疆，邦人已構去思堂。車輪舊識埋亭下，豺虎稀聞卧道旁。擊壤頓令還古俗，垂衣猶待佐新皇。他時定畫麒麟閣，此地空懷一瓣香。

初夏過憲章小飲兼懷梁二丈

雨後風光浄如練，眼中誰是謝玄暉？侵階細草茸茸發，隔葉流鶯隱隱飛。不謂物情成幻變，却緣世事轉依違。同心遥憶文園客，已報衣輕馬更肥。

贈孫封君二首

聖主推封早錫麻，高堂春晝服休嘉。無人不數山濤貴，有子堪爲石奮誇。池上鳳毛生自美，殿前龍衮補來華。他時相業光庭訓，喬梓應傳世德家。

孫楚才名世所稀，仙郎早已侍彤闈。覆庭桂蔭連槐蔭，傍膝宫衣當彩衣。列鼎中朝沾寵渥，五花雙闕賁恩輝。還知孝子爲臣藎，更看勾陳肅紫微。

送邢同知之延安

晉陽纔喜虎符分，又報西人借寇勤。關樹秋雲迎去旆，汾川曉吹惜離群。十年芸閣多知己，千里金城又屬君。别去不堪懷仰處，棠蔭剩有頌聲聞。

題緑野園二首

葛衣無耐晚風凉，况在君家雪玉堂。池上堪同青雀舫，花間聊共紫霞觴。廣陵雅調師中散，栗里高眠似上皇。莫道江湖空浪迹，他時還擬步岩廊。

渴似長鯨吸百川，遲須銀燭上華筵。中厨漫供絲金鱠，移席寧辭藥玉船。醉倒張顛稱草聖，謫來李白是詩仙。登樓作賦非吾事，獨借元龍一榻眠。

送宗極入試

講席常憐爾起予，秋風得意果誰如？河東鳳出千年後，海北鵬摶萬里餘。花滿上林春正好，策臨丹陛日初舒。長卿此去須珍重，伫看歸來駟馬車。

戲贈七十翁生兒

人生七十古無多，七十生兒喜若何。夜月蚌珠驚出水，春風雛鳳乍鳴阿。欲知歲曜精全健，更看天麟氣太和。他日公侯還次第，爲君重唱杜陵歌。

孫明府見訪小墅觀竹值雨

憐君彩筆贈琅玕，愛此亭前緑萬竿。風裊珮環初入聽，雨深蒼翠更宜看。重陰徑裹延裘仲，結實枝頭餵鳳鸞。車馬豈期袁令至，嘯歌偏稱子猷歡。

憶梁二丈

義氣平生孰與多，高秋無那暮雲何。知君已係蒼生望，顧我猶爲白石歌。千里相思勞夢寐，三年别去阻風波。音書盡日空搔首，不見天南一雁過。

聞公受齊雲樓命妓留客

裴郎年少愛風流，盡日邀歡上翠樓。入座清樽那惜醉，捲簾明月正宜秋。歌喉緩度雲應遏，舞袖輕翻雪欲浮。客向宵闌促歸去，不知井轄已先投。

贈邢大夫二首

竹馬争迎太守來，喜從傾蓋共追陪。文章已定千金價，懷抱何妨一笑開。暫向楓宸辭玉笋，還將霖雨遍蒿萊。他時敢借留徐榻，此日登臨且盡杯。

路上旌旗拂曉開，山城真喜使君來。不緣甘雨隨雙轂，那信陽春布八垓。藜火昔曾干太乙，寶刀今復浄氛埃。漢庭他日徵循吏，黄霸原爲輔相材。

王明府調嵐縣

數載相逢意氣親，雙凫遠别惜兹辰。離筵鼓角秋悲壯，彈劍星河夜語頻。遷去空憐車擁鵲，向來真見甑生塵。休辭冀北風霜惡，早著勛名動紫宸。

次韵贈子陽

君去三年喜復來，擬將懷抱向君開。詩聯竹下渾多句，酒對花前忍放杯。塵世衹應催緑鬢，行窩端已寄蒼苔。山翁雅興今何似，須醉習池倒載回。

贈任韓城

五雲雙舄凌空下，萬里孤槎上漢行。花看潘郎千樹色，琴聽宓子七弦聲。嵐開華岳峰如洗，秋入黄河水獨清。暇日不堪登眺處，臨風一繫故人情。

再贈邢大夫

使君五馬向西來，偶喜相逢盡日陪。愛客自爲陳仲舉，能詩人擬賀方回。早從黄閣司綸綍，公自鳳閣舍人外補。暫假彤襜問草萊。勛業清時應不忝，且因公暇漫傳杯。

次石翁見贈韵奉謝

自笑痴愚愧館甥，貽來金石若爲賡。調高紫鳳仙人曲，光眩青藜太乙精。樂老漫稱兒婿貴，衛郎真倚婦翁清。何時更過談玄宅，共把新詩仔細評。

題王子樂易堂

王屋之東漳水涯，誰其卜築青雲齋？玩圖日惟龍馬在，有夢時與羲皇偕。孔父絶韋差足擬，楊雄草玄何太乖。乾坤閲卷自長嘯，轉見幽人萬古懷。

寄尚侍御

不緣去國卧東山，叵耐蒼生望謝安。金闕九重雲漠漠，江湖萬里汨潺潺。憂時早得千莖白，報主空餘一寸丹。他日朝廷訪遺佚，蒲輪應至大河干。

贈王明府

十年清譽滿三秦，花縣欣逢墨綬新。堂上一琴同夜月，人間百里遍陽春。不妨塵暗萊蕪甑，欲令珠還合浦濱。他日公車應有詔，行看雙舄入楓宸。

贈奕隱居士

南州高士卧烟霞，早遂幽期鬢未華。負郭有田還種林，閑園無事且鋤瓜。枯棋三百應難敵，美酒十千更許賒。雜劇于今推第一，里中年少敢爲誇？

梁二丈登第

鳳城春色九天開，爲報仙郎奪錦回。片玉已登郄廣第，千金重上郭公臺。看花走馬争馳目，持節還家笑舉杯。同學少年慚我拙，青雲何日共追陪？

答任憲章試院見寄之什

江上捷音近若何，已聞醜虜倒前戈。朝廷正倚羊開府，勛業新歸馬伏波。傳檄頻年勞漢節，吹蘆此日罷夷歌。却憐兵後繁華盡，回首南中泣薜蘿。

懷梁二丈

昔年同上曲江頭，走馬春風擬并游。萬里扶摇君自奮，九關牢落我空愁。暮雲望處堪回首，鄰笛聽時正倚樓。他日文園誰薦達，早知勾監有楊侯。

孫户部應召北行

仙令雙飛葉縣舄，君恩重拜小司徒。班聯玉筍三臺近，出入金門八座俱。鷄舌時含沾渥寵，龍顔日喜獻嘉謨。平生自許銘鐘鼎，到此縱横見丈夫。

再贈孫户部

三年爲政擅風裁，忽見除書萬里來。畫省爐烟還入夢，司徒邦計正須才。遥憐四野棠陰合，叵耐離亭鼓角催。此去有懷應獻納，更將霖雨遍蒿萊。

贈王儒官

莫嘆區區守一經，山中宰相舊知名。青袍着體渾無繫，烏帽籠頭亦自榮。夜雨正宜眠豹穩，春潮未許蟄龍驚。耻將長策干明主，暫共漁樵頌太平。

贈玉齋子

嗟爾蕭條四壁居，幽懷孤憤若爲除。已知貧病難醫藥，可耐窮愁始著書。自把牛歌賡寧戚，誰從勾監薦相如。猶言富貴浮雲等，耻向王門一曳裾。

訪遠上人

行行獨上古招提，十載重來謁遠師。童子應門非去日，青山對客衹當時。偷閑莫問三生劫，撥悶惟消一局棋。就此便同蓮社隱，紛紛塵世欲何之？

題加氏書屋

雲望層臺結構新，卜居應是草玄人。徑中有竹能醫俗，床上堆書不厭貧。地接高城增氣象，水回曲檻少風塵。年來愧我如蓬迹，願借衡茅爲比鄰。

壽趙封君

仙翁自卜水雲居，笑領春風七十餘。處世無慚龐德老，生兒况比漢相如。篋中已驗還丹訣，手内常親種樹書。他日非熊應有兆，端來汾滸迓安車。

壽王處士仍前韵

水竹爲園稱隱居，翛然一枕上皇餘。承家有子將焉愧？負郭無田亦自如。古渡且投公望釣，今文還受伏生書。曾言駟馬渾多事，安步從來可當車。

贈子陽仍前韵

流水橋東是若居，舊游曾憶十年餘。徑中芳草誰相待，卷内新詩衆不如。剩有白衣頻送酒，何勞黄閣重題書。曉林春色四時具，行樂還乘下澤車。

咏懷仍前韵

傍岩臨水結幽居，門徑蕭然樂有餘。目送白雲隨所去，身騎黄鶴欲焉如。竹風弄色晴開幌，藜火懸光夜讀書。却憶故交成久别，誰從林下命巾車。

壽馬翁八十

看君古貌更翛然，知是長生會裏仙。八帙再逢初度日，一樽仍對小春天。身强不用扶鳩杖，意遠何妨處士廛。已道年來婚嫁畢，欲求名岳訪真詮。

山中答晴翁貽韵

山堂闃寂鳥聲稀，抱霧眠雲暫自依。長鬣定須衝巨浪，短戈應得駐斜暉。楊雄作賦才難并，司馬題橋願不違。甥館顧予慚玉潤，圖南聊試海鵬飛。

贈光上人

岩下高僧結净居，禪關雲鎖自如如。塵飛槁木諸緣息，月照寒潭萬象虚。梵落天花隨處雨，燈傳貝葉數函書。相逢謾説浮生話，頓覺凡襟爲破除。

送譚廣文歸都昌

十載青氈鄭廣文，那堪龜卧海東雲。講堂有雀空銜鱣，泮水何人更采芹。好向岱宗成豹隱，還從灘浦結鷗群。懸知别後增寥索，鶴背音書冀早聞。

邀梁三丈過我山房

秀野堂中物色新，幽然清迥絶囂塵。倚欄自可看紅藥，行徑何妨對緑筠。壁挂右丞圖尚在，石鎸逸少字尤真。客來莫道慚供給，剩有千瓶麯糵春。

舊店遇潘進士見訪

向來想像挹清標，傾蓋都門喜共招。潘岳論年知更少，仲宣擬賦興偏饒。争誇人物殊三晋，再見豐神儼六朝。此日陽春難比和，投瓜擬先博瓊瑶。

同馬相國夜坐

平津閣下喜逢迎，不啻當年一識荆。秋水蒹葭諧素願，夜窗風雨話高情。還將大雅追先輩，且把新詩律後人。密勿朝廷延夙望，伫看飛詔促君行。

酬相國和韵

狂歌偶爾效吴歈，大雅堪爲一笑驅。豈謂山珉來卞玉，難將魚目混隋珠。朱弦疏越聲何逸，白雪陽春調自殊。他日鈞天聽奏罷，不知清廟幾嗟吁。

題《鸞誥光先卷》

縹緲凌空降彩鸞，一封銜自五雲端。天邊錫命原推類，地下承恩亦解歡。奕世况逢新聖主，重銘不似舊儒官。故鄉俎豆還祠宇，千古令人仰大觀。

贈胡大夫

漢家五馬重循良，銅虎遥分紫綬光。不獨次公居潁上，况如汲黯卧淮陽。九區已沛蛟龍雨，雙闕須回鳳鳥章。他日尹歸諧大軸，野人衹合咏甘棠。

贈太平劉尹

漢令組分百里符，太平堯甸總堪娱。秋當鼓枻歌汾水，雨好登城眺射姑。問俗定占童化雉，趨朝還擬舄飛鳧。臺中薦疏無虚日，前席行看佐聖謨。

代鄭子謝舉主

河洛斯文舊主盟，居然桃李荷生成。時緣吏治敦風誼，間出才猷足典刑。挾策自憐秦季子，升堂亦列魯諸生。他年開閣招賢日，端輔中興著令名。

贈任冏卿

幾載懸車爲憶莼，松風樂處有長春。峨冠博帶身仍健，把酒談詩意總真。徑裏我慚裘仲客，寰中君是謫仙人。著書豈作窮愁計，寧探斯文接混淪。

贈李醫

汗漫曾游五岳巔，脱身還是地行仙。囊中藥餌無多子，匣内符經定幾篇。杏圃春深堪眺望，玉壺晝永足留連。祇今海内瘡痍苦，借問何時爲痾痊。

龍塢集卷之四十四

七言律詩

贈　答

寄京中琴友

憶昔逢君紫禁限，若爲義氣結陳雷。客堂夜迴頻邀月，槐市春晴數舉杯。杜甫十年違畫省，相如千里别琴臺。薊門秋盡多鴻雁，北望雲霄首重回。

送人之塞上

西風摇落朔雲寒，把酒憐君此别難。鐵騎千秋屯雁嶺，金戈何日到桑乾？辭燕七首歌曾記，入塞琵琶曲自彈。去矣無勞重回首，胡兒未滅且加餐。

贈董隱君希夷

瑶函寶訣定誰詮？紫府真人董浪仙。肆外懸壺終寄迹，山中采藥不知年。逃名絶類韓康伯，抱樸渾如葛稚川。愧我緑筋空入眼，丹臺回首隔風烟。

丙辰北上留别高暢二子

三行緑醑動驪歌，惜别青衿奈若何？愧我臨風重倚劍，憑誰逐日一揮戈。晉陵春樹牽情切，燕塞雲山入望多。回首亨衢須接武，殷勤莫待歲華過。

高暢二子西還

草玄亭畔送君還，欲贈空慚柱史賢。絶代伏生無口授，當年尼父有心傳。休尋蝴蝶床頭夢，肯墮醯鷄甕裏天。共説驪珠難覓取，幾能垂手向龍淵。

贈人生子

于門曉日映懸弧，賀客歡聲載滿途。仙圃蟠桃秋結果，海天蚌母夜含珠。商瞿投老知多胤，徐氏從今咏二雛。聞道明朝開喜宴，須揲一醉倩人扶。

飲任子新宅

君家堂構倚姑山，緑野風流更可攀。大隱不妨城市裏，高情亦在竹林間。匣琴時鼓清商發，樽酒常吟白晝間。潦倒自憐南北客，卜鄰已喜巷居顔。

題任氏草堂

草閣新成俯曲池，娟娟翠篠映疏籬。晴看烏翼翻雲樹，暮聽猿聲動月陴。流水琴張堪自娱，移山文在更誰嗤。塢東野客慚真隱，乘興還來一賦詩。

夜過憲章

竹裏衡茅一徑開，杖藜重許故人來。還將角黍供新饌，剩説村醪有舊醅。歌罷低檐邀壁月，醉餘拂袖坐莓苔。乾坤爾我同疏放，莫怪歡騰未擬回。

久雨貽知己

秋來積雨動經旬，破屋繩床愁殺人。半夜女墻何處塌？平明缺突幾家湮。寒蟬貼葉聲全息，饑鵲巡枝噪更頻。急欲衝泥相問訊，長歌應有子桑貧。

賓　至

幽居日與故人違，策馬勞君夜叩扉。瓦瓿親嘗家醖熱，蔬盤自摘蕨芽肥。高情擬向酣歌盡，往事虚驚歲月非。且傍斗牛瞻紫氣，相逢休説老漁磯。

醉中留客

斗酒長歌對夕暉，相逢意氣似君稀。文園病骨醫難療，燕市黄金價已非。海内任傳鸚鵡賦，山中聊着薜蘿衣。年華又逐秋風改，乘此歡留且莫歸。

廣　人

一樽相對且淹留，碧水青山可自由。歧路到頭焉用泣，繁花過眼不須愁。曾聞范蠡爲逋客，寧識東陵是故侯。千古興亡供一笑，此身合比海東鷗。

贈李節婦二首婦李丞姊，商州人

商洛人傳李大家，孀居半世寂無嘩。鴛鴦鏡在愁仍合，翡翠衾寒誓莫他。老去祇應雲鬢改，年來一任雪霜加。北堂不樹忘憂草，剩有斑襴娱歲華。

静好無如結髮年，于今回首鬢皤然。燕樓不負生前約，鴻案猶存誓後虔。晚節松筠那可易，寸心鐵石更同堅。却思世上譙周輩，空有鬢毛愧爾賢。

次任冏卿見贈韵二首

絶代高人遺豸紫，逍遥林下聽松風。尚平事畢心何逸，杜老詩成句亦工。促席每尋談麈約，看山時與采芝逢。年來海内思經濟，寧許垂綸沮汝東。

憶昨雲莊頻倒屣，幾分華榻坐春風。官家禮數誰争長，詩社名流獨擅工。盛世論才誠間出，明時歸老即奇逢。向人渾説絶塵思，跨鶴曾游遼海東。

贈辛氏

曾學陶朱泛五湖，十年歸夢繞三吴。雙雙白璧投騷客，片片黄金散酒奴。南國幾人還釣艇，中山此日獨樵蘇。老懷莫道無奇術，煮石餐霞興不孤。

壬戌失符傳阻試敘答主人

二月春風滿帝京，問余何事轉愁并。不辭驛路三千里，期冠英雄五百名。此去却慚題柱客，向來争識棄繻生。無端空憶周公旦，吐哺當年太有情。

題柴膳部别業

耻向王門老曳裾，却從林下構精廬。虚窗静閲先賢傳，小徑頻來長者車。霧薄檐牙蒼竹合，春歸洞口碧桃舒。有時醉卧匡床上，萬户封侯笑不如。

贈胡監冑

青衿羨爾正垂髫，鼓篋行看上九霄。曉日臨雍瞻衮冕，春風振鷺挹圜橋。曾聞郭泰隆時譽，再見何蕃壯本朝。唾手功名須努力，況當岩穴費弓招。

和趙子陽對鏡之作

幾能青鏡嘆流年，坐向春風獨灑然。耳熱衹消當下醉，鼻吟又似向來顛。却看往事同飄瓦，曾説前身是謫仙。老驥久懸千里足，得途難讓祖生先。

和寄司馬解元叔侄

江北江南各一涯，望而不見思何賒。佐周西土稱官族，翊宋中原仰世家。劍氣向來頻射斗，秋風此去快乘槎。憑將蘭結要知己，遲我同簪上苑花。

答梁二丈人日對雪見懷

草堂人日成獨坐，有客題詩遠寄將。雪色滿空渾舞鶴，琴聲何處試求凰。乘舟我自無雙槳，載酒誰爲共一觴。縱使明朝晴更好，争如此際興偏長。

贈李總戎平遼

漢家名將數嫖姚，此日論功屬度遼。虎子穴中探已得，狼烟塞上坐應銷。銘留碣石輝千古，像畫雲臺壯本朝。自愧爲儒無寸補，安能投筆學班超。

贈戚總戎

上將登壇建虎牙，先聲獵獵撼龍沙。肘間金印懸如斗，帳下琱戈閃若霞。方略有圖應獻闕，匈奴未滅肯爲家？平生唾手封侯志，耻説當年博望槎。

戚總戎因裴司馬索贈

中興諸將不如君，破虜名高天下聞。大叱三軍增殺氣，長驅萬里蕩妖氛。南征銅柱猶垂烈，北伐燕然再勒勛。愧我無由見顔色，每從耳畔挹餘芬。

代贈張子游鄉校

憐汝青年藉有聲，衹今身列魯諸生。暫依泮水沾芹露，急向秋風棹桂英。驚世文章堪倚馬，承家事業在囊螢。渭陽老我情偏繫，拭目雲霄萬里程。

再贈胡太安人

如綸帝命寵非常，中使傳宣到北堂。洗氏石龍封再紹，謝家池鳳願初償。鸞回錦借萱花色，翟叠雲兼彩袖光。盛世幾人沾雨露，遭逢誰不羨仙郎？

奉贈何大夫八十壽大夫前開封丞今中丞，崇教父也

使君爲政記當年，海内同推治行先。一自瑕丘歸卧後，空令汴水去思懸。孔公門客頻開宴，陸氏家兒數擊鮮。此日非熊還入夢，屬車却載渭河邊。

燕臺别友

一樽相對别燕臺，三載還同計吏來。卷土陣成終大舉，凌風雨折暫低徊。再推猶較孫弘健，九試何妨匡鼎才。生我百年知有分，却緣底事不開懷？

贈楊尉

關西門族舊稱賢，清白家聲爾更傳。爲尉早歸梅福隱，有兒况學子雲玄。即看蘭茁孫枝日，何似珠生老蚌年。舊業戟廊還再闢，尚令五馬足回旋。

同張山人次先祠壁間韵三首

蕭條徑裏踏蘼蕪，却對庭前柏數株。處世自堪同逆旅，逢人謾説是蓬壺。雕蟲我愧梁賓客，作賦君爲楚大夫。歲晚欲尋方外契，奚從五岳授真圖。

幾載焚魚卧碧岑，揭來鼓棹下山陰。逢人不對江潭問，把酒長歌梁甫吟。世上路歧堪墮泪，天邊月皎足知心。元卿徑裏蓬蒿甚，還共羊裘一見尋。

生平獨愛誦南華，世事看如水上花。緑酒一樽常索滿，青雲萬里任教賒。草玄豈是楊雄宅，好客還同仲舉家。日暮吟懷何處着？寥天極目送飛霞。

醉和任憲章

清燈相對夜欲闌，膝上瑶琴横且彈。萬事于君不足慮，雙樽向我聊共歡。放歌捶倒烏藤儿，爛醉摘開紫籜冠。意氣誰云有銷歇，袖中看取青蛇蟠。

贈胡太守錫宴褒嘉一首

漢家天子重循良，錫宴彤庭溢寵光。政論久歸河内寇，賢聲偏屬潁川黄。當筵樂動薰風奏，既醉歌稱湛露章。不日定遷門下省，空令郡國憶甘棠。

寄壽裴母二首

彩雲青鳥越層丘，王母東行到十洲。海水淺于前度未，扶桑高似向來不。群仙樂奏黄金館，九液丹傾紫玉甌。見説阿環長主記，三千年後一增籌。

年來已喜趁潘輿，日暮無勞倚賈閭。定業正緣三徙後，收功早見一丸初。九重使者銜恩澤，八座郎官奉起居。不朽盛名應自在，青編留待更生書。

贈張山人二首

欲訊從來莫可稽，虚傳夫子本關西。斗間紫氣龍難隱，崗上青梧鳳乍栖，睥睨乾坤歌自放，徜徉風月酒誰携？河東再過任争識，道是當年王伯齊。

如此英雄奈久稽，出門天地任東西。呼盧采雉争先博，玩世冥雄故後栖。身借報仇錐或在，名藏傭保筑應携。平生肝膽饒相許，豈有虞卿負魏齊？

代壽宋博并序

宋先生以經學教授鄉里，别駕趙君實從之受毛詩。先生亦兩爲郡邑博士，非其好也，輒罷歸。歸之日，門下士復翕然兼之過庭二難擅乃家學，先生雍雍其居，不官而貴矣。歲乙亥，甫耳順，别駕以五斗見縻，末由觴祝，來干數韵，謾效起居課虚而已，曷可言詩乎？

何事明時早挂冠，歸來仍守一氈寒。要知吾黨多狂簡，深恐斯文墜杏壇。載酒問奇應是樂，趨庭學禮亦成歡。百年好祝身長健，山斗令人日仰韓。

寄贈高會寧

遥憶秦關隔壠雲，銅章新喜故人分。官閑剩説民安業，訟簡兼無吏舞文。城上高峰平入望，縣前流水静堪聞。有時登眺還思我，莫惜音書慰索群。

壽郝明府萬泉尹，魚臺人

經術名高海岱間，郎星重照小孤山。虚擬玉舄神仙侣，合是金門供奉班。皇覽幾逢歌赤子，青春常爲駐朱顔。何時策杖從勾漏，一爲殷勤問大還。

題何氏《抱曾卷》二首

誰爲作此抱曾圖，持贈中州何大夫。它日比干行最著，于今神媪策還符。藍田自足雙文璧，阿閣常巢五色雛。况復滿前簪笏在，重看經術佐皇虞。

陰陰喬木大河東，誰復塵埃見此翁。門下雙車懸五馬，庭前四世走三公。得無家學傳高第，縱有衣冠拜下風。父老盛談鄉國美，從來郭令若爲同。

送汪尉上計

翩翩仙尉漢梅生，爲逐雙鳧上計行。群岳去天纔咫尺，五陵到日合縱横。即如當寧勞清問，好向垂衣頌太平。我亦奉常還入對，黄金臺下許相迎。

首夏游胡氏鯤化亭泛觴和梁二丈〔一〕韵二首

紛從遠墅趁幽凉，曲澗逶迤自一鄉。林外翠禽聲作變，池邊菡萏蔕初長。正憐牧竪歸雲壑，且學漁翁坐石梁。有酒不須杯更泛，便同牛飲亦何妨。

巾車何事日相迎，紅藥牽人無限情。時芍藥盛開。獨向花王爲近侍，誰從天子覓門生。適聞庚辰一甲之報。纔驚幻夢三年斷，一卧浮雲百慮輕。蒿底鸞斯良自便，圖南空爾羡修程。

代贈李臨淮

却憶高皇逐鹿年，臨淮百戰每登先。論功自合麒麟上，祚土仍將帶礪傳。况有辟疆能繼業，居然召虎獨稱賢。中興還藉侯王力，看爾紆籌聖主前。

和韵呈姚山人

我有千瓶麯糵春，葛巾漉取色如銀。山中乍别陶弘景，谷口重邀鄭子真。歲月隻身容是贅，乾坤雙眼着無垠，醉來不覺忘機甚，還共群鷗狎水濱。

次韵贈王明府時轉官解守兼得恩命

天書何事下承明，藉甚仙郎政有聲。即看股肱分執郡，尚餘桃李在荒城。殷勤帝命朝三錫，取次官階歲九更。齋閤祇今多暇日，捲簾時對曉山晴。

胡參知移鎮岢嵐二首

春風鼓角向邊城，夾道人歌出塞聲。帳列碧油奔七校，坐揮白羽擁千兵。河橋柳拂將軍樹，朔野雲連驃騎營。老上祇今歸要領，君行無事繫長纓。

虎符纔報下明光，投筆先聲滿冀方。此去北門歸鎖鑰，向來南國剩甘棠。羽書六傳催飛騎，組練千屯擁大荒。莫話封侯須燕頷，帳前重看走降王。

贈劉紀善

少府風流雅自賢，長裾却就穆生筵。别時最惜松吟在，到日還將雪賦傳。欲問鬼神行且召，可知鴻寶暫須銓。不緣過里饒車從，得似相如使蜀年。

有所見

二十荷衣卧白雲，朝來惟解狎鷗群。懷中明月堪誰擲，磵底幽蘭正自芬。豈有人憐徐孺子，可無客揖大將軍。要知禮法非吾輩，槃辟何妨見使君。

贈陶母

却憶當年奉帚時，椎荆無負伯鸞期。潁川未遇還占相，京兆從來亦畫眉。家自于曹增一大，鄰其如孟足三移。北堂不用忘憂草，七十春秋樂可知。

題張贈君高行卷

長公高誼藉休聲，愧我年來未識荆。附驥幸然同伯子，承家真爾羡文成。舞衣尚説當時彩，彈鋏猶傳向日名。不朽正看遺行在，鄴中耆舊復誰并？

代贈李都諫参政河南

夕閣論交爾最親，更堪高誼薄秋旻。衮衣補處争爲主，諫草焚時獨避人。入直幾聯青瑣步，罷朝常挹素絲塵。傳車此日勞分陜，矯首周南一愴神。

和馬長公順甫

長安猶憶別君時，念我風塵獨受羈。碣石宮高難自托，太行雲杳陟生悲。綈袍尚爾憐張叔，杯酒何緣失魏其。一旦遂成千古恨，不堪灑血報相知。

送平甫令保定有引

昔朱君游以經學，教授必擇諸生可者然後爲弟子，所稱九江嚴望，望兄子元而已。安昌侯禹受徒殆千數，自淮陽彭宣、沛郡戴崇外，亦不概及。師弟子相遇自古則難矣。王先生平甫教授高梁，及門士無慮什百，語知密如梁生蕙三數輩，亦僅僅耳。先生常曰："自吾門得回，人日以親。"蓋嘉之也。平甫既令保定，蕙等深惟在三之誼，欲終事之而不可得，過余爲言，乃賦此。

稷下談經盛有名，新符忽報宰王城。四科弟子才俱達，三鱓公侯兆已成。大陸片雲隨去蓋，薊門雙舄度前旌。青衿自折河橋柳，不盡臨岐愴別情。

次韵崇教

相思一字抵南金，忽向天邊嗣好音。病起暮雲遮遠目，秋來積雨阻同心。我甘薇藿山中足，君耐蓬蒿徑裏深。兩地閑情共如此，和歌惟有白頭吟。

送李和卿諭白河二首

西南天盡漢江隈，君到何妨絳帳開。即看三鱣鱗欲動，如逢五鹿角還摧。客行莫厭青泥遠，人望先瞻紫氣來。况是壯游堪作頌，碧鷄金馬正崔嵬。

鄴下論才自不群，一氈西去更憐君。談經少府原丁氏，讓爵諸生有次文。幾見交游争御李，那知詞賦獨凌雲。佩刀欲贈愁明發，相看河梁袂忍分。

爲宗晦壽夏令孫公

仙郎詞賦舊知名，爲政風流更有聲。吏事衹看廳烏下，宦情真笑釜魚生。向來丹竈同勾漏，况復弦歌似武城。天上星精元輔漢，即應飛舄侍承明。

贈裴師魯

十載王門罷曳裾，猶傳世澤晋公餘。風塵司馬游堪倦，湖海元龍望不虚。老蚌乍驚雙月吐，新雛連見九苞舒。异時名閥須群少，好爲仙人一糞除。

次兆文寄懷作

不分荆軻向在燕，獨將意氣薄雲天。千金尚唾昭臺下，一曲真憐易水邊。瞥眼長堤飛緑絮，懷人絶塞杳蒼烟。它時越石鞭空着，竟爾還輸祖逖先。

贈孫太夫人七十

大家争報古稀年，况復三朝寵命專。鳳吐一毛殊自美，鸞回五色更相鮮。仙郎履自星辰動，阿母書將戴勝傳。此日南山還解賦，不知彤管幾人編。

簾捲高堂列翠屏，翟冠金縷若爲勝。昆侖遥降西王母，斗極傍瞻婺女星。膝下起居稱八座，樽前厘祝合千齡。怪來里婦驚相問，三命天朝溢寵靈。

送絳守西還

使君五馬待褰帷，忽報焚章謝一麾。河内寇公留未得，雲中魏尚去堪悲。從來貝錦無容議，何處甘棠不動思。明主賜還應有日，東山那許久栖遲。

答袁景從見示韵因贈景從二首

懷人叵耐雨蕭蕭，咫尺還同萬里遥。雲葉不分温室樹，河流争似浙江潮。爲霖我自慚先輩，披瀝君應答本朝。聞道出車在明發，何從折簡一相邀。

漢家經國數蕭曹，金馬仍多曼倩桃。千古風流同曉夢，幾回月旦等秋毫。相逢莫厭青尊滿，屬和争憐白雪高。傲吏不堪還出使，扳荆誰爲念綈袍。

壽梁二丈

分陝驚聞節使催，畫堂喜復一樽開。座聯俠客三千在，笑倚春風六十回。紫氣得無關令識，素絲那愧大夫才。江湖廊廟還同思，肯向東山卧緑苔。

次年友陳元敬韵

海蕩胸襟好自寬，任教人世有波瀾。雀羅門巷從前問，馬革功名取次看。渭水魚沉堪罷餌，商山芝在足同餐。不然總抱相如渴，空望金莖露滿盤。

次同舍陳一初韵

晝省蹉跎感物華，晚林猶見數枝花。狂邀明月仍呼灑，醉望蒼山轉憶家。敢向清時輕紱冕，由來野性在烟霞。何當犬馬收功日，却傍青門學種瓜。

送遇夫年丈臨清監廠

歡呼莫問夜何其，明日長安是别時。海内交情惟我輩，天涯依傍復阿誰？司空别署名元重，執戟爲郎分不卑。此去無勞更惆悵，但逢歸雁寄相思。

贈帥從龍

南州孺子世無雙，一見令人氣欲降。偏喜清光同照乘，那知秀句逼澄江。劇談尚憶飛瓊屑，促膝頻呼倒玉缸。愧我從前渾漫興，吟壇爲爾罷麾幢。

送趙使君提兵入蜀二首

臺節無憂鳥道長，前驅負弩已相望。槎從漢水巴江上，身向天彭井絡傍。司馬琴臺知在否，君平卜肆恐荒凉。西南自古華夷雜，撫綏還須使者良。

錦江春色草堂西，故國蠶叢杜宇啼。誤聽金牛開赤甲，真憐玉壘接丹梯。巴人自解輸賨布，使者還能頌碧鷄。父老相將遲恩澤，雲霄若見鳳來栖。

代人爲壽

丈人軒豁絶風塵，一卧滄江八十春。鶴髮任垂千縷細，鳳毛争吐九苞新。天邊雨露沾應近，膝下斑襴樂更真。况復仙郎領花縣，攀輿莫厭往來頻。

送儀曹顧思益還留都

纔報吴門匹練飛，即看燕市酒人稀。新承雨露麒麟殿，行涴風塵燕子磯。粉署兩京懸雅望，清曹八座藉光輝。論交我輩原非淺，莫怪臨岐數攬衣。

和黄鍾梅太守過清源留别之什

舊游曾憶太行西，别去相思望轉迷。冠蓋四方同旅寓，風塵千里阻攀躋。仙舟忽報行人至，雪調争憐和者低。爲説明朝更分手，生增南浦草萋萋。

校勘記

〔一〕“二丈”，目録作“一丈”。

龍塢集卷之四十五

七言律詩

時　序

上元夜同梁三丈過左槐書屋索題得“君”字

今夕何夕相逢君，燭華月華光莫分。誰家擊鼓宴方罷，何處落梅歌更聞。盤薦五辛聊復嚼，杯傾柏葉直須醺。抵防星吏催司挈，好遣金吾侍右軍。

九日菊未花

前度重陽對菊時，金英采采鬥葳蕤。今來已負淵明賞，獨坐翻增宋玉悲。豈謂歲華驚冉冉，却緣風雨故遲遲。殷勤霜萼連宵發，破曉携樽更汝期。

孟冬九日觀菊

孟冬九日慘烟光，再見黄花喜欲狂。劇賞自應頻載酒，佳期莫道過重陽。殘香細細疑侵雨，冷蕊娟娟故傲霜。醉倚□籬幾回首，他年此地是柴桑。

秋日咏懷八首

幽色南山蒼桂林，露凉風急鬱□森。遠沙過雁連江白，宿雨殘雲盡日陰。驥足豈無千里思，人生難遂百年心。壯懷俯仰增愁劇，縹緲孤村何處砧?

摇落西風雁影斜，孤懷一倍惜年華。千金剩著文園賦，萬里常嗟博望槎。雲杳蒼江空楚佩，秋深黄葉亂胡笳。柴桑酒熟今誰酌，籬菊霜寒晚自花。

孤城郭外送殘暉，野色荒凉一徑微。梧葉日兼楓葉下，山禽時共渚禽飛。醉偏烏帽風還勁，愁對黄花歲屢違。生事無嫌蕭索甚，平生元不慕輕肥。

世事能消幾局棋，眼前得喪使人悲。喧闐車馬奔塵日，冷落門庭網雀時。滄海已甘龍卧久，素書寧怪鶴來遲。長安風月還如故，别去經年豈夢思。

太液西臨萬壽山，龍舟蕩漾海波間。瑶壇玉露承仙掌，玄闕金鋪肅豹關。内史通宵隨鳳輦，中人番直侍天顔。九重化理歸清穆，鵷鷺空朝日放班。時上日在西城不朝。

落日横汾古渡頭，蘆花楓葉不勝秋。二陵烟雨牽長恨，三晋霜笳起暮愁。丹闕總輸巢閣鳳，白雲終許卧沙鷗。康衢舊俗今仍在，沕穆皇風遍九州。

清世何人策戰功，深秋虜騎入雲中。秦嬴謾設長城險，漢主真憐古將風。角吹一聲關月白，烽傳萬里陣雲紅。朝廷推轂無虚日，不謂憂連藿食翁。

姑射千峰紫亘迤，蒹葭百水漲秋陂。天清海北高鴻羽，霜老淮南冷橘枝。短笛忽從風外度，殘尊更向菊邊移。當年宋玉悲蕭瑟，賦在令人幾泪垂。

癸亥至日

暉暉檐日動寒芒，剥盡群陰始一陽。烟裊竹枝晴弄色，雪殘梅蕊暗浮香。向人志業慵開口，僻地狂歌且進觴。歲月虚懷天北極，春風合至水南鄉。

冬日和梁丈對雪見懷之什

朔雪陰風萬里來，相思此日阻徘徊。枚生漫賦梁園勝，庾信長吟楚國哀。碧海千年銀作闕，青山一夜玉爲臺。剡溪凍舸難乘興，醉把琅玕强自裁。

九　日

憑高極目思無涯，返照寒空雁影斜。瞑色霜烟通四野，秋聲砧杵報千家。開樽座上同元亮，落帽風前憶孟嘉。獨立蒼茫重懷古，豈堪疏鬢插黄花。

晚　晴

晚來微雨喜初晴，萬里長空對月明。寒雁度時秋已盡，夜烏啼處夢難成。自憐平子多愁思，人説休文太瘦生。一曲商歌更凄惻，滿林風葉亂飛聲。

秋　懷

秋堂冷冷木葉深，獨坐兀兀誰能禁？落日遠村露欲白，出門走馬雲復陰。蒹葭水没蟪蛄死，鴻雁天高沙嶺沉。李杜千年不可作，嗟哉往迹愁人心。

九　日

重陽載酒憐佳節，背郭登高擬勝游。落帽不須羞短髮，折花聊爾送殘秋。海天水静黿鼉伏，霜野烟寒草樹幽。回首暮雲斜度雁，數聲嘹唳迥添愁。

冬日對雪

漠漠同雲雨雪霏，江亭牢落耿依依。波摇海色侵窗碧，勢壓山形遍玉輝。傍砌有情梅更吐，巡檐無計鳥翻飛。馬蹄却誦南華子，對此寧知願不違。

秋　咏

蕭瑟西風已報秋，客窗孤坐迥添愁。千門葉落催砧杵，萬里鴻飛度戍樓。多病相如何日起，苦吟莊舄幾時休。無情歲月誰將奈，暗裏欺人半白頭。

九日卧病有憶清源舊游

向年東郡遇重陽，憲府霜臺共舉觴。不分紫萸欺酒色，怪來黄菊撲衣香。雨催斷雁歸雲壑，風急高梧落井床。此日舊游還憶我，長安卧病耐王郎。

戊寅立春

殘臘逢春春可憐，野堂旭日浄含烟。迎風柳色争何早，浥雪梅花占獨先。菜甲簇盤饒故事，家人行酒即新年。不須鏡裏悲雙鬢，且共陽和一灑然。

除　夕李崆峒除夕有“明朝行年四十七”句，適余偶同，感而賦此

向來此夜憶崆峒，四十明朝即此翁。老大正憐頭似雪，骯髒轉覺迹如蓬。深傾竹葉難成醉，强賦椒花愧不工。生事祇今蕭索甚，還隨物色待春風。

其二

欲眠不得重逡巡，怕入明朝迹已陳。有酒更謀通夕宴，何人

常健百年身。中天轉望星河曙，大地都歸海岳春。過此風光須着眼，物華争比二毛新。

戊寅元日

三陽乍見斗回初，一笑春風爲起予。忽爾陰霾連大莫，翻然雨雪滿前除。寒憐烏雀饑空啄，凍奈蛟龍蟄未舒。門巻可堪車馬絶，郢歌偏惜和人疏。

其二

去年此日走長安，僕馬難禁雨雪寒。東道逢人争款識，上堂爲我罄交歡。四時驟向塵中遁，六出還同客裏看。往事祇今懸夢寐，青雲空爾愧彈冠。

穀　日

人日雨雪穀日晴，凍雲乍捲春風輕。弄姿柳色不自賴，碎耳鳥聲何處鳴？有客狂歌動遠興，同誰濁酒還深傾？半生回首已潦倒，坐對流光無限情。

元　夕

去歲今宵傍帝城，九衢車馬暗塵生。即看大樹連雲起，不鎖星橋徹夜行。何物樽前濃李色，誰家笛外落梅聲。朅來再見春風轉，獨酌空山對月明。

九日懷人

美人一去渺烟霞，萬里相思對月華。故國窮秋驚蟋蟀，扁舟遠夢寄蒹葭。當時兔苑稱枚叟，此日龍山憶孟嘉。四海干戈難面汝，不堪雙泪墮清笳。

龍塢集卷之四十六

七言律詩

咏　物

小墅芍藥大開對而命酌

艷態濃妝倚玉闌，綉幃錦幕逞嬌歡。臨風學舞腰輕折，帶雨含顰泪乍彈。最是天香聞獨遠，欲求國色見雙難。姚黄豈得常爲主，莫作當年近侍看。

白芍藥後開尤盛仍賦

曉看翠被擁吴綾，雪貌冰姿識未曾。背月如羞情却妒，向人渾笑色還矜。江妃羅襪塵難上，月姊霓裳露乍凝。更似太真初睡足，慵妝時把玉欄憑。

惜芍藥敗卸

狂風驟雨苦連朝，粉膩紅妝暗自銷。寶鏡秋娘愁易老，琵琶商婦怨同調。玉環如失當年寵，金屋空憐往日嬌。自是榮華難久恃，不堪春色又蕭條。

梁　燕

去歲華梁雙燕飛，今春仍向社前歸。似知戀主貧相看，却占危巢陋自依。簾外窺人低紫頷，池邊掠水濕烏衣。閑來且共呢喃語，世上論交得汝稀。

再咏甕几

梁園甕几頗稱奇，盡日邀賓坐咏詩。徹底水涵清鑒月，滿盤星布爛柯棋。深慚安國不能賦，願得鄒陽一代之。但遣當筵成樂事，十千罰酒亦何辭。

和梁二丈咏竹二首

怪爾靈根不用栽，一叢特地破莓苔。孤枝但恐爲龍去，結實終當有鳳來。徑繞珮聲風乍起，窗移簪影月初回。知君歲晏還同操，相對何妨數舉杯。

向來纔見玉抽簪，忽漫臨風過丈尋。薛縣冠疑皮可製，宜城酒待葉同斟。青青不改四時色，裊裊常横三徑陰。更訝高枝好栖宿，將雛合有九苞禽。

愁　馬

昂首嘶風欲痛號，世人誰是九方皋？周王八駿驅難并，燕主千金價獨高。閑放露臺凝汗血，愁懸霜腕脱秋毫。遲今健足堪長駕，日齧苴茭愧伏槽。

龍塢集卷之四十七

七言律詩

悲　悼

偶檢鷗海翁見懷詩稿遂悲溟漠次韵哭之

十載曾聽宓子琴，尺書久已寄浮沉。鳳凰臺上詩空在，鸚鵡洲邊恨莫禁。挂劍其如千里遠，遺棠惟有百家陰。憐君後事應無托，泪灑滄瀛水更深。

和答石翁戊辰先日韵

春來風日動微和，寸草懷恩可耐何。遺訓尚聞音響在，慈顔偏入夢魂多。情同季路難成養，恨比皋魚剩有歌。况是親知隔城市，思腸縈得曲如河。

正月廿三日懷先府君

去年此日壽樽浮，今度重逢血泪流。三尺玄臺千古恨，數聲烏鳥一天愁。蓼莪詩廢情還切，風木思長痛未休。幸有文章書太史，知能慰得九泉不？

慰人喪子

聞君掌上失明珠，我亦年來殞一雛。學語未成憐驥子，草玄不預惜童烏。欺人造化聚還散，幻夢因緣有却無。正是鍾情在我輩，幾回消釋又增吁。

悼河兒

夢裏分明汝在傍，覺來尋覓重悲傷。花鈿猶帶新妝色，衣袂還聞舊乳香。聰慧却疑三歲早，嬌奢寧是一生强。豈知竟爾爲尤物，幾度追思幾斷腸。

挽劉封君

綺季高風尚未零，夫君千載繼餘馨。曾聞祭酒推三老，爲説傳家剩一經。南國正憐徐孺子，中天乍失少微星。生芻欲寄空延佇，那得黄金寫爾形。

龍塢集卷之四十八

七言律詩

雜　興

無題迴文

腸斷一春傷酒病，雨晴初日竟魂銷。將將蝶舞花邊徑，恰恰鶯啼柳外橋。方藥驗丹金試火，斗牛横氣劍衝霄。忘情輒去辭名利，卜隱新來遠市朝。

龍塢集卷之四十九

七言排律

望華岳十八韵

南望何峰是華峰，倚天壁削三芙蓉。仙人掌上月常滿，玉女盆邊泉自溶。陽井露滋千丈藕，陰崖雪壓萬年松。銜花衆鳥隨麋鹿，挂樹霜猿偶駏蛩。洞口烟霞迷錦綉，谷中靈籟雜笙鏞。爛柯那復留殘局，煮石誰將待夕饔。箭括有門通窈窕，雲臺無路絶攀從。虚疑銀漢星辰礙，實忌丹霄日月衝。足引黄河紆匹練，面當清渭鑒秋容。亘盤今古雄秦徼，峙立東西并岱宗。絳殿夜朝群帝節，瑶壇代受百王封。崆峒霧雨藏文豹，丁甲神符護赤龍。如在茅濛顔更少，倘携謝眺興還濃。垂蘿謾覆希夷枕，落雁難追李白踪。懷岳終然同向子，移文未許比周顒。升平况值休戎馬，汗漫偏宜拄瘦筇。晴碧射衣收遠翠，晚紅叱馭下高舂。歸途回首空延伫，咫尺飛塵障數重。

檢〔一〕韵書懷十四韵

楊子無心作解嘲，本公底事苦推敲？少年自把黄金諾，多病誰將白璧抛？三徑久荒緣謝客，一區新闢待誅茅。開池定鑿蛟龍窟，種樹須留翡翠巢。酒熟邀同鄰舍酌，鷄肥呼向内人庖。獨于窗下披千卷，那信庭前集九苞。萬里風期鵬北舉，四時火變日南交。求名未遂愁雙鬢，行已難憑問六爻。任使此身飄若梗，不寧吾道繫如匏。悠悠歲月慚空擲，落落才名耻受膠。季學館生虚左閣，鄭莊驛馬逆諸郊。碧山霧澤長眠豹，滄海珠光幾泣鮫。漢世文園逢勾監，周家柱史序螭㘈。詎論骨相非丘壑，要識雄襟隘斗筲。

贈李總戎十二韵代

九重推轂海雲東，欲令扶桑早挂弓。開府纔聞分巨鉞，登壇先喜得元戎。聲傳鼓角邊風肅，影掣旌旗塞日紅。掌上握籌奇已定，穴中探子數應窮。即看黠虜生擒力，果屬將軍獨戰功。千里大遼來賀燕，三秋遠障罷驚鴻。白狼河北胡塵斷，玄兔城南漢壘空。家本輕車推射虎，世當明主夢非熊。連翩凱奏多勞著，取次綸音异寵蒙。長策君還過魏絳，請纓吾自愧終童。擬同振鷺隨珠履，虚憶椎牛阻玉驄。麟閣它年誰第一？衹今人説萬夫雄。

再壽晴翁胡夫人七言十二韵

人間夫婦到君降，六十相看白髮雙。椎布舊傳陵邑孟，釋耕今學峴山龐。少微竟夜光懸户，婺女當空影射窗。高行曾聞連解佩，大才何事久迷邦。勤將鳳藻筐親舉，健把龍紋鼎獨扛。莫訝低頭還就世，不須垂釣更臨江。年來織室仍憂緯，老去騷壇再擁幢。桓氏挽車饒手瘃，孫弘獻策詎眉龐。乾坤坐閲頻窺鏡，甲子周行一繫椿〔二〕。坦腹榮華慚玉潤，過庭聲譽劇金摐。筵開椿樹風生席，客傍萱花酒浥缸。欲效南山重製頌，揮毫那得筆如杠。

送黄攀卿徵明經

江夏黄童少有稱，詞壇久已讓先登。書懷北闕同誰上？才薄西京雅自能。怪底文章成獨悟，豈云經術得師承。海鯤萬里圖堪便，燕骨千金價欲騰。匹練去緣明詔起，綈袍戀爲故人增。春風滿路行多色，楊柳垂鞭興可乘。特地青雲生婀娜，冲霄紫氣望憑陵。帝于主父驚安在，策得孫弘喜不勝。

蘭州志感

漢武雄才孰復過？遠開四郡背黄河。塵飛大宛初歸馬，詔下輪臺始罷戈。季世豈謂狐兔穴，中朝重汛犬狼窩。賀蘭盡日雲乘障，延澤無風水息波。自是金城方略具，况來幕府首功多。海西月種還通譯，塞北天驕已請和。城郭居民安白業，玉關使者戀青娥。士緣賈勇追封豕，將爲優閑牧槖駝。蘆葉雙吹聲斷續，褕叠舞影婆娑。帳前明月閑刁斗，堂上葡萄薦叵羅。列鎮正堪都護在，銷兵其奈二師何？太平景物看今日，好上君王萬歲歌。

校勘記

〔一〕“檢”，原目録作“撿”。

〔二〕“椿”，據文意及格律疑作“樁”。

龍塢集卷之五十

七言絶句

懷　古

過邯鄲吕祖祠二首

曾聞吕祖悟盧郎，今見仙踪古道傍。莫問當年遺枕在，此身俱是夢黄粱[一]。

世上榮枯未可期，風塵何事苦奔馳。請君重伏盧生枕，夢覺其間能幾時。

過乾陵爲武后解嘲

時人漫笑牝鷄鳴，四十年餘享太平。末世豈無真主在，翻令社稷一朝傾。

登崆峒山問道宫

何處軒皇問道宫，倚天雲構在崆峒。廣成不遇空延佇，洞口霞飛夕照紅。

望蜃屋

長楊五柞漢時宫，畫棟珠簾映日紅。獵火幾經殘燒後，平蕪一望暮烟空。

游 覽

飲任憲章次韵三絶

杜老曾耽麯蘗春，吾曹何事苦風塵。眼前歲月真堪惜，醉裏狂歌莫厭頻。

故人折簡喜相邀，徹夜燈光映碧霄。莫嘆風梅飄白雪，且看春柳揚青條。

遲梁三丈過山房不至

聞君欲訪山中客，盡日柴扉不掩關。莫學當年剡溪棹，戴門未及又空還。

故人已許過山家，曉起呼童掃落花。滿意村醪共一醉，不應寂寞到昏鴉。

和公垂五絶

玉京十二樓五城，白榆夜半金鷄鳴。一聲忽裂天門曙，猛省人間渴睡生。

托身元擬鳳凰樓，失步堪憐鸚鵡洲。莫向樽前惜沉醉，幾人空白少年頭。

朝來急雨洗蒼苔，林下閑行鳥不猜。湖面早聞新水漲，山頭半見夕陽開。

一叢碧玉晚森森，疏影横階月印金。若遣伶倫開七竅，出聲便作鳳凰吟。

人間聲利苦奔馳，何似君家濁酒巵。佳句或傳兄夢草，雅歌真見仲吹篪。

即席次韵四絶

莫問城頭鼓角鳴，相逢且自吸瑶觥。祝君酒盡還須給，吾欲酣歌待月明。

盆中艷艷看榴花，又觸詩人逸興賒。縱飲須邀檐上月，追歡莫待鬢邊華。

興來月下試鳴琴，聊爲鍾君一洗心。流水高山情自在，别來誰復是知音？

須知逐興還成句，莫學窮愁始著書。月下酒揲千日醉，窗前梅看一枝疏。

山　居

數椽茅屋萬山中，石徑松蘿揚晚風。望望白雲携杖屨，歸來何處采芝翁。

同梁二丈游佛閣次韵

春日同君汗漫游，梵王高閣幾經秋。傳燈事往空陳迹，苦海于今笑末流。

夜訪任四

携壺重過草玄亭，燈下論文醉復醒。謾策扶藜欲歸去，一聲長嘯徹青冥。

苑曲春游寄友

苑曲灘頭桃李花，紛紛紅白照晴沙。此行端爲尋春約，燕蕪不來心獨嗟。

戲代程淑送夫讀書水岩寺

此去山中事五車，問言何日得還家？願君常比冬青樹，念妾休忘夜合花。

春　游

桃李花開二月間，一時紅白各争顔。何如窗下青青竹，祇把春風作等閑。

醉後同憲章聯句

邀君共我醉燈前，竹東。一斗直須賦百篇。興劇誰憐投轄苦，歸時却訝僕夫眠。龍塢。

戲代蘭石内君寄蘭石

一臭同心兩意關，祇今身化望夫山。錦標奪得應須記，策馬西風及早還。

游窑莊次韵

一樽相對玉泓前，獨少三峰井裹蓮。到此便同濠上樂，秋風無奈泬寥天。

同憲章贈人二絶〔二〕

天上人間信有期，桂花香滿最高枝。姮娥已許君先折，老兔寒蟾總不知。

月桂逢秋分外奇，天香飄杳蟬葳蕤。君家舊有吴剛斧，任取翻雲折一枝。

長安私寓和韻三絶〔三〕

長安春到曉鶯啼，十里看花快馬蹄。聽罷臚傳無限思，白雲回首太行西。

西子當年未遇時，苧蘿山下采薪兒。纔入館娃爭一笑，三千粉黛盡低垂。

纔入天臺遇若姬，桃花如面柳如眉。瓊漿爲我殷勤勸，怕道重來未有期。

夕次壽陽用韓昌黎韻

五雲何處是長安，旅宿山城耐薄寒。却望故園千里外，今宵兩地月空團。

飲清苑署中作

縱轡長驅一騎塵，夕陽纔下又開樽。客中莫道無佳況，到處逢迎有主人。

挹〔四〕清軒四首

池亭曲檻最堪憑，四望虚檐逗晚風。纔聽侍兒歌小海，忽疑身在大江東。

年來幾醉挹清軒，贏得歌兒笑語喧。怪道主人不投轄，僕夫争報日將暾。

堂上笙歌已盡麾，軒前浮白趣金巵。今宵攤取山公醉，一任如泥倒接䍦。

一泓清徹〔五〕碧漣漪，菡萏初開把酒時。醉後玉山從自倒，那知不是習家池。

題靈岩寺十二景

置寺殿

斑獸青蛇引路時，山林疑與比丘期。莫論小果多興廢，總歷阿僧劫不移。

般舟殿

誰將般若渡迷津，到岸方知了此因。還索定輪三十六，等閑莫説向波洵。

鐵袈裟

震旦東來憶達摩，袈裟得自古頭陀。曹溪夜半相傳後，知復何人頓此阿。

朗公山

選佛場開憶朗公，東林慧遠可相同。偶來蓮社渾如夢，莫是前身到此中?

明孔山

怪石玲瓏一竅開，恍疑明月墮山隈。若然慧眼通三昧，何處菩提有影來?

絶景山

岧嶢雲際一孤亭，回合山光列翠屏。更有流泉瀉寒玉，無勞鼓瑟動湘靈。

甘露泉〔六〕

風塵竟日走西東，乘暇還來扣玉虹。願借一瓢甘露飲，無明洗却萬緣空。

石龜泉

誰將山谷鑿龜形？口吐潺湲亦有靈。莫是當年蒼水使，不知何日返東溟。

錫杖泉

卓錫何年有此泉？一泓澄徹〔七〕最堪憐。由來洗鉢渾閑事，流入香厨結浄緣。

白鶴泉

飲罷靈泉鶴已飛，千年華表竟忘歸。雙流如玉依然舊，空使人懷丁令威。

鷄鳴山

山頭纔報有鷄鳴，陡使群魔夢裹驚。從此不須獅子吼，猛然精進達無生。

證明殿

小果人天徑路微，鈍根特死作皈依。若能證得無明浄，四諦因緣總已非。

續題靈岩寺四景

魯班洞

石洞穹窿厰且虚，問誰作者魯公輸。洞門何事常深閉，爲道中藏玉笈書。

寶塔

千丈浮屠七寶成，經時舍利吐光明。虛疑拔地芙蓉出，可是參天玉笋生。

五花閣

華蓋凌空五出奇，芙蓉面面小須彌。分明一片鋪金地，不減祇園説法時。

西方境

莫向西方苦問津，恒沙遥隔萬由旬。可知此地安禪處，即與金天作近鄰。

游桃花洞在太山後岩

分明洞口見桃花，是否秦人此有家？邂逅仙姑一相問，殷勤還爲煮胡麻。

望高峰寺戲成

回山東望意遲遲，猶少高峰寺裏詩。聞道白蓮還有社，殷勤假我再來時。

訪玄鶴洞道人不遇

山上崆峒復有山，忽聞鷄犬在雲間。雙童迓客殷勤道，采藥吾師尚未還。

觀化亭聞鐘

小亭斜倚目頻移，回合千岩競吐奇。忽到鐘聲是何處？香山寺裏午齋時。

真乘寺飯僧[八]

莫駭山奇我更奇，振衣萬仞不知疲。欲歸却息雙林下，一飯胡麻謝遠師。

肅府晏集二首

菟園高晏喜重開，始信梁王雅愛才。堂上風光饒可賦，客中吾自愧鄒枚。

皋蘭作礪帶黄河，開國金城永不磨。舉袖五凉看膜拜，長沙它日愧婆娑。

肅府惠方

淮南争道有仙肌，鷄犬雲間每自期。詎謂枕中鴻寶在，等閑肯與八公知。

登望河樓

北望群峰綉作堆，浮屠高接九州臺。金城闕下黄河水，時有胡兒飲馬來。

感　述

集杜句贈鄰叟二首

誰家數去酒杯寬，乘興還來看藥欄。已訢[九]征求貧到骨，老農何有罄交歡。

酒闌却憶十年事，鄉里衣冠不乏賢。一卧滄江驚歲晚，普天無吏横索錢。

起莘納聘值雨戲柬二首

苦樂人間太不齊，爲君行雨客行泥。早從烏鵲橋邊過，會看鴛鴦水上栖。

洞房裊裊篆烟迷，錦帳煌煌燭影低。擁面紅羅半推却，見郎含笑又含啼。

夢中占贈公受

昨夜陰雲半霽時，知君帳底結幽期。颯然雨濕桃花片，一段天香分外奇。

戲呈鄭進士澄縣人，馬相國門人

馬公帳下鄭康成，早歲傳經業已精。一向華山見陳叟，便從服食學長生。

椿樹巷

椿樹濃雲禁苑西，晚風時見野烏栖。應知鳳鳥翔千仞，衹向梧桐枝上啼。

較奕戲示

李陵年少氣吞胡，橫槊彎弓烈丈夫。沙漠風高摧漢節，至今人説是降奴。

絳人有稱余爲姑庵先生者戲答之二首

姑射山中迥絶塵，茅庵雖小亦容身。知君别後能相憶，再向姑庵認主人。

姑射山中小結庵，清風明月合爲三。世人那得知名姓，隨地稱呼亦自堪。

戲嘲山僧

藏修暫爾依僧舍，風雪漫漫動浹旬。莫怪夜寒不舉火，山中今説桂爲薪。

稷人初不事奕癸丑春余歸自都中始授起莘父子乃父北郊子學最後竟能勝予聊戲之

楸枰推却重嗟吁，總是操戈入室徒。寄語君家賢父子，十年前會此來無。

思　歸

家在姑山汾水邊，春來景物滿前軒。祇今戀酒長安市，空負濃花又一年。

新店留宿

漫笑終軍已棄繻，請纓他日有誰俱？但逢酒肆堪留醉，肯學區區小丈夫。

城中僦居爲秋風所蠹

野性烟霞意自舒，偶來城市羨華居。秋風一夜飄鴛瓦，却視山中迥不如。

喜　客

捲簾獨坐曉窗清，乾鵲頻啼四五聲。童子應門來報客，果然一見喜平生。

柬安丞

摇落西風思不禁，美人遺我雙南金。盡日倚門望飛蓋，道來不來愁閟深。

紀夢詩

一日東風遍九垓，上林花木及時開。王郎醉後偏多興，獨把紅梅映酒杯。

戲答安丞因咎杜尹不拜

日前杜老遮門拜，不省何緣更我遺。此度喜君猶記齒，但能投帖敢嫌遲？

九日戲題

何事重陽早着冠，菊花衹合此時看。須知明日東籬下，花本無心客意闌。

雪夜有懷梁丈二首

六出飄飄映月輝，詩筒茗椀坐忘饑。興來欲下山陰棹，白戰争憐未破圍。

柳絮因風入墨池，揮毫擬賦菟園詞。庭前玉樹欣相媚，折代瑶華贈所思。

答客題先府君祠

孤城郭外奉先堂，朝夕聊憑一瓣香。不謂高人能枉駕，應憐三徑苦蓁荒。

報謁不遇戲作二首

謁君十度九空回，坐久令人轉自猜。可是舍門人未掃？齋心明日許重來。

明日重來可奈何，依然門徑阻風波。當時却恨平頭錯，争被君先一面過。

答湯海若見贈四絶

母氏高堂華髮垂，最憐游子在天涯。含情兩地欲誰語，惟有秋空明月知。

把酒殷勤祝月輝，今宵傳語到庭闈。倚閭且自寬胸臆，游子長安未得歸。

母今八十六年過，誤遣兒登進士科。闕下上書書不報，欲歸無計奈之何？

白雲遥望太行西，矗矗雲山望轉迷。一片愁心銷不得，那堪林外子歸啼。

聽楊羽士彈琴

華山道士來相尋，身騎白鶴囊古琴。坐向石床試一弄，松風颯颯清人心。

清凉院二首

勞生無奈事倥傯，白髮朝來滿鏡中。安得一瓢甘露飲，無明洗却萬緣空。

有情何似無情真，慧劍横磨斷六塵。識得此身猶是丏，區區那得戀波洵。

贈答

題《哦松卷》和韵四首

不用臨風想玉珂，縣當山水樂還多。訟堂豈得渾無事，明月清風僅可哦。

胸次悠然天地寬，何愁輪轂不朱丹。吏來且莫妨公事，獨嘯松陰興未闌。

不待三年政已成，即看雨露遍群生。興來戛戛鳴球調，還對幢幢偃蓋青。

訟簡簾垂盡日休，太平官府百無憂。吟懷何處堪乘興，松下風來玉宇秋。

寄馬相國二首

平生不識馬相如，愁絶年來讀子虚。千里神交空夢想，因風還寄茂陵書。

盡日深宫鎖暮雲，耳邊絲管徒紛紛。何人足解悲愁思，善賦長門獨有君。

附相國和韵二首

茅檐噪鵲意何如？尺素遥傳應不虚。扶杖爲揩流泪眼，開緘元是右丞書。

雅調驚看足遏雲，蛙蟬眼底徒紛紛。一書十部賢從事，自得劉公又見君。

贈范御醫次孫太守韵

麥舟家世千年在，小范曾傳奕代芳。此日看君能繼武，更將服食誦中黄。

再送孟博二首蓬萊人

把首河橋益愴顔，共將別泪灑潺湲。蓬萊洞口應相憶，姑射山頭去不還。

東行幾日到蓬萊，况是青春作伴回。別後故人還憶我，臨風莫惜雁書裁。

代公受戲贈所知

君家蘭夢也來俱，長者爲先少者乎。我已于今協此夢，他時同擬著潜夫。

答饋蔬

菜根滋味久能諳，持贈勞君意已覃。顧我荒廬餘四壁，瓊瑶欲報衹空慚。

同任〔一〇〕憲章贈劉生游泮

青芹初浥泮芹香，文彩風流更老蒼。他日海鵬雙翮奮，摶空萬里看翱翔。

附憲章作

桂花香信是明秋，早着藍袍人泮游。英雄彀裏三千客，獨許騎鯨上斗牛。

壽王明府

空説瑶池薦紫霞，不須勾漏覓丹砂。知君自有長生術，轉向山城壽萬家。

留別光上人

傾蓋逢君忽別期，問予何處更相思。紅塵明日長安陌，走馬看花記此時。

山中答憲章貽韵

山上白雲萬里飛，山中明月故人稀。已令猿鶴供長駕，衹待君來作伴歸。

附原韵

梅花未放菊花飛，秋老山中鴻雁稀。惟有月明堂下竹，獨摇清影待君歸。

贈梁姬呈狄郭二年友二絶

仙女行雲各有期，燈前笑語强支頤。琵琶却弄相思調，衹謂梁園作賦兒。

仙子盈盈隔江滸，朝爲行雲暮行雨。襄王解作夢中歡，宋玉多情空自苦。

和劉進士留別韵二絶〔一〕

西去關山萬里雲，仙舟爲我暫横汾。他時相望不相見，一度臨流一憶君。右汾橋圖。

一水遥從積石流，三峰叠出芙蓉頭。不堪自此送君去，何日相期麟鳳洲？右河華圖。

贈裴公受領鄉書

不負終童年少時，錦標奪得更稱奇。春風二月長安陌，走馬看花共爾期。

贈辛中山子

昨夜分明夢上天，蕊珠宮裏列群仙。坐中共説中山老，又謫人間八百年。

答任冏卿見贈韵

當年策馬過南宫，薄日雲迷五色中。此去上林春正好，看花須折一枝紅。

贈范御醫

去日曾携藥數丸，歸來名已列朝端。漢皇久覓長生術，爲爾能燒九轉丹。

贈鳳竹押兮字

今古英雄慣品題，眼中落落幾人兮。看君襟袍還同我，莫嘆蒼龍未出泥。

途中寄張大石中丞

故人天上復何如，二十年來少寄書。千里相思一相問，不緣麟閣借吹嘘。

贈周日者

觀采長安東市頭，偶逢季主話綢繆。何當待詔同郎署，莫謂吾行捧腹差。

代贈梅年丈擢第南歸二首

長安走馬快春晴，旋向江南倚棹行。縱道黄金爲客盡，有人含笑下機迎。

獻罷長揚便拂衣，大江南去馬如飛。早知負弩前驅者，争報仙郎戰勝歸。

送别余山人

燕市相逢喜氣新，携筇明日又東秦。須知五岳行當遍，許得真符寄酒人。

清源留别崔孝廉施順元方子振四絶

維揚方子奕無雙，亭伯彈琴向緑窗。獨有肩吾擅詞穎，一時作者爲君降。

一樽强對意如癡，五兩乘風欲别時。莫怪今朝重分手，相逢它日杳無期。

緑柳低垂映小橋，片帆欲去復停橈。可知醉裏輕爲别，無奈風前酒易消。

客子狂歌寄佩刀，故人把袂戀綈袍。欲知此誼絶今古，東海同深北斗高。

校勘記

〔一〕“梁”，當作“粱”。

〔二〕“絶”，原目録作“首”。

〔三〕“絶”，原目録作“首”。

〔四〕“挹”，原目録作“把”。

〔五〕“徹”，據文意疑作“澈”。

〔六〕“泉”，原目録作“景”。

〔七〕“徹”，據文意疑作“澈”。

〔八〕“飯僧”，原目録作“僧飯”。

〔九〕“訢”，據文意疑作“訴”。

〔一〇〕“任”，原目録無此字。

〔一一〕“絶”，原目録作“首”。

龍塢集卷之五十一

七言絶句

咏　物

答起莘惠兔

宋客年來衹守株，世人且莫笑疏迂。晚風忽向天邊墜，又得蟾宫搗藥奴。

題劉孝廉畫扇

烟水溶溶萬頃波，夕陽影裏泛漁艖。個中無限滄洲趣，回首東風倚棹歌。

題畫西施

昔日姑蘇臺上人，年來却戀五湖春。吴王魂在應惆悵，知與阿誰結愛新。

題《回憶春風卷》贈孫户部二首

仙郎曉入太〔一〕明宫，春色無邊紫禁中。却憶舊游春更好，門墻花發趁東風。

河陽桃李千家樹，盡是潘郎去日栽。回首東風倩作主，滿城紅白一時開。

題　梅

雪裏高擎玉一枝，人間幻出月娥姿。個中無限懷春思，未語東風那得知。

題畫四首

寒谷尋春春較遲，月娥人道不逢時。寧知輕薄紛紛侶，他日調羹可讓誰？

凍鵲争憐爾得知，羅浮山下寄相思。玉顔不耐愁多緒，横笛高樓且莫吹。

玉環醉臉暈難消，西子歌唇啓更嬌。最喜胭脂經宿雨，生憎霞彩逐狂飈。

吴姬半醉舞參差，雙鳳斜簪寶髻垂。人説前身金粟佛，如何又似蘖禪師。

題陶氏《斗牛卷》

憶昔先皇出狩辰，恩袍此日寵猶新。老臣感激應無地，獨向橋山灑泪頻。

校勘記

〔一〕“太”，據文意疑當作“大”。

龍塢集卷之五十二

七言絶句

悲 悼

爲憲章和其先苑馬公二首

何事衝霄劍氣收，昔人空有墨痕留。不堪重聽山陽笛，永夜寒蟾泣素秋。

逝水浮雲竟所如，紛紛眼底等籧廬。故人已化遼東鶴，忍向窗前誦子虚。

龍塢集卷之五十三

銘　類

素翁彩竹杖銘并序

杖者，所以優老扶傾。漢制，民年七十者授鳩杖，五十杖于家，六十杖于鄉，七十杖于國，八十杖于朝。自周迄今由之也。家大人素翁今歲丁卯年七十又六，雖無鳩杖之授，而步履輕健，不減丁年。一日有竹工自安邑來，獻攢竹彩杖一握，長半及身，柄横三寸，錞鋈四束，文具五彩，菀然栗然，確而有力。素翁受之，笑曰："吾心猶壯，不知老之將至，此物奚宜至哉！兹以往用之則行，舍之則藏，惟我與爾有是夫。"濟前峑鞲捧而告曰："夫杖也，動欲善時，居與善地，委身于人而不自用，故幾于道，乃若顛而不扶，危而不持，則將焉用彼相哉？"于是作彩竹杖銘。

曰：動爾與俱，静爾與止。鼓之不倦，卓然不倚。以引以翼，壽考維祺。惟爾之功，何以報之。恩斯勤斯，釋兹在兹。

先素庵府君玄室銘

玄室有幽人，自號素庵子，王姓越其名，克閑字則是。曾肖爾祖興，肖爾字繩祖，興字昌期。父滿薛云妣。滿字損之。弘治五年生，壬子正月廿三日亥時。隆慶元年死。丁卯十月初九日卯時。壽命亦允臧，七十又六齒。厥配咸攸宜，薛史朱三氏。元嗣時政哉，史出，娶衛氏、段氏。時濟維仲只。朱出，娶任氏、梁氏。女四各有歸，文高薛段已。婿文庭錫、高璣、薛維、段忠恕。孫男一女三，繩繩固未止。素翁功德何？構橋在汾水。義田思睦宗，義學淑鄉里。救伊死得生，娶彼鰥者喜。歉歲賑孤窮，舉火賴千指。百里返枯骸，以上詳行狀。深恩詎涯涘。嘗服孔氏言，兼得老聃旨。射宫推祭酒，縣令敬斯起。王烈有同稱，黔婁無愧誄。懿行難具陳，確言非溢美。天地易推遷，佳城永而峙。百千萬載餘，子姓享遺祉。疇爲石額銘，仲子時濟爾。

疆圉單閼歲大寒八日壬寅刻石

白石硯銘

白也如斯，胡亦涅而緇？堅也無倫，胡亦磨而磷？爾如不緇，吾何以而。爾如不磷，吾未爾親。

紫毫筆銘

爾形也圓，是非一時，孰謂無權？爾鋒也鋭，縱横萬古，孰謂無勢？端爾形只，勿蹈邪而汗只。藏爾鋒只，毋屢試而挫只。

松漆墨銘

爾松其魂，而漆其形。必毁爾形，爾德始馨。

雲箋紙銘

爾光則澤，爾質則薄。負載萬古，惟爾之托。

枕　銘

吾藉爾則安，吾耽爾則危。安可常，危不可忘。

衾　銘

爾覆吾一身，不能覆萬民。惟此不均，匹夫之仁。

牖　銘

爾障吾闇，爾闢吾明。明可擴吾知，暗可防吾欺。

户　銘

爾闔闢以時，吾出入以而。毋曰大德不逾閑，而細行維艱。

銘于姬〔一〕

生于清源，卒于衛源。爾命不淑，爾德克温。魂無不之，魄于斯存。嗚呼傷哉，夫復何言！

校勘記

〔一〕“銘于姬”，原目録無此銘。

龍塢集卷之五十四

贊類

朱仲游像贊

代王孫朱仲游氏，高皇帝七世孫也。敦龐博雅，有用世之略，格于時末由登晋，惜哉！絳人丁氏子善繪，間法其影，識者稱爲逼真云。伊昔漢宣帝圖功臣凌烟閣，凡十一人，各法其相貌。陽城侯劉德以宗人列焉，榮施萬世。今仲游視德實相伯中，顧不獲如凌烟故事，猥藉吴綾尺幅，蓋云遇不遇時也。惜哉！

贊曰：偉哉若人，孰爲爾真。黔然乃色，穆如其神。麟之角，龍之鱗。鱗蜿蜿，角振振。隆準公姓，有美且洵。

梁公像贊

展如之人，疏通亮直。羽儀中朝，聲施四國。進必以賢，舉不待色。卷舒隨時，龍蛇其德。

《五福圖》贊贈歐陽少參

盧岳之精，吉水之英，降神赫异，以祚我明。于蕃于宣，眷惟西土。綏以惠和，厥施斯溥。式今式玉，克協天人。元龜司命，允矣師臣。朱夏載臨，誕彌躋慶。五極光芒，三臺掩映。斂以多福，方至如川。永兹純嘏，于萬斯年。

馬廣文像贊

賢哉人也，正冠垂紳。貌温而篤，氣清而淳。擅時名于畿輔，膺歲薦于成均。識之者將以爲摶空之翮，横海之鱗。何其就列師儒，尚栖遲于泮水之濱？所可幸者，英才胥以樂育，道術因而益純。疇爲公像，神彩逼真。若乃形容心性之妙，恐猶俟于知德之人。吾嘗論列千古有如公者，使得大行其志，庶幾乎管葛之亞而小試其端，亦不失爲董賈之倫者也。

又

語公之貌，金玉其相。語公之器，追琢其章。儼然對之，神氣揚揚。孰爲此者，畫工之良。

褚生贊

爾目則盲，心胡以明？爾見則粗，識胡以精？造化出其脣吻，王公樂與之傾。于鬑于鬑，枵然七尺，是爲褚生乎？

裴待詔像贊

形頎而長，氣和而揚。厥德不爽，孚于有鄉。既從公辟，載膺冠服。待舉天朝，乃胡弗禄。論列千古，夫孰其儔。鹿門之亞，三槐之流。遺像儼然，瞻之如在。繩武有人，式昌其代。

裴公封君像贊

其貌充然，其色盎然。望之如岳，探之如淵。六館之英，三晋之杰。能積而散，好修而潔。保兹令德，宜爾遐禧。策長日短，胡莫憖遺。孰圖爾形，目瞬神掉。爾後瞻之，勉哉克肖。

孫侯政績贊二十首

既崇其城，復浚其隍。實墉實壑，固哉金湯。
奕奕孔廟，仰之彌高。誰其作者，希聖之曹。
美哉崇構，直彼魁纏。檐阿桀地，文光燭天。
思樂泮水，式遏其源。惟公浚之，清浥橋門。
誰謂荼苦，茹之如飴。皎哉冰鑒，而何可錙。
穆如春風，惟公樂育。多士從之，桃李芬馥。
倬彼甫田，鞠爲茂草。公其闢之，稼穡惟寶。
饑饉薦臻，逝將去彼。公曰懷哉，乃慰乃止。
煢獨中野，鴻雁哀哀。惟公之惠，綏之斯來。
彼狐與狸，實惟妖孽。畏兹德威，各竄其穴。
尾大不掉，赫赫藩王。公知有法，何吐于剛。
兵革既殘，哀此邊民。公行柔遠，黍谷回春。
弘才天挺，藻思雲生。時當盤錯，涣乎風行。
民乃曷知，而罹于辟。薄示其懲，有耻且格。
于惟壇墠，神道攸先。齋庖封樹，既飾乃虔。
肯構肯堂，爰居爰處。賓至如歸，實維公所。
彼生無依，而死無歸。斂藏封固，冥漠歔欷。
于赫神明，靈威莫測。民以視公，畏兹正直。
稷封維舊，曰受厥章。公克新政，國命重光。
鄉有老成，尊維德齒。敬哉無失，表俗敦鄙。

還虚道人像贊

而丹其顔，而雪其顛。而齒珂然，而瓜拳然。終日閉關，名曰杜權。于鬆于鬆，玄之又玄。子將誰氏，高出埃壒。之表遹乎，仙仙者耶？

龍塢集卷之五十五

箴　類

父子箴

世無不是父，確哉昔人語。有子嘗責孝，事父不推恕。無謂父不慈，子孝誠未著。當知瞽瞍頑，夔夔亦底豫。

兄弟箴

兄弟同氣親，信匪他人伍。觀彼鬩墻時，胡爲外禦侮。愛弟如愛子，事兄如事父。如此兩交盡，許君還太古。

夫婦箴

夫乃婦之綱，婦以夫爲制。勿令牝鷄鳴，爲家實階厲。調和如琴瑟，穆敬如兄弟。梁鴻與孟光，遐哉師萬古。

朋友箴

朋友以義和，締交良在德。慨此勢利徒，中焉所反側。晏子能久敬，鮑叔無私嗇。寥寥千載間，斯人不易得。

失時箴

嗚呼小子，毋失爾時。爾生幾何，而歲屢移。嗟哉聖學，昭兹來式。禹惜寸陰，孔曰忘食。爾不師訓，願惜自安。流于衆人，禽獸奚難？毋曰妙齡，力學有待。至于噬臍，云何及悔？憑爾净几，對爾明窗。天君克定，客氣乃降。玩爾圖書，屏爾鉛槧。章句是差，性真可驗。山云高矣，猶陟其巔。地云厚矣，尚浚其淵。勿怠爾朝，勿怠爾夕。從事于兹，靡不有獲。勒言座右，用爲爾箴。爾觸于目，庶惕于心。

嚴師箴

君子之學，曰惟在師。資之講説，告戒有時。曷若爾心，屬于爾裏。動静與俱，出入可揆。深居太宇，允哉嚴師。靡惡不燭，靡善不知。敕爾五官，明命是若。約爾七情，周爰諮度。儆爾夢夢，提爾惺惺。勿謹于顯，而惰于冥。恭敬奉將，無違頃刻。以是存之，聖學之則。匪孔匪孟，匪顔匪思。人師既遠，尚嚴于兹。

龍塢集卷之一

序文類

《襄陽府志》序

郡國有志，志故也。其文則史，猶之魯有《春秋》云。襄陽掌故放失有間矣，乃其軼時時見于他説者，文不雅馴，縉紳先生難言之。龍溪吴君以爲郎高第出而成共理之化，已搜故牘輯本事概爲之論次，袚飾厥文，勒成一家言，凡五十一卷，爲目三十六。嘗試正列其義覽焉，則以知作者之志，豈徒循誦習傳當世取説云爾哉？

夫楚自熊繹蓽路藍縷以宅荆襄，固周室之不成子也。置茅蕝，設望表，與鮮牟守燎，乃其後搒方城之，外阻漢水，提衡中夏，汪哉兹土。雖更割裂，列山翼軫之墟，險固自如矣。當周南流咏，書社請封，導瀇流，達内方，王伯軌迹在焉。封建以來，諸侯王實不一姓。今襄藩爲國肺腑，奕世載德，不隕其家宜也。山林藪澤，足備財用，白茅致篚，尚不以時至，胡以云利盡南海？而羽毛齒革爲其地生也者。三事承序，著有堂皇，大城不羹，作之伊減，且也郵發徵會，關梁譏暴，孰非以爲國？昔蒙穀負鷄次之典，五官得法而百姓治。乘廣組練，簡服戎旅，芍陂遺後，流惡潴沃，遽以忘諸侯之耳。先王處士就燕閑，毋俾嚨雜，監上下之好興謡俗，即爾僄輕易發，動去槃瓠遠矣。世稱楚材，辟諸杞梓何多也。機而尚鬼，能無事禱河，豈以其私于國之憲，信在祝史乎？環襄而綉錯者，皆古之遺烈，欲起地下無從，庶幾于封樹識之，精廬仁祠亦可略而載也。妖异由人，星氣所在，厥事常象，萍實伯而枝蛇不死，則爲善之效與。夫仁賢者生于斯宦于斯，耆舊所傳，冠蓋之里，龍鳳兼十之才出焉。疆理平一，邈不可幾，次之展采錯事，能各有所長。而阿承醜女，世傳八陣，英習匡夫，伯嬴抗暴，烈丈夫其能諸？夫夫賢也，即瑣隸賓萌，與有榮施，奚必以地産？然史談述九流，知其不可廢而各有弊，安得長者之言公般元化者倫？幽術奇數，隱遠難原，驗之人理，頗效于事，蓋君子成名立方，不專一操也。仙釋錯而勿談，安從所廓如。矧如圖南論對，道安博洽，姑亦取節焉可已。人知詩亡而騷作自楚始，乃秦商馯臂、丘明之徒親業孔門，自是篤世風矣。漢魏以降，家有師法，海内名哲，過而況榮，綉鞶之美誠莫以尚之。夫大者既識，而凌雜米鹽均之群生所湌挹較略不究備也，謂何故，因而寓之篇終焉。於虖，兹云作者之志也。昔孔子筆魯史，文成數萬，其指數千，一以任之于已。司馬《史記》紹而明之爲實録，以俟後之人，蓋其慎如此。他日有受二三策者，于我得法，將無謂春秋一萩，襲而爲三，于焉攄之無窮已乎。

《山西鄉試録》序代侍御劉作，已劉在告未梓

萬曆壬午，天下郡國當賦士續上公車，御史某行部三晋，爲紀綱之僕。因耳盟在事，若所徵文學諸大夫，官方定物咸如指悉。境内士張中覆射者三，最上佼得六十五人，籍獻之有司，身勸爲之駕，乃某前多士而擇。言曰："傳不云乎，招高者高，招庳者庳。"維是三晋之在冀方，凌蟠溪阻如錯綉，然四塞國也。乃中蕞爾不千里而遥，概以東西秦，猶之彈丸小哉。自堯、舜、禹更都以來，老師先生端弁帶而譚，必裒然稱首，曰神明奥區。其學士矔習謡俗，薰沐其中，扃相與娒詡，自耦以吾屋封人也，

朖然亡少媟，卑人故高之，亦且焉求？多謂未睹。若岳牧九官十六族，超世作理，以樹瓌琦之觀，矯飾固陋，苟若而可，惡用是名高爲也云。然尚何稱而屈説者，以復晋人士之踦哉。异時西北鄙邊胡，數發軍興，制士不得一意修業。今五單于稱藩保塞，有如衽席，足賴也。明天子冲聖紀統，躬致委裘之理，于時行山大河間偉人輩出，光贊承翼，方内屬目。爾多士踵足而升，辟之長離呴日，神蛟躍霧，各藉于所乘，良厚幸矣。顧將奚擇而處？即向叟比多士者袚飾厥文，作春秋一藝，孰非其人？將一當之，謂何揆之顥穹，絶迹攸卒，安取緑圖幡薄以徵無已其中古乎？蓋有號以況榮者當王風之瀰也。稱賢大夫名卿文如子餘，多學如肸，詩書禮樂如行歷，僅而致其主長諸侯國。漢崇鄉里之化，經術興治，負良史才如遷，不免舛謬，身任廢置，如宣成而短于學，彼數曹皆晋之前茅，猶然爾矣。乃今所推轂士直欲度數曹不居，即他繆巧，胡可侻而塞也。何者？天子方遠駕堯舜禹之爲君，日思遅岳牧九官十六族者，以置左右雅意，晋人士尚庶幾乎？勛華遺烈，家相效屬有素耳。藉令多士出而以時表見，展采錯事，增穆四門，少不詭于先資，執事者亦與有榮。施脱一不讎而終剌盭之，上且指而薄責之曰“夫夫也，疇所推轂者?”某將何請而解？兹其心不忘于某鼎鼎如也。夫抱蜀不言而宗廟業已糞除，則具在先焉矣。不然寧窮多士，而故强以所難聞之，射者儀毫失牆，畫者儀髮易貌，蓋既以舉其難何易之足云。某故略叔季而不道謂是乎。爾多士慎毋曰燕爵爲鴻鵠慮，惡能得之，姑不黽焉，以副是要腹已哉。

是役也，某與某司考試，某某司同考試，某某司提調，某某司監試。先是推擇部内士，則巡按宣大御史某，提學副使某。所遺無慮千百輩，而六十五人者皆在其遺中云。時總督軍務則兵部左侍郎兼右僉都御史某，巡撫則右僉都御史某，巡撫大同則右僉都御史某，巡鹽則監察御史某，有事地方則某某，效勞于外則布政司某某，按察司某某，行太僕寺卿某，總兵官某，署都指揮僉事某，先期入賀則某某，適以使事至則某。法得并書焉。

趙山甫制義序

古稱經術士，嚮用讎世也，信然哉？乃文章家不究經術，吐藻單辭，設色萬有，世絶跨詡之如賈生、相如，幾不得同時爲嘆，風致可想矣。太史公傳儒林不列焉，獨取齊魯諸太師，以經術故，辭猶然少却，莫不歷録藉世資。自江都相仲舒、内史弘寬輩潤色，吏事成功業，終兩漢方聞廩廩。庶幾于兹直以文乎哉！我國家經術取士，用漢也。士初曮習其中扃，專趣爾雅，出入不悖所聞，亦何篤論君子矣。今但不然，纔一搦管即哆然居古作者視，思希夷一切，鈎銸求名高，視經生故業若將敂之。於呼！文求得解不耳，何論今昔。不觀汝南趙山甫治經術得理奥，占詞命指，爛然有第也。間出儻汪不羈之才，刺奇發逸，卒亦約之銜軌，故以文則賈生、相如，其旨復不謬于仲舒、弘寬輩，得毋稱學士之孤技已哉。

山甫以世家子，生貴甚，顧嗜學如鷄跖。尚書郎高邑趙拱極負人倫鑒，先爲汝南司理，山甫偕關中劉子復初者從之游。拱極兩器之。庚辰，山甫取進士高第。今壬午，復初亦領解三秦，人益多拱極爲知人。不佞侍山甫尊人元宰公，參疇年之歡。憶在燕邸，過山甫一再論文，即知其奇士，謂他日光紹韋平者夫夫也。時南郡蕭伯子、歸安顧孟先、蘄水朱子得并不佞定交山甫，蓋稱五子云。

憲大夫崔公集序

膠東憲大夫崔公以聲詩著稱，嘉靖中，海内學士艷慕之，顧篇章少出，睹者猶之于孔壁，懷其一不能無慨于六也。他日其里人參知胡公過高梁，與不佞修布衣歡，間出所得大夫全集者，屬臚次之。集甚富，讀之止輒乙其處，竟月餘卒業，計所刊落無慮什之七。蓋君子修業，期以當世，無期于多云。在昔史遷有言，齊魯之間于文學其天性然哉。故漢自元光中挾禁始開，膠東即有庸生者倡絶學，稱師姑弗論。建安正始間，語文章莫先偉長、公幹，乃子桓簡斥有齊氣，且以爲壯而不密。於乎文士相齮齕，勢如連鷄之不能俱栖也如此。明興，孝廟時，邊庭實與北地信陽鼎而立。嘉隆之際，中原稱五子獨推轂于鱗，以故知租丘稷下未始無人也。比大夫集稱與儀封王肅敏游，于時庭實尚無恙，即視于鱗差長，顧不及櫜鞬相屬，以狎齊盟，無亦與國少也乎。不然舉大夫所有，錯置邊、李中銖校之，奚直伯仲？藉令小却，亦足提偏師鼓行，取郳莒如掇，乃卒無乞盟請好者。兹其故難言之矣。故士業操觚，思有以自見不有如周媒者，繩其美而從臾之，遍游耳目知不可倖而幾矣。大夫固謂抱珠行乞，孰與櫝而俟知。昔子雲成《太玄》，世詆以覆瓿，彼固曰後世當有子雲者出，而玄必興，卒讎其語。今大夫遇參知等，旦暮耳行與邊、李并傳，又何嫌今昔哉？竊聞大夫有家督領解東，諸侯國亟欲行父集，視漢國師公襲中壘而掩之者相去倍萬矣。

敘何氏《五百言》

今博士家治經術，務追時好取世資，已則弁髦置之，謂罔裨世用。詎知出而緣飾吏治者，伊何物謬亦甚矣。同門生何子瑞卿既用經術成進士，乃弗忍置以一旦，取所編摩者彙而題之曰《五百言》，猶然遵令甲云。往士修章句，增師法，多至千餘言，亡當也。瑞卿固曰與而躍冶，毋寧守絜令舉，凡所著壹率此。比余取而叩之，金玉瑲然，無失絫黍，種種逸出如復從神化中來。即有好事行就殺青，海内學士觀焉，必曰“使吾得珠萬斛者，毋如得《五百言》”。且也漢人治經或以百兩名家，瑞卿庶幾以是哉！

蕭思賢制義序

自我國家用經術取士，積二百年，得人稱盛，乃三吴氏稱尤盛。異時王文恪、唐太史諸先輩著撰有明法，海内嚮矢歸之，其郡國博士弟子堇堇出入，不悖所聞，輒取上第如承蜩，殆家受而户相術也。頃操觚者厭薄經術，不足爲壹意修古文詞，取秦漢家言剽割祓飾之，稍求自異而博名高，究所至尚不及優孟。且也士當吾世，幾進取罔由經術，第令爲文不減過秦，亦安所用之？同門友蕭君思賢，吴下才士也，舞象歲人業已阿蒙畜之。初受詩伯兄都諫君所傳其家學，治經術，淹粹馴雅，雖復博兼倚相措之章句，一守功令，視創新耳目者未厭于心丘，蓋不言也。今年癸未，計偕士試公車者無慮數千人，思賢裒然以詩爲選首，然後知菰蘆中世不乏才乃爾哉。時問業者亟走門下請巾牘剞劂之，將與文恪諸公代興焉。余既得尚思賢，日相與交歡，譚藝間謬屬職志爲前茅，詎云以禮許人，猶之玄晏行藉三都而并遠也。

敘絳大夫張公《禱雨卷》後

今年夏，女魃爲虐，自京師達郡國，流泉龜坼，高原焦灼，野無生稼，民嗷嗷莫知所圖。主上惻然憂恫在身，日乃辟正減御，躬涉郊禱暴龍移市，靡神不禜，猶然并隔，未獲嘉應。尋下尺一行郡國長吏，所在有名山大川能興雲雨者將事毋忽。于時絳郡大夫張公在事，公下車甫數月，方用寬和，蠲苛細，與民休息。既奉檄，興而嘆曰：“旱已大甚，民阽危若是，貽憂側席，又安用守土爲？”乃七月庚寅，用事大雩，不假秘祝祓，誠謁款惄焉，若不自勝。越翊日辛卯，膚寸滃合，應時澍雨。曾不崇朝，四郊遍洽，尚曰："後之哉，而慭遺者大有望也。"百姓臚歡醵塞，具能言之。士歌頌載道，且欲尸祝公。公則不居，繆云偶然耳。夫天人之際未可概以溟涬决者，君子闕如，乃史載戴封諒輔事，卓詭不常，舉世所喜譚，循其往迹，薄遽薪燎，越越多事而佹得之，視若今兹噏吻如神，相去殆萬也。蓋公自束脩，秉羔羊之節，司契神人，一旦仰體君父至意，爲百姓請命，天鑒其衷，幾靈響答，奚怪焉！公猶讓而不居，詩不云乎："雖無德與汝，式歌且舞。"公之德民，既歌舞，何讓之與？有人言公往令祁，祁旱，亦不再雩雨也。今云偶然，蓋益知長者之言如此。我聞有命作霖物色，行及公，公謹備之矣。

司馬氏《積德卷》後序

司馬氏自三代以來繫姓章矣，蓋云重黎之後也。于周爲日正，周定鼎郟鄏，薦其爲瑞者三，王用嘉之，肆得蒲璧以朝。宣王時，休父入掌六師，爲司馬，子孫以官氏。後失官，播越河汾間，已并于温。魏晋禪代際，安平獻王孚，温人也，以屬籍稱賢。乃後居夏者，于九子中不知出何别。比趙宋時，温國文正公光以大儒相元祐，爲夷夏所仰。其封樹具在夏。宋南渡日，侍郎伋始以其族行，旅寓會稽之山陰，他日視故都，惟是風馬牛不相及。國朝嘉靖中，刑部君相出使，便道一謁松楸，糞除之，歸而語若子孫曰："吾睹先世丘壠，愀然有黍離之感焉。即吾老山陰，得一子若孫嗣業故都者，吾死無憾。"已後四十年，刑部孫晣從季父祉始杖馬箠來夏，遂以定居。無何，祉、晣同舉計偕，晣即第一人。明年祉成進士。已暐來，復舉計偕，居人相賀，爲文正無後而有後矣。初，刑部君過夏日，關中吕文簡遇于解，相得甚歡，時有味乎文正積德長久之言，相與咏歌之成卷，是以有積德之什。今其卷具在，晰父子繼起，益光先壠，視斯卷不啻如璋矣。嘗謂積德云者，增而不已之謂，第令子孫襲先世寵靈，作德弗類，一朝撲滅之何有者。即他戮餘，堙替隸圉，或糊頤頰于四方，莫知生之所自，遑恤食哉？彼非神明之胄而獨然，則前積而後圮之也。乃如越國數千里，更世數百年，子孫振振，復還其所，以紹先烈，概之生民未有矣。余游司馬氏群，從間雅有田蘇之好，即一門廪廪，庶幾束脩君子也。詎云先世覆露及之，良自其身有耳。傳曰"盛德必百世祀"，司馬氏世數猶未也，余以其後知之也。

高梁生《寄思稿》序

《寄思稿》，高梁梁仲公立夫撰也。公以蚤慧能文章狎盟當世，兼乃至性篤兹孝友，初由射策高第爲郎，久之補汴臬，稍遷楚藩，輒移病乞長休，告以歸。歸而時與伯季群從，擊鮮倫膚，軒渠一堂，侍母太宜人歡。如此幾二十年，人故况之介山子然其人也。頃太宜人以天年終，公居倚廬，絶外交，追昔宦所思親不得而寄之乎詩者得若干什，諸懷伯季群從并以次附，他一無與焉。夫詩發性靈，偏指不參，雅難近正，公本篤默少耆欲，覃思深湛，率所意念，因之屬類，舒寫自然，辟猶天球不瑑，色澤溢出，渢然風人之旨，能令誦者不必與公接塵而游，人倫風軌思已過半。淺知之士猥以清濁古今注目，余不之許也。公富著作，臨池一藝，妙絶鍾王。行將以次就殺青，自惟不佞術謝卜商，謬當敘次，得無所忝云。公諱綱，字立夫，余稷人。稷在春秋稱高梁，故公自謂高梁生。

《三事録》後序代王尹

參伯梁公雅取古人立官清慎勤者類列之，名曰《當官三事》，凡以訓官也。公持憲中州時，業有是刻，比今郡伯蹇公守平陽，奉宣詔書，約諸令，長與更始已，得是編，則洒然异焉，稱曰"副是要腹也"，屬其走無逸刻之。夫二公并以夙敏起高第，踔迹中外，樹羔羊之風。既以三事禔厥身，復欲以淑諸人，篤哉仁者之操也。日無逸辱主梁公里市，又得以執役事，蹇公厚幸矣。爰兹尤重有感云。蓋國家建官，所用展采錯事，詎以三已邪？謂其蔑足而能業于官則寡焉，故古之人于三而得一，亦足以成名立方矣，矧曰兼諸。乃二公者，實則以全望人也。詩有之"高山仰止，景行行止"，於乎！百爾司存，旗鼓在前，鞭弭亦曷可後哉！

《北門推轂卷》後序

參知胡公以射策甲科爲郎，已守雲中、河東，數遷而至今官，所理皆晋地。日者，天子越録下尺一，復起公自河東移鎮樓煩。兹役也，詎云率貫已哉？將用以公重也。蓋晋地邊胡，自五單于解辮稱藩已十年所，國家賴以保塞，乃中石畫臣相維終始，不欲一切罷邊備。且也以公久于晋，習虜事，諸所錯擇，天子實式靈之，謂公在何憂胡矣。夫虜性鷙悍若禽獸，難伏馴，公往而鎮撫之，即一時計便宜當爲後法，使著事者有述焉。雖趙營平孰與公賢哉？公往過高梁有緒言，高梁人深知公，願附穆如之誼，乃其風猶竿牘也。既無以當公指，亦自爲暖姝焉爾矣。

書侍御陳公《疏稿》後序

士君子出而致身本朝，乃獨以言稱官，蓋云難哉。夫官以言稱，舍言無事事矣。言何可易也？故言出一人，公論在天下，言出一時，規爲及萬世，所係之重如此。比視諸南床非一族，有若罔澮，自偷掇拾，不急取他人咳瀋虚疑恫喝，幾苟一朝羞。及朋友復有能言者，識具不周，負滑正之小智，闇于大較，持空談而詭以自立爲名高，辟則玉卮無當，將安所用之？又設而其人具明智，抱遠識，居常語世務，較如列眉，一不奸于政術，未幾值社稷有大故，事干乘輿，諱及權嬖，言出而禍機伏之，乃或厄牛衣之言，選懦首鼠，卒不敢吐一辭，少引當否，若而輩即日簪白毫，侍交戟曾不滿隅，國家奚賴焉？以故知言官之難，難于得人已爾。

余讀侍御陳公疏稿，蓋三復之，不覺喟然興慨曰，偉哉公也！一何德博材贍而器無不周若是！夫且人謂言者有二難，明不足則不能言，果不足則不敢言。君子必兩備焉，而後能究一世。乃今天下事孰大于儲貳？其寵嬖孰要于椒房？況上意業已有所嚮，群下日牾而争之不得也，因而以譴。行者踵相屬公于時，則曰“是若不力言，將如天下大體何”。日即上章，叠叠幾千言，批鱗蹈尾，禍在不測，公直欲甘之已而。章雖寢中不報，正色凛然，朝著間頗爲生氣。其它簡斥貪墨，不避貴顯，按遼左，核軍實，抑養卒。按山右，請恤灾，洗冤滯，所在民尚歌舞之。頃按中州，大河以南遭水厄，民半爲魚，赤地千里，孑遺嗷嗷，無所寄命。公惻然具奏，請留河北漕糧九萬石以賑被灾郡縣，民始獲再生。兹以觀公所注厝，豈數數尺寸者而可與比？德量功也已哉！則所謂明與果實兼之矣。乃諸疏稿每鐍楬器中，不欲示人，曰昔樊宏、馬周有諫草，退而焚削之，以爲近于謗君，矧可示之人？是不然，吾日所畢慮沉思，不恤一身利害爲社稷陳大計，祛大蠹，幸而主上俞行，澤流天下，即不得請，吾之言固在，他日倘有我而若者，其人乎持乃明法一敷奏焉，庶幾報可，又奚必自吾身行之？不聞漢之充國乎？當平羌召歸，人謂宜遜其功不居，充國曰“人臣謀國當爲後法，不言何以示後”？然則公之疏稿又安得秘而不出乎？余既校列成帙，因而飾膚臆以跋其後如此云。

龍塢集卷之二

序文類

贈劉丞擢韓國司直序

今皇帝臨宇内幾十年所，國家號稱無事，則以五單于解辮稱藩任保塞，生民獲免鋒鏑，一何幸也。乃廟堂風議，臣主計畫，室用漢侯應策，爲備不可弛，外讋受市貢，中設搗創具益嚴以飾，復惟中制詔，歲覃恩澤，推出少府水衡錢無慮巨萬，奈邊戍乘障，卒日煩苦告勞，胡可使枵腹以待？上即一旦念暴露問狀，大司農何具以對？邇且申絜令，歲遣治粟使者下郡國督所以餉，稍逾期或不中程品即坐乏軍興論，有司者以其身寄畸人之上，朝夕疲奔命無他指，惟是責辦，又安得衽席其民而有之。當是時，有司亦何可爲也？我三晋地且邊胡，稷居下邑，賦上上，民日事甌窭污邪中，猶不足給公上。比又無歲，民仰天大呼曰，吾曹奈何以軀肉支若爐，逝俱無生矣。時則劉君以明經高第，方就選人來丞稷，乃邑所有一切賦悉責之丞。君曰："國有賦將不有民，欲去皮而傅之毛，奚可？"即布征令，中下有差，間就逋逮不無朴治，中實濇然有乳哺色，民幸含蘇，徵課亦卒，無累上官。或多舉不急數其齒責之加恫喝，君詳無訾省，以是不得游揚聲，君甘之矣。乃民之戴君何啻毛裏也。昔漢武世，日事三垂，蕭然繁費，告詘一時，興利之臣能析秋毫，天下就耗幾阽危而僅存，則中有卜式、倪寬諸長者附屬其間故耳。今心計吏争出，不得如丞輩者，加意拊循，一旦逢萬世之變，可勝諱耶？君方署下考，數求退，當路廉察，輒以韓國紀善居。君行將用東醞還婦計乎？姑如紀善司直王言，動至奥密，胡可以薄視之？漢法，諸侯王相必擇列卿有治行者始往，誠重之也。有如濞戊未發，謀早得賈生、仲舒爲左右，何用三十六將軍出關數月已事哉？今王爲上肺腑，親雅自賢，乃其國介右北平，錯處胡羌，土風强悍易扇動，即君曳長裾後先陳説善喻，外示夷重而内爲君王長久計，庶幾哉亦社稷臣也。君業治裝行，王子遥謂曰："昔司馬相如最倦游，乃樂爲梁客。一朝授簡，居枚叔、嚴夫子等右軍，固嫺于辭，比其至，當有虚左以迎者，亦豈得無愉快哉！"

贈李君序

李氏自全晋以來居絳，或曰蓋安平緼之世也。有如今李先生者，以積著起家，初受賈不逾中人，獨用心計，轉轂吴越間，得奇贏，雄視郡國矣。且也多財而好行其德，每捐貸不入苦窳，收子錢復不以日取盈，人人稱義也。君素負甘君况之略，投石超距，試弁絶于等倫，每戒行徒侣推爲行祭酒。一日，自吴越歸，道曲沃，舉橐中裝屬主者家，單身歸絳。是夜火起，主人揚言能出李氏裝者與金若干數，人越録爲出之，主人實無給金意。君至問故，遍給金如主人言。已乃渡汾水，中流舟覆，同行者裝盡没，君舉裝水中皭然如故也。詎云天幸哉？君雖以韋藩木楗過于朝，獨能數來長者車，無尺尋之禄，食指數百，豈不誠賢豪乎！今而門纚弧矢，扶床尾出，君日玩弄股掌間，渠渠相樂焉。傳亦有之"非德不當雍，雍不爲幸"，蓋云天道其常矣。

壽孫君序

絳人世業什一，起家有至巨萬者，稱富厚矣。或不齒于君子則非夫也。孫君者，居絳，亦簡微耳，身無秩禄爵邑之入，乃富埒封君，人顧樂與之比，何居乎？蓋聞君固長者，雖溷貨利中，日雍容如孔氏。通移輕重，坐而觀策，以與時逐，變化有概。每贏得過當，復不以纖嗇居也。行賈有與錢通者，少不利人多不收，君愈益任之，終得其力，人以故誦義焉。今春秋六十乎未艾也，舉絳人家持羊酒往賀，且爲君百年祝。此足以知君矣。嘗聞君子富好行其德，朱公居陶十九年，三致千金，再分散與貧交疏昆弟，世以是稱賢。不然即俯拾仰取，非田畜弗衣食，以此率閭里。又如游閑公子飾冠劍連車騎爲富貴容，此亦有知盡能索耳，其何以稱哉！余所知辛氏子，應科良賈也，其操利權深有足術，至推轂孫氏自以爲弗及，曰吾何敢望孫氏，行將俯首事之矣。蓋亦稱其德然爾。

壽封少傅張翁七十序代申相國

嘉靖中，余以廷對入館，時獲與今相國張公奉周旋焉。已，相國登政府數年，余亦幸拔擢得從其後，相與甚歡。蓋相國蒲坂人，唐中書成肅公之後，世多顯者，無如今相國賢也。比聞相國賢，實出自封相公云。封相公幼治經術，奸有司一不當即退而舉丘第之業，事鹽策走江淮間，日雍容觀萬貨，求所可居者乃傾橐中裝，從賈所遍購异書載之，歸則授相國曰："讀此他日相天下，庶幾而公奇貨乎？"相國敬下帷臚，列所載書讀之，不啻嗜鷄跖。已發爲文詞，淑詭絕，輒辟易諸果解。既成進士，讀中秘書，甫流覽曾不爲乙，咸出所載之七矣。封相公聞之而後喜可知也。則又貽之赫蹏曰："夫士束脩多學，猶耻不惠于古，初爾持所聞相天下，愍焉以古人自耦，使小慧滑正，道數不遠，國家奚賴焉？夫越鷄不能覆鵠卵，爾將爲褒德博義姑自大也乎？"相國度本恢越，益用敦龐處厚侍先皇帝邸中，講授經義，稱師臣。今上初由天官卿大拜，預機務，光贊承翼，天下陰受其福而繩之，不曰相國而曰封相公所賜也。

封相公以相國不次恩進封少傅，榮寵歷録貴倨矣。日守闔廬，戒門下不通刺謁，郡國守相逡巡求款識未能，矧敢干車上儛。今詎春秋七十多乎，其健匕箸，矯步履，猶然方剛。膝下業有六君子，其相國介弟領解三晋，今督後府事，他補皂衣之列。長孫給事郎，署中何盛也。且而往歲再聞舉息矣。《傳》曰“深山大澤，龍蛇出焉”，封相公之謂哉？計從賈所購异書，庶幾奇貨可居者果身享之，亦奚必自爲經術也。

維是横艾敦牂之歲月日重四爰屬覽揆之辰，會臺臣事事晋疆者中丞辛君、直指使劉君、邢君，方展起居觴祝，則走使數千里僥余一言爲重也。余何能言哉？追昔張孟侯于漢位三公，其父歲來省候，則公卿詣府中奉牛酒上壽，世稱稀覯。五代時十阿父者以其子都將相，飲博游，縱至使，天子不敢問。當時誇艷之人以爲太。今封相公不一至京師矣，匪直吾輩欲壽焉而弗能，即聖天子設禮袒割，將西向而問政無由也，豈其云十阿父者？聞封相公居里，日與内親王太保公游。太保公，相國元舅也，曩在督府，納款五單于，海内稱社稷臣，人以故又以宅相目相國。太保公壯未衰，日所談經國大略，封相公耳之，輒寓以聞相國。訏矣哉，家自爲政也。相國既爲今上肺腑臣，不能輟直展家慶，則賚上所賜裹蹏象章、五齊八珍之饋，以時續往矣。而封相公正席錯舉間以屬太保公，遂令堂下稱萬年也。豈不大相爲愉快哉！

贈楊太夫人序代胡參知

余不佞，始對策太常，得事先襄毅公，著門客籍中。已由司徒官屬補郡，即公喬木之邦，實所推轂之也。再由陳臬駐蒲坂，又其爵里。當是時，公捐賓客已八年所矣。獨段太夫人在堂無恙，幸而旦夕執子弟禮，趨謁堂下爲夫人壽，非直繆恭已也。蓋聞公起家咸陽日，太夫人尚裘褐事之，椎布操作，不以新婦自嫌。比榮施三，命貴倨矣，猶然類曳薪。時當公守御史大夫行邊，身乘障斥虜，所至甌脱中，夫人填闔待歸。歸而必勞焉，問諸守塞者疾苦狀，亟勸上請金布令甲以餉士，士皆皃藻無亡尺籍者。一旦邊遽至，鼓行出塞，虜輒辟易遠遁，則得士力多也。入居大司馬府中，視四圍邏候，猶其身歷甌脱，時人人挾纊矣。公既居冢宰，操銓衡，進退天下士，太夫人從旁贊之曰："公亦聞袁邵公乎？未嘗以贓罪鞠人，何厚也。"以故終數年，中外職司有不得，公輒予長休告，無復追案，若有味乎其言者。日敕監奴，一蔬果不以通出入，人謂李下絶蹊，公蓋自以良友畜之矣。公既壹意國家，于諸郎方訓一切未遑，每至所宦，太夫人戒門下除舍延經師，不煩公指措。間嘗自選曰："大丈夫立功名要在及時自表，見有如寒賤士一朝脱穎易高耳？不幸出閥閱，即比迹前人，猶無以立懂于天下，矧而膏粱之性難正也。使第籍先資覆露，仿回綺襦紈袴間，檠辟雅拜爲貴公子態，人且羞之。寧坐溺不願爾曹有是也。漢有韋平者，爾曹亟聞之而亦有意乎？"每朝日上食，諸郎左右侍，輒下意問難，有不習必加譙讓焉。乃伯仲相次登第。伯爲御史大夫，其叔以武科射策第一掌禁衛，季任中舍，五與計偕，彬彬稱文武家世矣。人亦有言儀毫失墻，儀髮易貌，太夫人教諸郎儀其先何，一間不失如此者。昔黄丞相夫人白首同貴，漢史褒之，未聞禆次公功名與家教何如，則太夫人鼉匡范綏以鳩楊氏宗者，詎非云曠見乎？豈天欲爲國家生偉人，必厘令淑女士爲之配，且以爲母。若夫人者，天固開之也。北宫嬰兒子一節行耳，趙威后責齊不朝。余不佞，叨守是邦，敢後朝夫人乎？又直爲是繆恭者乎？太夫人春秋雖則七十高矣，日恃粥，猶稱健也。御史大夫以上命自楚移鎮三齊，便道就子舍問起居，禁衛君亦遣其夫人王絜諸負床孫來佐太夫人歡，良以愉快矣。乃太夫人日趣王夫人還都事君子，戒舍人治行，令大夫急就邯鄲道，爲天子拊循東人士，兹其識去闤闠輩又何啻相萬也已哉！

贈誥封太宜人梁母八十壽序

梁太宜人郝氏，年十七于歸給舍翁，侍給舍二十三年，稱未亡人又四十年，春秋蓋八十矣。尚健飯，色澤充然猶昔云。人則有言太宜人處華貴得自愉恬，不爾敢謂有今日者，不知太宜人得自荼毒中也。方結縭以來，及事舅姑秦相姚太宜人，晨起視具先諸嫂，奉案上食，退而取中裙，厠牏澣浣之皆出其手指矣。乃給舍翁壹意經術，無以家爲，則倚辦由之也。既舉進士，令濟陽，以治行召入侍中矣，太宜人告之曰："君猶及憶王仲卿乎？牛衣之言幾厄大節，妾不謂然也。爲臣而立人本朝，固當因時表見以自樹，君亦有意乎？"給舍抵掌曰："始以汝能裘褐事我，豈圖云大義，吾無内顧矣。"無何，給舍捐館舍，則自痛事君子而不及終大義爲憾也。蓋太宜人三乳而得三丈夫子，于時伯羈貫，仲髫，而季且呱，日夕啍囈自語，天不造梁氏，遺我以藐諸之謂何？晝任操作，夜蓄膏以教子讀，鼠憂隱惻，庶幾將來以起中廢者無食飲忘之。已而，三丈夫各偕計吏對公車，仲且舉進士，由諸郎爲中州陳臬也，則亟以板輿迎太宜人，太宜人授使者曰："爾何以迎我爲？爾爲天子秉憲一方，日論報平反幾何乎有之？吾饘粥于斯猶適也，不爾吾方懼無以畢正臘，又何以迎我爲？往痛爾父不及終大義，今其累爾矣？"乃仲公佩其言，持法首公，卒以無害稱。仲公素不得于新鄭相，既參謀楚藩，則太宜人虞觸禍也，時望其歸，歸而慰之曰："自爾備皂衣以來，幾十年所，王事鞅掌，孰與軒渠一堂，矧爲而負床之望，何有于他使我倚閭自失者而無已時耶？"夫事舅姑則勞，幾可息于夫君，事夫君則勞，幾可息于子，乃爲子勞，則愈甚所爲。太宜人八十年于兹乎，然而荼毒猶一日，安在其爲愉恬耶？凡以始終大義是肩，則亦有由來矣。蓋其父偃師公有儒行，母史出自直指公，邑里談家法每推轂兩家，乃姚太宜人尤賢姑也。太宜人幼則服象德女師之訓，長惟先姑裙布之化，即梁氏禄仕數世，財足勢便，無所啎意，太宜人葦然若無以自存，身跨布服，糲食一諸于帨巾，數十年不易，益鮮也。身被國恩而與有榮施，乃其心若無與榮施者，切恐子孫一朝長惰氣以起衆歡，忝及先聲，則猶然大義不終，此其爲太宜人八十年于兹而猶一日者哉。縣大夫雅聞太宜人風者，下車必存問，春秋有司則膰焉。若曰是其賢，不啻北宫嬰兒子，胡可弗朝也。今大夫趙郡王公重欲詡美其事，以余内太宜人孫，幸托肺腑，爲知太宜人也，故令委具之如此。

贈周丞視篆汾西序代王文學

自余對太常補文學，來稷蓋不滿歲，所閲爲稷者更三大夫。三大夫皆賢有民譽，卒無當于課最，孰爲此梗，余難言之矣。無何，周大夫自桐邑丞來視事，余始目擊而私之曰，必夫夫也而辯此者。已觀展采錯事，一本愛利行也。與民更始，靡然如風草。又私怪焉。夫舟車始見三世後安開善詎易易哉？顧彼則奚從爾也。往大夫攝翼令，再移猗頓，今莅稷，猶之晋邑，與民乃呰窳偷生，詭俗玩上無如稷甚者，難哉稷也。大夫中權之矣，以不擇便利與休息，持麾妄指，民益駭亂，即取治翼、治猗頓者重之以治稷，是欲倍偏枯之餌起殊死也，悖已甚矣。民方懣觟離跋，各行智僞以求鑿枘于時，吾興一械，彼設一備，相持如般墨。且也增科條、陳伯格以綫伏之，何异佩玦逐兔者？慮走而破玦，因佩兩玦以豫之，不知相觸而破益疾也。夫上之置吏將安之，而欲勝之乎？顧日事操切如束濕，以敢摯求名高，辟之鄺革，然大則大，而取裂之道也。古語烹鮮之喻善矣。一曰勿數撓，一曰致其咸酸而已。夫文武不備，良民懼水弱而溺，火烈而焚，均之爲害，是已云難也。第如邑中豪凡幾，豈有司不能擒制，而勤上官，復俾沉命累課逋逮亡已，時吏孰不能見法，輒取爰書論報，有不服則鞭笞掠定之，無難也。今令守簿書，事文具，阿承風旨，即一引當否不敢焉，又何以令爲？此難之難也。人雖賢，不能左畫方右畫圓，方冀得民，而又欲獲上大夫，蓋曰予雖終三年更數縣，無奈此彈丸者，而我勞如何矣。大夫以此游，公卿名聲藉甚，凡所爲尉，薦者具載，語中無不合。今其云勞乎，夫以滕費則勞，以鄒魯則逸，以宋鄭則猶倍。日而馳以齊秦則舉而加綱旃而已。逸之者固有所也。大夫燕人，燕居勃碣間，多慷慨節俠士，大夫獨循謹有文章能緣飾吏治，今得代復視事汾西，蓋行且即真矣。

贈副廉訪武公擢太僕正卿序

蓋公以綉衣直指出行邊，在穆宗時也。得凡所見塞隘要害，腹畫而石校之，即所條上方略具是矣，朝廷哀然稱有疆圉之臣。于時北虜鑒呼韓郅支已事，方圖歸義，天子總覽群策，嘉與更始，彼願保塞，請罷邊徼之儆。然叵信也。我始從長計戰與和，頗泄用之矣。曩虜直上谷，則以公守真定彛焉。真定爲三輔地，尾躡常山，屏匽居庸，若將旦夕伺其間，扼吭鞭背，不啻博者之用梟也。無何，虜絜馬兔而西走，則直令居，公又以副廉訪往治酒泉彛焉。惟昔漢武表河曲，列四郡，通道玉門，亭候出長城數千里外。兹其地雖彈丸哉，然而北邊胡，西控諸番，南臨湟中羌，一經絶海以是爲重耳。彼諸羌舉種内屬舊矣，乃卑禾海上，時復患苦胡也，番譯信使間被遮留，惡得無首鼠者。公嘗扼腕欲滅此而朝食，爲是繕邊垣，嚴斥堠，乘障偵邏，斷南北交關俾不通。且也厚撫番羌，務使其德我。即虜渝盟，彼必不爲雁行而來爲中國鯁。且也觀變構釁，假手相烹，我曾不出薪，乃吾所興法，牢廩委積，簡閲虎鷙踸踔之士，日屬櫜鞬，談衛霍，欲自見以爲功。久之，番羌既賴我而藉威重北虜，亦以斷臂自廢，而西方晏如矣。公得以無事緩帶，黌序間斌斌質有其文武云。已而公晋太僕，趣武威，微諸門下客有言也，謂公久次外，宜内召，何物鐵餂喜自入而出？夫人者以是爲公詘云。爾則偏指不參已甚矣，夫上之信公猶列眉也。固兹役也，實因以寵靈之，無亦以步不逐飛兵法之，謂何？今太僕即天子外廄，取其馬策而舉之，探前蹶後蹄間二尋者幾何？騎不然者，羸駑秏敝，迄無以充騶介，一旦欲追尾掩截，超乘而逐北，將焉所須之？又胡得駕言却走，以糞而爲解也。公今往矣，汧隴自昔多良産，番胡歲市且無慮伯千，果其爲非子蕃息乎？則所賴于國家亦豈淺鮮哉！他日由太僕入而爲丞相，即公孫賀不得專美有漢矣。公幸勿苦云纏牽長也。

贈參知胡公移鎮岢嵐序

公當莊皇帝時，以爲郎高第守雲中，見謂習邊事。再徙平陽，舉卓异，遂爲治兵使者，駐雁門。比北虜奄酋監稽候猢已事，稱藩保塞十餘年所，國家獲便安，即幕府省文書，無他事事。公則深惟社稷萬世計，凡所條方略，伐意應卒，審畫之甚備。無何，公以更勞稍遷參知，填河東矣。不數月，天子手詔，公復以其節監兵岢嵐。夫晋以北鍾代石邊胡，所恃三關爲屏匽，偏、寧西路當虜衝，岢嵐主之，漢策非重臣莫遣，乃上獨信嚮公，而以公往也。上誠知人哉。

虜自請吏以來，少從進孰多言，罷外城，休百姓。夫彼雖靦然人面者，實禽獸也，少失意則逆節萌生，卒至不可制，何得以犬馬齒保？目所見幾幸無得失。而爲己計，無已則分遮要害，築城邑，具藺石，布渠荅，爲中周虎落，以事幾先。無已則斥候士五分夜擊刁斗，旦而迹射自守，梟俊擒敵之臣當折膠整旅以待，伺其耳目。非是一大治之，使終身創而有所傾駭，因以制其命。庶幾爲策之得而稱善也者。然卒非善之善也。度上所越録而用公，其指詎以是乎哉？

蓋我國家威德覃洽，方欲家四海，重致遠人，北虜爲百蠻長，且新通，當思以尉藉之。假而輕挑鼓釁以沮來美，使夷狄之人歸曲而直責，邊邑奚賴焉。昔漢武遠駕，康居月氏，尚以賂遺設利朝也，今虜居密邇，能率舊德，守純固，即吾所費金帛繒絮不無少縻，是誠不可已，矧不至長平七出，票騎六舉，動而實盧壑巨萬邪。今言者曰漢值五單于争立，匈奴之禍始衰。于時奄酋新物故，諸子争立，吾持兩端滑其中，倘可以得志，於呼！彼數年稱藩，孰非吾之群隸臣也，狐埋而狐搰之奚可者。吾惟加异舊之恩，擇賢而建。外以亢寵，内不失明威，兩義俱安而已。不奸其功，軌事之大者也。故人臣舉事務大體，當爲後法。即與敵國不厭詐謀，要獨以信稱，所謂懷遠以禮，招携以德。上之所爲信嚮公，而公之報知于上，兹有在焉耳。不然即欲檄傅鄭甘陳之功，知不可萬一。又不然我所用權譎自將可安輯，安輯之可擊，擊之決策一時，孰非其人，度上所越録而用公，其指詎以是乎哉！

《錢越圖》序

錢越圖，晋絳諸賈者爲其長李君作也。李君齒六十，長矣，諸賈者家持羊酒往爲李君壽，以是圖先焉。則何居？蓋李君自束髮服賈游錢越間，僦舍廢著，日與諸賈争雄，長獨以奇勝，贏得過當。不數年，蓋三致千金云。諸賈者或疲奔命，君惟雍容而已，因而頤指諸小賈。試有所長則命番上轉輸諸郡國，各得所欲。君或間歲一過家，在錢越率什之九。今且老，耻卒爲虜也，將聽子孫修業而息之，則載橐中裝歸。既歸，糞除三林故居居焉，若日優哉游哉，聊以卒歲矣。君即不往錢越，乃平生所習而安者錢越也，古稱三宿桑下生恩愛，況僑居數十年？一旦欲忘之能諸？夫欲壽者必求和神氣，達志意，以恬愉爲務，而後壽可冀也，不然爲慮爲鬱爲内格，則何以能長年？以故諸賈壽李君，必乘韋以是圖，蓋有取爾哉。

夫錢越山水甲縣宇，天目、武林南北諸高峰多异侶，瀕海仙人亦或溯流而至，即西湖又陶朱公發扁舟所也。世傳陶朱公不死，必有授術其間者，今李君迹同陶朱，而其歸也無亦得所授之術乎？有則君且長生矣，六十奚齒也。余不習李君，雅好辛季子，夫世多鄙賈竪，競刀錐鬥智趨時，若猛獸鷙鳥之發，惟利是視，幾無行矣。然余觀辛子，身累重資，所與識賢豪長者半天下，歲時交歡，醲飲食，鮮被服，有游閑公子之名設。然諾取與，千里誦義，及其視業，統萬貨之情，變化有概，坐而待收，非苟而已也，可以賈目哉？乃辛子數推轂李君，稱其賢，李君可知已，余既廣圖意則重爲表著之如此。李君諱芬，辛諱應科，俱晋絳人。

贈馬尹序

蓋公治高粱，實檄自洪洞攝視之，無何主爵符下拜真矣，故以有成勞云。高粱，晋下邑，民椎魯，重爲邪，好稼穡，史稱有陶唐氏之遺風。邇不兢兢于昔，謡俗敝極矣。他不具論，日公下車，歲大侵，邑所逋租課累巨萬，治粟使者冠蓋接于途程督之，民方懸磬，朝夕不給，其何以佐縣官？且而萑苻竊發，當晝攫金于市，夜穴垣負鐍篋者卒莫可禁，而付之誰何？其巨猾耽視一二孑遺魚肉之，舍匿無賴趣飲章蜚條中，人必令破滅，主名不立，邑父老駭顧，一聽豪爲政矣。邑尚可爲耶？公既在事，長耳目，業已有概于中，則姑紓其已甚者，朝下令爲民發賑空庾矣，不足則列狀上請，得少府朱提金若干，口給之。又不足則就富室子勸分，令毋薀年，民始汔蘇也。已而公詳自詭曰："余不及劉全椒，能使民增資就賦，彼遵何德哉。"民聞之，戟其手作應公狀，課卒亦取辦。境以内置伯格長，侯徼支繚，夜嚴干掫之禁，微諸偷在所捕取之，擿觖發舒，無弗滿品矣。顧時有縱舍，弗專事誅殺爲也。邑中豪稍已憚公，把其宿負毋敢横會，自相告言株逮案左諱犕，遂竟其事，各以輕重抵法，則家稱愉快無已時。

公固長者，持法平，即猜禍吏見法輒取，求因緣爲市，得所欲曲與出，比不則以文周内之，令不得反。公曰："法自有所之，胡得以手上下?"即御史中丞臺若監司陳臬章大者下公，公壹無依阿，風旨奏當，日吏傅爰書，毋敢觀獲請寄也。邑子弟無知，或介暱嫌起訟，索訟者三禁之不遽，坐束矢使歸，而理俗相勸焉。以此稱毋害，百姓毛裏視公矣。屬大夫在所尉藉者，日守絜令貫行之，相信如列眉，思一當公末由也，猥繪海岱圖以獻，而申觴之。若曰公海岱間人也，夫古之人頌壽第云如岡如陵，頌福第云如川之方至，曷及至海岱者?舉海岱而岡陵川澤鋭乎細甚，總其實非徒以岩岩泱泱稱已。夫岱觸石生雲，膚寸而合，不崇朝而雨，天下功也。夫海長爲百谷王，以其善下之德也。于以況公，如前所論，皆自其身有焉。得全全昌，將毋謂屬大夫善撰物而寧訑然效繆恭也已哉。公往理秀水，當東南岩邑，中具五民，諸大姓勢家善逋租，時復招權顧金錢請事，少不愜，持吏短長恫疑虚喝之。公至，一切麾斥矣。即所徵發如期，亦無敢後者，郡課累最。逮其歸，民慮弗得，良金寫公像而尸祝之也。嘻！亦可以觀公矣。公治經術，在齊魯稱大師，東諸侯遣計吏數不與偕，乃後得一適所授徒，往往取高第。其猶子出自家學，今爲楚廉訪使，幼與中丞辛公同研席提衡相視也。時獨謂公詘，公則曰："人安可以身外者度尺寸所在副吾要腹耳?"其持論如此。

贈張尉序

君蓋河間人，以佐史毋害嘗起家，尉宜興，乃今復尉吾高梁。其人沉毅敢摯，見文法輒取，人無敢奸，以故得廉武聲。往高梁，民椎樸畏罪，知自重，爲吏者尚循謹，一時烝烝稱。乂安久，乃縱弛，謡俗日變，長詐僞，益輕犯法。今歲稍不登，群輩競起恣掠，檄告鄉邑趣其食游，檄督之弗禁也，卒非用武健惡能勝其任而愉快乎？君在高梁署中，屬非刺奸也者，安用微群偷主名籍記，若將寢處之，而姑有所待。一日攝其事，捕取薄責，章無一脱矣。時部署司虣執蔽發，覺小寇盜，舉若承蜩，不致沉命課累也。乃君自言曰："今主上愛養元元，數詔君〔一〕國長吏加意拊循，將安之而求勝之邪。凡所爲去其已甚，輔法而行，嘉與更始，文深何爲者？即不然，覆案不急，操下如束濕，因而笞掠賣請，令下户羸弱不時白見冤狀，安所稱上德意哉？"夫昔人治多以經術，緣餙之君所受司空城旦書耳，乃能一切治辦？其事雖淩雜米鹽，因力行之，難以爲經乎已，既彬彬質有其文武矣。語曰"何知仁義，嚮〔二〕其利者爲有德"，其君之謂也。

君業已治行，從四岳長會朝，天子方開明堂受計，大弊群吏之治，有如君能，必次交戟中召見，問君何以治高梁，即不厭承明，且用爲中都尉。君習其俗，稍以文焄轑大豪猾伏之，令有勢者游聲譽，何慮不終歲至九卿乎！彼經術士娖娖苛守無所能發明功名，以著當世，視君殆不可同年語也。

校勘記

〔一〕"君"，據文意疑作"郡"。

〔二〕"嚮"，據文意疑作"饗"。《史記·游俠列傳》："鄙人有言曰，何知仁義，已饗其利者爲有德。"

龍塢集卷之三

序文類

奉賀裴母胡太安人序

裴母胡氏以子公受貴封太安人，于時諸裴四姓内子榮之，賫酒脯入謁爲太安人壽，太安人遜謝而已，間起稱説引譬，則笑曰："是命也。烏有擇于人親者，子受是官，畀是命如璽印途然何异哉。且子少而學，先夫子實督之，不食其報而顧以貽未亡人，即未亡人夙夜爲子圖，俾無忘先夫子。爾向居山海日，母子相向懼不任，以爲司販憂，乃濊貊樂浪挹婁間，虜日乘障高句麗，歲使偵望，朝廷方欲威讋之，惟是綰轂其口，車騎日千百，取要决于一人。土著雕悍，急而挺走，緩之作奸。子一司馬行關都尉耳，安得遠邇皀藻，獨以兢敕得終三年免乎？猶至今病悸也。比上録犬馬，施及未亡人，固常調，亦所幸多矣，矧敢以爲榮？豈若昔洗氏者。既自以功取封石龍太夫人，復以庇其子僕及其孫盎，彼固足榮也。若未亡人足不窺堂，楚楚對此何爲者，矧敢以爲榮？夫飾馬將以駕遠，豈其無謂而居然榮施？業且重爲小子慮焉。所僥寵諸母者無亦曰愛而助之，庶其有豸乎。不然將以是懈憂，何榮之有？敢拜諸母之重勤。"客介外堂，聞其語肅而作曰："嘻！若其善居榮也。夫榮非難，居之其難也。榮而乘之以盛氣，將有瞰其室者，惡能榮？故器以滿覆，江海以下爲百谷王，理道所由也。太安人訓迪公受，乃駕言于先子，山海之役不以先後之爲功，臨封而復厪不逮，至稱洗氏自愧焉。夫以公受亮直端克，方愸焉以古人自耦，太安人攝是以終始之，將不啻三命益恭者。嘻！若其善居榮也。”夫或又曰：“即若持論有遠識，則偉哉丈夫之烈，視他簪褘流猶糞土也。玆固無論已。”

贈朱季子序

朱季子者，今公族也，雅與余游舊矣，余習知其賢。蓋季子以王者近屬，位將軍，奉翊藩國，祇侵乎生，貴甚也。顧嗜學好數，長于岐黄家言，間診視鍼者，投匕劑多驗，而稱精良。人以其貴弗敢近。乃季子弗有其貴也，即閭里厮養請視者，雖大寒暑必往，往而療之必盡心力，與療尊貴人弗二也。疾家羅饋遺筐篚滿前，將謂私心有之，固謝遣，不欲以身爲溝壑。且曰：“吾其重糈食技術者流邪?”人以故益誦義無窮云。先是，余母夫人春秋八十許，恃粥耳，一旦病悸生内熱，阽危也，季子和數湯飲之，洒然如脱焉。奇矣。而薛叟者方病癈，四支不自爲用，多醫雜治亡驗，乃使使迎季子來診視，已則曰法當涌竄。以藥涌之即間，再爲火齊俾服，旬日所病良已。當涌時，旁醫謂可者謂不可者半，季子能任之而取效奇者有以也。昔俞跗爲治己成鬼神，避之越人入周，效老人醫，一技見稱，能視垣一方，人無亦以奇之云乎。古記則言，人之所病病疾多，醫之所病病道少。疾者預知微，蚤得良醫而從事，何恙不已？惟彼寠夫將委于盧氏之謂季梁者而待其自瘳，不然信巫鬼狐祥，日磬折于桃梗土偶之前，坐令恫愒多物，而卒莫之救也。可怪矣。夫醫，人之司命也，公乘陽慶，多禁方，顧不爲人視病。華元化爲人視病，然而性惡難得意，他如幾利而欲以無疾者，爲功將何不至也。乃季子視病無問厮養，心力以諸，且焉却饋遺而不有，恐彼以我爲非人哉？斯古人難之矣。漢世屬籍中若更生，不其誠博雅大儒，將如信鴻寶而獲戮之謂何。由彼以視季子，果聖世翩翩之佳公子乎。而吾無以間然也。

贈王文學序

往君偕計吏，對策太常，以次補高粱文學。文學，漢官乎，其治猶經術也。君在高粱署中講業勸學，多士靡然向風矣。乃監司陳臬諸公見謂君嫻于辭，凡有剳記屬草具，無不人人各如其意所出。蓋君嘗事其里人馬文莊公，文莊在三輔以經術大師負人倫鑒，余不佞，嘗一再過門下執弟子之役，聞所推轂士，未嘗不首君以爲美秀而文。君既與余相交歡，顧余顓辟，自屈首受讀以來，好治《春秋》及七國兩漢人語，間仿而發爲文辭，衆多歡焉，若戎人見布麻，怒以孰之壞壞而爲之莽莽也。君獨私好有，不啻海外逐臭然者。蓋余三十年從事于兹，無所厚遇，卒得一當君非幸邪？君則日攝余曰："士欲乘時而駕，階用一世，經生業良足術也。若壹意修古，嘐然不屑于晚近，猶之章甫適越，安所用之矣。"余將勿，然業已鞭弭從君後，乃君操孤技狎齊盟，尚以牛耳及余，余也敢乎哉。無何，君衹役金陵録次，都人士稱得其疇甚盛。歸且偕余治裝，再詣太常對也。乃文學李君者謂君行，即中絫黍不出長安門致相位，當如二三兄弟，何無亦曰苟富貴勿相忘也。余喜其語，故爲次第之如此。

胡仲公五福〔一〕序

世言五福，蓋昉自箕疇云，必物而稱之壽、富、康寧、好德、考終則然爾。夫福祥在人，窈冥不可索而原也。君子樂比其人，輒舉爲況，乃所願欲具是矣。兹圖爲昆山先生胡仲公設者。仲公少修而端慤，壯長伉以有立家世經術，故仲公被儒衣冠，教三子雜隸辟雍鄉晐中，彬彬不失其先業。年且未艾而繩繩負床，日玩諸股掌之間，軒渠笑悦，若是乎稱愉快也。先是，公善治生，顧不什一，鞫録强力以敦比本作，初年産無慮百金，乃後三致千金，而時散之知友鄉黨，惟其庚否，初不問子錢也。即門下蒯緱客屨相錯，未始不人人各得所欲，遍汾晋間咸知有胡仲公。若謂是將修厘子之政，大貸小收，行陰德于民乎？不然抱鍾離葉陽之操而于世無取者也。夫與不期衆少期于當厄，今而人人得所欲，于仲公有如州里賢豪長者，得無溟涬然弟之哉。彼原憲季次懷獨行君子之德，非不名高而稱賢者，且而裋褐不完，糟糠不厭，尚焉有賴於人，則在仲公，不庶幾褒德博義爲便于勢而益彰乎。間嘗同余廣座中，視他人于于嚂口利機，公獨若罔聞，稍引而開説，則陳義甚高也。人情孰不私德善？乃裒然以福歸公矣。人之言曰“平爲福，有餘爲害”，物莫不然。而財其甚者也，率若以行則滿若堵耳而不居，財日殷，福日益昌，彼人日禱叢祠而不可幾者。此而揔揔焉介之于亡所推，故世誠不肖人也。亦或然享福厚如博之得梟，天幸爲多，而幸不可數也。君子何貴焉？必如仲公而後福之者，爲當已箕疇五福，四在天而一在人，曰惟攸好德，未有無其一有其四者。余嘗有感于仲公，思以類象效其人，則嘆曰無不善畫者莫能圖，何哉？今而果有是圖也，我心寫兮，豈不誠所謂吉祥善事者乎？

奉賀裴母胡太孺人序

裴太孺人胡氏，今歲春秋蓋六十云，時嗣君公受主今上職方，譏察山海關，則奉太孺人往。子婿中尉充嫛氏如期業由邯鄲道徑卑耳溪以抵所在觴焉。一日儼然造道甫，告行敦市以言，唯道甫之内視公受之内爲同母姊，俱出梁太孺人。梁太孺人視今太孺人爲同祖姊，俱胡氏出，以故余舉兩家事卒詳云。

當太孺人于歸國子東野公也，則其堂上遠齋翁與姑馬在，太孺人以世家女，甫笄不習事，馬又繼姑也，易郤生勃磎，太孺人事之固無郤，亦卒無勃磎聲，且曰新婦賢宜我家。裴氏既以數世積著稱饒，比遠齋翁修業而息之，家致巨萬，顧好客，日與四方賢豪長者游，至其門屨相錯也。太孺人不時張具佐其歡，益久不厭，故公受在弱齡即所游交知多其大父行知名士，太孺人亦因以教公受嚮往焉。間且椎布操作，不憚皸瘃，雖埃雜米鹽無不出自手指者。乃復慈仁喜施予，不直内外期功親多待以舉火，即鄰婦告急亦未嘗以無爲解，庚不問子錢也。人以此誦義無窮，曰富而好行其德，君子女哉。曩猶記公受爲余言，太孺人素持重，歲時内宴，冢婦偕諸姬上食，公受從其前，帣韝鞠跽奉巵酒稱樂矣，而色益莊。方之公受伉直自好，不善孅趨，蓋從來有自。已今太孺人春秋六十乎，尚鼎鼎爾，公受已通籍于朝貴倨矣，恒修之曰："吾恐童子備官而未之聞也，將無以朝夕，所圖爲公受地者，一自其家行推之。"展采錯事，貌以槳名，使天下之人稱之曰非是母不生是子，庶幾太孺人自樹立，雖與天壤同久焉可也。

奉賀裴母太安人六十壽序

先是裴太安人六十壽也，道甫氏爲代邸中尉朱子明語之甚悉。且日燕大夫史君過而問焉，復理前語。大夫曰："子嚮語者，余既已聞之，直書本事而少誇嚴，人竊謂迂也。余將恢列昆侖王母之説進之可乎？"道甫曰："余固知之而難言之。《禹本紀》載，昆侖山高二千五百里，日月避隱爲光明，上有瑶池。《穆天子傳》云，天子觴西王母瑶池之上。乃安息長老傳聞條枝西有弱水，西王母而未嘗見。及張騫窮河源，惡睹所謂昆侖者，故古稱好奇如史遷亦不敢言之，謂其無當也。則又何述焉？"大夫曰："余業以是説進，子不爲然能益諸？"道甫曰："嘻！君所談于戴晋人之前，焉用是吷然者爲哉？夫吹管也猶有嗃也，即不厭若聞，請以是復。故母之于子，朝鞫而夕訓之，將徒爲子乎？亦自爲也。子成矣而出，身以就四方，亦非徒自爲，爲親焉爾。”裴太安人拮据數十年教公受，固欲以時自效，取功名用酬教略于平生也，乃公受既以司馬官屬典職方守山海矣。夫山海關者，外屏遼而内衛京師，隱然朝廷一左臂也。曩自全燕以來，略屬真番朝鮮，已置吏，築障塞，世爲中國外徼。我國家混一，函夏東方諸小國，裨長欲時入見天子，必由關説以防，非常法不得市長安中物，闌出邊關，爲是資敵而窺間。故命監視使者不例省制，獨以司馬曹職方往。其重疆圉若此云。乃東胡素服順，莫梗王化，邇以郡國吏不時拊循百姓，致亡命聚黨，魋集蠻夷服東走出塞，渡浿水，居秦故空地上下障，爲虜向導，蒙逆節日者犯塞攻掠，没兩將軍。雖朝廷震怒，一時擣覆，芟滅過當，于威重亦少損矣。今公受適主關政，將毋曰兹有開府專閫，我不與慮。然大丈夫樹立不拘官守，爲國家畫便宜條上方略，亦司馬曹事也。何可謂非計？即東胡悔禍，西向扣關頓首謝願降，又何可擁閼使不通于焉？籠絡遠臣，令保塞外蠻夷無使盜邊，庶幾乎稱上意也。不即日戒晨昏苛察，如關都尉有逃尺籍逸歸，或詐刻傳伺解脱者，吾特以法從事。堇堇奉職守不敢甚引當否，則何以酬太安人教略于平生？而上報聖天子之使命乎？夫學者欲試有所長，非苟而已，向余與公受論學，時語及天下事，未始不慨然扼腕者。余尚蓬累，公受則得時而駕之辰也。乃其人敦詩悦禮，余諒之久矣。蓋彬彬質有其文武焉，倘不以此時策勵自表，見爲太安人重尚何比數乎？昔者金日磾一降虜，至使宣帝圖其母于甘泉宫，萬世之下聞者頌美無已時，彼遵何德哉？無亦忠結主知云然耳。若公受何有于日磾？他日爲母氏萬世重者，當不啻過矣。兹欲所藉以壽太安人也，意其在斯乎？”大夫瞿然曰：“人多迂子者，余也亦以子爲迂。乃今所論列鑿鑿，當事實然後知子言非迂已。余所稱昆侖西王母者，誠誕乎迂哉。亦又何述焉？”

贈劉孝廉舉子序

余里中人趙君輔治宜川，再逾年，蓋庶幾有弦歌之風焉。雅得澮臺子羽其人者劉孝廉，蓋孝廉世宜川人，宜川舊翟氏居，俗故雕捍少文，國朝垂二百年所士得計偕、比春官試者寥如也。乃後有孝廉，關中人論經術始不敢少宜川云。孝廉既與君輔相厚善，他日君輔過其門見弧矢焉，喜曰："今而無復慮商瞿矣。"時孝廉甫四十，猶云遲焉，故也旦即使使持牘越孟門大河如我晋鄙來告曰："相所嚴禮劉孝廉者，幸抱子業，已主進二三友臨晬觀之，且焉往賀相。曩與劉語亟謂君之嫺于詞也，敢藉此以請?"余手其牘難焉。已而惟故人不遠千里速余言，必以余言有概于中乎。輒復曰："古者舉子不賀，稱代也。今而賀，賀而又以言，非古矣。要之效情核華亦各有取哉。夫人情弗子而幾有子與有子而幾肖且賢，無論在劉孝廉者然，即君輔用情于劉孝廉亦然，是將不一其説何者？虎生而文炳，鳳生而五色，賢徿賢固然爾，乃繭能絲而非操理弗絲，卵能雛而非伏化弗雛，似又有待而然者。吾觀諸已事，蓋聞鯉也雖賢夫子拳拳于過庭，參何人斯黠猶加朴焉，况他乎？故曰徂徠之松直幹，樹曲崖而理斜。會稽之竹宜矢，鏃金筈羽而入。益深有味乎？其言之也，不然彼青史氏之記何爲哉！嚮余讀世家言，知劉氏固陶唐之徿而神明之胄也，自御龍豕韋迄唐杜迭三代顯矣，析秦晋而勃于漢，中更顯晦不同，而偉杰間出，天蓋無時不開之也。况古人卜興門昌宗則恒于呱啼時，孝廉于是子亦何可以庸末畜之？或者兆有所自焉矣。"

送郡丞王公升工部郎中序代平陽守蹇公作

比余奉上命守河東，得與王大夫南洲公共事者幾二年所。乃大夫居河東且七年不調也，已補南司空，官屬下大夫。大夫行且告余曰："不佞敬一郡都尉，握齪守官，無論勞苦而功多，日蓋皇皇，恐不足以當任使。今幸庶幾焉，奈之何而辱斯命？中蓋怏怏不樂云。"余與大夫數朝夕，雅知大夫賢。蓋河東郡縣三十六，當全晋半土，厚民儉重爲邪。邇者數敝于法令，奸僞萌起，深禍吏，欲以武健嚴酷勝之，肆蝮鷙，不啻如束濕，冤益不可理。頃，天子下明詔，哀我元元，一與更始，乃綉衣直指出行，部録繫則舉以屬大夫。見諸爲大夫理者，出而未嘗冤也。士隸邊郡乘障，稍患苦，多亡歸，將臣日上大司馬行郡國覆捕，則舉以屬大夫。大夫按尺籍若奮行若適過行，覆之必滿品。即北虜保塞稱外臣，叵信也。幕中石畫籌邊餉趣上，少不辦以軍興論，諸郡國牢稟逋懸多至不可校，則舉以屬大夫。大夫校之出若入若，顧常辦，以故監部者多其能，日游聲譽。大夫治行藉藉稱第一矣。夫觀大夫治獄，豈必以武健嚴酷勝其任而愉快乎？有如數軍實，核邊餉，便利國家，詎云淺鮮哉？奈之何七年不調，調而復絀其勞？兹其故難言之矣。當國者毋亦以虞法歷試周官次舉漢，由外郡内補者必自臺史丞卿而涉相位，故次翁驟入相而功名即損于治郡時，無他太遽也。今國家起明堂，飾宫宇，唯是北都大匠持繩墨需材，乃群材悉取諸東南，故司空在南部爲劇曹。是役也，于大夫何可謂不知而用之？試有所長，豈苟而已哉？率兹而南而北，由臺史丞卿而陟相，差旦暮耳。日余與大夫共理，若濟同舟，然矧敢曰視都尉如令大夫實先後？余而俾受其成，亦矧曰陵而奪之治今大夫往蔑余質矣。所幸者庚桑楚去畏壘，畏壘之民猶舊也，余藉俎豆之餘而獲所賜于大夫者其多乎，其多乎！

贈王明府序

王大夫治稷，甫下車，易置前大夫經略，民稱便。數月及他政以次振舉，稷乃大治。綉衣使者察廉教，下郡縣，諸大夫獨稷大夫有褒語，且因以勵其屬，蓋异數云。稷多君子聞而嘉樂之，争持羊酒往爲大夫壽。壽已，余不佞，語多君子曰："若聞古稱循吏者乎？漢興至孝武已百年，民蒸蒸就乂，乃太史公傳循吏取春秋戰國五人者，而當時無聞焉。迄宣帝核名實，吏始規遁簿書間，一時緣飾亦彬彬質，有其文武，如班史所列盛衆矣。無奈其民苦銷灼甚也。匪以詭名奸，實法多滋弊歟。日者聖天子覃心民牧，宣宰臣諭德意，風及郡縣，至殷也。爲吏者顧猶以武健嚴酷而愉快，何説乎？夫治民如烹鮮，擾則糜之矣，奈何欲以煩苛理也？稷大夫初視事，他莫可否，即問民疾苦撫摩之，而罷諸不便者，程品科條從省約，與民更始，民始獲休息，若解懸。曾未期月臻有今日之理，差乃治行，無論今郡縣諸大夫中鮮及之，即古稱循吏，勤璽書加黄金褒異者，余猶不謂其然，必大夫而始當焉。乃璽書黄金褒異者，余獨恐今之不□若也已矣。"多君子曰："然歟，然歟。天下未嘗乏知己，况綉衣使者既知而倡之，屬和者將總總至也。吾屬虞大夫之不久于稷，他何虞哉。"余又曰："古稱燕趙多慷慨士，大夫居鹿泉，趙地也，顧爾沉毅静默，外若廉倨。概其中冲如淵谷者，兹以往由所樹立當不至陵駕古昔不已云。"

送郝家相游國學序

家相初籍諸生中，甫弱冠暴起文譽，同學士率辟易焉。即家相自視取一第如探囊，每有司群試輒冠其曹。至録計偕輒報罷，如是者七上七罷焉。今歲郡邑起明經，家相名第五，已徵就學官使者試异等，越次擢第一，行且詣太學受讀博士門卒業，客乃争爲家相賀，家相弗悦曰："臣結髮從學，四十年不獲厚遇，方爾逡巡博士門受業，藉令卒所業，日暮途遠，素秉之謂何？臣方爲痛之，敢勤諸長者賀？"夫以家相云然庸非褊心，猶爲未睹其概也。初我國家著功令，用經術取士，郡國二千石諸長吏歲察士之可者以次入太學，主爵虚高第需籍奏補之，或給事省中及尚書諸曹郎，有直取九卿者。當是時，中外得人稱盛治，乃今樸雕習儇，俗日詭于文，士日剿説求偶，少年疾捷者始以一日之長獵高等，明經宿學反以竽瑟梗矣。惟是少年疾捷者進而躁動喜事，敗僨隨之，國家恒受其敝。蓋道數不遠，無怪其然耳。盍觀諸漢賈誼、朱勃俱以少年進也，卒不大競。乃公孫弘初舉報罷，及再上對策太常舉選首。匡衡數射策不中，至九乃中丙科。一以布衣位三公，一不出長安門取相位且封侯矣。家相結髮游學，四十年不遇，視二人者春秋固富甚。于焉簦屩上國必大得所欲，即日暮途遠，倒行而逆施之，平津樂安由之自取也，何有賈、朱哉？昔太史公論公孫弘，行誼雖修然亦遇時，至匡衡十年取相亦咸以爲命，士之學者固在得時而駕也，不然如效一介之策，孰非其人。今天子方冲，聖日向學，思復祖宗憲典而先首善，無亦家相千載之時乎？往哉必得厚遇矣。

贈將軍朱長公膺恩詔序

在漢，諸侯王有茅土者，得自除吏封以内，皆其理也，乃後睹七國，已事稍從削弱，惟衣食租税而奪之權。他公族之賢者則各以材能服職官，得試有所長，著功名于春秋焉。如宗正劉德諫大夫更生父子，豈不誠美哉。名宗子也，然稍有過尤即簿責，詣吏爲虎冠士魚肉之，甚者并首就戮矣。雖彼人自取揆，乃國家親親之厚，豈其云然耶。惟我高皇帝膺命天人，深惟遠慮，既大封建諸王，使有司者治其事，即爾支庶自三將軍中尉以下亦各優秩禄，罷仕晋，非故薄之，蓋國家厚屬籍欲世富貴而保全之意甚殷也。諸既托王者親屬，生長膏腴貴倨矣。至一無事事，惡得不好佚淫康而近小人，日則吹笙竽鼓瑟，鬥鷄走犬，六博投壺，踏鞠相樂也。夜焉挾美姬，招所厚，合尊促坐，履舄交錯，繼以燭滅纓絶，曾無少倦，甚而匱囊篋不足更所費，稱貸子錢家矣。又甚而敝衣服，毁顔貌，間從群偷游矣。尚可爲貴倨乎？夫國家厚屬籍欲世富貴而保全之意甚殷也。乃若此將德意之謂何？閭以視閭巷齊人抱咫尺之義，偶合儕俗，尚然取榮名以自列于賢豪間者，比權量力，而公族反處其後，爲是其人弗若歟？辟彼蘭茝藁本漸于滫中，伊誰其佩之？然舉諸以概賢者而豈終相掩哉？有如代國朱長公，秩禄六百石，位將軍，猶彼而人也，顧飾名砥行，愸焉以古人自耦，所謂寬厚好施生，家逾百萬，則以振昆弟賓客者業且兼之矣。乃子中尉君又以聲詩取譽當世，則于以當漢更生父子也。奚而不可，即不獲臨政以自表見，志修德厚，又孰與服官簿責而就戮者等之？其賢相萬耳。今聖天子以孝治天下，首敦行葦之雅，下明詔加禮老成，長公以齒德先公族被焉，霍然异數也。且而郡國長吏歲時走門下，具牢醇存問，榮施藩飾，以是而居公族，無亦庶幾哉稱上之德意已乎！

贈徐尉序 諱懷德，冠縣人

東魯徐君爲稷尉三年，直指使行部知其賢見稱，爲居邑簡静云。君初蓋以佐史無害補楚倉曹，倉曹無事事，當路察廉，會興徒治河渠，屬之，主計其緡至巨萬，他多乾没，君獨一無染。比卒役論敘，擢稷尉。夫尉職卑然而近民，孰非事者，乃君亦無事事。日一謁長吏案署，如令退即閉閤卧焉寂如也。或以間請事，則嘆曰：“吾既不能妄發科條，爲羸弱作苦，復不忍朴擊賣請，將與二三父老共休息，足矣。”於乎！君安得是長者之言哉。夫古今言吏治，必歸稱長者，長者于世無他奇，乃民獲輯寧，國家賴其便，長者之效居多焉。若彼小智日騁材慧，喜興事以奔疲其民，猶之游獖蹂稼而莫之戢。其法律起家者深文刻削，操下如束濕而鍛之如爐，民亦奚賴哉？昔平陽侯曹參不起自佐史乎？當其爲齊相，避正堂，舍蓋公，師法清浄，用以安齊，故俗稱賢矣。比入相漢，則囑後相以獄市勿擾他，日遵章約飲醇無事事。子窋諫之，帝讓之，賓客欲開説之，終不少更設焉。以迄寧一興歌，天下頌美，而後參之賢始見也。徐君之風軌其亦若人之徒歟。説者云函牛之鼎以烹鷄，多汁則淡，少則熬而不可熟，器與用殊也。以徐君爲器，偃蹇一尉間，其無事事奚怪焉。兹舉一隅，爾獨不觀梅福尉南昌居官雖暗沕，乃數出危言劘主上，身不遇而名萬世。徐君，余習其人矣。蓋深中隱厚多材而善晦能，試有所長非苟而已也。故時行則參，不行則福，而況又有知之者。諺曰"力田不如逢年，善仕不如遇合"，君何患乎？行且試之矣。

贈王明甫上計序

今上即位之八年，當肆朝天下群后于明堂，且受計諸郡國自岳牧以下逮守令若丞尉功狀，大冢宰覆所甄鑒，報成于天子署。若而是能達德意，若而奉職無狀，則將案籍行事焉，兹成典也。微是以爲國家廉貪貞淫奈之何以示天下？

于時，王大夫以稷令行，蓋至再矣。日者天子知令賢令也，故重以稷試，更三年，所得無云子大夫良苦。間者闕焉久不聞問，今具以春秋對，則大夫其何辭以解？將悉所簿責條對之，奚而取信？無已不有諸長吏察廉疏舉而書相勞者在耶。即如稷保界苓塞沮洳間，民所疾苦非一，厥田下，厥賦上上，民日暴中野田作鮮能一飽，歲累租更逋逮，妻子股弁，視胥卒重困矣不吊，有司程督不少假，有駭而走耳。乃大夫壹意撫循，戒吏胥無入鄉部恣賣請，以故租更稍上。則一二猾宿詭爲嘗試不上也，大夫曰："吾躬自薄，不足厚得諸父老心，昔有減年從役增資就賦以應劉全椒者，彼遵何德哉？余方之深以爲愧也。"猾宿聞者，争相戒就輸矣。縣故習于訟，重以淫，惡少年投鉅購告言奸，數興大獄猜禍，吏深文周内無縱舍，多至糜爛。大夫獨用寬和，曰："韓盧取菟猶上觀下獲，彼犯俱可付桓東乎，則無以人類矣。"一時百姓方苦苛急，惟自大夫聽者，以爲當于法稱平無冤也。大夫以利愛行，然爲治尚循謹。往無賴椎埋爲奸，不時竊發，大夫自置伯落長，舉危辭以動，鄉豪日相伺察，微知賀甲者與諸亡命通，食飲魚肉里閈，一旦掩之如捕鼠。關中羌哨聚群，偷涉吾土，日市羊酒大嚼，已則偏袒持刀東西步，若將圖不逞者。大夫創取其魁數輩，餘即解散，境内卒帖然。于以視升卿在朝歌方略孰彼此，良以圖先事之尤爲得耶。諸凡大夫功狀見知長吏者具是矣，即今所上簿責條對，名實不相左，受計者無亦曰向長史疏舉而書相勞也。言人人殊，總之非徒爾游聲譽斯，其人躬自有之，庶幾達上德意也。夫天子雅意舉庭堅以匡本朝，有若而人，又烏得無式靈之爲天下先？知且留待中，异寵數裒然而加群計上矣。然後大夫兹役也，其有當于國家廉貪貞淫之典亦豈云細哉。

何大夫壽序

猗頓何氏以族姓著河東舊矣，肅皇帝時，何大夫守開封丞，以治行稱，無何謝歸。越數年，其嗣長君崇教復起家郎署，兩守大郡，所在著廉武聲，由陳臬遷御史大夫，歸甫强仕耳。目者曰得時而駕，倦飛而還，其家教有足術已。

大夫雅善稱詩，治郡日齮齕案牘間，不以故廢吟。比釋事歸，益觴咏自適。客難以田居孰與從政，則慠然嘆曰："闕黨畋漁之化，豈其在中都？居畏壘而俎豆祝之者，桑楚亦一夫耳。予越在田間，何所非政哉？"暇乃督佃夫力本業，或操豚蹄祈穰甌窶中，歲終課租輸公上，退以其餘釀酒醬，醵食飲。即縣長吏請事，初不敢與其權而持短長，頃之鄉三老孝弟力田，習其風，族聚而語，以爲大夫歸且晚兢嚴事之，里俗蒸蒸向方則是亦之政行也。方長君秉鉞榆中，虎視有北，至令士不乘障，虜卒不敢窺一矢。朝廷以恃威重，稱愉快矣。顧獨念家大夫不置曰：“予爲國勞苦而功高，非吾尺寸補，子舍久虚，將父之謂何？”時新鄭相，方欲釋憾于長君，遂因以中之，而不知大得所欲也。長君歸，大夫迎而勞之曰：“予固望爾以歸，歸已矣。夫仕宦非不樂，乃今之爲難，欲試有所長，藉之以用名高，忌者從而迹其後，竊主威而自處以厚利，怨及朋友，爲士者羞。吾能不爾選懦鼠首，身在事而稍引當否，彼攝以目吾，中以口欲，不歸奚待？”當是時大夫有介弟爲漢中守，亦以時歸。大夫兄弟時治具坐禮堂，長君率群徒從桊鞲鞠跽，侍酒于其前，酒後耳熱，塤箎奏而舞衣揚，于于然樂也。蓋日以爲常。至是大夫春秋且八十高矣，出入不任杖，耳目聰明，猶之丁年云。余嘗讀史遷列傳，有感于石相家以爲曠世訏美也。建慶白首在子舍，萬石君尚無恙，用是見稱，豈云以年哉？無亦以質行，推轂齊魯諸儒間也。揆其實椎鄙少文，獨取醇謹，猶然著名春秋。乃大夫家世經術，襲高第，展采錯事，彬彬質有其文武賢，不啻過也。年未及而免政，非計畫無復之，若以抱觀時之策焉。其望長君以歸，猶其自爲歸者也。不然何以致里俗向方，猥舉鬬黨畏壘之化以自况，誠有其身而言之，非誣爾。今皇帝冲聖，克德向學，必欲憲老乞言，差次五更宜莫大夫先，使得正東向之位，選言正訓，恢禅袞藻。尚有業子長之官者，因以訏美其事而書之，以輝炳萬世，則庶幾不朽之圖哉！而年齒非所論也。藉第以年齒論，昔公望在棘津，其年已視大夫，方托後車佐興王，卒之弼成三世，齒逾百年，賜履以表東海。由兹而談大夫始壯也。比長君有社稷功，副在盟府，今疆埸多事，朝廷修先勞，將奪伯成之高，再登三事于以用其所未足，由之復尚伋之踦何難哉？余與長君同計偕士，間以五老卷屬使之言，故爲論列如此。若賦詞比事，當有能者專之，余謬以乘韋先則僭矣。

贈胡仲公敘代公受

某母太安人有弟曰胡仲公，外王父順義丞中子也。順義起家明經，公受經學，然自豪舉有遠略，雖則藉名諸生間，非所好也，輒謝去，壹意積著。不數年，累資雄郡邑。即見苦爲生難不爲纖嗇。嘗鄙宣曲任氏非田畜弗衣食酒脯，有時則日與賢豪長者醵食飲交歡，被服雍雍，比一都之君不啻也。且而行傅於義，已諾必誠，赴士之厄困不居其德，無論强近半待以舉火環百里而丐貸者家相屬焉。人以是誦義無窮。

往公與余譚，則曰："舉世争高，以財利什伯相卑畏，千萬相役僕，矜詫儕俗取榮名，乃君子不齒焉。非富有餘而仁義之不足耶。不佞竊先世寵靈，僥天幸家，今差多于昔，復爾塊守重棄財，不以時散濟疏屬及諸空乏者，雖富埒陶朱，其將與夷狄同也。折象有言，不仁而富謂之不幸。即他有負我何，可謂士大夫不足養而遂已。"余于時深爲高之，顧自爲弗仲公若也。無亦豆區釜鍾加量出而薄取，術其宗之故智然歟。仲公業有三子，一國胄，二諸生，見稱繁昌矣。比余通籍事四方，别三年所，而三子者抱五孫，天蓋以是報公乎？不然者人方禱弓韣卜熊羆而卒未獲，何獨公之門弧矢纍纍若是耶？《傳》有之"活千人者子孫必封"，公所濟何但千人，而其後何必無封者？且有嬀之後賓三代而迭興，叔季以來顯聞不替，今庶幾其當之。前順義丞在官日有仁政，已而釋事，歸不逾年，順義没于虜，官民無脱者，人固稱丞爲德感也。蓋云其世澤長厚矣。

校勘記

〔一〕"福"，原目録後有"圖"字。

龍塢集卷之四

贈序類

贈孝廉周國敷序

國敷，潮州人。潮州故南粤地，去中國幾萬里，負海阻山，傜夷雜處，故其俗椎結慓悍易爲亂，自趙佗以來然矣。復與安南、占城、暹羅、大佛郎機西南夷相錯連，中多貨寶、翠禽、珠貝、犀象、沉檀之物，市易都城操贏百倍，故其人兢兢于利。漢雖以伏波樓船下瀨諸軍，誅興嘉而郡縣之，稍就羈縻，乃君長什數猶以故俗求小治，于文學寥如也。唐昌黎公既謫潮，始以文章倡之，興起者無幾。迨中宋元兵燹後，數百年爲鬼蜮場。我明高祖以廖德慶下五嶺，乃易椎結而冠裳之，若奮行若謫過行半處以中國，人風動文學從經術業，俗一變幾與内地同。即其中射策甲科深謀廊廟列侍從，不謂無人，求篤行君子不願聞達，敦倫而遺俗若國敷氏者乃僅見之。

國敷以經學起家，爲博士諸生，每試輒冠其曹，有司給餼廩行，博一第易若承蜩，然一旦以親老棄之。夫給餼廩行且博一第厚利也而不爲，將爲名高乎？微其衷殆有隱不容已者，疇則知之。夫馬慤願而後求其良士，君子觀行義而後信其餘，故安陽令喜心生于外，慕温忠武一世之杰而輕遺親，概之國敷有愧哉？頃余既仕褐爲母氏乞歸養，上書不報。聞君行，不覺憮然自失也。國敷有子光禄君篤祐與余傾蓋語，相得甚歡，又言國敷居常設取予然諾，厚施而薄望，千里誦誼，於乎！人貌榮名寧有既矣，輒樂爲論列之如此，它若徵奇迹异爲鄉人從臾者姑不屑具云。

贈劉高平應召序

當公讀書長白山，人業以公輔器重之，既射策甲科，補令高都者幾六年所，治行稱第一。高都，上黨岩邑，地險固，民多剽悍好鬥，重失負仇報過直，復有繭絲之饒，游賈僦居列市肆，中具五民。其豪桀喜任俠，或武斷鄉曲通奸利，日捍文罔，有司急而壹之，見謂煩苛，縱而弗呵，謠俗日敝，令亦何可爲也。人且有言，文人無當事功。公于文學固自其天性，乃又習吏事，飾以儒術，朝引簿書署案，已即退居齋閣，覽古圖記，召諸生譚經藝，雍雍如也。由之六年如一日，即有坐束矢置對不無朴擊，以君猾宿猶然毋害耳，何至武健嚴酷，見法輒取，繩民如束濕而求愉快者？居無幾，喜俠好鬥之風一變成禮俗，人人自愛。可貴哉，仁賢之化也。公既負人倫鑒，乃多士出門下，勃窣理窟間發爲文詞，絶冠等倫，先後領解晋額皆其人，無滋他族，兹尤爲難已。頃天子内召公侍法宫，比入見，上倘問曰“何以治高都稱第一，無亦如公家光禄”，謂偶然已乎。兹長者之言。要絜所由，孰與得士爲多矣。昔吴公舉河南，治行它無著聞，獨有薦賈生。公門下如賈生奚但十輩行，出而展采錯事，與公雁行交戟間矢謨寅亮爲國家重，庶幾以人事君之誼，公能得之何盛也。代人楊伯武亦公門下士，適舉進士授大行，喜其師得侍同朝也，亟爲余談，得因而臚列之如此。

贈何瑞卿令建陽序

瑞卿既舉進士高第，以次補建陽令，諸同門舉者争走賀瑞卿，乃瑞卿踧然若無適爲建陽者。夫建陽甌閩岩邑也，自閩君摇佐諸侯平秦以來，民稱剽輕易發動，謠俗未衰，業已去魋結雕文烏言有間矣。地即上腴，飯稻羹魚，果隋蠃蛤不賈而足，民以故呰窳偷生，少積聚。往海寇發難，屠閩越，獨建陽以遠故免。無奈冠蓋使者道路相錯趣軍興，閭閻敝賦，奔命更年所未蘇也。乃邑中豪間執有司權與，上下日攝羸弱而魚肉之。少年不逞事椎埋，借軀亡命，家雜總身岩窟中，卒莫之誰何。梗陽囂口，詭辭置對，安得片言以折？猾胥左右我視利不耳，第可因緣爲奸，恣所操弄股掌間，膠戾乖剌，稍繩以法即狙起而伺投藉我也。人舉建陽以爲難，有是哉。瑞卿往而受事，毋猥云難之已乎亦知。夫令將導民而親之，導民在因其本俗，俗本剽輕也者，吾作之以義則易興，彼方繁苦，稍與休息則易德。豪長以事嘗試我，我獨誠心加之，不以虛借則易傾。輸長耳目，由之以風，萑符中有弗匍匐更始而就衽席者殆否也。异時所難猾胥謂市之權，吾無米鹽巨細關其手，自取治辦，餘擇丞吏敦謹者任之，而責大指，彼將帖然諾成事，尚何能溷我爲？不然，吾鞭棰其民，必欲從頤指，左興右發，科條百出，束之如濕，薪少不厭，深文巧詆，傳爰書論報，所爲距取鮕收無慮情之不得，而一切麋爛焉。武健者固當非所望于瑞卿也。

往余過瑞卿，見手司空城旦書，詰之，謂經術士持此安歸。則曰："今之法深矣，吾欲求輕，比舍是亡繇。與論治民曰吾取悶悶者與若網漏吞舟者。"余拊其背曰："爾何年少而于物之長也？所從來毋害如此矣。"乃余聞建陽有武夷雲谷諸名勝，天下圖記其副皆在焉。蓋稱闤闠詩書云。瑞卿朝日，坐堂皇一再署牘，已即退而居齋閣覽圖記，出行風俗環挹諸名勝舉是而當，瑞卿乎良已愉快哉何難也？何難也！

贈潛甫陳年丈令諸城序

今歲癸未，三晋以進士舉者蓋十人。十人者日過從醵飲高會，相得甚歡。無何，以次補令者二人，長安荆子章甫，諸城陳子潛甫，其八人復主進徼。會因往問勞之，間且有言長安、諸城非古謂東西秦哉？乃長安帝王所更都，中具五民，視諸城難也。章甫素豪舉，奓然曰：“長安往京兆地，所慮左右馮翊、扶風爲擾。使吾得兼治之，直差易耳，何難也！諸城于青齊，雖云彈丸小乎，乃其民足智好議論，鑄山煮海，家富氣揚，所爲吹竽擊筑，鬥鷄走犬，六博踏鞠，車轂擊，人肩摩，泱泱大國之風也。無奈少年輕悍，喜任俠私鬥，椎埋爲奸，其豪長持有司短長相與提衡，苴偶視之里中，逋租賦課累不上，即如刁閑姓偉輩眥次如山，壹不佐縣，官急役使下户，卒令寧負官無負豪大家也。于以視長安孰難邪？”潛甫聞而愯然自失。少選曰：“不佞震其如諸城，何願于因計可乎？夫令亢一方之任，將爲主上廣德惠，覆露元元，即無知梗化，謡俗不美，上無以風之，一切任威誅戮，使民股弁駭顧，國家奚賴焉？昔齊相平陽，侯參求所以安集百姓，獨避正堂舍，蓋公取所言清静爲理。逮入相漢，又以獄市勿擾屬後相。渤海盜起，龔少卿往治之，彼固曰使勝之將安之也。至輒移書罷捕盜吏，微示好惡，帶牛佩犢者翕然，郡中大理。向使少卿不爾，即令衛巫監之盜，恐難勝矣。夫租逋亦民之常，劉全椒何人，能使增資就賦？今而青齊之間無復鍾離、葉陽其人乎？吾往將業之，何慮無以佐主上、養吾民者？用是爲諸城，尚亦廪廪庶幾哉。乃長安其何可易也？自漢以來，徙豪杰諸侯强族，其所俗薄惡，好借交亡命，相與探丸恣剽殺，白晝攫金于市，抱鼓不絶，君往而治，將復蓋虎穴，驅諸少盡付桓東乎？無亦更求所爲百姓請命者乎？夫韓盧取菟不忘上觀下獲焉，有爲民父母專于猜禍，多殺震，甚無取也。”章甫抵掌曰：“余私心有之，前語試潛甫，更藉以交儆，我良厚幸矣。”于時八人者舉爲長安、諸城得人賀也，復相與盡歡乃罷。明日道甫次其語以識别云。

贈涂及甫令慈溪序

海内譚佳山水無如于越，乃四明間稱絶矣。人庶幾一游爲適，獨往宦者見以爲難焉。今歲癸未，涂子及甫成進士，補令慈溪。慈溪當四明劇邑，濱海枕江，地有魚稻之利，民足鮮食，美服飾，游閑公子日事歌歈化其俗，蓋號東南樂土云。其縉紳先生博學深識，嫺於修古文詞議論，廊廟多至名公卿者。無奈二三詐傳亡歸如寧成輩，持吏短長，恣所請事，事可則已，不即目攝而務中傷之。有司畏其口則詘節焉。豪大家漁利海賈，通奸匿命，實階大亂。復有黠慧詐愚欺弱，或起大獄，動輒株連不根持論，鬼蜮莫得。猾胥因緣求鬻，得所欲傾身爲之撓法不恤也。稍繩以三尺，詛口繁苛，安所用令爲。且也令之上若中丞臺、御史臺、藩臬、長吏咸鞭棰，使令者一旦受記考訊，必取風旨。少無當訶責隨之，令即畏却，深文周内以幾報可，則無如百姓何。甚而燥濕，竿牘苞苴，間詳若不然也者。乃私心有之，微見其倪舛即失意眉睫矣。兹概以言難，難在人者耳。有難以己者，夫令以一身寄畸人之上而爲之君長，方内元元所仰賴，吾以新進喜事之心臨之，有如游豶蹂稼，見法輒取，無所持難，則必有斃民，視諸烹鮮，數撓之糜爛無餘矣。即而謡諑不美，吾與更始，必假休息安全之息。蓋公有言清静無爲而民自化，非無爲也，直不撓之耳。吾能敕身肅清，儼若神明乎，彼諸難我者將潛奪而帖服之不暇，誰適爲梗?《傳》云君子抱蜀，不言宗廟已備，具在言先也。兹謂難在己者也。及甫南昌才士，幼孤，事母以孝稱，與人有分義，不侵然諾，殆于束脩君子也。之以往在己者無難矣，而難他乎哉?行見藉四明山水以爲樂也已。

贈鴻臚吴生序

嘉靖中，高安蓋有吴文端公云，吾猶及見。爲太學祭酒時，身率禮教，有師法，六館士廩廩奉章約，無敢躍冶者。出而登降頌度，束脩有儀，不問必知吴公門士也。當是時分宜相持國，公其鄉人，數示煦沫相尉薦，卒不爲動。既陟大宗伯，典邦禮，往事下部議，得頤旨後上不敢甚引當否，事寢耗廢，公獨一意行，遇論議秉正毋少從臾，以故卒不入政府。及分宜敗，而後高可知也。今去公幾二紀，朝士談者尚不去口實。

公有季子一憬者，稱最賢，克嗣其家，當綴皂衣，姑辭而益究所學，計進取。會今上飾朝儀，簡能禮者充近侍，或以舉一憬，遂拜禮官下大夫。然非所好也。夫今學者多言禮，乃其經自春秋時已不具，迄遭秦火，至漢稷嗣君希世度務，菫菫設綿，最後即爲《漢官儀》。魯有徐生者，徒以善容爲禮官大夫，傳子及孫，初不知禮經爲何物，鄙甚矣。一憬通經術，舞干時業已槃跚雅拜如成人，文端固器重之。今而攝立交戟中，臚句傳宣中采比夏，能一自經義袯飾之，爲朝廷樹大觀，已自貴倨即少不厭乃父乎，使人稱叔孫聖人亦奚而不可？若猥云非所好也者，吾不知之矣。《傳》曰大直若詘，道固委蛇，一憬庶幾以是哉。

贈王平甫擢令保定序

關中名經術以百數，馮翊馬文莊公最著，余從文莊公得王先生平甫，足稱師法云。平甫既籍上郡國，對公車未録，以次補文學高梁。高梁人稱能經術者數輩，日從平甫抗首與論難，一無能柱之也。壬午，校士南畿，得張子仲言、汪子汝立，皆知名士，人以故多平甫有人倫鑒。明年再罷南宫試，歸高梁署中，幾四年所，始擢令保定。譚者曰函牛之鼎以烹鷄，足當平甫矣。保定何足溷平甫者，是幾于後言也。

夫我國家北都燕所重畿内地，選吏視它郡國不倫，即保定雖彈丸小哉，然車轂下四輪所徑，壤接督亢，于平甫何薄？所部户口數百，歲上租藁不滿千，令坐堂皇閲牘，曾未瞬而庀事，日雍容而已。顧平甫往而察其謡俗，復有所謂大男子裁如嬰兒者乎？今且雜五民，沉涔滐惡之日久矣，而其地復當九河末流，灌莽沮洳。諸常侍爵里、勛戚湯沭相錯如綉，土著無慮什之三耳。富室游閑無事力作，翳釀置社而爲華樂。十年之田不償，貧者家總暴露。昔昔無成謀，群聚不逞，竊伏萑苻，事椎埋，借軀亡命。或鞮鞪居馬上，抱矢負蘭，白晝越人于境。有司將迹射士逐捕，急則變詐自解，輦上諸君子與通，囊橐而爲市，卒至不可問。又何以令爲？猾胥睥睨其長，無足嚴事，便文詭對，不難以身試法，民坐束矢聽理，一不當，無論監司直指使見却，自裹三日糧赴闕下稱冤，安得見法輒取傳爰書論報奏可，奄忽如神耶？有司者偷爲一切縱舍亡可否，長此安窮。即他繆巧可以工小治辦取，聲譽得無恧焉，以無所復之而自索也。居以戔戔者當之，勢不相權矣。蓋平甫余知其人，雅多大略，行以文武，自將舉沉涔滐惡者大舉更始，俾之一旦曠然而易，視無難已。夫隨會在事，詎以衛巫監盜胡爲奔秦，有如貴執坐終日語，不敢以邑子見子，況所發必得取諸重轅格斷之人，亦無如平甫何？日者鄴令治漳水，滙滏反壤，使終古舄鹵生稻粱，姑放之以興保定數百年之利，民未始爲患苦由之，鄉道禮俗風致洽美，裒然以治行稱三輔最者，知非异人而必平甫也。朝下尺一不三商而入掌玉唾壺，豈假多傳哉！蓋謂保定不足溷平甫，而平甫直用以保定重也。譚者不知也。

汾亭别意序

王先生平甫將之官保定，高梁舊游緬懷平生，云何以贈？蓋聞諸古人雖有“拱璧以先駟馬，不如貽之一言”，于焉二三兄弟申用盍各聲詩喻志？其撰人人殊也，總其歸抒情敦往亮節，最終猶之臭味無不同焉矣。臨流擊節，汾射窅然，居者行者，四顧生色，殆不知别之爲難已。詩亦善物哉，雖然是在六卿，祖韓宣已事耳，有如札也。將行屬言，僑盼者何居，平甫其忘諸詩曰“毋金玉爾音，而有遐心”。

贈殷明府序

世言錯法理民，即無先令長所爲，令長工否，相懸至萬也。將其勢或衡之，無亦材有適不適然耳。以星出入，孰與不下堂而理，月朔復事，胡比三年。猶之驥所稱良者一日千里，旬日取之與駑馬同，奚貴哉？惟是稷邑敝所從來久遠矣，大者以豪伯竄見田課累羸弱，即有司莫之誰何。往歲，奉尺一均田，乃行田使者無慮什輩行，保任猾竪黨同濟弊，何异騶虞以相監，曠日煩費，迄無成勞，致民有後言。無何，公至臺部，舉以檄，公覆案之。公旦日延父老問故，所謂弊安從生，安所得便利，許以條刺上，已得之，嘆曰：“自昔任地者，山林藪澤居什一，都邑蹊道居什四，民猶少殖。今征之無遺武，而畝不副初，得無不盡甌脱乎？”因度方略，出石畫，頤指良屬，擇心計長年佐史，壹切受署，亥步四馳六觚，羃庣剋籌争梟諸狙詭後先，果獵不及弁，再浹辰巳役，盡得羸田四千畝，山林藪澤、都邑蹊道不與焉。而差疇而比賦，圭黍無爽，民始稱厭快。鄉部醵脯，家相賀，以爲得公晚，使我患苦無已時。邑比善訟，吏尚嚴酷勝之，波及糜爛，亦復侵冤，公以令擅一方之重，子視元元，務在成就全安之，與若束濕，毋寧寬和爲理，民諭指樂與更始，即有郤纖介聽束矢。已而相誡“我輩小人，惡用不急溷公爲行趣歸矣”。監司以它獄章大者下公聽之，公受記片言，取服具爰書論報，民亦以無冤。北山盜聲爲采金，日尋白棓哨聚殆千人，于時叵測。公知陳尉者有絶幹，假以便宜任之，盜具奔秦，境内密如也。公視事堇六月，其諸米鹽小治辦無論最者具是矣。直指使行風俗，詫曰："行不孰不可以應卒令即賢試仕耳。矧于行田非歲月可具者，再浹辰而已事，豈其人力黨鬼神可也？所用寬和爲理。其人文弱，目未及司空城旦書，胡以論報如章而稱毋害？即部署以奔北山之盜捷若插羽矣。今用治行薦之，廷必异，令而趣召，令其何以卒稷治？且也民在卵翼而奪之弗祥。"輒爲書勞之曰："令治民良苦，勉卒功業，使者行緩頰交戟中，毋敢後令。"所爲尉藉之如此。

贈繁峙令涂君序

涂君令繁峙幾三年所，邑人自踐石以上者皆稱無害，乃當路察廉，獨後涂君也，兹其故人難言之矣。

夫繁峙在種代一裔邑，雖云僅存哉？然而四輪之地也，蟠礴夏屋、勾注間，跨有中山之厄，北接林胡邊遽，朝發而暮及。即令五單于解辮内屬，歲輦繒帛津梁之上，日懷嬰環以相及者，何但十輩行也。邑復館轂其口，役夫踦跂疲于奔命，所在傳舍蕭然矣。屬且大侵，民苦饑，租課累不能上。有如謡俗慓悍，羯狨不均，自全晋時已患其然。邑中豪睥睨有司，起大獄，因而魚肉羸〔一〕弱，安所恃三尺者？當是時，令困簿責不遑，甚有襆被歸耳，何獲上之與有？君至，則首罷一切不急，寬和爲理，省科條，與民更始。有坐束矢求理者，法取兩平。即章大者不無覆案，具爰書論報，未始一以武斷嚴酷束濕之而求勝，民見謂無冤。即有眤嫌，群相誡無溷賢令爲也，往所逋負趣上恐後。君方坐堂皇，延多士講學，興禮以先，境内三老力田歡然，媚風化而安于令之不我擾。且也時出嘉肺之羨，飾傳寓若區謁舍，行者免暴露，役夫踐更無過期，即次雍俞若衽席而亡患苦也。故由君爲政，邑人自踐石以上者稱無害具是矣。而當路廉察獨後君，豈其猶有不得者乎？不然差乃治行宜在上佼。而猶然將使君亟于售知。卑疵孅趨，增僞飾詐，以僥一時之譽，何所不得？而君豈爲之乎？夫郡邑長吏日寄耳目而相臨，視若列眉，卒不能爲君地，猶之柱山之木所苦鐵銛自入而出，夫人者比皆然也。奚怪矣！人固曰伯温雪子一目擊而能得者，獨孔氏耳。舟車始見，三世然後安之，知不期蚤暮期當賢。詩不云乎“人涉卬否，卬須我友”，君直須之，安事越越改業哉。居無何，藩伯果交以書相慰藉，語多不載。君之賢一日暴于衆而後愉快可知也。夫持車者，一人推轂，人人引手，猶前于而後禹也。玆以往若開府若直指，推治行而章相屬，必君也稱首者，蓋云權輿于今矣。

校勘記

〔一〕“羸”，據文意疑作“羸”。

龍塢集卷之五

贈序類

贈白河張令序

夫白河于秦得無稱裔邑哉，然四輪之地也，左瞰鄖襄右漢沔，北阻商於南蔽巴蜀，維是綰轂其日，冠蓋使者日游津梁之上，疲於奔命。乃其俗剽輕，錯居五民，易爲亂。當憲廟時，流冗發難，至勤大帥，裒東南之力，堇乃勝之。已事可鑒。嘉隆以來，吏鮮以材諝稱，蓋云難矣。日張公在事，一切浣祓之。嘉與更始，爲治因本俗，無事束濕，斥遠猜猾吏。大姓豪魚視羸弱，或嗾起大獄，因而乾没其中。公得主名，把宿負取而置之理，境内稱歡。民守石田，日胼胝不謀朝夕。歲復惡，已又衷水，租逋課累不能以時。上即恩詔行在所蠲除，有司持重，猶然薄責，毛倪挈家雜顛躓岩窟，黠者操白掊走而竄身萑苻中，辟則困獸攫鳥無所歸命，民始易慮矣。公獨爲寬之曰："國所重民耳，民在何憂?"課者以故遠邇趣歸就衽席，它所行田均輸調踐，更人人各得也。月朔朝諸生，課經義，貧者不難以俸資之，賓客過所飾厨傳才，取具不能加，亦毋云暴露。即新貴少年責苛禮，公磐折其前，不至損大禮。卒欲求多于公而不得，更爲游揚矣。夫吏亦何難? 難于非其人範。《史》云"政畏張急，理善烹鮮"，第如漢令，長賢者無逾召翁卿，所居穀陽上蔡，見稱視民如子外，一無它奇。劉伯況在襄城，吏民同聲謂不擾，章帝亟稱之，如是而已。當是時，非無趙張邊延輩，謂多理效，乃事摘伏，擋挍覆，案人陰私苛刻立威，使民不寒而栗，安取所稱治理效也？今主上富春秋，淵體長懋，加意元元，往二千石坐嚴酷見法，婁〔一〕詔郡國察墨綬以上宜民與否狀時條奏之，明示好惡，誠盛心也。公既以敦良長厚遘其會，益自發舒所施，部中稱無害，視兩漢良能舍彼取此，必有能辯之者。今其民家爲俎豆而祝延之曰："安得公長年常用，卵翼我士。"處黌序中日弦誦奉若在三，而公不居。于時文學覃懷李君緣雅意，欲一觴公，不遠千里，市言若先乘韋也者。故余爲論列之如此。

聞公家五川，五川近西南徼，外人魋結雜夷，不與同中夏，何以産公？傳稱九州之外復自有人，益信哉。

贈太平令胡公擢倅河間序

由大河以東環百里，而邑者以什率三之無如太平巨云。俗稱纖儉習事，其人深思重爲邪，吏即謑髁無任，猶足成坐理效。今則不然，謡諑倍譎，民日巧法相訾，豈其鮮能吏居，以能者敝之也。始挾詐愚文，内下户君，大豪恣所賣請，民狙起大駭，謂"胡生我而浚我"。以生彼微得之益，擋挖鲘受，發所陰私，得情自喜，因而束濕，無俟爰書論報糜爛者至無算，乃竟取治辦聲行矣，其如民之重困何？比公來，民業且自恐，得無猶吾前大夫。然既朝，日坐堂皇，延父老子弟遍訊疾苦，罷之條，舉所便利，許與休息更始焉，民庶幾得請旦夕之命，自愉快矣。它具不論，日者郡國奉尺一均田，鄰邑卒歲更置不中程，以故當廢格沮事。公才分署頤畫，疇疇如砥，即無敢撓試以法。諸梗陽獄章大者詣監司，不得理，一以屬公聽之取服，片言出而見謂無冤也。公科指務簡易，屏取耳目，輔法而行，未始覆案，不急以事操切，權奇自將，卒亦不令見欺。吏胥行鄉部，毋得辜較在所魚肉之，歸取簿對，少却一目攝，靡不股弁自廢。閭里趣上租課已，退而鷄黍相勞，輿歌巷誦，以視曩昔詎异三沮洪流中錯之息壤也。民方尸祝，幾幸得以久事，公今用治行毋害徵倅河間矣。夫倅視令至貴倨，顧無如令專名佐二千石，共理雜職米鹽，即賢多爲所掩，孰與二千石要者？公以故得無厭薄之已乎，亦何知倅即古之都尉也。漢都尉能者直陵太府，出其上而奪之，治部中豪猾，二千石不能制者，得以主名捕滅之，胡以言弗專且要邪？今河間當三輔劇地，中具五民，少年亡命事椎剽，白晝攫金于市，逸而貌緹騎托納諸常侍爵里，出入莫之誰何。倅即攝賊曹，督大奸庸，非武健嚴酷不勝任使矣。伍符士出田間，無賴仰食，縣官急則假傳亡歸，大司馬坐軍興案，所部責逋必滿品，由之銖累不能以時上，冪府惟是司存藉之行殿最，然則倅又安得以弗專且要而忽之？公起西州名輩具兼才，何有于是行試所長。即如田子公由都尉擢守，入爲九卿，封侯孰其限之？而亦何自厭薄爲也？

贈李和卿諭白河序

覃懷李先生和卿補高梁文學者殆五年所，始稍遷白河諭，蓋常調也。初先生起明經，以能文藉甚兩河間，兩河士争推轂下之，比郡國二千石察可者。與計偕輒不應，令人舉以爲詘，乃先生自若也。往文學即名補吏備員耳，天下方聞士多厭薄之弟子，著録以次，請業訑訑倚席而已，安取褒勵之言如功令爲？先生居高梁五年，于斯未嘗一日自薄也。朝起坐堂皇，頌禮甚嚴，爲諸生誦説，明習有法，以故仞其説者出入不悖所聞，方領矩步日委它乎門下，自謂得先生晚。惟是白河之役先生慨焉，亦以孰與高梁安也。夫白河保界漢南，當巴鄖之交，國家承平以來，實惟樂土，縉紳先生高譚楊馬，其弟子修業者差以齊魯亞焉。今且喁喁鄉風曰“先生奚而後我若是”，第先生欲以自薄也得乎？嘗聞經術錯之以用世，猶璽印塗然適不適其遇耳。漢人治經術無如仲舒，方之公孫弘、兒寬不啻也。乃仲舒數起終諸侯相，弘、寬致位三公，篤論君子終不以此詘仲舒，無論先生經術藉甚兩河間，即高梁大夫數從問便宜，計如石畫。它日均田重，先生一行庶幾無後言無以經術之效邪？自彼成名高第何所短長，猶然陟顯列。先生居以常調行將，無云驥所稱良者謂能千里，不更駕則與凡馬同。干將、鏌邪詎以割不割异價哉。於呼！大直若詘，先生已自概于衷，余所言猥以及世也。

贈本師欽翁高老先生序

六經之教三五以來尚矣，至春秋而雅頌亡，孔子始定三百五篇。當是時，子夏獨得其傳，所授西河田子方、干木滑釐之徒，無不爲王者師，取重當世。已淪七雄，厄秦火，微言幾絶。漢興，除挾禁，諸家以次稍出言《詩》。于魯有申培公，齊有轅固生，燕幽韓太傅，乃後于趙有毛公。人主既立博士，以篤風尚，方内耆名高義開門授徒者動逾千百。至乃分析章條，樹朋私里，務合一家之説，其知舛馳嘵嘵成習焉，能一概諸聖？通人或病之，顧所由訓詁章句，迄于兹，使人誦先王言也，又非其效哉。惟昭代重經術，六經之學遍闤闠，其教在西河者頗衰，即高梁人名詩無家矣。正德中，任先生佐良甫從父倉曹公游京師，是時京師牛先生善《毛詩》，四方士贏糧相從甚衆，任先生受業其門，業成授里人任履祥士吉，士吉授高先生養之。任先生舉計偕，官至苑馬卿。高先生譚《詩》守師説，方其講問乃終日不食，及有難者輒爲張數家言，令擇從所安。衆伏其博雅，不佞業能負薪即挾篋從弟子後，同時著録門下百餘人，入其鄉如鄒魯，所授高才生籍入博士幾半，黌序有如楊春芳時茂與計偕，高應聘志尹及不佞。時濟以次射策甲科成進士。自是稷人諸家學三百五篇者，皆注意高仰之無逾高先生矣。先生既鋭意教授，晚籍博士籍，一不爲世用，惜也。藉第令今上欲踵漢石渠白虎觀故事，會諸儒論同异，使施長卿、魏君伯掌問難，先生得分尺席縱説其間，知未能或拄之也。而今不可得矣。不佞輩日以無如鍾次文能侯其師丁少府恭以爲慚。乃師二子頗能其家學，夢旦説章句不悖所聞，夢説浮沉閭里，嫣然競爽，日且抱兩孫，人喜謂師有後宜大也。且曰昔賈誼起經術，嘉最好學。韋孟傳《詩》，賢及玄成，用以作相。鄭玄箋注，顯于小同。師視數君子异日者，亦又何讓哉？于時争笲假脩挈醴齊奉觴願爲先生壽，明年丙戌則先生春秋七十云。

贈王文學序

余與先相國馮翊馬文莊公游，于凡三輔材士多聞其概，公蓋數舉里人王君平甫者稱雄伯云。居數年，爲萬曆庚辰，君偕計吏奏對，公車報罷，則補文學來稷也。余一見符彩，遂與之狎而定交焉。君間語余曰："官稱文學，漢也。今所稱文學非漢也。嘗讀功令，文學爲吏百石，以射策甲乙次補之，蓋京師建首善，既置博士員勸學修禮以風四方，復有郡國文學與崇鄉里之化。當是時，士務躬行，一意經術，出入不悖所聞，即有司歲察，可者與計偕，不徒以文腴爲其大夫。士束脩自好，以時表見，展采錯事，彬彬然有以哉。我國家法三代取士，亦因舊官興焉。觀所下律令，訓詞深厚，恩施甚美。在成均，無論諸郡國縣道，文學弟子相效屬舍文焉，他無事事。所爲竭絶心力以求售有司者，競競方幅于唇吻，亦何靡也。俗譎相尚，行能繆戾，一旦主上欲責實所司文學官虚高等以需所用，將何稱而解焉？今欲挽頹流一還之上世，彼藏忮于中必曹起而睨之，嚚陵詬誶以爲矯拂，人之所不欲，而規以自立甚無所用之虚名。吾于是有隱衷。夫三人行而一人惑議必格，况衆方結轍以趨之如文學何？"余間之曰："否否。

抱璧而徒乞無爲貴寶？懷道術而無以喻于人，達于世，又奚以貴學？彼逢衣果解，其徒嵬瑣滑正非固性然，未諒道之大數云耳。君耻所聞不惠于古初乎？嘗試疏瀹底滯而開導之，將孰不愸焉。以古人自耦，豈必越越多業哉？辟之植招以射，雖遠近左右不悉中，心在于招一也。君亦何患乎？”無何，君載約書示多士，詞甚具大，指敦修廉，憃斥儇薄，有或夸誕不根持論者，賤如侹，惡如鬼，視如芻苴，置而弗齒。士初咸目之，貽赫躧造詆，曾未洽。時相與率貫而首嚮之，私憾得君且晚也。君詎以嚴馹與彼直夢寐而受秋駕矣。用是顯聞，布在諸侯之册書，直指使行部察廉，業已疏列。兹復以幣先果如君者，試有所長，豈苟而已哉！蓋昔文莊稱君，實有賤繩之節，傲小物而屬志于大，今雖文學其居乎？行復設策太常，天子且易容而觀，度百人而擢第一，得時則駕必也。樹一世之榮，觀陋曖姝而弗居者也。

賀裴母胡太安人榮封序

裴公受守職方三年，奏其績，天子實嘉賴之，乃覃恩贈父東野公如其官，封母胡氏爲太安人云。初，公受甫計偕，東野公不禄，有家巨萬也，人難公受以家故或廢學，乃安人召公受選曰：“昔爾父日望爾以功名顯，爾不兢力，果忘爾父耶？”遂慮攝其家，自關手，俾公受一意所學。已，乃舉進士，業且受官。公受則念母在堂垂老，家無强近親，意不欲也，輒以病在告，侍太安人家居者。逾年，安人又召公受選曰：“昔爾父日望爾以功名顯，今幸得通籍，弗恩乘時自表見，猥以未亡人爲解，果亡爾父耶？”日夜趣之行。公受行，則爲大司馬諸郎，分部山海關。太安人與俱如山海。既抵關，日出詰詐傳杜邊攔行旅無越貨，蠻夷君長款關帖然知威德，主東道行者，誦藉藉見稱爲能官也。及退而奉太安人上食，侍左右，安人時蹴踖誠曠素甚，若弗能其官者。公受固益敕，卒用績官膺今封。封之日，公受迎中使伏謁宣誥，辭已，捧冠帔進太安人請御焉，則正色曰："玆上蓋爲爾榮及未亡人也。爾亦知傭乎？爲主幹敏則得好顏辭，厚衣食。稍怠誤則訶責隨之而詈及其父母。自玆而爾能官則是冠帔爲榮也，不則亦且忝及未亡人，使未亡人日以不畢正臘爲懼者，亦自今而始也。爾何藉以釋吾懼哉？"公受乃以頭觸地曰："今而後所不盡忠公上者如此日。"母乃御冠帔，北面叩謝成禮云。夫當公受未第時，不有太安人選也能無願息乎？既第則選而趣之官，既官則選而進之能，乃今能官而稍以功名顯也，即推恩東野公以及太安人。吁！其來有自矣。語曰"樹谷得食，樹木得息"，太安人善樹子者哉，故樹子得榮。

壽陳母序

粵我國家肇統，藴靈藉和二百年所，海内賢豪士彬彬輩出，然獨吴下稱首焉。説者謂不啻學士乃爾，雖市肆多高行，而閨媛修姱視丈夫殊矯伉云。竊嘗疑之，爲臯伯通廡下豈皆伯鸞德曜其人哉？絳人辛季子久客吴下，一日過余，談及吴下士，則曰科舊館人思椿陳子者誠高士，其母誠賢母也。思椿既早孤，母尚豐少，即敕志屏華飾，日教思椿束脩敦行誼，勿忝及先人。乃思椿爲吴市平也，物無飾價，貨不溷贋，江北諸大賈藉其聲皆來僦舍與之處，人人厭其意。思椿雖居市肆乎，然内行修且耻以賈竪名，率與賢豪長者游。客或過思椿，母必操作治供具，即數來稍不見煩苦。吴下士以故高思椿，亦并以高其母云。母今春秋蓋六十長矣，所以教思椿猶一日，即吴下人無不願母壽，永以爲鄰媪法也。可不謂賢乎！

夫吴自闔閭、春申、王濞，招致天下喜游子弟于其中，具五民，故俗好詞説少誠信，雖學士不免。乃于市肆得思椿，果君子之概矣。顧云“賢自母氏出”，語曰“蘭不茁蕭，麻不蔓苕”，言物生有類也。母氏有思椿，雖則教之良，其氣類自爾矣。不然者斯焉以取斯？且吳下人願母氏壽爲諸媪法，夫壽豈論齒年哉！仇氏齒未及百也，今稱孟母儼然猶在焉。彼鷄皮三少者壽非不永，君子恥道之，故所爲陳母壽者當在此不在彼。

贈王孫仲木序

代王孫奉國將軍仲木氏日已有三子，乃萬曆甲戌冬，不逾月再舉兩子一孫。嘻！盛哉！稷人私將軍者，家持羊酒往賀。顧賀者知爲將軍賀，而不知爲天下賀。辟之乎小智計寸絲而暗丈匹細矣。夫世皆稱曰仁者有後，斯概言之也。總其實取信于帝王。帝王者，仁之至也。越昔有熊氏度四方，和萬國，仁及鬼神，山川封禪與爲多，于時則有二十五子得姓受氏，分列九土三代，維周爲盛。語仁文武周公至矣。繄文之昭則有管、蔡、郕、霍、魯、衛、毛、聃、郜、雍、曹、滕、畢、原、酆、郇，武之穆則有邘、晋、應、韓。周公之胤則有凡、蔣、邢、茅。胙祭以至卜世三十，卜年七百。厥周之盛固云天所命焉，而漢、唐、宋弗論已。維我明興，太祖啓運，還冠裳于左衽，復禮樂于北鑾，如其仁即合釜山之符，定郟、鄏之鼎者二。自年來子孫之盛，萬已及億矣。姑置其他，余聞之將軍昆弟蓋七人，父曰輔國公，昆弟蓋九人。輔公父曰鎮國公，昆弟蓋十二人。鎮國父曰靈丘僖靖王，昆弟蓋七人。僖靖父曰榮順王，昆弟蓋八人。榮順父曰代定王，昆弟蓋十人。定王父曰太祖高皇帝。由太祖至將軍凡七世，是亦文之昭周公之胤也。其族姓繁衍若此，于周且過之。舉以視有熊何啻矣。《傳》曰“百足之蟲不什，千穴之泉不竭”，兹國家所以萬世者也。故余爲天下賀，而不止爲將軍賀者以是乎。且將軍歲秩禄六百石，貴富矣。顧克由禮不以地高人，好詩書，日與學士大夫游，復善醫藥，能還結脉，起已斃，識者咸謂麟之趾定角也。將其子與孫，又奚但若而人已哉？毋亦曰仁者有後似也，要由于帝王之胄則然耳。

贈郝長公序

先是有郝大夫諱松者，守沔陽，多仁政，當時稱治行第一云。大夫五子，皆克家督孫。長公燧尤恂恂長厚，有乃祖風，人皆曰郝大夫仁心足以覃後昆。在長公椎少文，有子克墉爲博士諸生，藉藉有聲黌序間，復將以經術起家，紹前武稱昌阜矣。乃墉今且舉次子，而長子恒復抱孫，視長公爲曾王父也。夫世之人有殄于其躬者，矧有子，而爲文學有躬不識孫者，矧孫而又曾？今有子而文學且有孫，而又見其曾孫焉，其爲愉快何如也！昔武平虞經爲吏，仁自比于公，而必其子孫爲三公，至孫翊果驗。乃翊爲朝歌後二十年，家不增一口，自悔其中有冤者，將非謂仁不仁之較耶。使大夫在沔陽，非仁而有冤，求增一口且不得，況身有五子，比及長公繩繩而孫而曾，四世叠踪，人以此爲仁心之覃後昆，信然哉！左師有言“德必遠而後興”，以沔陽之仁，長公培之以長厚，何必子孫不爲三公也。或曰即子孫爲三公，長公種種或不及見矣。然聞之長公今始艾，亦惟孫曾夙智與不耳。客卿六歲，文舉十齡，甘奇趙堯，豈待壯齒？令若孫曾早慧如諸曹，即長公嘻笑見之，故駃騠之生十日而超其母，鸑鷟未脱雛而具五色，長公試玩諸股掌之間，果有此奇乎？則何必子孫爲三公，而身不及見之爲憾耶？

壽李太孺人八十序

余嘗讀更生《列女傳》，未始不繼之以太息也。曰是何上下千餘年，所録僅數十許人，若此寥寥哉？是數十許人者，自王后而下比多以烈節，而經行者不概見焉。原所指殊以激頹俗爾要之人，不徒以殉命爲高也。昔者趙氏下宫之難，程嬰不與，乃卒立趙孤，使嬰而效匹人之諒，以决一朝之命于趙，奚濟而亦奚貴哉。嗟乎！觀人于叔世號稱偉丈夫，臨變故而能成名立方者蓋寡矣，無惑乎人始以殉命爲高也。况以女稚柔曼處闤闠，非前聞大義，獨能挺然特立，不蹈小諒而竟克有濟焉？彼豈儔人之人與？方李太孺人與其夫古溪公背也，人固難其守。顧孺人矻矻能守也，雖有他言撼之卒不動，乃自立門户，嚴訓諸孤，殫瘁弗辭，因之各底成立，弗隕其家。史遷有言“大直若詘，道固委蛇”，孺人庶幾哉！將謂嬰之亞而女之丈夫者不邪？太孺人春秋八十乎而壽不但已也。夫稱壽者詎一端，有身壽，有名壽，身壽彌百年已矣，修名既立則南山可泐，而由是東海可塵，而由是千萬年弗啻也。太孺人修潔自好，何愧于兹？余方紹更生之業，將首書之，以載令名于無窮，斯其壽信不但已者，或曰舜跖同壽，而名同永。彼跖何修曰豈其在此，不觀陳夏姬雞皮三少，既壽于身而名亦及後世，乃君子耻言之。惟魯成風，身壽則國人稱頌，名壽則萬世稱美，彼所貴有在也。故曰“蘭艾同畝，芳臭异取”，其斯之謂矣。

校勘記

〔一〕“婁”，據文意疑作“屢”。

龍塢集卷之六

贈序類

瑶臺遐祝圖[一]序

太孺人賀氏，葭州李翁之配，余邑侯汝器母也。往侯迎母就養，無何思歸，歸焉。歲乙亥，母壽八十，侯且遥祝。于時二三僚屬以侯故，爲繪瑶臺圖獻之。夫昔人有言，達者述義，拘者執迹。圖稱西王母，事不經見，乃其軼散，見周穆、漢武傳甚詳。世人稱壽者類輩之君子，置而弗論。夫壽，義也，義有取焉，概以置之，與耳食奚异哉。方太孺人失特，尚豐少，攻苦食啖以教藐諸孤，葭人稱高矣。今侯治稷綽有古良吏風，母數戒，猶恐一旦忝及未亡人。侯所爲日兢于官，則亦以孺人故哉。夫源深回流，葉重糞本，在水木猶然。故子以母成，母以子壽。昔文伯因主績而聞教，益修于官，載列左氏，至今談者猶生也。侯既追迹于歜孺人風軌，亦庶幾敬姜者，以是爲壽何既矣。若竟圖説所稱西王母壽義爾，總其實太孺人壽曰在此不在彼。

贈何允功序

何子允功甫初由縣功曹稱無害，已，廢而家居十年所。乃受署臨淮府侍讀，蓋欲用其所未足，烏得謂計無復之耶。古之賢豪士不在本朝，多顯名諸侯間。世稱張耳、陳餘賓客厮養，莫非天下俊杰，所居國無不取卿相者概可睹矣。當高祖取天下，同時勛舊封國者非一人，不數年亡國陷辟，各不終其身。嘗讀封爵之誓曰："使河如帶，太山若礪，國以永寧，爰及苗裔。"始未嘗不欲同休于永，而乃有然悲。夫計之生熟，成敗于人也深矣。非直侯王不德，亦左右挾邪僻身，不兢兢于當世之禁，以承衛天子而致然乎。盍觀之漢楚王戊胥靡申公，卒爲天下戮，不能親用賢智也。蒯通效譏驕淮陰而因以斃國，則所用非人耳。語云"安危在所任"，信然哉！臨淮由恭獻、武靖兩王以來，溯所封二百餘年，雖失國鼎革之際，卒爾光復，疇其爵土，則以長厚傳國，有世德焉。今天子修前勞，視諸侯王子弟若肺腑，咸加德意，侯復以舊德用操，心堅正身不見疑，有如功甫在列，朝夕贊佐，相得益章。吾于侯得功甫而卜其流澤益綿遠矣。

贈殷明府入覲序

夫晋阻三河爲國，嘗用富强厭敵，東西秦猶辟焉。乃其地狹戹，田最下，即帶郭無畝鍾者，更繇租賦出其中，訾力恒詘，説者復謂大河以東多晋公族子孫後，喜矜夸詐，力相傾奪，報仇過直，積霸之餘習也。今詎云然哉？稷民稱願慤有初矣。終歲守本業無它食技，游賈四方者自度纖儉而澹其欲。挽近出豪少妖孽，里閈恣恐喝，稍不厭造飛條危法中之，無异犬自相食。吏復深入重比以掩不逮，安在不糜爛也？矧乃歲惡不入，科發徵會機駭遙軼，當其有者半賈，亡取倍稱，流冗載道，直爲此廩廩焉。當是時，藉令如冉季者出而重承其猥，亦難旦夕圖也。公至，謂將亟于爲己視之頌，與若不欲爲衆，灑然异之。無何，出行田第坵畝，使各實所掌，參孅惡差賦，民無不得。法令撿式持一意行，必不有所左右。吏即巧請市權自名，一錢以上重案之，毋得脱豪民累，足自屏匿，不敢以身試法，傾奪之風頓衰止，細弱得所恃就衽席無恐。司農屬趣租稾，少却輒當以軍興，民且狼顧。公曰："國所急民耳。民在何憂課者？使挺而逸越，縣官何賴焉。"

尉薦鄉部各安堵，課亦以時上，有亡少患苦。以其間修横舍，月朔朝諸生論難經義，士皃藻樂業，弦誦迄不絶。公蓋期月于兹，而稱毋害如此矣。所爲興除取便利元元，無事毛舉。即他設反道之行，追時好僥譽以取世資不爲也。

夫兩漢吏治無如趙張邊延輩，乃民所歌舞獨翁卿伯，況見謂子視不擾大歸可睹已，以公方之亦又何多哉？明年春，天子開明堂受計，公從郡國長以次伏謁，上前借問何以治邑，得善狀，將襲王生之語，猥以長者自居乎。無已，則以春秋對口畫然不然之計，爲百姓請命，開萬世利。公必有説焉，而非膚淺所幾也。

奉賀太老師周母許太夫人七十壽序

往癸未春，天下士大對公車，余師周公以侍從輟直隣佼之，得士若而人，不佞時濟厠其末。乃後時與同門生摳衣容堂，競有所諮，請退而沾沾自喜，師輒挹而進之云，啓予者商也，熙然家庭相與矣。師蓋臨川人，《圖記》臨川蟠江距阜，世鍾异人。往無論已，我國家二百年來，海内學士稱闤闠，詩書亦復無出臨川右，即如太師母許夫人良自殊撰矣。當先贈公捐舍，母盛年，業欲相從地下，師于時藐然者孤也。母方朝哭夕而篝燈督師學，倦則呼而前，下意設難，一仿諸鯉庭。即歲時脩幣外傅，乃所受業得之内訓居多也。師既舉計偕，成進士，有官，母無不與偕，曰："余恐小子備官而未有聞于以忝及未亡人。"凡所爲程量注厝，礐然有定矣。師藉以周旋展采外内，爲令稱無害。入列法從，正色立朝，不依阿人主，與俱上下。每朝候上間輒引是非，争大體，國家賴其便。再陟奉車，進納言猶之掌御唾壺，當世之士榮之。師出而參國是，謀議廟堂，退即上食太母前，從臾曰："母庶幾安之無虞？"正臘母輒脱然加一飯。先是，師奏最，會覃恩進先贈公如其官，封太母太孺人進太安人，方之木葉糞本然。人則有言“深山大澤實生龍蛇，非是母不生是子也”，信哉。母既出名胄，幼佩象德之訓，善書、史、《春秋》，雖則七十乎，乃神日王時，猶臨池作小楷課諸孫，間成篇什，褎然作者，足術不朽，時又輩之義行桓嫠云。縉紳先生以今游兆淹茂歲之夏五月二十四日，屬母帨辰，争走門下，舉觴而祝延之。夫所稱祝延者，猥以齒髮云乎？不謂有生能終穀食之法彌百年易耳。即一身三少，德不足邵，亦又何稱焉？嘗聞魯嫗徵在生末周，迄兹幾何齡？猶是儼然生也者，則以子尼父故。當其時能言如七十子繆欲祝延之無從也。吾師操孔氏之業，師表一世，將所爲母氏地者，詎以齒髮計？矧而母德自貽長厚矣，戔戔如我輩又安用言已也！

贈華守張君序

關中故稱百二，毋以河華重耶。當强秦日，斬華爲關，威制東諸侯。漢起，左輔翊京兆，故大河以西列郡以什率無如華劇焉。我國家都燕，南自昆、滇、巴蜀，西及河首城郭，諸國歲職朝享，津梁之上日無慮十輩行，維是渫過煩苦，疲于奔命。史不云乎其地膏沃，饒水泉，民重爲邪，庶幾文武之遺。今殊不然，大姓豪任俠爲奸，漁食羸弱，或持吏短長，掾史能者便文鬻請，不難以身試法。南山盜群聚鼓鑄，間行椎剽。歲比不登，閭里枵腹待哺，道殣相望，即他獄市租繇無問。守欲以一朝幾辦治，難矣。先是張君用經術高第見推擇守華，視事無何，華人士即家相慶以爲得守晚，蓋君在郡一切省文法，因俗爲理，與民休息，朝日坐堂皇，延見三老力田，問民所疾苦。已，吏簪筆持牘趨謁君，第大者署，小者罷遣，退而閉閤卧矣。所飾厨傳供過客才取具，客即貴倨，君持大體磬折無加禮，亦卒無以難君也。聽獄大小持平，未嘗覆案，不急以事束濕。其在豪猾必竟之，無復縱舍。盜賊發覺，微得所過主名，旦敕游徼受事往捕取，一無脱。有所論比奏成手中掾史傳爰書如章。欲少因緣求請，一錢以上不可得。時行磎谷，循水次，令民疏渠溉田。田有畝鍾者，督租裁闊狹，與民假貸，課更以時上，民加愛信焉。頃以旱故所在，煮糜散金，其厘至矣，而功不圖。群輩守關流散失業，徐視華部中煦沫相濡，猶是衽席也者，重在得君耳。以故御史大夫直指使察廉輒以君稱首。會君遣吏賫伐閲奏三年最，于時上以君治行第一，制誥褒美，時人皆榮之。無奈華民日虞君遷去莫之留，而家相爲吊也。

贈唐若素提兵西越序

按《圖記》西越僻絶嶺南，《禹貢》《周職方》所不載。惟是蠻蛋居之，其人外痴内黠，卉服鳥言，地界交荆，多暑濕，蝮蠚毒草隨在爲然，非其土人一朝不可居。且恃阻岩谷深，箐中出没爲偷，自其俗則爾。秦楚以來數創兵禍，雖服叛莫常，撫之有道，亦輒舉種回面，請吏而内屬，以迄兩漢，編數部守郎校之署，賓幪瑋貨軨積内藏，致遠之效，于斯稱盛矣。我國家甫下百越，知其俗難以冠帶，理從中國，弛刑徒冗，錯居爲伍，以漸沾被，一切賧贖從本俗取要質，不有成科，懸之挈令，熟獞保界，薄賦闊狹，微示讋服。每敕長帥威與惠參泄之，如斯而已。不良有司曾未諳其大較，恣意峻[二]削，彼不勝患苦，游獠駭鳥從而躁起，致如世廟時，古田萌逆嘯引輕剽，燒城邑，殺鄉吏，勞師曠歲，軍興費計且億萬，雖虔劉幾盡其類，深惟祖宗致柔遠徼至意或不如是。夫彼小醜，烏足爲一日之間驅而并命，天道之謂何。乃後廟堂主畫從長計，每遣舊德重臣督護之。而若素有是行也，不知受事日，將復厲威武鷙係殘孽，務殲此而後朝食？無亦綏懷與休息，視如齊民，俾海隅沐江澤，兩獲其便之爲得也。矧頃創大軍之後，即彼喘息無遑處，在我奔命蕭然疲敝亦獨甚于焉，少加恩信慰藉之，彼且重爲德我而忍爲我梗？猶之蕪社易于請福然。第令一二迷節，終不無少犯，黄龍清酒之盟可覆而視，兹謂以夷制夷也。行俾府江目岩間，家稱樂土，庶幾選用舊德有當哉。即它日有談衛尉主爵及伏波之事，以聳動左右者，願若素塞耳無聞可也。

若素本閩人，早以詞賦名高，初從計偕直中書省，即對太常，爲司空尚書郎，補外臺，提兵滇中，會不相能，淹恤郡理，再涉司農數歲，及有今命。比行，同署三事陳君一初、吴君原豫、胡君爾潛、劉君介徵，兩陳君敬甫、國潢暨不佞道甫設祖都門，紹乃贈鞭之雅，各有稱説，爰屬次第之如此。

送孟申甫守建昌序

國家爲民社計，寵及官屬，士從衣褐中致位上列，所爲稱任使，未可一朝而辦，二三風議暗于道數，詭核目睫，有甫坐堂皇，猥以它郤中之，吏事日耗何怪也。漢稱吏治亞于三後，舄奕來兹，亦曰假便宜越拘攣，得試有所長，以自表見。不然方圖振設，掎奪隨之，爲吏者救過不贍，他何冀幸矣。内外監牧均之爲民，幾慮相萬，若此上下何賴焉？郡國稱守爲難，良是矣。假而士有褒略絶軌，出其疆力，自足究一世，彼亦安能底滯我也？自頃三垂灾祲，大江以南重罹水患，主上憂勞仄席，日諭所司敦簡三事，行能高者寄以方國。乃孟大夫申甫自余署中被差擇出守建昌。申甫起射策甲科爲郎，猶云大微積星散員耳，今以二千石之重專命一方，貴倨矣。夫豈不度而以溟涬求理哉！惟是建昌在南楚稱孰郡，地當閩越之交，多寇盜，急之倒轕而走，伺其間出，而恣所虔掠以爲常。俗兢辭説，少信輕剽易發動。士大夫賢者清克自矜，其詐傳亡歸輩市權操短長，攝有司以目而恫喝之。諸侯王胙土其間，恃肺腑位尊養厚，挾重器以臨我，日數其齒責，租奉稍不厭曹起而讙焉。猾胥辜榷因緣爲奸利，囂口不根起大獄，驟而聽之，小可論大可族也。勢家并兼見田不籍，匿口算過，更課累下户。矧而所在匱乏，至勤明詔蠲租藁，州邑持重，猶是徵發不少貸。流冗抗敝，靡所堪命矣。申甫往，而遠近旄倪方飾法駕次海昏，慨口稱娖以待，庶幾更生有期。將奚而哀對之，以一身而復百已者？無亦省文法，除苛細，寬和爲理。市道小民在邊邑爲偷，吾置百格長能勝之。由然隨會弗爲，未聞發策，淮南寢謀。彼其何人，即今王要腹如劉蒼易與耳。俗云少信方是，群然目攝。我而長厚先之，卒亦莫予侮吾，而束脩無害，吏胥忍爲奸？得情勿喜，束矢坐衰，取豪强并兼家，把其負重繩之，無復縱舍，民何以稱冤？兹其堇堇者。無奈四方告詘，向傾帑藏調度之不足，使者分部督趣，將一切蠲除，其何以佐國劑所緩急，適物觀時以濟崩敝，信非有褒略絶軌者弗任懷哉。申甫尚勿諼余言，以終素絲之風，即風議臣行部將以治行上之，無能難我。何虞不爲黄次公也？

代贈掌科田公參知山東序

人臣操制議之術，于以輔相國家，身所在則重之，内與外安擇？彼不知而燥濕云者，猶之目皮相也，何淺矣。當公守大行，束脩自矜，見適諸侯王國分庭抗禮，無辱命已。入掖垣，日持皂囊簪筆立交戟前，凛然正色，睹所爲是。風議及之，未嘗罔養依阿與上下，朝奏而夕報可，無論賦士，關中稱得人。即雅意行葦，條諸藩邸闕格，一與參泄，蓋屬籍人人自便也。既由禮垣都給户曹，當是時，南北郡縣十三水旱，元元塗炭，廟堂仄席計莫出。公從臾上前，調緩急，指陳便宜，遣使發帑金加恤，無慮什輩。行蠲除實傷田租，更賦口算，民獲少蘇。公與有力焉。日者二東空匱，流冗未復，其諸不逞鋌而走險，鼓鑄爲奸，大姓豪匿借亡命爲地方患苦，士大夫居者不能修尚，擁富資大田宅，侵枉閭里，莫敢誰何。憶曩昔車轂擊，人肩摩，吹竽鼓瑟，鬥鷄走狗，六博蹋鞠，志高而氣揚者或亡之。守令苛刻設科條，陷人無辜，其監司或以喜怒驅逐長吏，恩阿所私，百姓抗敝以供送迎，迄無所請命。今主上惻然東顧，茂簡能吏，以幾填撫見無逾公者，乃輟直假公以行。夫公實諸田族，齊其宗國，往而修先烈，詎云豆區釜鍾，加量出而薄取，踵其家術，用以收輯其民矣乎。夫齊本文俗自熹易，動以義行，問有鍾離、葉陽其人者無恙耶，吾從而業之，毋拘官簿，彼且輕衣食，振孤窮，助主息民而爲我用。由之風及士大夫，敦行廉讓，何有于大姓豪第。聞大海以西岱畝以東，總秸粟米耗不登三之一，奸人無所寄托，鑄山煮海以苟朝夕，微示以法，將稽服之不遑。昔平陽相齊稱平，至告後相以毋撓獄市一言，蓋云謂是乎？夫監司長帥群吏，公之廉武有聲矣。其孰躍冶以效不祥？歲時行部舉彼無害，慰藉而口勞之，即不者矯矯惠文，不寒而栗矣。語曰“雀鷇不能爲鴻鵠謀”，兹喋喋奚當于公，無亦曰樊侯補袞，亦以城齊。吉甫修別駕言遄歸，與公同夕，二三君子猥以相屬，又安得而廢諸？

代贈猗氏令陳公序

公當舞勺歲，有聲箕穎間，人業以賈生目之。乃太翁治經術知名，稱太師，日趣公下帷受讀。已公由射策甲科爲令，太翁以明經推擇補文學輩之前，列叔齊父子其亞云。公初試咸寧，其地故長安也，中具五民，謡俗詠詭取，治辦爲難。即漢能吏如趙、張，操威任術，僅然能勝之。公居以無事不下堂而理，何有趙、張也。視今猗頓者，彈丸小耳，宜易如乘蜩，公獨凛凛弗遑處。蓋其地狹隘多醎鹵，民事本業無復他技食，歲一再不熟，所在餓殍堙溝壑載半。公方發庾廩，分突煮糜口給之，不足，請于上，得千餘金，曆其齒頒焉，由之相與煦沫濡哺，而民少蘇，則家爲尸祝曰："微公吾屬幾無幸，公其再生我也。"其他務休息，蠲一切苛急，所爲枕席而安全者，惟力是視。即諸臺察疏舉治行日以聞□當寧具是矣。公既賫閥閱奏三年最，天子加璽書褒焉，且欲榮其所自出，公移書從臾太翁前，請告政于以僭新命，太翁報曰："余束髮執藝，抱一概之操，計欲有所施，即弗偶，猶幸以次補文學，爲國作士籍以效犬馬。奈何僥兒輩寵靈委身，無復之而稱夫也者?"于時公弗敢强，乃其母妻與繼室獲贈如令甲于榮矣。先是，繼室封生者，生者弗居，曰："往孫氏裘褐事公久，相與攻苦食淡，余一旦發笥據成事，奪之弗祥。"遂推而畀孫氏。人以爲難，它婦莫及也。本之公内行相服習有如此。公恢岸廓然，負公輔望，方爾駸駸嚮用，聞之制詔使論上意，且曰有後命。夫然即如它日階華寵尉薦後先，兹其權輿乎。沾沾一命于公毋庸爲多也。

壽張母李氏序

古所稱婦德，雖不專一操，乃貞亮之爲尚，概其成事殉命直疏節爾。夫女性柔曼，能决一朝之命，距不稱難，然而無當于夫也。孰與立孤而又孰與能賢其孤爲尤難者。即趙氏下宫之厄，嬰、臼二君子所爲後先徽美未殊，成宣之緒卒賴以不隕。嬰賢于臼遠矣。當張君之與李氏訣也，曰："爾殉我可乎？如此藐然者何?"李兩頷之。當是時，李豐少，九陽甫六齡，李初不欲生者數。已而曰："夫有成言矣，奈何負之?"于時罷。朝哭撫九陽，口授古傳語。稍勝衣，爲除丙舍，延傅教之。門内事小大獨關其手，日夕不憚操作。家本温給，逮是一如昔。九陽朝出受讀傅所，暮而歸，李必設難，問日所受幾何，能習否？習且勞慰，否即嶕讓不少假。以故九陽甫羈貫，列名諸生間，籍籍有聲。李猶時口夫訣，洒然稱未亡人它日何以復地下也。

蓋聞李少習儀訓，閑于婦道，當其理，内善權奇，無愧女懷清。教子九陽馴謹稱文學士，即魯敬姜所爲文伯者，無過古今，人詎相遠哉。今李春秋七十，尚健飯。九陽經術日益精行，且奮迹賢科，浸用光大其家，庶幾母氏荼毒數十年身，見其成就而後喜可知也已。

贈郎中周之禎參議滇藩序

滇中故徼外夷，屬博南蘭倉靡莫間，土沃饒，有珠玉犀象、蘭干桐布諸珍賄，富厚自贍，叵如種類，多慓黠，易煽動。當熊蹻略地留王日，必爾變服從其俗以安之。秦漢以來，雖嘗請吏，時從闊貸與之，復頃畝不租，十妻勿算，猶然叛服靡常，安可以中國法繩之？我國家拓疆南中，黔寧昭靖，實經始之。已慮反側，發漢人適過徒牙刷錯處，設一切法，賧贖重輕如其俗，積二百年無它也。乃後長吏非其人，挾奸樹算，苟罔一時。重更賦科條苛迫之，少有梗即鷙忿梟裂，鼓釁發難，甚至僵仆柔良，襲功詭上，以致綱維撓毁，職誰其咎？夫國家設重臣，通厚蠻夷，謂足讋服，暢威德，豈其謬盭若兹，而稱長計勝術哉？

余曹郎周君之禎雅具通材，習吏事，向監儲徐沛，士業皃藻，稱無害。既還署中，主受關以西所奏，計有章大者下所司條議，比上之，無不報可。余私重其能。無何，奉璽書以藩參治粟滇中。夫于昔有之西南一尉足矣，居滇者苦無事，今且厭事。之禎行得無云爲已乎？所在痍傷之後，緩其銜轡，無煩徵發，相與柔綏而慰藉之，以息衆勤，庶幾躁人可定也。其它租餉，彼中歲穰，惡足爲使者憂。不然以之禎束脩明智，一物無概于中，顧從而喜事蹈危，矯拂人所不堪而規以自竪，必不然矣。之禎用久，次當得副廉訪，日念涉仕淹越，思一過家上冢問太夫人起居狀，主爵者重違其意，有是役。乃今震華鼓建節行過本州，何异着綉晝行也，之禎亦榮矣。

送郎中蕭君以孚守寧國序

當嬴氏兼諸侯，夷其國爲郡置守，故守職視諸侯。漢差官簿守獨衡扼之，或由尚書令僕射出爲郡守，或自郡守入爲三公，如此其重也。乃後官從中都出者，輒厭薄爲郡，謬矣。士大夫操術懷略，欲究用一世，所貴居前能輊，居後能軒，安由剖符典郡班政千里如守者，而猥欲薄之耶？頃郡國列狀上灾變，東南特劇。廟堂思惟敦選明德往紀綱之，于時蕭君以孚用爲郎高第，出守寧國。

夫寧國古宛陵地，在大江以南，土膏潤畝鍾，歲再熟。記稱"飯稻羹魚，不賈而足"，民以故偷生少積聚。比罹荒饉，户口空匱，群入野澤，掘凫茈食之弗繼，流冗載道。雖主上惻然，遣近臣案行稟貸，何能一朝濟者？矧其謡俗從闔閭以來，招致天下喜游弟子五居其處，所在長吏非其人，即哨起持棓作白跖狀，爲地方患苦，非今斯矣。民既輕捍文罔，奸吏弄法苛削，株逮主者，不即訖竟卒就糜爛已。歲課租稾計百餘萬，轉漕京師，脱責辦不如期，一旦有軍興及它徵發，何以佐縣官經大計？彼方之人日夕戴目祝天，冀得一仁君，庶幾活我，乃責有難以卒舉者。以孚往，將何以慰藉之？可徒曰諸雜付令丞，吾責大指，而直以卧理爲也？無亦訪落前事，咨得失，條所緩急，與之更始。兹姑舉一隅：夫南田利水，昔有立曲阿新豐塘灌溉高仰之田，歲豐稔，民無以旱失業者。兹百世之利，胡可不務？而小人無慮，坐困迫即跳而偷息潢池中。吾挺緩之，戒胥吏毋煩科指，時遣無害吏行部理冤滯，于以立化樹俗，彼且衽席就我。因而假便宜，寬其負算，即田賦委輸，官有常調，弛張而已，何難也？以孚居屬寬博有遠致，行邁《周南》之迹，垂《甘棠》之風，今主上茂德勤人，享有异政，當且乘驛問焉，三公虚遲在以孚亦復何讓矣。

送郎中陶君汝佩守廣南序

肇乃國家分區設采以庇宥群生，圖理效莫先二千石，其越在方徼者，見謂懷遠屏内，視中土孰郡尤未可同年而論。异時邊郡守出日，傳輻驂駕給鼓吹，稱娖前導，以示威重，詎徒然已哉？滇中距京師萬里而遥，所在夷部以什率，廣南稱雄。儂沙種落食其毛，是不一世。地多陿阻，林居干欄，雖則靦然人也者，實禽獸與同。有不得，曹起憤蹶，迫之即雉兔走，扃固孱顔中假息焉。當本朝平厭三垂，偃蹇後服，既請吏内屬，置郡邑，同視億兆，猶從一切法，用渠帥爲理。復度任職守往撫存之，務令夷漢相安，嘉與無外而已。頃緬酋鼓釁，種自屠戾，當事者過計貪首功，殃及無辜，失蠻夷心。當寧勞旰食已，攫其人致于理，仍核所在長吏不任者更置之。自是選人爲南中擇吏非賢亡畀也。乃今尚書郎陶君汝佩從余部以材諝補廣南守，汝佩負遠略而復敦謹，庶幾舉策數馬之風行，將何以爲廣南？夫彼既渠帥用理，視守如南箕，吾業奉簡書林其上事不相副也。惟是申章約，糾察不軌，權譎自持，亦姑矯鑒前違，毋索疵瑕，歲責輸滿算，他一如元封已事。復其人聽從本俗，彼且嚴事我如神明，何敢爲一日間即守欲它往，過渫自如，相戒毋請留？畏使君勞先于所往，除道填館舍，展物庀事，俾之即安而後已，人輒曰守安所用，而不知爲用者重若斯矣。不然挾術出奇，妄有興廢侵苦之因而沮信，向開隙階亂，坐樹大梗，何以稱安邊遠應古始哉？汝佩起爲郎，居長安不數年拜二千石，曳金紫，出都行謝，故人榮華道路，它日賚閥閱乘折轅車從南而來，使人逆之謂五紽尚故，無易我素，然後知平生之言庸無違也夫。

送年友郭弼卿守廉州序

國家分屬設采，期以興理化，出入參選惟其人，故郎官高第者得補郡。郡稱治最，驟而陟列九卿以爲常。乃後郎署補郡率淹次不得調，即調猶外也，欲如曩張季次公輩已事蔑幾矣。人以故多厭薄爲郡云。乃士君子懷材負奇，抱一概之操，方欲縱身紛錯，試所長于以著名春秋，奚暇程官簿校中外哉。

郭君弼卿日居郎署，佐大司農制經費，比要稱能，甚宜補埶郡，不謂得廉州。人意弼卿必厭薄之，弼卿不然也，謂二千石至貴倨，廉何負我乎？設而擇地業官，寧坐溺，何至爾者？夫廉故百粵地，表海負嵎，南際羸婁，西抵岑溪，獠俚雜處，椎結鳥言，去中土萬里。趙佗以來，夷俗憍虔，難與冠裳理。漢遣路衛尉楊主爵將樓船百萬，誅其君長而郡縣之，才取質要羈縻而已。峝傜洋寇時出没作梗如故也。乃其中有珠池、羽翠、海錯之饒，而日南徼外夷如占城、徐狼、扶南諸國，賈胡載犀象、珊瑚、撒哈刺洋布，兜錦雜寶貨出海。惟欽廉綰轂其口，民因之艷羨奇羸，呰窳不爲生，一旦迫迮水走海陸走，諸峝如翔鳥不可下。即我朝威德懷來，漸以禮教文物，幾埒中土，而風流尚微。弼卿往而圖所臥理者將奚先？無亦省文法，蠲苛細，晨朝父老詢所不便，與挺而弛焉，從而緩池禁，資貧民，除横調，遷訛易俗，令方内樂業，百嘉昌遂，又奚徒華實之毛，稱瓌麗詭絶已耶？人復謂土多胡蔓藥鬼諸方慝可畏，胡前賢居此類不聞有所中？吾而任政懷殘，賊狼摯虎攖求以實溪壑，使一方受毒螫無所請命，必曹起而伺，以跆藉之，可畏孰甚焉。有如唐羌、孟嘗，恩及百姓，于今尚俎豆臚歡而歌舞之，豈其有是哉？弼卿與余同射策，已乃又同官，其人方嚴不銼，持論無依阿，他日有言身與貨孰親塊彼卷握足富十世，直唾視之矣。余以是知其能爲廉也。因贈之以言如此。

校勘記

〔一〕“圖”，原目録作“壽”。

〔二〕“峻”，據文意當作“脧”。

龍塢集卷之七

序文類

送大司徒張公赴留都序

人臣立本朝將以左右有國，豈沾沾獨力能勝哉？是惟二三同采者相與效屬，參可之以迄成事，其幾矣。設懷彼己，動而剌盭違其便，國家奚賴焉？當今海内藉休洽師寮百執事在列，無它職競焉。自頃以來，歲方并隔，民罹灾祲，兼之帑藏單竭，邊垂啓釁，致貽主上㢒旰食，責三事，以毘闕政。余以黯淺守司農，日祗慄焦勞，圖所爲副上意者，誠難其慮。幸而得公與同事，公既明達有遠略，數出至謀假我以不逮，私心爲識之。會上以留都重地，東南財賦所綰轂，惟司農在遴其人，卿貳中無如公閥閲高也，于時一朝拜今命。公行有日，寮舊共祖帳都門外，人爲稱喜，余獨愯然若失焉。夫凡交近而相靡以信違必忠之以言，即今司農有南北管鑰均之簿書，期會日徵報如同堂闥，然條列諮慮少不酬，利病相萬，公得無意乎？日者大江以南灾民度無租即以實除之，無食發帑金口給之。乃敦煌酒泉間民殘于虜，十年之田不償，异時京師稱仞積，紅腐貫朽者殆盡，而幕府飛羽檄請餉日無慮十輩行，其如主者持空籌而應之無錯〔一〕。何今郡國吏督租課更賦口算，一以民窮爲解似也？夫民即窮，安由一經絶海而俱然者？國家經費有常，必不可已，豈其云大小貊乎？有司徒欲徇士大夫之私，樹恩百姓，不恤軍國之大計，甚而與奸爲市，斯爲敝官矣。舊令甲算舟車，榷鹽筴，資及六畜，邇又增修武功爵，減直募人，應者尚寥然也。今而欲一切更始，疏瀹其底，滯嗇所由出而謹節其所受，將奚而後？可辟之輓載，然前者禺後者于則行，不勞而致道遠。是惟余兩人者任也，公豈無意乎？

向公丞符璽，日業與余共事，已徙留都，由奉車轉廷尉，晋貳司空，入以原官掌納言以逮今。兹在事久，乃其操行斤斤愸焉。以古人自耦，不爲燥濕，輕重者如一日。先是新鄭相當國，與公有内親，使一濡迹可驟貴，公獨遠之，未嘗以衣裾遮其門，世尤以故推高云。

贈童封君夫婦序

童君功倩爲汲郡司理者垂三年所，稱毋害。當賫閥閲入奏部，使者請留之，特以課上，天子覽而嘉焉，封其身及其親。乃二親方以迎養在汲，命下日，功倩製冠服雜佩于禮堂爲二親壽，時人蓋榮之。當功倩授官，今封公呼而謂之曰："小子備官而未之聞乎？陳咸有云'爲人議法當依于輕，雖有百金之利，慎毋與人重比。'"其母夫人督于傍曰："昔嚴延年治獄敢殺，令其母趣歸，恐無以畢正獵〔二〕。汝毋以是貽我也。"功倩本慈祥，又奉二親教，以故爲政一意寬平，獄無大小必恕情之所安而施于人。即臺部所下章，大者株連無慮百餘人，取所急僅數輩，餘皆縱舍。它吏或苛刻畏却，文深周内令不可反，功倩求情所在得之，呼而傳爰書，成案無問也。終三年所，凡與平反者幾百命，然後封公夫婦喜而愉快可知已。兹所奉朝命，加寵被，余不謂得自功倩，乃公夫婦良所自取爲多乎。不然，即功倩材諝自性有，安得株累不失？假而薪未及析，奚所負荷之？辟之木實有衍，或以庇榮，而挹餐葉滋糞本，亦豈所外來者？余于封公夫婦有感云。聞公夫婦齒未艾，而功倩功名方鼎鼎，日躋于通顯，由之荷三命而車上僎者，殆將與齒年而并茂已。

贈童功倩擢鞏郡序

當公守司理汲郡者六年，于兹稱能也。臺部察尤异，章凡十許上，遲有内召。無何得西命，衆爲詘之。蓋以公在事精勤，急民務。無論平反寃滯，即行縣日，訾量地力磽廢，實見田議，蠲租逋，便輸納，業已得請，窮黎如解倒懸，家爲弦誦矣。且而今上方旰食求賢，侍交戟中居幾何人，權德品行恐無出公右，胡畀而之西？無亦廟堂謀議必自有當，恐未可以偏指不參度之。日者方隅多故，西陲爲劇，赤酋殘我捏川，叛卒驟起銀朔。方是時，朝勞内謀，兵憊外攘，三事回遑，選懦鼠首，非無雄鷙之夫罔權彼已。動違其便，汗軀未息已爲脣吻所及，何難也。頃藉廟略悉，南北虎旅僅平之，軍興輓輸如滇盧〔三〕罄，内藏頗亦單竭，而伏孽遺醜睥睨郊保，猶然寐不能忘耳。主石畫者矯鑒前違，重欲得人以往，何怪公之有此行也。乃公亦有意乎？

昔漢武以雄材事遠略，北却匈奴，西逐羌氏，築令居塞，開西河四郡，隔絶交關，于中置莫府涼部，其治也無如异類，難取質要，終漢以還，叛服靡常結患生人者，非一朝卒不能撲滅。蓋云一氣所生天尚闊略之，所在制馭得術，將之權譎，威與懷泄用焉。俾無它變，亦庶其可乎。即彼中酋狃狀邊利，内多智算爲種人信，向者吾資購之，撫以恩信，從所取計，或假疑間嗾之，令自呑噬，吾曾不出薪，未爲非計也。矧涼部雖窮邊，沃野千里，水草豐美，宜禾稼，因而修屯田，引渠以溉，畝鍾以上者爲之浚漕分餉，可省内郡歲輸何但千百？由之邊賦兵强，即營乎坐困，先零已事如睹耳。公慎毋曰兹國家大計，猶有專之者，我非其任也。倘行而使戎亭息候，仰紓西顧之憂，竊見尺一褒序趣還内廷有日，又何憚遠哉！夫余與公周旋久，公有遠識，足方略，隨所樹立如璽印途然，余非以溟滓决之。簪裊在御，業將發矣，姑藉繞朝之誼爲説，以亂行李云。

校勘記

〔一〕“錯”，據文意疑作“措”。

〔二〕“獵”，據文意疑作“臘”。

〔三〕“滇盧”，據文意疑作“填溝”。

龍塢集卷之八

志銘類

明鄉進士楊君時茂墓志銘

曩余髫年就外傅，則與時茂同業先師高先生所受《毛詩》。時茂才敏嗜學，不煩程督，高先生蓋器重之。已補博士諸生，每試居高等，名藉甚。嘉靖甲子，郡國舉計偕，明年乙丑對公車報罷，歸而下帷，持誦愈攻苦，務得一當舉者。家即貧，不問生人産，人見謂專愚。自是四上俱報罷。經以故益明習。今歲萬曆丁丑春，業再上，會病作不行。已乃愈。忽一日復作，竟不起。是在十月十五日，距生嘉靖癸巳二月二十一日，壽四十有五。先受室高氏，卒隆慶己巳二月初四日，生嘉靖丙申四月十四日，壽三十有四。繼王氏，側室徐氏，子一邦柱，甫十齡。女一，許聘董倉曹宗堯男。俱高出。

時茂姓揚〔一〕氏，諱春芳，字時茂，人稱一川先生，家世稷山小陽里。祖付深，待詔卒史。父世杰，試郡功曹，室任氏，不子，繼以張，生時茂。幼慷慨有大志嘐然，少可耳故病廢聰。等輩或倨而靳之，輒目攝曰："爾曹仳仳易高耳，即以貌不厭而公，而公自有肺腸。"倨者更繆爲恭乃已。性既放易，耻握齱，不爲苛禮，由由與俗諧，曰"昔宋人待四海客，大爐不欲令酒酸。吾非斯人之徒而誰與?"雅自多豪，于酒一飲輒盡，數斗醉也。醉而醒而復飲，輒復醉，久乃成肺病。客間進規，佯舉陳孟公嗤張伯松爲解，其飲如故。乃竟以是卒。惜哉！夫自乃大父及父，比兩世守刑名，至時茂起家以儒術寖昌矣，謂將一日千里也，詎爾中道沮焉？天固畀之而復奪之邪？且士而日占畢誦法，古昔非直爲名高，大都挾用世之略，思效尺寸垂不朽，卒至偃蹇不振而隨草露没者蓋衆也。嗚呼！獨時茂哉！于時子邦柱弱不任喪，得門人楊子希伊者主後事。將以卒之逾年戊寅二月某日葬于里之西南原，高氏祔焉。希伊爲請銘，許之。銘曰：如楝斯材，狂飇猝折。言念修途，踣兹汗血。大直若詘，天道委蛇。孤則云藐，或復爾踦。

處士解君墓志銘

萬曆三年乙亥，處士解君年八十，會詔賜民間高年者爵一級，共推君，君不樂就，罷焉。其年五月十四日告卒，子學曾龜卜城北新兆，食。卜葬十一月八日壬寅，亦食。旦日杖而造余請銘，許之。

按解氏支出唐叔狐楊卒，晉處士，家居稷，蓋世縣也。諱守謙，字益之。曾王父良，王父鐸，父原，試郡功曹，以文無害見重太守，比卒，太守治其後事。母梁氏，弘治九年丙辰四月二十日生君，有氣略，能挽石弩，獨行廉倨少推讓，中實長者。初補郡功曹，習爰書，稱亭疑法，爲人請求，事事可出，出之即不可，必厭其意。縣人劉甲者抵事鞠府中，命家督裝百金進君，聽出入求解。君傾身爲之，事解日還所進百金，揭器如故。人以此誦義焉。君既伉直自負，好面斥人過，方獷悍盛氣陵人，遇而目攝之，必奪其氣。視下户羸弱反敬與鈞。故多望之者相與捃摭他事中傷君，屬有司雜治，卒無驗。君出而嘆曰："吾邑屋至不見敬，乃爲所擠若此，余非以口禍哉？"蓋自是削迹公府，謝賓客幾四十年。日與比舍老對奕談往昔。輩行輕重不相得，請君居間，多不往，固請往焉，無不曲聽者。或風以廢著息業，曰"能試有所長，萬貨之情可雍容而觀，其如非好何所事？”操豚酒祈穰甌窶間，歲時足醵飲食通被服，以是爲愉快爾。嘗貸里中糈數百斛，一旦焚券棄責。有三弟先逝，俱無後，備以禮葬。從兄廷儀遺孤子，女無歸，惻然收養，迄婚嫁之。晚得子學曾，知其奇愛甚。稍長行脩幣外傅，俾受經術。朝夕程督，不一雜他務，恐妨業。乃曾也學日益起，藉藉有聲場屋矣。君遽卒，不及睹所就，惜哉！

君配張氏，生女一，婿巡檢張彦芳。副鄭氏，子一，即學曾，縣學生，娶鄭氏，繼胡氏。竊聞緩急，人之所時有，以陶朱公素信莊生，托千金求出中子，竟以金去趣殺之，視若脱劉甲而還金爲何如？孔子曰“吾未見剛者”，剛何易爲也？洪涊依阿，世稱爲通人，多不見齒于君子。乃挺然質正，小人滋忌焉。欲免之乎難哉！能舉數百斛棄責，寧問子錢？有如賈豎規規行居，争時鬥智，以逐什一之利，且深用爲耻也。退惟教子經學淑身，由之俯而取世資，贏得過當矣，兹謂奇勝者然與？爰爲之銘。銘曰：山之南，水之北，窣如墳如，君子焉息。

明從叔處士王君墓志銘

世傳王氏皆王者後，獨太原諸王姬姓，蓋春秋時王子成父伐狄有功，因賜氏，世居太原云。歷漢唐稱盛族，五季兵變多他徙。元至正間稱卜居公諱肖爾者，余高祖也，始占著名數家于稷山塢堆村卜居，生四子，其三曾祖知稼公，諱興知。稼生四子，其三從叔處士君也，諱仁，字克榮，母曰李氏。君生而修幹長鬚，外軒軒然，内直樸略，絶智巧。既以農起家，見苦爲生難，故靣棄財，寧有己怨，無諸責家，固足旦同疆以胼胝污耶中罔自逸。克用儉損，非田畜所出弗衣食，以此爲閭里率。間攝族正，更繇均平，宗人舉稱便。居常恂恂退訥，事諸兄唯謹。他或禮節相責望，即肉袒謝，益繆爲恭敬。乃子有過不譙讓，即自請罪，復詳若不知也。與鄉鄰毋分争，鄰人亦毋與分争。歲時出租税給公上，必先期焉，終其身未嘗逮有司。至是卒，實萬曆三年乙亥九月十二日，據生弘治六年癸丑六月二十四日，壽八十四。配翟氏，生子一世賢，娶衛氏。女三，婿李孟夏、吉應魁、薛文曉。孫男四，一麟娶趙氏，一鳳、一夔、一龍。女二，婿楊登科、裴愈章丘主簿。曾孫二，幼。世賢將以其年十月初六日庚午葬村東原新兆，謁余操文事，屬之銘。竊憶先卜居公胥宇來稷，匪徒曰無豪易高也。察若地重民遠，邪田即下，可令子孫日勤以嚮義，計今去二百年所，息齒千餘指，歲總入千餘斛，尚爾齪齪守故，迄不隕其家，蓋貽謀使然哉！夫纖嗇筋力，治生之正道也。不窺市井行异邑，坐而待收，身有處士之義而取給焉。庶幾本富爲上，與彼用奇者奈何以田農拙業而薄之。

於乎！余于從叔處士君有感然矣，爰爲之銘。銘曰：高三尺者墳邪，窾而藏者處士君邪。後千百年論其世而不可得者徵斯文邪。

明朝列大夫宗人府儀賓李君墓志銘

近崖先生李君偉姿幹，身滿七尺，鬚垂尺又有咫。聲吐如鐘，見者争屬耳目云。曩余爲諸生，如絳逆學官使者，蓋始識君。時余方丱角，君以小友畜之。今垂三十年所，歲時不數會，即會罔不傾倒也。乃萬曆三年乙亥九月八日君不起，春秋彌七十高矣。子繼芳將以卒之再逾年丁丑閏八月六日葬君北窑莊祖塋之兆，卜且襲吉，旦日扶羸造余請銘焉，若曰“余獨與君深也”。嗚呼！余何辭。

按狀，君諱凌烟，字元勛，人稱近崖先生。世居晋絳。曾祖讓明，農。祖玄，河間知府。父英葮，州訓導。母楊氏，正德元年丙寅四月三日生君葭州官舍。無何，訓導夫婦相幾歿。君有姊，嫁爲輔國將軍聰瀾夫人，乃夫人鞠之公宫。初游小學，機警殊群兒，已乃授經衛先生銓所。衛先生明《尚書》，授徒汾晋間，弟子出其門試郡國咸爲選首。君在弟子中尤稱明習，業以經學應郡國選，時鎮國將軍成澗者，靈丘僖靖王中子也，爲女臨西郡君簡賢特，見君才美，勒以女尚焉，得請誥授朝列大夫，籍宗人府儀賓。君自是罷經學，流覽諸史傳雜小説埤語，舉能言其概。它日王世子某慕古射儀，徵府中官屬百餘人隸行之，君以善爲容署司正，已轉司馬。比卒，事禮一亡失者。大司馬蘇公祐守御史行部適觀焉，亟加嘆賞云。肅皇帝時，歲薦饑，會數軍興，諸王子禄不時給，將軍以下賫貸子錢，家多抱韓宣之憂。或以義動君，君即杖馬棰走千里，奏記中丞府，説中丞如發蒙然，竟牒所司，得萬金歸之，舉藩賴焉。往靈丘開國時，儀賓貴倨，有司接爲嚴客，後無賴卑偕下之，君獨正邊幅抗禮如故。家贍常禄，因積著累資數千金。顧好義喜施予，遇孤貧婚葬給禽木，業無衣食衣食之，鳶丐不能庚輒棄責，或再至，復不以無爲解。翟甲者，君初與錢通，後給取十金不授券，已使收之，甲佯曰亡是，再詰則稱以券證，君笑置曰："叵奈心弗若券信耶？"嘗德姊夫人鞠己，鎮國公俾立家室，後姊疾，遍求醫已之不已，爲製衣袍，庇後事。鎮國薨，損俸營葬。蓋厚于報德如此。家人子弟有過不譙讓，怒不至詈。與人亡分争。它人分争，君從旁微中以言，無不曲聽者。諸王子責望禮節，間不相能，君居間即昆弟語，除前郤。君既詼奇辯有口，時游于酒人，郡中豪欲相引重爲名高，日争交歡，遞主進醵金高會，聲妓滿前，君在座謔浪調笑，陸博投壺，競少年之戲，罔不人人戲劇也。即座不有君稱不喜矣。甲戌夏，君會我塢中，時甚健。君且曰："以我健可百歲否？"余繆應之然。君曰："嘻，即百歲猶旦暮爾。幸與君驟會歡然道故，竟此西夕足矣。”因命酒引滿數行，後掀髯放歌，其音越裂，若出金石。已乃别，别逾年乃卒。嗚呼！不謂疇昔之言君已長訣我也。

君有子男三，長即繼芳，郡諸生，三娶俱王氏。繼蓁郡功曹掾，娶段氏。繼蒴，娶孫氏。女五，婿郝希孔；暨郡諸生衛中華，即前衛先生孫，朝城知縣良相子；暨大理左少卿孫光祜；暨郡諸生田見龍。孫男五，一科聘柴氏，餘幼。女二亦幼。聞卒之日，君沐浴衣冠，坐語郡君後事，處分諸子婦，言琅琅不少亂云。

夫君初蓋藐焉之孤也，蹶起姊夫人之手，稱難矣。當其説中丞得萬金歸之，人人誦義焉。彼孰無緩急非夫，夫也寧足恃者。射于司馬乎觀禮，君自視孰與矍圃賢，乃卒亡一失。已置翟甲之金，而不能亡姊夫人鎮國之德，何其篤厚若是也。即謔浪調笑鄰于滑稽，談言微中可以解紛，其風軌孰尚焉。向君之才使用經學，進必大振發，何物宗親格之，俾功名不少概見于時。惜哉！銘曰：鬱彼九原，下多君子。爾疇與歸，厥丘孔邇。匪丘邇只，維賢則夷。千秋可作，疇不爾思。

明處士任伯子墓志銘

萬曆七年己卯七月十八日，處士任伯子卒，春秋五十有九。業襄事諸子請志。予先受室任氏，伯子女弟也，幸以肺腑知伯子。蓋伯子諱光祖，字惟孝，家世稷山，稱大姓，邑中豪莫敢與諸任齒。五世祖公卿，文皇時判貴竹，有廉武聲。生從道，從道生徹，吉州功曹。徹生智遠，縣功曹。智遠生希貞，芮城功曹，用訾爵一級。希貞室文氏，正德十六年辛巳九月十二日生伯子。性椎少文，即行舉天性。芮城公捐館，弟光裕爲博士諸生，光照甫孩孺。無何，光裕卒，遺孤三樂亦孩孺。伯子獨當户，慨然曰："先君洎弟以是藐諸孤貽我，奈何負之？"日軥録疾，力雜傭保，敦比田作，數年呰驟起。伯子瘉折節爲儉，歲足更繇租賦外即窖藏，候騰涌市之，民間金盡歸任氏。任氏富幾埒都君云。乃大治垣舍，作三區，諸什器各廢一其中。弟侄長請田宅，伯子聽自取。已又稱不便，聽易之曰："予不聽，安所間執諸口？爾曹視阿堵幾何，能者輻湊不即瓦解。彼操瓢囊爲溝中瘠者，其先呰豈予下耶？是在纖嗇疆力矣。"伯子家既饒，頗矜然諾修義而爲名高，諸所嘗施飲其德不伐。嘉隆間，歲比不登，官責租負，里中逋亡，妻孥股弁，被逮重困矣，伯子旦日出金代輸如脱耳。民且告饑，有司空廩莫繼，募豪富假貸，伯子首義，發千鍾爲閭里率，民得生活。縣大夫嘉禮獎勞。已大孰，民懷金粟益子錢就庚，它皆數其齒責之。伯子不欲也，曰："向與諸父老憂不共生，且耻無以佐公家，今免矣而敢牟取？"但具母者，餘謝遣，民益誦義無窮。居常讜論不阿，里人相仇，賢豪居間以十數不聽，得伯子居間乃聽也。舉事嘗稱先君不敢忘，事世父希亨如父，教子侄循謹，有過不噍讓，即門内勃谿，不少頃干之胸中。女弟適高氏，蚤孀，携孽孤來依，特割田宅養之。疏屬婚喪倚辦禽木者不一二數。至是卒，長老兒啼相語曰："伯子去，吾屬緩急誰恃者？"烏呼！以予觀伯子，口悛悛不能道辭，胡注錯乃爾。初業不當中人，卒用以呰高，豈術宣曲之故智而然？代民輸金，發千鍾爲閭里率，是鍾離業陽之行也。向而頤動子錢，就義若渴，去義若熱，君子何觀焉！予嘗入其里，蹁跚滿前，男曰廡下走，女曰君廬屋，妾非徒財力相君彼有以焉爾？第令如淺夫固吝，無愛利及人，人且相視如恇鬼，伺間起而投藉之，矧生樂爲役死，且兒啼相慕耶？烏呼！今已矣。

伯子室薛氏、賀氏，先卒，繼賀氏。子男四，三聘縣功曹，娶辛氏，繼程氏。三鳳博士諸生，娶吴氏，繼段氏。薛出。三綱娶曹氏。三統幼。賀出。女二，婿曹思恭、曹梓。薛出。今賀氏無出。孫男三，大臣、大輔，三聘子。大定，三鳳子。葬以其年十月一日，墓在小翟里南原。銘曰：與不期衆，少期于當厄。孰匹夫其身，九里蒙澤。碨壘謂何，彼杓之人。吁嗟桑扈，而返于真。

明處士薛季公墓志銘

薛季公者，諱艾，字維祺。其先出自汾陰公裔孫，世居稷爲望族，至明有處士好智者，生秉元。元生子魯。魯生純。純生讚，因室田氏，生四丈夫子，公其季云。幼而受遺，薄無所托業，即菽藿食，日三商未及口，身衣緼黂卒歲耳。一日發憤曰："焉用六尺而方朔死乎？"始從事漿餅胃脯間，會天幸不至乏絶矣。邑有楊甲者，大俠也，習知公，因與錢通，公就周術置大壚，身着犢鼻，日來酒人游竟日飲，顧無負進者。資遂起，乃稍用陶倮策，學積著操贏而息之。時諸子錢家苦它苛取，公守什一，則争集門下如市。亡何而廉賈五之矣。已斥旁産負郭外無慮千塍。厭旦被髪揄袂，督僮幹受署田中力作，自携豚蹄斗酒相勞苦，至一歲再獲畝數盆，及它果蓏鼓計澤量，而後富可知也。居恒自奉袓裼算器外無常物，或風之曰："兹故吾也。使一朝處柔綈，薦膏腴，將如體煩而内熱生疾何？"間有所過從呼脱粟飧，少佐羮酒爲壽，歡然立盡。一聞擊鮮輒却走，啃語"豈以而公溷汝爲也"。見里中少年稍具伏臘，業已鮮衣怒馬，醵金高會，日逐聲妓行，輒舉以屬子曰："彼偷生者，行見操瓢囊爲溝壑中瘠，不願爾曹有是也。"公方折節爲儉，頗重然諾，好振人之厄中表緩急，奓户請貸，出橐中有如寄，無問庚否。婚喪窶而逾期，輒爲具禽楷。當且月汾水暴没，餘皇柁師告急，公慨然捐千金，已而檣棙一新矣。家世田，更也者知不至絀儒術，命子開丙舍，群諸果解講業，發三十緡共續食，士翕然誦義，群從中學，即無以爲家，一切倚辦矣。

公于内行尤篤。少日，伯兄薺遒播秦隴幾二十年所，公稍長知之，裹千里糧累舍重趼物色于途，偶得之，相與抱泣，雁行而歸。末年，獨仲兄蓁在日奉七箸共案餐，曾無閲語。侄應詔輩早孤，家旁落，各授資斧，爲紀綱僕，及穸等次第疇有家室，則罔不人人父事公也。性端直，不能口掩人是非，始多擋挖公，已知無它，又推爲長者云。比卒，縞衣冠臨者幾千人。據公生正德壬申三月十五日，卒萬曆庚辰七月十二日，壽六十有九。初室鄭氏，有婦行，雅能以荆布操作佐公，公常曰“吾德曜也”。先卒。繼李氏。子一輝，以城城功籍學官使者，爲諸生。娶加氏，諸生績女。繼寧氏，鄉進士槼孫女。鄭出。女三，婿曹崇古、張拱北俱諸生。一聘諸生張光先男域。李出。孫男一，朝命。女二，一聘曲周知縣加傳男祥，一聘省祭何思男延師。寧出。輝貞兆卒之明年壬午二月七日葬公城北之新阡，附鄭氏。謁余爲銘。余觀季公一椎樸夫耳，不階尺寸，能起家擅其鄉，則豈無所長？操贏運奇變化有概，殆不可以貌言也。身累纖嗇自見苦以爲生難，胡于施予而就義若渴乎？既爲伯兄間關秦隴，誠不忍棄而在原也。退而視藐諸孤，何但波及已。於乎！敦明大誼，揭然于世，士君子猶難之，季公出六經之表，果以學乎哉！是可銘。銘曰：孰四壁一身而富于其鄉，孰積纖累微而然諾是徇。蓋曰好行其德而厚于倫，求不詭于先民，則季公之爲人哉？

省祭王君暨配郭氏合葬墓志銘

君諱尚賓，字國珍，姓王氏，别號東泉，世爲稷山西里人。大父其、父材俱業農，母董氏生四子，君乃叔也。幼而開敏達孝讓，對人語若恐傷之，卒遇事機嶄嶄不退恧。甫冠，從有司辟邑掾，三年再辟府掾，上部計凡又六年，稱能焉。銓司以勞次注選籍，君得省祭于家垂二十年，選授旦夕届期矣。無何疾作，卒實萬曆三年乙亥二月初二日，據生正德十二年丁丑七月初二日，壽五十有九。初娶郭氏，先卒，繼文氏。子男二，問臣娶丁氏，問賢幼。文出。女四，適史邦信、馮訓，郭出。適鄉進士楊春芳，一幼，文出。問臣業以卒之月十五日啓郭氏竁合葬之，介楊君春芳請余銘。余初識國珍時蓋在京邑云，又嘗一過其家。時君父杖而問余曰："汝母夫人無恙否？吾若表兄也。"比余歸，問母，母曰："先姑子，尚無恙，竟亦莫相往。兹其樸略近古初人矣。"余始知與東泉君有外兄弟之睦云。君固富室子，乃服食粗糲，視寒約特甚。顧遇貧之喜施，與即不庚不責也。人以故多德君。往掾史事，上官少不當意即敲朴加焉，終掾史而不一加者，千百中獨王君耳。亦足覘材已。語云"壽取德量，官取材量"，以君之德之材而兩失之，天乎何可量耶？傷哉！是宜銘。銘曰：坎而中誰氏之宫，王君于處垂無窮兮。

楊處士暨配任氏張氏合葬墓志銘

處士楊公者，世稷山小陽里人，配任氏，先卒，繼張氏。乃張氏卒，則又後公十有六年。于是公子春芳龜合三葬，食。卜地里之西南原，亦食。業襄事有日，來余乞銘。余與春芳幼同硯席，有友誼，不可辭。

按狀，公諱世杰，字士俊。曾祖咏、祖銘俱隱約。父付深，功曹。母薛氏生公，幼聰慧，豪邁有遠志。初辟絳州功曹，繼解州。絳、解皆劇郡，事繁難不易舉，皆以無害稱。役滿業且補京兆掾，會親喪不果。服除當再起，公笑曰："何物尺寸階，乃使余局促求之？"遂放棄。家素足，顧公喜樗蒲，與客一擲數十金無難色，俗故高之。坐是漸耗，公處自若。晚年始修悔，篤意教子。春芳固俊异，弱冠補諸生，聲出等輩，人謂公顯被有日。無何卒。卒十二年，春芳舉鄉書，又四年未第，而張氏亦卒。嗚呼！世言“宰烹不享”，乃公夫婦之謂哉？張氏性柔順，宜家事夫有婦道，教子有母道，里婦率則之云。公生弘治六年癸丑十月三十日，卒嘉靖三十二年癸丑九月初五日，壽六十一。任氏生弘治六年癸丑五月初五日，卒嘉靖四年乙酉十一月十二日，壽三十四。張氏生弘治八年乙卯四月十四日，卒隆慶二年戊辰二月初十日，壽七十四。子二，長即春芳，娶高氏。繼芳娶賈氏。女三，婿王士章、王弘吉、高椿。俱張出。孫男二，邦柱、邦梁。女一幼。其葬以張氏卒之年四月三十日也。銘曰：斧如堂如，伊疇之封。處士公藏，二淑式從。耕而罔食，樹而罔息。維後允臧，逖示千億。

明省榮官楊君墓志銘

君諱天祥，字子致，稷山小陽里人。父璋，璋父美，美父秉，秉父輔。由輔及璋，世居田間。君幼就外傅，從事占畢，學一先生家言，然非所好，棄去，一意刑名，兩試縣功曹，稱無害。已值家難，屬管鑰，當室乃用資請爵一級，罷視事。先是兄天吉者，蓋節俠也，以睚眦錐殺某用子，君匍匐求解脱，簦笠相望于途，數年竟不免，則謀爲兄後立一人，久之呰相其質，不足以比成事，跪白母劉，再舉有分親者一人副焉。君爲紀綱之僕，家果治。居常嚴事丘嫂，月朔復事闔門與之言，預内晏飲不盡飫則退。女弟儀崔氏蚤寡，孤子女貧毋能存。君曰：“祥在寧俾爾子母糊口四方？”煦濕濡沫，曲相尉薦，至疇有家室乃已。里社不相能，得君居間歡然道故矣。遇豪暴少年輒引避。或米計事，復吐實相告，中無款隙。性喜施予，無諾責，緩急扣門不難傾身爲之，豈其自愛，人以故誦義無窮云。

君生嘉靖甲申正月初一日，卒萬曆庚辰四月初七日，壽五十七歲。先室文氏，生嘉靖癸未七月初二日，卒嘉靖辛酉五月十四日，壽三十八歲。繼馮氏。子一應詔，郡功曹，娶朱氏。女一，適高豹。俱文出。孫男三，杰、俊、倌。應詔陽卜卒之年十一月十八日葬里南原祖兆，以文氏祔。來余請銘，余兄德甫氏與君游固田蘇也，因竊尚其爲人。夫當吉殺仇獄具傳爰書矣，猶然匍匐求解脱，簦笠相望于途，深惟在原之誼乎。既求生而不可得，急難之謂何，白母請後。不一而置，誠重死其兄耳。矧而事嫂存妹，亦厚自天性。鄉里誦誼，不如爲善于家，篤哉仁者之操也。人言天道無徵，君齒既何，有子若孫若曾孫，阜昌滋大，福善之理，蓋亦云顯矣。銘曰：得全全昌，古云有是。孰如斯人，没不盡齒。椒衍條長，德及世矣。于焉妥哉，覃膺遐祉。

校勘記

〔一〕"揚"，據文意疑作"楊"。

龍塢集卷之九

志銘類

亡兄處士王長君權厝志

長君諱時政，字汝行，一字德甫，先素庵府君長子。府君諱越，有尊行，邑大夫行賓射嘗一爲祭酒，詳具相國馮翊馬文莊公志中。母史氏，生四姊及長君，無何歾，我朱氏母繼來，煦沫相哺有成也。乃四姊及長君母事朱，即不知有史，人以爲孝。長君幾貫，先府君遣就外傅，學才足記甲乙，不肯竟，府君以愛子廢而任之。長君魁然七尺，乎然少文，與人無町畦，不事苛禮，喜任俠，自立然諾，里中少年多從之游。即緩急叩門未嘗以在亡爲解，人方之季心劇孟云。群從中禮節相責望，絶弗與通矣。偶值其人道左，繆爲恭敬請過飲，長君詳〔一〕怒曰："竪子卮酒安足辭？"輒引滿大嚼，除前郤昆弟語也。人有昵嫌，幸長君居間一言卒無不聽者。脱不聽，攘臂仍之矣。素豪舉易人，人且望焉，已微知無他腸，乃争願交歡。里父約如樂公社，歲時主進高會，坐中譚時事，每至慷慨，泣數行下。稱布衣飾小行，一無著見，胡自托于鄉黨爲？先府君授我兩人者産不當中人，我以儒偃蹇，幾旁落。長君修業而息之，倍不啻三，中年游道日廣，所入不足更費，起而事鹽策，往來京索間，分受小賈，以時收責，多不讎，則取券投之曰："吾詎不能而令瓦解計，孰與本富多者。吾歸矣。"既歸，父老子弟皆來會，斗酒相勞，苦窮日夜，語絶不及鹽策事，恐彼以我爲非夫也。居數年，爲萬曆壬午四月四日，長君以疾卒，故所交知，丁壯號泣，老人兒啼曰："長君奈何舍我去?"嗚呼傷哉！據生嘉靖乙酉十二月一日，春秋五十有八。先受室衛氏，繼段氏，副楊氏。乃長君卒，實以段故。段初病疫，人或謂疫善染，宜少避，長君不避。段卒，甫及殯，長君病，尋增欬，亦卒。段生先長君一年，甲申十一月二十六日卒，先卒日爲三月二十三日，春秋五十有九。蓋段有婦德，事姑孝，佐家以勤儉，居恒先百指操作，不辭皸胝。長君好客，客來脯飽漿酒無弗給。鍾愛諸子女，每視食已而後食。長君不難生相殉也以此。子男二，夢羆娶趙氏，夢熊幼。女四，長倩賀秉謙，餘幼。俱楊氏出。夢羆業合葬，視日家言不利，即以其年五月十五日權厝里之南原，取祖塋北不百步而近。嗚呼傷哉！兄果長逝矣。貽是藐然者將誰爲?昔叔夜以山公在謂紹不孤，彼直友誼耳，詎有濟在而令猶子孤也者?兄可瞑目已。痛惟終鮮，我哀如何?姑志其略，而俟改葬日銘之。

明義官高季公墓志銘

公諱璣，字璇仲，其先關中槐里人，有諱十者始占著稷山白池家焉。十生智廉，智廉生崇禮，崇禮生芳，芳生鳳。鳳以布衣修處士之誼，顯名邑里，公其季子也。前母王生雷，繼馬生璇及公。璇博士諸生。公齒舞勺，白父請從兄就博士學，父難當户者，仍罷學，菫能書計。嘉靖中，有詔募資實邊郡，公首義起民間，僋爵一級，稱義官。有司後稍以吏繇事苛責義官，它多選懦投劾去，公獨作色曰："是謂我非丈夫也。"往謁受署，送徒戍鍾代，徒毋敢道亡。歲軍興，發�先期卒役，有司數勞苦之，見爲習事。事多從關决，一尉不知公，有意督過，則投袂起，不爲謝。無何，直指行部問尉所主曹事，尉錯愕失對。公從旁條列之如嚮，尉得脱罪公，日且深念。初應縣官計，復身竟羈紲無已時，乃削牘自請，牘再上，始得予長休告。

公爲人貌侵精悍，投石拔距絶等倫，客與試弁，瞋目叱之，皆辟易。好彈棋六博意錢之戲，數負進，不一償責。尤善方技，嘗從异人受脉經五色，診奇咳及藥論甚精，視病可生，投投劑良，已不可即走謝曰："非爲愛公，所業無復之。"有楊甲者，膚革充盈，素無疾，且值公詳請診之，公驚曰："趣後事而不食新矣。"衆皆誕之。不月餘，楊死，始以爲神。居恒與兄璇友愛，日共案食毋少郤。所見即單屩挹進之，與鈞禮如貴執，故爲無所省。蓋不以燥濕輕重如此。萬曆壬午九月九日，公以天年終。生弘治辛酉正月六日，春秋八十有三。

於呼！世安所乏材，第如公受署繇戍代尉，對非亶謾試爲之，自見所長也。診視經脉，定生死可否，若見垣一方人，豈古所謂聖儒者哉！友于爲政，厚本天植，最其儻蕩義俠之操，庶幾可概已。公室薛氏，繼王氏，余同産子。薛生男一，止，諸生，娶程氏。女二，倩張任孫素。孫男一，克謙，娶侯氏，繼李氏。曾孫男一，鳴。王生男二，雲路，諸生，娶馮氏。雲翔，娶寧氏。女五，倩王嘉謨，諸生。費炳、費貞、賀天輔、楊秀。孫男二，推、楊。公初不子，取内兄子業育之，比有子，終不以故減業愛。業與婦薛日侍公起居唯謹良，亦云篤矣。止等用卒之月二十七日葬公里北先處士之兆。昔余受詩高先生所，實主公屬，又稱王氏倩，得無銘？銘曰：大風泱泱，非熊之胄。猗彼季公，莽焉雌伏。兼十者才，榮不一究。神理則那，阜昌爾後。

明處士趙長公暨配杜孺人合葬墓志銘

長公諱某，字某，世居稷山三界莊。曾祖剛生絾，絾生著，配吴氏，生長公及四弟。著春秋高，長公稱家督，修業而息之，家日益贏，輒爲弟謀室。弟各有室，請析著〔二〕，公初不聽，曰：

“豈以我治生不如仲力邪?”越數年再請，始聽之。舉揭器一無私者矣。無何，縣有司署公名轉輸雁門，比還役抵霍，忽病欻卒。當是時，杜孺人方盛年，以是藐諸孤，日夜相抱泣，苦不欲生。已，遣人舁長公櫬歸葬，家隨旁落。孺人勤手指，不難絣澼洸爲舉火計。乃時敕諸子耕學，各以其業進。仲既舉計偕，謁主爵，補洛陽文學，擢令宜川，孺人養在官七年，尋轉臨洮府判，分署酒泉。仲君念母老，道遠惡，堅不赴官，孺人從臾趣之曰：“我年十四以箕帚事爾父，攻苦食淡，幸爾有今日，足復雁門之踦。乃選懦若是乎？丈夫生而志四方，所在乘時樹功名以自表。見我老恃粥耳？毋事逡將藉令道惡爲解。彼王尊非夫邪?”仲君即日挈馬兔而西。抵酒泉，日東望太行，鬱鬱不得意，竟棄歸。然人謂孺人知大體矣。

長公生弘治三年二月十四日，卒嘉靖二十二年十月十六日。孺人生弘治十七年五月初七日，卒萬曆十年九月二十日。子男三，廷爵，娶任氏。國相即仲君，臨洮判，娶胡氏。廷柱娶光氏。女三，婿張開、吴彪、衛世倉。孫男七，繼統、繼業、世熙，縣諸生。世太、繼志、繼光，一幼。孫女一。曾孫男一，女五，幼。將以孺人卒之明年閏二月初七日啓長公窴祔焉，乃爲銘。銘曰：山之陽，水之將，彼儷攸藏，維吉而昌兮。

明靈丘府鎮國中尉鳳岡公墓志銘

中尉鳳岡公諱俊槢，父曰奉國將軍聰浵，奉國父輔國將軍成鉏，輔國父鎮國將軍仕瞉，鎮國父靈丘榮順王，榮順父代簡王，簡王父是爲太祖高皇帝。榮順在代邸稱愛子，當出閣封矣，簡王親按圖得絳，嘆曰：“汾澮爲淵，環以景霍，汪是土也。”請于上，爲靈丘國，是後諸王封皆不逮靈丘云。奉國公元配陳淑人，嘉靖己亥八月六日生公，中子也。幼不好弄，稍長就外傅，受讀百家氏，言輒明解。已復學《詩》。工行書，詩法唐，書法晋人，乃不名一家。公篤内行，事父奉國公左右頤指，務當其歡。即父有嚴客，褅韝鞠跽，侍酒于前，數起奉觴上壽，毋敢以疲稱。其世父蘭谷公者最賢，有人倫鑒，每目公爲吾家麟趾也。友愛昆弟，曾無鬩墻語。喜從賢豪長者游，間主進治具高會，譚往昔，舉國事興革如石畫，它曹耦徼遮飫飲兢擋挖爲不軌，公自引匿，若將有所浼。久之人稍畏避公，公亦厭城市，買田聞喜南原，築别墅，旦暮從事田間，雜傭保，脱衣就功，沾體塗足不憚也。聞喜令蜀文公作聞其賢，亟與交歡，公不以故請燕閑言便宜而市之權，文公益重之矣。後數年，公病癰，一日癰潰，卒。聞者傷之。是在萬曆九年辛巳七月十九日，春秋四十有三。

昔漢法，諸侯王有封國，得自辟屬吏，封内事一切專之。後創七國，已事稍用法適削，湯沐幾盡，然諸在屬籍得補吏，各以能自表，見如更生輩是已。即唐宋，名爲諸侯王，無不業官奔走承序者。我國家監古垂萬世法，親王宗室子徒食租挈，乃其國不得闌出，以故諸王孫日奉膏腴無事事，相率爲任俠，飾裘馬冠劍，鬥鷄走狗，陸博踏鞠，夜徵聲妓歌舞，履舄交錯，恣所流放。至乃資單力絀，出入逐剽輕椎埋爲奸，甚者罹大譴訶不與通屬籍，身凍餒下伍圉隸，蓋云居勢使然矣。夫當是時，其孰能不波？公獨質行束脩，視儒者不及，身與傭保雜作自以樂，過諸俠遠也。向舉國事如石畫，邑令納交，胡不一言行事？恐彼以我爲非夫耳。於乎！藉如公不格于時以沮，自效更生父子曷多焉。顧無如令甲何，惟是孝友雍穆藹然一門，是亦政之庶幾概之矣。

公配寧氏，稷處士孔女，封淑人。子三，充慰，配丁氏，太平掾史朝香女。充瘯，配杜氏，萬泉掾相世嚴女。顯，未婚。女二，適郡人郝三樂、聞喜王一甸子，俱封輔國中尉，配俱宜人。女未封。孫男三，慶吾、立吾、景吾，俱慰出，幼未封。公易簀日，謂母弟俊棚曰："慶吾嫡長孫，它日予産即諸孫毋得班。"於乎！識大體矣。公卒後四年乙酉十一月六日，赵將葬公侯莊先塋之兆，先期介友人任憲章以狀徵銘。往余過憲章所得一當公，今面赵如復當公也。得毋爲公銘？

銘曰：世禄鮮禮，從古則云。孰如公者，休有令聞。夫唯大雅，卓爾不群。九原千祀，載播遺芬。

明故從仕郎光禄寺署丞裴公暨配孺人張氏合葬墓志銘

公諱經，字子道，其先聞喜人，自隋司户參軍慎徙名數來稷，稱稷山人。慎生唐寧州刺史守貞，寧州生尚書左僕射耀卿，族姓大著。耀卿八世孫濟，宋靈州刺史，死趙保吉難。濟兄麗澤、弟麗正，并進士及第，乃後堙。替更十餘傳入國朝，有諱八者從文皇帝靖難，力戰白溝河，未敘。八生彦深，彦深生郁，郁生恭，恭生將仕公增，將仕生散官公守勤。散官受室梁氏，爲秦府長史公溥女，以正德己卯十二月七日生公。幼貌寢類椎者，乃中警悟，多心計，舞象歲從母舅給舍梁公格所受《易》，即與外兄弟都事公紀、參議公綱稱雁行，能經術矣。給舍喜以宅相目之。無何，散官公捐館舍，公以家故罷業。已資入太學，與游多知名士，行且受除，公竊計曰："令吾重霄者日奉七尺磬折貴人前，吾無以爾也。藉爲名高，彼資郎畜我，安所脱略繩墨自見邪？"輒疏請優級視，署光禄丞以歸。歸擁車騎過里，雍雅甚都。于時群從，念，大鴻臚。愈，章丘簿。賜，職方郎，出副按察使。里人誇艷，自唐僕射、宋靈州而後再見也。

初公受散官，公裝直千金，中創暴客薛越，幾廢箸，乃復起瓦解，纖嗇作苦，鬥智争時，不數年，用以奇勝，益拓前業而倍之。更治第宅，沉沉者不厭訪落矣。公雖析利至秋毫，乃予子錢家法不過什一，比收責，時有所縱舍，以故子錢家争傳公，謂公長者。與人坦洞不修郤，所遇即下走，必鈞禮。俠少以好來，内不相中，陽浮慕之，常有齮齕公者，後旁落乞憐，公與之，濡沫相忘也。日奉不過算器食，乃賓客相過，大爲具，劇飲盡歡，門下蒯緱士無彈鋏聲。往憲廟時，侍郎何公喬新以便宜寬租挈有德稷民，公倡義爲祠祀之，春秋勿絶。有司城城，捐百緡佐役。它起叢祠大者無慮數十緡，人以行誼高之。至是卒，是在萬曆乙酉二月二十八日，得年六十有七。夫鄙人有言“何知仁義，嚮〔三〕其利者爲有德”，惟是富而好行其德，賢于原季遠也。士即終日語仁義而常貧賤，人且羞之，無所藉故也。乃今富者飾冠劍游閑爲富貴容，事緩急在它人，自名一錢以上色不但難矣，矧能倡義起諸祠佐公上城城，捐累百緡若遺？以是稱富而仁義附焉，獨公耳。烏呼！

公配孺人張氏，名家女，有淑德，爲公治内，後先不匱者孺人力多也。先公九年卒，爲萬曆丙子正月二日，距生正德戊寅二月六日得年五十有九。詳具少參梁公志中。初孺人一乳二子，俱不育，諸助箎亦復不宜子，公取從侄鴻臚念之子觀嗣之，爲娶加氏，曲周知縣傳女。觀卜卒之年九月十五日啓張孺人壙以公合。先是公當易簀，語從侄副使君賜曰：“即吾死，汝狀之，必得王道甫銘吾墓。”道甫者，不佞時濟也。無何，副使君以狀來徵銘，余手狀，痛公而及余内，爲之泪淫淫下也。公既梁氏出，余内梁孺人視公母即祖姑行，以故托肺腑。歲正月，余内梁孺人卒，公來臨之慟。堇再月，公不起矣。孰是而無痛乎？爲之泪淫淫下也。

狀稱公篤内行，幼孤，依季父省相公明，與從兄封兵部公禮同卧起居，恒父視季父，兄視從兄，逮諸侄猶子也。今觀副使君匍匐治後事，益可推公矣。烏呼！公雅以余言概于中，爰屬是役，所懼惠施，以忝莊氏。謬略風軌，附之斯文，使死者復生，生者不愧，尚庶幾哉！

銘曰：貴不與權，韋藩木楗。曾是可肩，齒不登年。六十非夭，矧加七焉。世不及延，如綫者緒。得孫以傳，猥云三事。弗獲于天，吾不謂然。有美淑媛，以薵螻蟻。而爲公先，公往從之。洵彼欒丘，虞乎仙仙。

明故太醫院吏目胡公墓志銘

公諱叔重，字威甫，先金陵人，國朝永樂中徙豪杰實燕晋，有諱進者在遣中，始占著稷山。進六傳至璨，俱以力田世其家。璨生鎮，義官。鎮生澤，舉明經，直指使嘗以孝表其閭。澤生應祥、應科，先後舉明經，稱二慧。應科仕順義丞，廉倨不依阿，一日棄官歸。歸九月順義殲于虜，人謂有天幸。順義公受室寧氏，生一女，卒。繼史氏，生三子，長即公。爲兒時敦謹不好弄，方領矩步，動若老成人。既受業外傅，稱能文。無何，順義公捐館舍，公當户，遂罷業。已，應詔授今官，非所好也。耻不起經術耳。公先資不當中人，乃後積著累千金，獨感慨喜施，于中表期功以上親，日待舉火。人或貣貸子錢不能庚，并置其母勿問。絳嫗携婦若孫行泣，自言子繫獄，得數金可出，輒計齒畀之如遺。歲丁卯，有司奉尺一城城，首義捐金，底數雉。即里人構叢祠祝厘，一以公爲信嚮。性孝友，事後母毛如所生母，與弟儒官公叔温嘗共案食。雅不善酒，顧愛客，客過無虚日，末年偕同志結還醇會，歲時主進臚歡率爲常。公長軀幹，頳顔于鬒，與人嫚駡中實無他腸。殂之日，人争臨者，幾罷市。是在萬曆十二年六月十一日，生嘉靖四年三月二十四日，春秋六十。於呼！世人逐財利視如猛獸鷙鳥，然自用苦纖嗇，飲食被服不欲充，何知城城徇有司之急？絳嫗知阿誰，亦復畀金濟之如遺。公所就大義如渴矣。即非起家經術者，孝友雍穆是亦之政行，輓近世有之哉？

公室裴氏，繼解氏。裴生子安，邑諸生，娶郝氏，繼張氏。女適靈丘奉國中尉充鮪，封安人。安人、安俱先卒。解生子璋，娶鄭氏，鄉進士命女。女適吴縣知縣高應聘男頌，邑諸生。璋卜卒之年十一月二十四日葬公縣東北先塋之次，以裴氏合。具諸生崔日進狀乞銘，羕中余婦梁氏其母胡即公季父應科出也，以故相親暱，能不爲之銘？

銘曰：疇云弗貴，引而稱郎。年弗彌齒，已杖于鄉。行誼淵醇，覆露爾後。宰如鬲如，且焉弗朽。

明贈奉直大夫兵部員外郎裴公暨配胡太宜人合葬墓志銘代大司馬王公崇古

贈大夫裴公卒，在嘉靖癸亥六月四日，業葬澗東世兆。已，嗣副使君成進士，用日者家言，遷兆廉城北崗。後十年萬曆癸未八月二十九日，所配胡太宜人卒，副使君再龔龜策易遷巳山亥向，以其年十一月二十四日奉公夫婦合焉。速余爲志之。余昔守大司馬，副使君屬在曹，日相過從，得習聞裴氏家世。蓋公諱禮，字子敬，世聞喜人。自隋淮安司户參軍慎徙居稷。慎生唐寧州刺史守真，守真生尚書僕射耀卿，族望幾與聞喜埒。耀卿八世孫濟，宋靈州刺史，死趙保吉難。濟裔孫名八者，當國朝從文皇帝南靖，兵戰白溝河，有績未録。八生彦深，彦深生郁，郁生恭，恭生增。以資起民間，賜爵一級。增生季翁明即公父，母王氏生公六閲月卒，鞠于鄰媪許氏。比有知，常母視許。或告非其母，輒從許問曰："我母何似？"許言狀，則呼天大慟曰："天乎，何令兒有母不識耶？"稍長知向學，即不好弄。初從給舍梁先生所受《易》，已復受《詩》明經胡先生所，俱精習。甫冠籍博士弟子員，詔入太學。祭酒高陵吕文簡公方講學，公日受口教，退而私識之。比謁歸，吕公嘆曰："爾虚來實往邪?"裴氏數世以財雄鄉里，季翁欲試公所長，俾修業而息之，不數年致千金者三。雖見苦爲生難，顧喜施予，歲饑，粟斛一金，有粟者争易金，公不易也。獨遍貸饑者，人以故誦義。它日公屋火，被貸者相告曰："兹我輩報公所也。"争倍息償公。公受償者却其息，曰："奈何以我不造貽諸父老憂?"季翁喜客，客過無虚日，公治具佐其歡，桊韝鞠跽侍酒，竟客去不敢亡。嘗自痛經術未售，副使君才齠，督就塾師稟學焉，歸課所受，脱未習，必嶕讓，立促之習乃已。迨副使君領計偕第六人，公目之而喜可知也。明年季翁病，侍湯藥祈身代，既卒，公水漿不入口旬餘，遂委頓，頃之亦卒。太宜人以公卒，幾不欲生，諸内屬規言如公愛子何，然後慢然起進匕箸矣。蓋太宜人者，順義丞胡公應祥女，母寧氏。幼聰慧，習知《孝經》《内則》諸篇，順義公鍾愛之，擇對歸裴氏。逮事祖舅姑、繼姑馬，尤難得意。太宜人奉之一無失所歡，舉稱曰新婦賢。家食指無慮十伯數，頤使各中程品，已必復于姑示，毋敢專雅嚴重。大夫公旦夕自上食在燕，不敢以媠，見臨子婦甚莊，稍不當據案却食，非假居間肉袒謝不解。副使君以職方分部山海者三年所，太宜人日誡"小子毋曠官，忝及未亡人"。已，睹在部任事少骫骳，恐觸禍，日趣之歸。副使君治兵井陘，方告歸，人言及之矣。聞者皆曰遠識哉。太宜人歸凡二年，一夕暴病作，乃卒。大夫公生正德戊寅八月十一日，春秋四十有六。初以副使君最，敕贈承德郎，兵部主事，用覃恩加贈奉直大夫，兵部員外郎。太宜人生前大夫二年丙子六月二十七日，春秋六十有八。初封太安人，加受今封。子一人副使君名賜，娶梁氏，都察院都事梁公紀女，封宜人。女二，一適代中尉充嫈，封宜人。一適張洗。孫男一，胤億。女二，一適諸生寧壆，一聘梁一本。嗚呼！古稱伉儷賢者無如平陵兩夫婦，至乃操一行槁死廡下，迄其子歸鄉里杳無聞焉。不亦鋭乎。裴大夫富而好行其德，處身賢豪間尚矣。太宜人贊之，思媚嚴姑，婦順以章。且也後先訓子以經術顯名當世，所爲足邵者此耳。是宜銘。

銘曰：佳哉鬱乎，裴公藏大，姬之孫逝。相旁生氣，乘之神俱。王以而嗣，人昭靈貺。

校勘記

〔一〕“詳”據文意疑作“佯”。

〔二〕“著”，據文意疑作“箸”。

〔三〕“嚮”，據文意疑作“饗”。《史記·游俠列傳序》“何知仁义，已饗其利者爲有德。”

龍塢集卷之十

志銘類

明故文林郎稷山縣知縣馬公墓志銘

萬曆十一年癸未十月三十日，稷山令馬公卒于官，公子文輝業奉公東還首丘，以手狀謁余爲志之，曰公治命也。余既辱公知，重失棠芘，曷得以不文辭？

按狀，公諱懋，字孔昭，家世渠丘著姓。大父鄰終孝弟力田，父驥博士諸生，居五里河，人稱五溪先生，受室曹氏，生丈夫子三。公其季也，幼敦敏有識，不好弄。時伯兄恩用醫階爵一級，仲惠治經術。乃公日喜從仲游，因師事受田何《易》，已遂雁行膠序間。無何，仲病且死，呼公謂曰："我死，以猶子累女。"猶子者，今方伯君文煒也，齒未齠，公即口授書計，稍長進經學，試屬文輒屈其曹耦。辛酉從公應計偕，公罷而方伯君與焉。明年成進士。公喜曰："使仲也有知，吾庶無愧矣。"公雖數舉不應，令顧經學益明習，在齊魯稱大師。戊辰，郡國辟明經，學官使者以公才越次録之入太學，一時方聞輩多與交歡。比庚午，再罷計偕，始謁選得秀水丞。秀水當東粵劇邑，中多豪，大家恣行請寄，視有司蔑如。公一切行論以法，邑中肅然，久之稱毋害。當路議補公桐鄉令有日，會服母喪歸。服竟起丞洪桐〔一〕，爲治仿秀水，其長喬公甚委重，事多參決。臺檄攝行稷令事，尋命下即真令。乃稷固俗願樸，以土寠數困繇賦，敝劇矣。公下令科條緩急，一與休息。歲復饑，民散亡幾盡，公不俟告，傾所庾粟賑之。不給，敕富室毋得藴。年又不給，奏記中丞府，驟發朱提五千鎰分廪之，民賴少蘇。間行縣問民疾苦，刺知一二巨猾魚肉下户狀，則投袂起曰：“若而令寧亢不衷以獎亂人。”旦日命吏分捕主名，窮治之，甚者趣赴桓東斃矣。公既廉直，自將喜任事，不爲燥濕輕重。往文水、嵐縣中虜患，藩司以繇銀七百兩塗稷，乃後歲責如挈令，公獨不直，力白主者請罷之。當是時，削牘語太激，或爲公危，公曰：“吾爲民不知有他。假而得請，襆被固甘心。”主者卒聽公罷焉。民喜而家相尸祝也。屬當差口算。公疾在告，眠中嗆囈曰：“得展一月足吾事，死無憾已。”居有頃，病欻竟卒。卒之日，稷里巷老人兒啼曰：“公實生我，天奪之謂何？”則又爲請曰：“安得葬公吾土，以時奉嘗乎？”公子固不許乃已。於乎！士君子居約束脩，自興慨焉詭世莫己庸，已而展采，未聞以愛利及民，揆厥初豈兩人哉？日公以經術録受方伯君，即云文學天性自有乎？本所成名表方一家術致之耳。身歷數縣，所在見稱威懷，蓋公前幾令桐鄉未得，至稷民争欲以仲卿事公也，迹實媲之矣。

狀又謂公篤内行，嘗痛二親生不逮禄養，後得一甘輒賈涕推而弗御。事繼母韓一如所生母。女兄適高氏，蚤寡，公存而誨其孤思貴，今爲諸生。即他末屬貧者，婚喪雁櫕取公如寄爾，概之謂行誼有方也。諒哉！公生正德十一年丙子四月二十八日，距卒春秋六十有七。配王氏，生子四。文炳，醫士，娶王氏。文輝，諸生，娶周氏，繼娶黄氏。文焞，諸生，先公卒，娶鄒氏。文燁，楚府典儀正，娶王氏。女三，倩孫承胤，太學生。孫贇武、李浹，太醫院吏目。孫男五〔二〕，巽中、毅中、敏中、健中、謙中、麗中。孫女九，倩李可久、李企春，諸生。餘幼。文輝將以次年月日葬公某地某兆，是爲銘。

銘曰：大國洋洋，以表東海。命世興賢，于時作宰。風行越徽，棠芾晋疆。弦鳴千室，波及四方。奄其已而，行歸壤厦。不朽在兹，永昭烈假。

明故祖考處士農隱府君王公暨祖妣薛孺人遷葬墓志銘

先祖農隱府君以嘉靖六年丁亥六月初五日卒，業葬烏堆村南原，定向壬丙。又十二年已亥十二月二十八日，祖妣薛孺人卒，啓前壙合焉。又四十七年隆慶改元丁卯，先考素庵府君卒，麗葬其昭。又十六年爲今萬曆癸未，先妣朱孺人卒。是年，不肖孫時濟始成進士，歸將襄事，青烏家言山向宜更丙壬，以乘生氣。是用貞謀蓍蔡襲吉，遂定今兆，因追志其軼事。

蓋我王氏先太原人，傳世攸邈，莫可綜次。入國朝，我高祖卜居翁諱肖爾，篳路籃縷，實荒稷垂，因而占數家焉。生我曾祖知稼翁興，配馮媪，祖所自出也。祖有伯兄二季，人以故稱仲。公幼椎樸少文，家世力田，即所受甌脱雜灌莽充，自軥録疆易，一歲至再熟。伯季産初不減，仲已竟旁落不振，數從貣丐。祖每噍讓，謂若曹資食不肥，安有守本業不自辦治，日糊頤頰于人而稱夫也者？當是時，祖妣年十七，以新婦奉箕帚，爽旦治具羞舅姑，旋行饁壠上，儼然相對若賓矣。歸而操作衽綴，旁及豉醬米鹽無間手指，俾祖無内顧憂。祖性方嚴不銼，有子羈貫解書計，群胥訹之，署有司掌記，即不白祖知。已知之，怒曰："不肖子何面孔向我？"羈貫君聞而計無復之，則隕井死。祖自況東門吴，弗哭也，且喝止諸哭者。後諸子少失祖意，征營慴悸不敢前，必祖妣從臾之乃解。祖既無他腸，與人謀吐實相告，言及不逞，掩耳以走，里中人輕重不相得，多往聽之處分，祖處之則無不得者。不肖濟六七歲時，猶及侍祖妣。祖妣春秋高失明，行則策余行，坐則置余于膝，呼余謂曰："兒不及識祖邪？爾祖孤黨少與顧，好濟人之急，鄰比有患不難傾身爲之。每自嘆曰：‘若無天乎？云有則吾後當昌。’兒長則記此語。”嗚呼！當祖妣語時，意其在斯乎？余不能蚤自灑濯以副先志，是余之罪也。

夫祖諱滿，字損之，稱農隱府君，生天順七年庚辰七月初九日，距卒春秋六十有八。祖妣同里處士增女，母韓氏，生天順四年丁丑正月二十日，距卒春秋八十有三。生子三，愚娶午氏，繼劉氏。越即先素庵府君，娶薛氏，繼史氏，余母朱氏。譚娶翟氏，繼郭氏。女三，婿薛仲仁、翟倫、薛尚義。孫男八人，天清、天祐、天鈞、天禄、天才，愚出。時政、不肖時濟，越出。時雍，譚出。女九人。曾孫男二十一人，女十七人。玄孫四人。

銘曰：猗彼鮮原，爰龜爰止。誰氏之宫，皇祖祖妣。代其往矣，不朽彌新。遐哉覆露，暨我後人。

明故鄉賓朱公墓志銘

公諱成藝，字國用，先母太孺人再從侄。高祖達，曾祖有良，祖林。父貫，起家刑名，注銓次未補卒。母李氏。公幼通敏，讀書會大義，不求甚解。家本温裕，公復積著有心計，出貸子錢，人卒無負者。家益起。公不飲，雅好客飲，日治具伺過者，留連竟夕，厭其意乃罷。邑中賢豪士多歸心，相與傾歡。人有急呼之即往，不以在亡爲解。所務厚施薄望，家相祝社矣。里中惡少以氣力漁食細弱，公把宿負目攝之，無不辟易者。末年恬逸，鑿岩洞居之，榯卉灌花，時與知己徜徉其間晏如也。邑侯重其賢敦，延之爲鄉祭酒，稱賓正公。才一往，乃後杜門無復出，人益仰其廉高云。

公生正德十二年十月十七日，卒萬曆十四年十二月初十日，春秋七十。配任氏，先卒。側室王氏、孫氏。子一應聘，娶文氏，先卒。女五，適張再立、史詩、文東陽。任出。適寧三接、史梧，王出。孫男一，幼。其侄應元卜某年月日葬公祖塋之次，以任氏合禮也。先是公疾革，會余在民部，遺囑應元必得一言銘其墓，庶幾無憾。頃余奉使過家，聞之惻然傷心焉，輒爲銘。

銘曰：古稱朱郭，義俠之倫。自公方之，儼如其人。公今往矣，栖兹大塊。穆如者風，千秋自在。

校勘記

〔一〕“桐”，據文意疑作“洞”。

〔二〕“五”，據下文當作“六”。

龍塢集卷之十一

志銘類

明柴母吴氏墓志銘

柴母吴氏，太平西姚里處士禮女，少端慧婉娩，有女德，處士私奇之。及笄，擇配得同邑典膳公歸焉。典膳公諱福隆，豪士也，日且給事西河邸中，屬吴氏起居舅姑，舅姑悦焉，蓋即以女畜之。無何，舅姑相繼歿，哀毁逾禮。既襄事，作祠堂朝夕上食，儼事之如生者。柴本農業起家，吴復持以纖嗇，椎布操作，非出田畜弗衣食，治米鹽事大小關其手，設程品，頤使諸僮婢，無不各如意指，家益饒。他日賓客過公，吴治具必豐。里中長老歲時醵食飲宴會推公主進，吴夜灑掃，早供帳，羞醇錯陳，久滋繆敬，必人人厭其歡乃已。鄰媪告急賙之，未嘗以無爲解，庚不問子錢，或并置其母弗較。婚不時假羔雁，喪趣槅梩，無告請舍，舍養之。居常内外族待以舉火者，無慮數百指。隆慶戊辰歲侵，民苦饑，出粟若干斛爲糜食之，多弗饑。鄉人括資或繕橋除道，吴必先爲閭里率，人以故誦義云。比遘疾，遠邇問者踵至，祝請方試，庶幾有驗起也。乃一亡驗竟弗起，是在萬曆丙子七月十三日，距生嘉靖四年乙酉十月初五日，壽五十三歲。子三，宗堯服賈，娶毛氏。宗舜、宗禹俱諸生，娶俱張氏。女一，適李天賜，先卒。孫女一，幼。先是，三子者吴氏俱遣就外傅學舉子家言，宗堯試有司不售，命改業曰："長子家督也，若盍督吾家?今農者操豚蹄祈穰甌窶污邪中，堇堇所得不足更費，若盍從賈焉?”乃治裝遣行，因用轉轂江淮，不數年果贏得過當。宗舜、宗禹屢試亦不售，或請如兄圖，曰:“非其地樹之不生，彼可賈，此可學也。”日趣攻所業益力。已而二子并拔爲諸生。夫利不什者不易業，由農而賈，胡遽以奇勝?學幾廢修矣，乃爾决計進取，以迄二惠競爽，淺識詎及諸?語曰“制宅命子可以觀士”，謂吴氏其女而士者非耶?既以振人之急，厚施而薄望，能令誦義者無窮，在丈夫且難之。彼孝舅姑順夫子，猶云所職而有，亦至性其然歟?方里人郭生一中岐嶷，時吴异而厚撫之如子，至是一中藉甚諸生間，恒母事吴，稱其賢不去口。實今狀出自一中，故委具如此。

宗堯等業以卒之明年丁丑十月某日葬母相李里某地之兆，介絳人富平尹楊君守川杖而乘余門請銘，乃許之銘。

銘曰:有岩者丘，疇窾而處。千秋妥哉，彼君子女。

贈宜人郝氏墓志銘

宜人郝氏，絳州光馬里人，王父沔陽守崧，父固安丞汝止，母李氏。宜人生而婉嫕，有女德，固安公奇之，訾相所從適，數偃蹇輩行，時參議梁公髫角，負才雋聲，其先給事爲請婚，報可，遂委禽焉。會給事捐館舍，後三年，參議如絳逆女歸，而廟見謁姑郝太宜人于堂。太宜人内政斤斤，意宜人出富貴家，又其父母愛女也者，恐不任婦，稍以事嘗試之，宜人輒立取辦，一切女紅滫瀡無不當。太宜人指見稱爲新婦能也。參議公旦日就外傅，事經術，退而思食，宜人手倫膚更調，舉案進矣。夜或篝燈理纂組，從臾公開卷，卷不竟，未嘗先期以倦請。無何，公以里選赴晋陽，宜人稱病，尋增欻，遂卒。實嘉靖丙午九月一日，生庚寅七月二十三日，春秋十有七。計奉箕帚旬月耳。卒後二日，以太宜人命權厝先塋末次。公嘗以未得訣爲憾。後七年公領解額，又十年成進士，官户部郎，晋河南臬僉，兩上績得贈安人，加贈宜人云。參議間謂余曰："郝宜人裘褐事我，即不幸蚤世哉。然兩與榮施，可令湮滅已乎？敬以屬子。"蓋公余内梁宜人仲父，嘗授余《易》，兹曷敢以不文辭？乃爲銘。

銘曰：嗟爾賢不長爾年，賁于幽泉，庶幾乎有天。

故世婦衛氏權厝志

世婦衛氏者，余再從兄世賢配也。父騰霄，母寧氏。少而婉孆，工女紅，父母奇之，爲擇偶，偃蹇者數曹。會世賢請婚，許焉，遂婦王氏。時堂上季公姑翟尚無恙，婦日治滫瀡共其歡，以故稱新婦賢。世賢游于酒人乎，乃矜然諾好客，不問生人産，與里中豪緩急造請，屨常什九在外。婦椎布操作，部署僮幹，佐其家，家日益殷。比公姑相繼捐館舍，所爲襄事具無一不自手指出者。復時存問諸伯姊，即不給，無私筐篋畀之。居恒臨子婦莊，稍不當，攝色誰讓亡少貸。世賢固曰："人皆嚴事父，今子婦事我不若于母嚴也。"其自持家法如此。婦素健亡疾，旦起視庖具，疾暴作，醫投匕劑輒涌，竟諱服，再日夜卒，實萬曆壬午五月十七日。生嘉靖癸巳十月二十三日，春秋蓋五十云。子男五，一麟娶趙氏，一鳳娶辛氏，先一年卒。一夔、一聘、一命幼。女四，倩楊登科，章丘簿；裴愈，餘幼。孫男二，承康、承庇。孫女二，幼。卜卒之明年癸未二月某日權厝里之南原。於乎！婦職梱中箕帚事人耳，烏能攻苦當户者，矧終始公姑稱孝，訓子婦稱莊，使里人譚内範輒輩京陵鍾夫人也。賢媛哉！賢媛哉！世賢家世詳從叔季公志中。

明處士許君配孺人皇甫氏墓志銘

孺人皇甫氏，絳處士許君寧静之配也。父贊，母楊氏。正德己卯七月十四日生。孺人幼婉孌有才慧，甫勝笄，歸處士。處士家世服賈，乃父志軒君觀貨吴越，稱巨商，已聽處士修業而息之，不數年，贏得過當，資益起。蓋處士有心計，能析利至秋毫，操權奇上下與時逐，自謂孫吴言兵、商鞅行法不過也。顧門以内實孺人主之。孺人旦日事姑陶與舅志軒君，各當其歡。退而儉纖，自將屏朱粉，椎布操作，下與僮僕程工苦，自奉舅姑鮮髓，外脱粟不厭。每處士歸，解橐中裝輒籍入，已復治裝行，則爲部署揭器縢鐍甚設，以故處士即什九在外，一無内顧憂。比處士捐舍，孺人方盛年，欲從之死者數。已而曰："藐諸孤未立即死，何以復地下?"遂强起撫孤，指受緡策間，舉先君治生操奇事，況而督之。諸子既精幹，復受旨，轉轂郡國無不得所欲，日會子錢門下無慮伯千，視先業而倍之者。三月朔，復事孺人所，未嘗不勞苦而繼之以泣也。曰："向謂若曹不可知，今而幸得藉手報若父矣。"

初，孺人持財廉倨，即他人不敢有所侵，時蓋輩之寡婦清云。處士卒隆慶戊辰，孺人以嫠婦當户十有七年而後卒。是在萬曆甲申十二月二十三日，春秋六十有六。生子三，池，娶皇甫氏。進，先卒。河，娶黨氏。女三，長配靈丘輔國中尉充獒，封宜人。次配儒官梁師孔子纘芳，次配楊經元。孫男二，承命、承光，娶俱宗女，池出。池輩業以卒之明年某月某日啓處士壙合葬某地某兆。夫絳人相矜以久，賈韋藩木楗過于朝者非一族，獨所推轂，諸許莫敢與之齒。豈其廢著權變有足術者而毋以語人乎?然亦不得奉朝請如烏氏倮，惜也。皇甫氏一嫠婦，能持財守處士之業，不見侵犯，即欲築懷清臺而客之其誰焉?乃獨得余爲之銘。

銘曰：孰其相夫而如此婦?孰其訓孤而如此母?賢哉淑媛，氏曰皇甫，于焉不朽兮。

明故兵科給事中梁公配郝太宜人墓志銘

郝太宜人，先兵科給事中梁公配也。太宜人初以公封孺人，繼以子仲君進太安人及今封，凡三命云。父騰，偃師訓導，母史氏，御史瑛女，稱大家。弘治庚申十一月十四日生。太宜人幼習内訓，動合圖史，及笄歸給事中。時舅秦王府長史，姑姚太宜人守官秦邸，給事公絜就禮，見日舅姑乃大歡，太宜人鞘佩紛燧，鷄鳴入丙舍具瀡髓，每先諸嫂。姚太宜人性稍急，難得意，獨遇太宜人怡然，若恐傷之。長史坳，佐給事公襄事，已又佐公讀第進士，出知濟陽，以治行高等級事兵科。無何姑坳，給事公亦捐舍，太宜人晝哭宵督藐諸孤學，曰："爾家不造，奈何可廢？"日乃三君下帷攻苦，雁行舉計偕，仲成進士，里人誦他人父無如母也。

太宜人有機警，當給事公在濟陽，會章獻后梓宫歸承天，由東道，中使故留滯，責賂遺甚苛，公業欲間執之，以母姚難焉，太宜人馳使趣曰："丈夫出身爲國死節，官下固當，何至罔養若此？"公即憤起具奏。將上之，或以風中使，即日戒途。聞者壯公，不知太宜人所從臾也。居恒方嚴，臨子婦未嘗以惰見，即燕閑侍立，終日不命坐，少失指噍讓之，袒謝乃已。教家儉勤，客至才具筭器，食已稱命婦餘。金綺曾是不御，一諸于數十年常鮮，率諸婦操作不恤皸瘃，雖小錠柎細靡綜成有款。聞里俗夸毗，蹙額長嘆爲門内誡。其風軌明茂，時人往輩之禮宗云。乃萬曆乙酉十二月二十八日用天年終，春秋八十有六。生子男三，乳率十年，三男外不更乳也。伯紀，都察院都事，娶胡氏。仲綱，湖廣布政司右參議，太宜人坳之逾月，詔起陝西左參議，娶郝氏，贈宜人。繼張氏，封宜人。季維，舉戊午，先卒，娶胡氏。孫男三，蕙，諸生，娶陶氏。蘅，殤。芾，娶段氏。孫女十，一適河南按察司副使裴，賜封宜人。次適不佞時濟及諸生史大業、寧塾、王必用，太學生胡寧、高應命，諸生王必許、胡珽、任克。曾孫男一，一岱。女一，許聘諸生胡璉男舜胤。

於戲！志載女行不專一操，若云節取足已，有如軻母言教，禮則敬姜，少君桓嫠，風義殊致，緹史書之繩徽萬世本，太宜人軼事方之古今賢淑，詎其相絶兼德之爲難？夫仲卿謇諤幾厄牛衣之語，趣章以抗中使烈丈夫行也，不曰吾有胸中氣乎？今三君氣尚裒然大雅，襲曰三鳳，然率以十年是期。稽若四乳八士，古人掩賢矣，安所溟涬致之哉！先是余妻亡在乙酉正月，太宜人以其愛孫也者痛之不置，今繼酷矣。余每念妻而及太宜人深也。都事兄弟卜卒之明年丙戌三月二十六日爰奉輤車，啓先公窀而與合焉禮也，乃屬時濟紀列景行職志陵谷。銘曰：孰其相夫，爲古遺直，是曰婦則。孰其訓孤，克稱燕翼，是曰母德。三命益傴，象服魚軾。休光寵極，歲云告徂。我行孔棘，于焉歸息。汾水在南，姑射在北。鬱哉斯域，有美彤管。琬琰永勒，世萬及億。

龍塢集卷之十二

墓碣類

明處士薛長君墓碣銘

長君姓薛氏，諱維，字子張，世占名數稷山東塢里。曾王父八，王父咏，父福謙。家故以田爲業。福謙納寧氏，生長君及弟紀。長君質椎魯，不妄言笑，幼學書記郎了然，旁涉傳記訓詁，通而已，不求甚解，雅好老莊家言，刻意持誦。不事家人生産，即室中勃谿若罔與聞知。遇方外士，班草而語，竟日刺刺不休。初使酒難，近晚自悔過斷飲，處俗簡伉無苛禮，人稱長者。顧有胸中氣，時發于睚眦如故。族有豪，其尊行也，侵長君田，已又數姍侮長君，一日奮目曰："是將魚肉我邪?"輒詣縣削狀求直。縣不爲直，長君歸不自得，忽忽亡訾省，眠中喑囈呻吟徹旦夕焉，久之疽發背卒。嗚呼！是在萬曆戊寅五月三十日，生嘉靖甲申正月二十二日，年五十有五。受室三〔一〕氏。其先王父咏與我王父農隱公相愛甚歡，農隱公生先素庵府君，咏生福謙又相愛甚歡也，里中人嘉兩家親相愛，生子又相愛，持羊酒往賀，要言他日者生男女約爲婚。居無何，福謙生長君，先府君舉中女，遂字之，實余姊也。姊固賢，先長君八年卒，在隆慶壬申正月十七日，生正德辛巳七月初四日，年五十有二，詳其本志中。再室翟氏。子男六，榜娶任氏，繼楊氏。楝，邑諸生，娶李氏。柱娶張氏。楹、梯、桼未娶。梯出爲弟紀後。女五，婿賈漢臣、段應亨、楊付有、任新民，一未字。孫男二，幼。用卒之明年己卯正月二十日葬于里之東南原，與王氏合禮也。則爲題其墓曰：夫儒者詘老莊固矣，乃漢以來用之，國家多明效，學士窺緒餘亦藉以樹身名，老莊惡可盡詘也？長君好老莊有年，歲訖不能得知白守柔之旨，而竟以淪身，則非彼氏之過。務華絶根，余悲長君求自脱而未能也。如云韁直自遂，以行天性，身托長者之誼，幾鄰于不朽，後世將有取焉？嗚呼！曷可無述哉！銘曰：坤之山，艮之水，于焉攸藏。彼其君子，迄無隊兮。

薛處士墓碣銘

處士諱萬，姓薛氏，世稷山塢堆人。父絨，試功曹掾。母衛氏，生萬，椎樸亡機巧，家故刑名，乃自起力田。臨事端確，不爲燥濕輕重，鄉人睚眦不相能，願聽居間乃已。即他侮我，直受之不較，人以故稱長者。終其身無仇怨。初受室張氏，國子生錦女，文學志正妹也，幼婉娩，服習閨訓，有婦德，生四子卒。再室秦氏，鞠諸孤不殊毛裏，人多其賢。張氏卒在嘉靖丁未正月十三日，距生弘治己酉二月十五日，壽五十有九。後十一年爲嘉靖戊午八月十五日，處士卒，距生弘治癸丑正月九日，壽六十有六。又十九年爲萬曆丁丑，秦氏卒，距生弘治丙辰五月十日，壽八十有三。即以其年月日合葬村東南原。四子价，室董氏。侃，楊氏。脩，楊氏。俠，王氏。孫男十一人，曾孫男九人，女多不録。於乎盛矣。

价字維藩，早受外氏學，通毛萇詩，屢試有司不偶，以布衣教授鄉里，弟子從者常百餘人。事繼母嚴如生母，居喪有禮，見者舉曰孝子孝子云。間過余，請題處士君墓。處士先輩言論風旨多不聞，維藩口述委具，因而論列之，并係以銘。銘曰：望而岳岳，彼疇者墳。車正公後，曰處士君。魏畢其名，子孫滋大。既附青雲，庶無堙曖。

明處士薛君暨配張氏墓碣銘

余自總髮受經邑博士，則與薛氏楠者相友善，已從計偕，逾壯齒交益久，乃敬信如一日。其人事親孝，與人有分義，設然諾，取予一不苟，斯謂之近古君子已。説者歸自其母李節婦家教致然。蓋楠少孤，節婦實撫之成云。當節婦卒，余并其婦處士君業志而藏之，閲八年矣。楠復永言無已礱石墓次，請重書以托不朽。於戲！往史遷云，閭巷之人欲砥行立名，非附青雲之士，惡能施于後世？信有味乎其言之也。余維斯義載約舊志而係之以詞。

詞曰：越昔皇帝，二十五子。受姓亡何，爰有奚仲。爲夏車正，克官用和。命疆于薛，以國爲氏。世萬則多，比及春秋。與滕争長，先封不頗。嬴秦有燭，漢興最歐。賢稱廣德，晋魏徂唐。伉宗華族，史多彝式。維此河東，厥胤實繁。不顯亦世，乃在高梁。弘覃休繩，載承謀翼。鼻祖好智，力田明農。是生秉元，元生子吉。吉乃生信，齒以行尊。賓飲于鄉，號稱祭酒。德茂斯存，信取諸田。誕彌處士，屬有三昆。處士諱廉，字曰希賢。獨含至性，孝于而親。友于而弟，敦修内行。里閈紛争，居間一言。兩釋靡競，更繇口算。輸給公上，先期如令。城復于隍，大夫曰咨。汝若余工，遂程土物。不愆于素，百雉伊崇。趨人之急，甚若己私。退而罔功，取予然諾。人歆其德，誦義無窮。元配嘉儷，令尹之孫。實維張氏，既乳子相。張遂隕命，相亦蚤死。繼婚節婦，曰英之女。大姓諸李，淑婉静正。不苟言笑，有美任只。冀待如賓，光案斯舉。尚有典刑，再息子楠。處士中棄，而歸于冥。爾時良苦，李年三九。楠甫六齡，咸曰艱哉。有孤呱呱，門無次丁。父甚何家，而不可居。胡爲顦悴，婦乃罊指。永訖靡他，事詎有貳。茹荼甘辛，日操井臼。夜勤紡織，楠及冠歲。教以行能，先聲勿墜。休問遠播，御史行部。親表其間，方之古昔。伯姬敬姜，斯言匪虛。皇穹祚善，祐以壽考。不負聿初，生饋餼廩。歿贈嘉誄，茂宰特書。壠木已拱，楠泣告余。勒石中野，齊民細行。安用名高？此何爲者。小善弗録，君子斯沮。有傷風雅，敬爾摛詞。用標懿軌，過者下焉。

處士生成化十四年戊戌十月二十四日，卒正德十六年辛巳十月十三日，壽四十四歲。張氏生卒缺。李氏生成化八年乙卯十二月初五日，卒隆慶三年己巳二月二十五日，壽七十五歲。男相，娶馬氏。楠，娶裴氏，繼馬氏。相子二，燭，娶裴氏。照，娶馬氏。楠子一，燉，武學生，娶劉氏。女一，婿邑掾何日新。俱馬出。燭女二，一婿方策，一幼。燉子一，封。女一，聘生員劉杰男劉三聘。葬在李卒之年四月二十四日，越萬曆四年丙子二月二十七日立石。

附壙記一首

亡妻孺人梁氏壙記

亡妻梁氏者，余同縣人，家世通顯，以經術名。高王父鑄，息縣巡司。曾王父溥，秦王府右長史。王父格，兵科給事中。父紀，都察院都事，母胡氏。嘉靖己亥六月二十日生妻，少婉孌敏慧，多鑒量，都事公奇愛之，數偃蹇擇對。會余元室任氏坳，先素庵府君請婚都事公，公雅才余，一往得請，遂委禽。是年丙辰，妻歸我，時年十八矣。人言是家生貴甚，將不任箕帚。時余母朱太孺人方卧病床褥間，妻晨起視具，不以新婦自嫌，手倫膚舉案進姑，退取中裙厠牏浣，浣之即毋令姑知，自是復加一飯脱然愈，復損一飯脱然愈，姑起而後喜可知也。

先府君起力田，資薄無他奇赢，余事經術不問家人産，妻自節約，度出入，衡署程品，日中椎布操作，夜篝燈治女紅，具佐余讀，如是十年所。家差多，旋治第宅。宅數區，中牣什器各廢一，歲時伏臘雍容而已。余既久次公車，歸每壹鬱不自得，妻迎勞曰："何慬也，身在有餘，君即困，孰與朱翁子？"呼酒慰藉，盡歡乃罷。即余嗜書，當食頃，讀卷未更乙，渝時不食，妻不先食，或舉一秇袚餙作苦者業以飲來。居間賓客過，余數擊鮮無倦色，脱不以期，至徐出共具如宿戒，無論米鹽。取辦事若大者在他人錯愕莫知處分，妻才片言決之，卒無出意指。姑常戲曰："婦何年之少于計之長也。"舅姑末年事佛蔬食，喜施予，余猶然難之，妻左右從臾，惟力是視，曰："二尊人鮮餘日，奈何令失歡？"先府君橋汾水，人多沮者，妻獨稱禮儀無愆，何恤人之言，力贊之成矣。迨府君用天年終，余顛霧無訾省，妻内調棺斂，諸雜供置務出其厚，即伯兄丘嫂不一舉手，妻亦不以累及，曰事舅止今矣。歲癸未，余當再試，念母春秋高不欲行，母日趣之行，妻從旁解曰："君薄我不能事姑邪？"請行矣。行成進士，疏歸不報。無何母病，妻亦病，不能爲姑侍湯藥，輒長號曰："天尚速禍余，少延姑命乎！"姑病不起，妻病日益困，比余歸，及母襄事，妻病良已，顧時時念姑不去口，泪嘗承睞也。先是，北山父老起叢祠募資，姑呼妻前曰："我老不勝笄，欲捐此，得無可不？"妻曰："唯姑命。"即以畀父老，實鏐金也。姑既歾，父老恐出老悖，不欲受，妻曰："姑在日捐此，今責還是亡姑矣，奈何以金傷先姑之意？"竟畀之。明年甲申，妻健匕箸如常，行復視家矣。日忽感末疾，體半廢不語，迎醫診視，雜用禁方投劑及巫祝祠解，一不讎，以今萬曆乙酉正月十日卒，得年四十有七。於乎傷哉！當余北行日，將就車，妻呼而入，攬衣再拜，謂曰："人命不諱，一朝有他即無以相訣。"於乎！妻向訣余矣，今何訣？傷哉妻也！

妻生男女各二，今存者一女，適諸生梁一治。一幼，妾楊氏出，妻愛甚己出。妻貌頎而莊，有威儀，居常事余不以燕媠見。處内毖慎，臧獲有過不一戟手，稍目攝屏息無復地，乃所恩視人，人各得也。其最者，前伯兄嫂相繼亡，共余治後事無少纖芥。姑女弟適何，老無爲養，請過我，事之一如姑。中表貧者數問遺，與通有無。鄰嫗寄頤頰無虚日，緩急叩請，初不以無爲解。以故妻亡持服者加等，踴而絶地者衆也。

於乎！妻已矣，失余良特矣！予忍再室？第令室，而復有如妻者莫冀矣。傷哉妻也！蓋妻往稱太母郝太宜人賢，方盛年爲給事持節，能敕都事兄弟學，連起科第，何難也。今胡母白首，太宜人尚忘恙，日上食侍立，毋敢跛倚門，内肅如時，人以輩行義桓嫠。胡母法之式穀諸女。妻同生五人，皆才慧，亦云有自哉。卜卒之年八月十一日葬妻邑南三十五里烏堆村王氏新阡舅姑之側，甓壙虚左以俟成説。於乎傷哉！是爲記。

校勘記

〔一〕“三”，據文意疑作“王”。

龍塢集卷之十三

墓表類

明故處士王府君墓表

府君諱克孝，字國賢，蓋關中渭南其世縣云，有諱錦者，避地出關游溱洧，因而占著爲洧川人，稱寓公。寓公生順，順生聽選公禋。府君，聽選公中子也。少幹敏多心計，初受治生，即伯季無如仲多。既有以當，聽選公已因倦勤，一聽修業而息之，日操奇贏，不十年起眥巨萬，埒封君矣。復耻以纖嗇居，歲時祭祀醵飲食被服雍容如也。已從民間辟周王府禮官數年，非所好，竟棄去。

雅喜施予，人緩急貸請未嘗以無爲解，即庚者不苛責子錢，中表閭左間無論待以舉火，喪需櫬，婚需羔雁，倚辦府君如寄耳。嘉隆中歲比饑，府君首義，後先出粟二百斛，邑侯高之。一日游學宮，睹皇序圮甚，慨然興嘆曰："作者有人，不可當吾世而失之。"歸出橐中金購木鳩役，起大堂五楹，前稱捲厦甃臺，所表著一如嗣稷綿絶狀，邑學士誦義無窮矣。府君性佚宕少城府，里人不相能，他賢豪居間不聽，府君從臾一言無不曲聽者。少不爲儒，顧好儒，爲子開丙舍，延經師習博士家言，逮仲公起家明經而後喜可知也。今皇帝即位覃恩，府君以高年賜爵一級云。至是卒，春秋八十有四矣，鄉長老兒啼相謂曰胡不百年也。至使人懷之如此。府君娶趙，再娶王，生丈夫子二，伯自厚，用輸邊功授銀青級，仲自謹，以明經高第爲稷令，有廉武聲。女一，聘太僕卿張孟男弟敔。孫男十，女九。曾孫男一，女三。婚嫁皆名族，詳具少參梁公志中。

嗚呼！鄙人有言“何知仁義，嚮其利者爲有德”，季次、原憲懷獨行之操，處空室，裋衣蔬食不厭，而聲施後世。有如朱家翁伯者流，趨人之急甚己之私，厚施而薄望，使屨者得以委命稱，賢豪間猶之遵是德也。府君所嘗施，奚但朱、郭？且也興學厚士直嚮風次憲矣。身自起訾何難也，揮而易之，如彼舉以視陶公家督，相去獨甚焉。蓋聞府君雖則齊民乎，多爲名高也者，率自仲公旁佐之，而仲公爲令賢，一府君家教致然矣。余并爲表之，以示世萬子孫尚知攸迪哉。

明故義官薛君墓表

君諱文江，字汝漢，世居稷邑烏堆村，稱茂族。在國初有諱榮者以本富起家，長老類能誦説之。三傳而爲處士璡，室張氏，生丈夫子四，長爲君。君生而齒舞象矣，張捐舍，即哭泣如成人。繼梁氏來母，君事梁不啻如張。處士公既倦勤，委君當户，益拓故業而大之。初産不當中人，已乃甲其鄉。諸弟請廢箸，君笑謂“余不如仲力多耶”，悉推善田宅分授之，自取畸薄，日軥録田間，率藏獲敦脥血拇于禺短犢車，趨時若鶩。諸弟或旁落，君訾驟羸，埒封君矣。嘉靖中，會乏軍興，部檄郡國懸格鬻民間爵，君首義以先諸豪，得稱義官，脱踐更云。已有司責義官受署，歲送徙邊郡，不即督轉輸所在，日疲奔命。君慨然太息曰：“余初蓋佐國家之急，豈以七尺縳冠紳？乃至蹩躠風塵爲抑，孰與守踐更便也。”遂棄去，服田父服如故。居恒事處士公與梁，備極甘毳，及各以天年終，襄事盡禮。性喜施予，不以見所爲生難，苛取子錢家。或時挈偏提，要所知大嚼叢社中，度且立盡之，雖使酒駡坐一無他腸。人不無郤者，數以法中君，多得原，郃亦自解。

君素强無疾，健匕箸，至是少不懌，遂欻以卒，實萬曆辛巳九月二十四日，據生正德丁卯七月二十七日，壽七十有五。配程氏，生同君年七月十二日，卒先君十三年二月十二日，壽六十有二。繼寧氏，其二董氏，衛氏。子男三，九萬，娶寧氏。九敬，習司空城旦家言，補邑掾，娶程氏，繼劉氏。俱程出。九賦，娶衛氏，董出。女六，婿張天瑞、王朝用、賀九成、寧香、楊育才、楊德。程出。孫男二，應選，聘高思温女。應試，幼。女五，一適王延齡，餘幼。九敬將以卒之年十一月二十四日葬君村南原祖兆，以程氏祔。旦日手狀謁余曰："不腆先人之行不足以辱長者，庶幾以比舍故徼惠一言，得書隧道之石爲先人地。"於呼！士君子以功名著列春秋無异也，下至竄身岩穴，偶豕石，即挾所長，詎能一二概見哉？第如君治生，究所之奚直秦陽？孝事後母猶之公孫李、翟子威也。彼得史遷從臾之聲施後世矣，余其人非遷也者，則胡爲薛君地？徒用比舍私之，將有所傳而托余，豈得已哉！豈得已哉！

明鳳翔丞張公墓表

公諱居元，字首德，世稷山人。五代祖希賢生承憲，承憲生岩，起家山東萊州府照磨。萊州生淙，邑博士諸生，有司既廪之，數奇，卒老于儒，是爲公父。娶郝生公，弱不好弄。始就外傅，日誦數千言，羈貫受博士易爲諸生，輒以經術名高。督學使雠藝列校必稱首。乃郡國上計偕，獨罷公，公憤然曰："士業已屈首受書，不得一當有司，非夫也。"遂下帷攻苦，蓋數年經益習。正德庚午再由國子推上順天，復罷。自是謝辟舉。庚辰謁選得恩縣丞。恩，山東壯縣，民多豪，故以法嘗試吏，吏能則已，不即玩弄股掌間，以得其志。公至，訊謡俗約一出長者，久之豪更爲我用，行能日出令上，直指使者行部察廉，將比三輔尤異，上名尚書。無何丁外艱，已丁内艱，服免起補鳳翔丞，治仿恩縣。先是縣大姓督租侵漁下户，因而自實囊橐中，課累不能上。公微知主名，欲論以軍興，各股弁首服，請一等之罪，公寬期責償，他弗問。間受記府寺理冤滯，不阿徇風旨，稱無害焉。兩攝汧陽、麟游令事，有聲藉甚，歲滿且爲真。公蓋雅尚邴曼容之爲人，遽上書告歸，書三上得請。縣父老扶挈供帳東門外，涕泣言别，郡人邵升大言曰"鸞鳳伏蕭艾，鴟梟薄雲翔"，蓋重爲惜之。既歸居貧，無疆外交，客至，案上不能具三杯，則廉之效也。再逾年卒。卒後五十年爲萬曆庚辰，公有季子在諸生間，年且七十，瞿瞿未敢老，日虞先聲湮没，徵詞昭逖，爰屬是役。表曰：嗟乎！材智之難爲時，命也。竊迹往事，至聖大賢或厄窮終身不見用，乃抱咫尺之義資，適逢時離疏，釋蹻而登華要，或起訾算者裝歸，兼兩奴從賓客醬酒霍肉。束脩之士仰禄在官，一日罷歸，家徒四壁，鄙語曰"尺有所短，寸有所長"，世人暗于大較，不權輕重，概以所遇論人，此與以耳食奚异？

悲夫！當公下帷窮經術，明當世之務，豈其意在丞貳間哉？既居丞貳，若可脂韋取容，而必于讋服其豪也，又胡不爲毛摯？彼蓋曰躬化謂何耳。大姓侵漁，爰書論報，法適如是而止，猶然縱赦矣。其受記府寺曾不上觀下獲，一意持平，以是稱無害也，文深何爲哉？歸識去就之義，至食客不能具三杯。廉吏常苦貧，自古記之矣。

於呼！公雖再仕，身卑而道不絀，倘亦有牛鼎之意乎？按公卒嘉靖庚寅六月二十八日，生成化丁亥六月十四日，壽六十四。娶梁氏，生同公年九月二十六日，卒後十二年壬寅四月三十日，壽七十四。禮祔如防，詳載志中。子三，天敘、天秩、天倫即諸生。女三，婿馬漳、王良金、胡應科，國子生。孫六，士麒、士鶴、士弼、士弘、士和、士學。曾孫四，榜、椝、檠、梯。墓在稷城北某原。

明故撫寧縣主簿史君墓表

史氏蓋世居稷山，爲名族，多經術起家者。弘治中副廉訪瑛有聲直指間，知縣簡當，世廟以循吏稱。乃後有主簿君。君諱製，字予之，父守真，給事靈丘邸典膳。典膳公生四男子，君其仲云。

初典膳公偉軀幹，諸子貌侵，獨君有其表，顧不喜從諸生游，日手司空城旦家言作爰書狀。已，應推擇辟藩伯府從事，稱無害。數年用天官選人，授丞獲嘉崇寧驛。驛當孔道，冠蓋使者轂擊肩摩相屬至，稍不當指即笞掠隨之，君雖磬折道旁乎乃不至損邊幅，但日飾厨傳供張臚列程品具如章，來者人人歡適也。視廄中芻藁如積，馬足夸上駟，戒門下卒一果蔬毋敢進，以此聲游公卿間藉甚。尋擢宣鎮主都官獄，宣鎮邊胡，屏匽京邑，奸人亡命或闌出關乘障，偵候不時，將軍以下坐逾期逗遛俱下所司雜治。他治者持法深，君務仁恕，即賊禍吏受風旨欲有所甘心，君數争雖不能盡得，然活者以百數。亡何，臺使者及監司各檄書褒异，遂以高第遷撫寧簿。撫寧父老聞君來如急父母。君就道，不至撫寧一舍許，遽卒。乃萬曆九年四月初十日，據生嘉靖十一年五月初六日，春秋僅五十。嗚呼惜哉！子鳴春扶柩還，業以其年十二月十六日葬君稷城北甘泉之原。謂余雅識君，求摭軼行表石阡首安表乎無已。太史遷有云："何知仁義，嚮其利者爲有德。"夫經術士日談名理，出而深謀，廊廟紀綱頹俗固矣，且焉罖澳頑頓或傷時風？間舉冤滯，能以《春秋》義斷之，不爲梗陽，上下者幾人哉？君守督郵已，目束脩不至損邊幅，主獄一亭疑史深文周内將何不得？獨知以仁恕行平反及百也。良已篤厚君子矣，何言經術哉！舉是以表，君庶幾名實不詭爾。君配李氏，子一，即鳴春，娶張氏，狄道教諭城南孫。女二，一聘臨洮通判趙國相男世太，一幼。孫女一，幼。其他詳狀中不載。

龍塢集卷之十四

傳　類

東野先生裴公傳

東野裴公者，稷人也，名禮，字子敬，人稱東野先生云。其先出伯益之後，秦非子支，孫封𨚍鄉侯，因氏。乃後除邑從衣。漢末，裴茂者生三子，分三眷，東燕，西涼，中居河東聞喜，爲最著。至隋司户參軍慎始自聞喜徙稷山居焉。慎生唐寧州刺史守真，守真生尚書僕射耀卿，謚文獻，《唐書》有傳。文獻八世孫濟仕宋靈州刺史，死趙保吉難。我朝文皇帝時，濟裔孫名八者從南靖，兵戰白溝河，有績未録。八生彦深，彦深生郁，郁生恭，恭生增，以高年起民間，賜爵一級。增生季翁，明公父也。增一日携季翁過國博士王公�，勷大奇之，願以其孫托箕帚，故王氏歸我，是爲公母。以正德戊寅八月十一日生公，六閲月母卒，鞠于其鄰許媪。比有知，常母許媪，或告非其母，則從媪問曰："我母狀何似?"媪言其狀，則呼天大慟曰："天乎！何令兒有母不識耶!"稍長就外傅學，即不與群兒戲，方領矩步展如老成人。初從給舍梁先生格所受《易》，已復從貢士胡先生應科所受《詩》，俱稱明習。甫冠籍名邑博士，有聲藉甚。乃季翁愛獨子，不欲日悴占畢間，用資入太學。時祭酒高陵吕文簡公方群諸生講學，公喜得師，日領口教，退而私識示不忘。比卒業歸，吕公嘆曰："爾其虚來實往耶。"

裴氏數世以財雄鄉里，千金産耳，公既歸太學，季翁欲以試所長，舉産授公，公修業而息之，不數年，致千金者三。然見苦爲生難，自奉大布脱粟外無他羨，顧喜施予。歲大饑，即斛粟一金，他有粟者争易金，公不易也，獨遍貸諸饑者，不計能庚否，人以故誦義。其年冬，群盜劫從弟家，侵及公所，一盜喝止曰："曷得犯長者家？"已而火起，延公屋燼焉。公坐困，乃嚮被貸者競相告曰："兹我輩報公所也，曷可後。"于是争倍息償公。公受償者而却其息，謝曰："奈何以我不造重貽諸父老憂？"乃更大起廬舍，無慮伯什所，不知者見爲侈，知者爲重傷季翁心。季翁雅好客，四方賢豪扣門者屨相錯也，公日灑掃供帳佐其歡。即季翁對客坐，公袴韝鞠跽侍酒于前，竟客去不敢坐。季翁意有所之，不言公業已爲之，無不如意指。繼母馬陗厲，公事之能當其心，視諸從兄弟若出同生。公既自痛失科名，乃子公受數歲知章句，即程督之不少貸，旦遣就塾師稟學，夜歸課所受業，脱未習必譙讓，立促之習乃已。胡内人固愛子，以爲苦之弗堪也，公笑曰："鄙人有言弗苦弗成。愛子欲其成，胡得弗苦？"越辛酉，公受舉鄉試第六人，公喜顧語胡曰："吾于孺子爲愛否？"明年季翁病，公侍湯藥已，又籲天求身代，比翁卒，朝夕躃踊，水漿不入口者數旬，遂委頓，居頃之竟亦卒。是在乙丑六月四日，春秋四十有六。

公且卒，與公受訣曰："吾裴氏先累以功名照竹帛，中更衰落二百年無聞也，孺子始得與計偕。嘗聞公侯子孫必復其始，或者孺子其當之？勉哉！余爲屬目三泉也。"公卒之八年，爲隆慶辛未，公受舉進士。又四年，以職方主事上績書得贈公如其子官，其内胡氏封太安人云。公無他子，一女嫁中尉充鍙，封孺人。王氏時濟曰："曩余游東野公父子間，蓋數習其人。季公博大多交知，東野公方嚴好面斥人過，少藴藉，亦竟無他腸。至振人之急，厚施而薄望，能使誦義者無窮，其風軌略同焉。庶幾家教致然與?”公受早與游大父行知名士，比在官，耻罔養，臨事侃侃核名實，以此著廉武聲，人皆曰東野公誠賢，將得子而益彰。信然哉！信然哉！

姚高士傳

高士姚綬者，字公垂，稷里人，蓋重華氏之遺胄也。幼治經術，從博士游，數奸有司不遇，卒謝去。爲人孤貞寡合，口吃不能道説，顧善詩，詩自建安六朝，下洎李唐諸名家，舉能窺其閫奥。每會意處吟咏竟日不但已，人問之亦復不答。家故雄于資，高士嗜酒不治生，中遂旁落，獨四壁居耳。人將不堪，乃高士得粟輒就胡姬飲，飲輒醉，醉後耳熱輒烏烏歌，其辭曰:“義燧藐焉兮生不時，俟河之清兮增煩思，朝吾采蘇兮暮茹芝，歌于于兮行施施，聊以卒歲兮復何之?”歌畢散髮頭搶地齁齁睡也。睡覺復爾，時人莫識焉。

北地孫府君倌者，固名流，來爲邑宰，甫下車，聞高士行重之，賓禮延見，久益狎，每宴會探韵賦詩，詩成，孫府君擊節稱賞，已復嘆其不偶世。高士笑曰:“夫子猶有蓬之心歟?如偶世何以遂吾高?吾嘗慕李都尉、蘇屬國居夷狄不困，太白、子美坎壈終身自若，彼得之詩者深也。假令數子而在，願執鞭以往。”時高士顛且種種矣。厭苦城市，買山姑射紫金岩陶穴居之，曰“兹吾畏壘也”。孫府君爲出資構精舍將俾終焉。論曰，世之人居恒放達自爲名高也者久而偃蹇，其孰能不波?高士雖游于酒人乎，乃爾超然遠覽，以詩自娱，即生不暇治，何問榮利哉！庶幾古之沉冥者流與在己不求聞知，而人往往樂與之比。語曰“桃李不言，下自成蹊”，蓋謂是矣。昔晋人郄超聞高尚士輒辦資百萬起居宇，孫府君豈亦其人乎?

龍塢集卷之十五

狀類

先府君狀略

先府君既捐館舍七日，孤濟哀頓摧毀，羸病削立，所進日不一溢，内外屬惻然相謂曰："禮有大中，毁而滅性，聖教弗與。無已追述先人軼事，乞言作者志之不朽殆庶乎。"孤聞之益悲，哽不自勝，痛惟先君雌伏郊保，無當一世，是亦之政猥存風概，居而忽諸，放失聞見，曾無良史袚餙原季于焉，况榮邵美，敝之窮壤，何以稱冀土息也。夫射儀毫晝儀髮，今迹毫髮臚次之，既以藏獻于家，用其副備緑圖焉。

蓋府君姓王氏，諱越，字克閑，先太原人王子成父之末緒也。漢魏以來播居兩河間，世紹明喆，邈逸亡傳。國朝有卜居公諱肖爾者，占著稷山龍塢莊。卜居公生崇樸公興，崇樸公生農隱公滿。隱公固長者，受室薛氏，有婦行，時人以輩洎鸞德曜。府君其仲子，少有心計，多權譎，七歲時受隱公九章數術，自方田勾股百覆不舛。年十九踐更行邊，度桑乾河，遍乘雲中亭鄣，指弃谿數所當備，曰不者恐令區脱兒生心。無何虜擁數十騎果由之入邊，遽未知業已得意去。知者見謂府君識具周也。嘗攝彈室，少從兢欲辜較，在所一無聽，里人稱平。家世力田，田下下，終歲作苦尚不讎課算。府君折節爲儉，非出田畜弗衣食，數年得貯奇出主子錢取其贏具伏臘。乃時欲扶義行，私出槖中裝爲弟譚完室，舁婦翁朱公鬡客骨與丁氏媼合葬。數起叢祀，歲時率里社祝厘驢[一]歡焉。窮乏稱貸，登量與之，即庚否毋問。有少年盜麥數斛，家僮走白府君，誡毋語，其人愧首，復詳[二]謂曰："僮自薛越何知主名，爾胡自誣爲?"初里人椎鄙不知學，府君嘆曰："使農之子恒爲農，海上牧豕奴將不爲漢相邪。"孤濟舞勺歲，即遣就傅高先生所受《毛詩》，已籍博士諸生，居以環堵，設扃鑰竇通食飲，夜從户外趣之曰："念哉念哉，毋忘采菽勤者功多也。"嘉靖壬子，濟從郡國士推上計偕，府君始一撫掌曰："副是要腹矣。"居恒倜儻重然諾，人有急，傾身爲之，惟力是視。從弟仁與豪奴有眤嫌，奴詸而幽諸其室求市居，間者十輩行不解，仁憤薄欲自殺，府君手署赫踬趣奴，至操挺擊之，責以大義，若將立斃也者，奴始謼韝肉袒謝乃免。侄武無賴，與人博争道不得，一夕死，家人欲抵同博者罪，府君廉其狀無他，立主速葬。博人以頭搶地曰"公實生我"。縣大夫王君下賢，以賓射祭酒起府君，繆爲恭敬，固不應，因博士弟子就其家强起之始一行，後大夫亟請，則謝曰："吾豈杓之人，奈何以筋骨磬折貴人前。"竟不往。

府君性篤孝，末年念及隱公夫婦猶然泣數行下。日糞除先塋，起祠堂，命孤濟輯宗譜。既割田贍族，議且開塾，群子侄置傅。稷邑南沮汾水，春冬病涉，府君業腹畫橋具有年，至是身爲紀綱之僕，差日舉役，頃之病作，尋增劇，呼孤濟謂曰："大丈夫居世貴行志意，吾雅意此橋，垂成乃不及目，命矣! 此以累汝。惟是窀穸之事，吾德不及楊王孫，所爲楄柎以藉幹者，請無過侈。"言訖而卒。卒旬日，橋成，蓋孤濟趣工速構以遂前策云。行者誦義，以爲安從枕席上度我也，語在户部郎孫公倌記中。

先是府君則游于酒人乎，每至引滿大嚼，或使酒罵坐，已而悔過，矢不飲，并不茹葷，自號所居"素庵"，人亦以稱之。日布衣蔬食，坐匡床焚香讀老子書，以此終其天年。據生弘治壬子正月二十三日，卒隆慶丁卯十月九日，春秋七十有六。初配薛氏，繼史氏，皆先卒。繼朱氏。薛無出，史子一，時政，娶衛氏，繼段氏。女四，倩文廷錫、高幾、薛維、段忠恕。朱子一，即孤時濟，娶任氏，繼梁氏，鄉進士紀女。孫男一，女二。卜以卒之年十二月二十二日葬府君烏堆南原祖塋之次，以薛、史祔焉。

於乎！昔人有言，明智敏識不必讀書，六經之表復自有人，似非通論。以先府君觀之，不其信乎？今夫縉紳故家世傳詩禮，或至過佚廢墜，蔑其先聲。府君起田間，乃知重學士，訓迪嗣。人以經術名家，彼列高位，厠名鄉舉，一援手澤利多方，或恣行朘削，罔知顧忌。有如府君瑣隸秉義，行仁孜孜如渴饑，夫豈有所前聞哉？乃至性則然矣！竊意司馬子長爲漢史，諸將相公卿顯者既已傳列，俠客賈竪遵何德亦録之，一旦得以聲施後世焉。人貌榮名固其所與，先府君懷獨行一概之操，幾可與成名立方，執事今之子長也惡得無意乎？孤不敏，輒以死請焉。

先妣朱氏狀略

母姓朱氏，諱淑真，世稷山人。父爲處士公鑾，配丁媪，生母。幼柔慧有遠識，媪初喜事佛，不茹葷，母年十二受指亦不茹葷。先府君既亡史母，委禽處士公所儀女繼室，丁媪聞有藐諸孤，堅不許女，母曰："置之女以箕帚事人，何家不可以居？"乃竟歸先府君。于時祖母薛在堂，老且病盲，母出入扶掖，手倫膚美其養，取裙牏浣盎之，不以假人。比祖母以天年終，時稱賢婦不去口。母有稱説亦必舉先姑云然也。

兄時政失史母甫三齡，乃四姊衰序垂髫，未知人理，母一以毛裹視之，有過不嘸讓，甚至自擣其面，毋寧以唾加兄姊。府君受先人甌脱田，堇堇不竟伏臘，母與府君身操斗概，取給不自，苦爲生難。間用權奇稱貯息，以天幸得讎數倍。後舉家量登一出之，時復棄責不收責，人以義誦府君，并以及母。府君嘗構橋汾水上，置田贍族起叢祀，母輒從臾之無遴色。間自脱眦具共伊蒲塞桑門，所在區里由先府君以還，生舉火死藏聚僂以什率，而乙之者數矣。初，母父處士公避家難客死臨晋三十年，母始以骨還，與丁媪合。同産兄倫死，丘嫂割遺息適人，母收視卒與成家室。女弟嫁何氏，家中廢不能自存，迎舍養之，日與共案食，欲他往，輒民〔三〕："以我在寧使爾糊口四方也?"居恒節儉，身褌布服糲食，衣但阿錫者乎即一傳而褚之。子婦强欲羞脯醢，則辭曰："厚味實腊毒。"母當任孤，日夢有异，先府君占之曰："男也，吉。"母既舉孤，喜謂曰："男〔四〕生矣，男也。"以故愛之甚。比有知，時術之，口授書計。齒及舞勺，行修幣高先生所受毛氏《詩》。已籍博士諸生，與計偕，而後喜可知已。居數年，先府君捐館舍，孤亦數偃蹇，倦于游。母曰："爾何淺之爲丈夫也?辟諸田農，是穮是蓘必有豐年，不勤何獲者?"蓋母末年神慮益精，每自嘆老將知而耄。及之歲丁丑，春秋八十高矣，值先廬火後，母識〔五〕志崇構，不愆于素，亦不令孤與也。居成宴落，内外屬舉酒酬地，皆祝延之曰："母氏彌百年乎。"

今歲癸未，天下士復計偕，孤以母老不欲行，母微左右知之。孤旦日出子舍上食食母，母作色戟手數孤曰："自女對公車，歲月長矣，輒以不應令罷歸，歸之日庶幾一再上，猶云日暮途遠，奈何坐令失期以我老爲解?女第往，當有吉語聞我，不者即女食我將殽之，焉用久溷女爲?"孤不自得，誡家人趣裝，以正月元日告行抵都。比試前一日，母遣使告無恙，已而孤舉進士。使凡三輩行問母起居，母報曰："天實開佑我，俾老而見女成名。女幸毋忘日中熭也。我健倍昔耳。"孤得報竊喜，業已上章乞歸養，敕下天官卿議，格未覆。忽使來報母迥風狀，孤聞之震駭，遂不謁告亡歸。浹辰抵家，母棄養已月餘矣。嗟嗟慟哉！天乎！母所子孤一人，乃不及面訣視含斂，貽是不追之痛爲終身恤，天其甚矣哉！孤既日伏倚廬號踴不能食，已遂委頓區霿若無訾省。再逾月，伯仲叔季方以母治命詔孤曰："子歸，誡毋慟，吾無他憾，獨未睹負床〔六〕耳，亟索助簉憖得傳于來體足矣。惟是窀穸之事裁取具毋得須臾。"孤受命抆泪，始扶杖貞卜，得以其年十二月二十二日啓先府君初兆移置丙壬向，舉前薛、史兩母并母祔焉。

先府君諱越，字克閑，生弘治五年壬子正月二十三日，卒隆慶二年丁卯十月初九日，壽七十有六。薛、史兩母久逸。母生後先府君六年，爲弘治十一年戊午二月十二日，卒後府君十六年，爲今萬曆十一年癸未七月三十日，壽八十有六。子男二，長即兄時政，娶衛氏，邑諸生珣女，繼段氏，副楊氏。史出。乃段氏與兄先一年卒。次不肖孤時濟，娶任氏，省祭希貞女。繼梁氏，都察院都事紀女。今母出。女四，倩邑掾文廷錫、義官高機、薛維、段忠恕。史出。孫男二，夢羆娶趙氏，夢熊幼。女六，長倩賀秉謙，三幼，俱時政出。孤時濟出者倩梁一治，一幼。先府君襄事業得故相國同州馬文莊公志之。今母一婦女行，雖所事米鹽委屑，無它詡美，至坐策門内班班顯者或宜傳而著之，輒敢條刺，冀得請于大君子哀亡慜存，倘然而賜之銘，則曰爲母氏不朽也者，重藉孤以不朽也。孤敢以死亡哉！謹述。

先府君上考功狀

府君姓王氏，諱越，字克閑，稷山蓋世縣也。父農隱公滿，母薛氏生府君，少有心計，多權譎，七歲通九章數術，自方田勾股百覆不舛。年十九踐更行邊，渡桑乾河，遍乘雲中亭障，指弇徯數所當備。不者恐令區脱兒生心，無何虜擁數十騎由之入邊，遽未知業已得志去。知者謂府君識具周也。嘗攝彈室，少從兢欲莘較，在所一無所聽，里人稱平。家世力田，田下下，終歲作苦尚不讎課算。府君折節爲儉，非出田畜弗衣食，數年得貯，奇出主子錢取其贏具伏臘。乃時欲扶義行，私出橐中裝爲弟譚完室，舁婦翁朱公鋈客骨與丁氏媪合葬。數起叢祀，歲時率里社祝厘臚歡。窮乏稱貸，登量與之，即庚否毋問。有少年盜麥數斛，家僮走白府君，誡毋語。其人愧首，復詳〔七〕謂曰："僮自薛越，何知主名？爾胡自誣爲？"初，里人椎鄙不知學，府君嘆曰："使農之子恒爲農，海上牧豕奴將不爲漢相邪。"不肖濟舞勺歲，即遣就外傅高先生所受《毛詩》，已籍博士諸生，居以環堵，設扃鑰竇通食飲，夜從户外趣之曰："念哉，毋忘采菽勤者功多也。"濟從郡國推上計偕，府君始撫掌曰："副是要腹矣。"居恒倜儻重然諾，人有急傾身爲之，惟力是視。從弟仁與豪奴有睚嫌，奴訹而幽諸其室求市居，間者十輩行不解，仁憤薄欲自殺，府君手署赫躧趣奴，至操挺擊之，責以大義，若將立斃也者，奴始謼犢肉袒謝乃免。侄武無賴，與人博争道不得，一夕死，家人欲抵同博者罪，府君廉其狀無他，立主速葬。博人以頭搶地曰"公實生我"。縣大夫王君下賢，以賓射祭酒起，府君繆爲恭敬，固不應，因博士弟子就其家强起之，始一行。後大夫亟請，則謝曰："吾豈杓之人，奈何以筋骨磬折貴人前？"竟不往。

府君性篤孝，末年念及隱公夫婦猶然泣數行下。日糞除先塋，起祠堂，命濟輯宗譜。既割田贍族，議且開塾群子侄置傅。稷邑南沮汾水，春冬病涉，府君業腹畫橋具有年，至是爲紀綱之僕，差日舉役，頃之病作，尋貌，呼不肖濟曰："大丈夫居世貴行志意，吾雅意此橋，今垂成乃不及目，此以累汝。"言訖而卒。卒旬日橋成，行者頌義，語在前户部郎孫公倌記中。先相國同州馬文莊公雅慕府君行誼，聞訃日爲詩吊之，有云：嗟彼漆園叟，俄還造化真。古松留物色，秋水逝精神。風播關河遠，雲愁姑射頻。義橋功德頌，千載屬行人。已復爲志其墓云。

先母上考功狀

母姓朱氏，父爲處士翁鋆，配丁媪，生母。幼柔惠有遠識，媪初喜事佛，不茹葷，母年十二受指亦不茹葷。先府君既亡史母，委禽處士公所儀女繼室，丁媪聞有藐諸孤，堅不許女，母曰："置之女以箕帚事人，何家不可以居?"乃竟歸先府君。于時祖母薛在堂，老且病盲，母出入扶掖，手倫膚美共養，取裙牏浣盝之，不以假人。比祖母以天年終，時稱賢婦不去口。兄時政失史母甫三齡，乃四姊衰序垂髫，未知人理，母一以毛裏視之，有過不噍讓，甚至自擣其面，毋寧以唾加兄姊。府君初食貧，不竟伏臘，母與身操斗概不自苦爲生難。後稍温裕，人來貸者舉家量登一出之，時復棄責不收責，人以義頌府君并以及母。府君嘗構橋汾水上，置田贍族起叢祠，母輒從臾之無遴色。間自脱呲具共伊蒲塞桑門，所在區里由先府君以還，生舉火死藏聚僂以什率，而乙之者數矣。

初，母父處士公避家難客死臨晋三十年，母死以骨還，與丁媪合。同産兄倫死，丘嫂割遺息適人，母收視卒與成家室。女弟嫁何氏，家中廢不能自存，迎入舍養之，日與共案食，欲他往，輒曰："以我在寧使爾糊口四方也?"居恒節儉，身褲布服糲食，衣但阿錫者乎即一傳之褚之。子婦强欲羞脯醢，則辭曰："厚味實腊毒。"母當任孤，日夢有异，先府君占之曰："男也，吉。"母既舉孤，喜謂曰："果生矣，男也。"以故愛之甚。比有知，時術之，口授書計。及舞勺歲，行修幣外傅，已籍諸生與計偕，而後喜可知已。居數年，先府君捐館舍，孤亦數偃蹇，倦于游。母曰："爾何淺之爲丈夫也?辟諸田農，是穮是蓘必有豐年，不勤何獲者?”蓋母末年神慮益精，每自嘆老將知而耄。及之歲丁丑，春秋八十高矣，值先廬火，母職志崇構，不愆于素，亦不令孤與也。居成宴落，内外屬舉酒酬地，皆祝延之曰：“母氏彌百年乎。”乃歲癸未，天下士復當計偕，孤以母老不欲行，母微左右知之，孤旦日出子舍上食食母，母作色戟手數孤曰：“自汝對公車歲月長矣，輒以不應令罷歸，歸之日庶幾一再上，猶云日暮途遠，奈何坐令失期以我老爲解?女第往，當有吉語聞我，不者即汝食我將殼之，焉用久溷女爲?”孤不自得，誡家人趣裝，以正月元日告行抵都。比試前一日，母遣使告無恙，已而孤舉進士。使凡三輩行問母起居，母報曰：“天實開右〔八〕，我俾老而見汝成名。汝幸毋忘日中熭也。我健倍昔耳。”孤得報竊喜，業已上章乞歸養，敕下天官卿議，格未覆。忽使來報母迴風狀，孤聞之震駭，遂不謁告亡歸。浹辰抵家，母棄養已月餘矣。嗟嗟慟哉！天乎！母所生孤一人，乃不及面訣視含斂，貽是不追之痛爲終身恤，天其甚矣哉！逾數月，伯仲叔季方以母治命詔孤曰：“子歸，誡毋慟，吾無它憾，獨未睹負床孫耳，亟索助籩得傳于來體足矣。惟是窀穸之事裁取具毋得須臾。”孤始收泪，貞卜啓先府君兆，而以母祔焉。于時都察院右副都御史猗頓何公東序爲志其墓云。

亡妻任氏上考功狀

妻姓任氏，爲余同縣省祭任公希貞女，母文氏。妻生而端重寡言笑，父母鍾愛之，余舉計偕日尚未納室，行將赴公車，先府君輒遣人省祭公所求婚，公許之。于時妻奉箕帚歸我。歸不旬日，余北行，會姑朱遘病，妻即不以新婦自嫌，遍求醫巫雜治之，夜復叩北斗請以身代姑，姑病良已。比余歸，母洒然曰：“向非新婦恐不及見子。賢哉婦也!”居一歲舉女，女不育。會省祭公卒，妻哭之慟，遂卧病，病數月竟不起，卒矣，凡爲余婦僅歲餘七月耳。

繼室梁氏上考功狀

繼室梁氏，余同縣人，家世通顯，以經術名。父南京都察院都事公紀，母胡氏，生繼室。少婉嫕敏慧多鑒量，都事公奇愛之，數偃蹇擇對。會余任氏婦圽，先府君請婚都事公，公雅才余，一往得請，遂委禽。時年十八歸我，人言是家生貴甚，將不任箕帚。乃姑朱日病卧床褥，室晨起視具，不以委諸婢，手倫甘膬，舉案進姑食，姑加一飯，脱然愈矣。先府君起力田，資薄無他奇贏，余事經術，不問家人産，室自節約度出入，衡署程品，日中椎布操作，夜篝燈治女紅，且佐余讀。如是十年所，家差多，旋治第宅，宅數區中牣什器各廢一，歲時伏臘雍容而已。余既久次公車，歸每壹鬱不自得，妻迎勞曰："何愷也，身在有餘，君即困，孰與朱翁子?"呼酒尉〔九〕藉，盡歡乃罷。即余嗜書當食頃，讀卷未更乙，逾時不食，室不先食，或舉一秇袚餙作苦者，業以飲來。居間賓客過，余數擊鮮無倦色，脱不以期，至徐出共具如宿戒，無論米鹽取。辦事若大者在他人錯愕莫知處分，室才片言決之，卒無出意指。姑常戲曰："婦何年之少，于物之長也?"舅姑末年事佛，蔬食，喜施予，余猶然難之，室左右從臾，惟力是視，曰："二尊人鮮餘日，奈何令失歡?"先府君橋汾水，人多沮者，室獨稱禮義無愆，何恤人之言，力贊之成矣。迨府君以天年終，余顛霿無訾省，室内調棺斂，諸雜共置務出其厚，即伯兄丘嫂不一舉手，室亦不以累及，曰事舅止今矣。歲癸未，余當再試，念母春秋高不欲行，母日趣之行，室從旁解曰："君薄我不能事姑邪?"請行矣。行成進士，疏歸不報。無何母病，室亦病，不能爲姑侍湯藥，輒長號曰："天尚速禍余，少延姑命乎！”姑病不起，室病日益困，比余歸，及母襄事，室病良已，顧時時念姑不去口，泪常承睞也。先是，北山父老起叢祠募資，姑呼室前曰：“我老不任笄，欲捐此，得無可不？”室曰：“惟姑命。”即以畀父老，實鏐金也。姑既殁，父老恐出老悖，不欲受，室曰：“姑在日捐此，今責還，是亡姑矣，奈何以金傷姑意？”竟畀之。明年甲申，妻健匕箸如常，行復視家矣。日忽感末疾，體半廢不語，迎醫診視，雜用禁方投齊〔一〇〕及巫祝祠解，一不讎，以乙酉正月十日卒，得年四十有七。葬日乃其季父陝西參議梁公綱爲志其墓。

校勘記

〔一〕“驢”，據下文《先府君上考功狀》當作“臚”。

〔二〕“詳”，據文意疑作“佯”。

〔三〕“民”，據下文《先母上考功狀》當作“曰”。

〔四〕“男”，據下文《先母上考功狀》當作“果”。

〔五〕“識”，據下文《先母上考功狀》當作“職”。

〔六〕“負床”，據下文《先母上考功狀》後缺“孫”字。

〔七〕“詳”，據文意疑作“佯”。

〔八〕“右”，據上文《先妣朱氏狀略》當作“佑”。

〔九〕“尉”，據卷十二《亡妻孺人梁氏壙記》作“慰”。

〔一〇〕“齊”，據卷十二《亡妻孺人梁氏壙記》作“劑”。

龍塢集卷之十六

記類

重修后稷廟記

后稷山在邑南五十里，有廟，祀稷古矣。按地界唐虞畿内，曩稷爲農師居此，故以名邑云。累朝尊奉，太常定甲，歲以夏四月十七日邑大夫率禮嚴祀，肅后〔一〕令典。惟廟栖山巔，風雨易蠹，雖有作者，各沿儉陋，承事不敬，明神弗歆有以哉。隆慶丁卯，安化孫侯倌至，則敷和百里，崇秩群祀。未幾，祗謁廟庭，慨焉興息〔二〕，鋭意作新。謀諸吏民，僉曰如願。乃捐俸易材，即山取石，工獻巧，民樂役，經始己巳七月，越庚午三月告〔三〕。考正殿三間，前甃露臺，方十四丈五尺，周築蕭墻。自露臺東過蕭墻，别殿三間祀姜嫄。臺南甬道左神厨三間，自甬道東行折北爲官廳三間，稍西鐘樓一間。外甃石垣，厚七〔四〕尺，高倍二之三，繚亘幾十丈幾尺。役畢，耆老劉尚禮介司訓華陰屈君徵、涞水劉君廉列狀請記。

余觀古先聖哲生〔五〕有功德，大造于民者，天下後世罔不尊禮，各祀有土以示崇報。載維后稷，生赫靈异，出毗勛華，當夫民奏艱食，憂及堯舜，爰教稼穡，以開粒源，故《詩》曰："后稷之穡，有相之道。"若乃禹極〔六〕昏墊，匪食曷生？故《詩》曰："奄有下土，纘禹之緒。"契敷五教，匪食曷淑？故《詩》曰："無此疆爾界，陳常于時夏。"由兹言之，堯舜同君，不無讓德焉。禹契同臣，不無讓功焉。他可知矣！

於惟大哉，用是培西周之業，克代二王，享南郊之祀，綿及八百，宜也。雖繼世以來，禮廢圓丘，歲時殷薦，獨隆此邦。若曰生所理者，神必安爾。肆我孫侯治邑，課農教稼，率乃舊章，家安耒耜，民迄康食。尤以神宇所在，宜崇瞻仰，遂振久圮之基，克成維新之觀。所謂即成民而致力于神者非耶？自兹神妥時格，益永休和，歲仍豐穰，俾藉靈貺于無疆，皆侯之賜也。夫善舉必書，記事之責，况乃盛德惠及神人，可無述焉？敬勒嘉績，昭垂遠裔，復繫以詞，俾祭者歌之。

詞曰：于穆后稷，立極配天。溯兹稼穡，迄億斯年。何以報之？于登于豆。秉德維虔，亶胡以臭。新廟孔碩，敬明哉侯。神用時享，福禄來遒。

關侯新廟記

關侯新廟在稷城北郭之西，今湖廣少參梁公特構也。構之何以若？曰欽其風，想見其人云爾，非貿福而爲之者。廟既成，俾余略載牲石。余故讀《蜀漢紀》，每嗟天之禍漢而及侯速也。

侯本河東解人，當漢祀陵危，間關數千里從玄德，締義昆志，致蓋遠焉。維時魏挾天子令諸侯，吴藉父兄遺烈，視玄德奔走亡命間，削弱特甚，獨以侯故而威懾之。乃吴、魏亦數餤侯，侯不爲動。權子請婚，辱駡其使。操加禮遇，刺良示報，毅然長絶。侯誠何心哉！良以帝胄一絲，繫漢九鼎，侯之心屬已久矣。比及攻樊城，走曹仁，斬德虜禁，威震華夏，行且咸劉厥敵，靡使有遺乃爾。禍發所忽，襲于權蒙，匡正之勛，幾底而隕。悲夫！楊雄有云“六國蚩蚩，爲嬴弱姬”，貉奴知襲侯削漢，弗知奸閹遺醜坐收其敝也。要則天厭火德，已撲滅之，侯欲興焉，鮮不及矣。成功則天其以是乎？

考侯系夏大夫龍逢之後，將忠義克篤以世與，少舉孝廉，明

《左氏春秋》，其悦禮敦詩。先晋郤穀之徒與往，侯中鏃毒醫理之，視其骨清，曰後必神。侯既没，世争爲侯祠，迄今千餘歲，家尸户祝者遍九州，如一日醫之言，將信其然與？抑自有浩然長存者與？如彼幾靈影響感驗人區者，可不復班班已。

廟正堂三間，中設嚴相，外門一間，後齋堂三間，俱南向。左右厨庫各一間。工始隆慶壬申二月癸卯，訖五月丙午。贊理義耆季夏陳守義。括費百金有奇，皆梁公節俸爲之。

公諱綱，字立夫，嘉靖壬戌進士，居官植風紀，勵清操，丕有休聞。是役也，揆典克倫，率義罔頗，將使百世之下聞風興起者有人也。于焉缺書曷諗觀者？余不文，竊學舊史，論其軼事爲之記。

玄武廟記

王子曰，子不語神，恐涉或异，有如言遠而敬，亦弗能蔑，兹聖人以神道設教也。嗣若玉策金繩關扃靈府，封縢瑶壇者雖靡得，而窺參驗人區，時亦有可聞焉。

按玄武固北方七宿虚危星，形玄龜武蛇，是已在圖志。乃謂浄樂世子生而神靈，遇授道秘，仗寶劍，煉果飛升，上帝命鎮北方，統攝玄武之位，言幾恍昧。逮觀傅箕蕭昴之説，則神豈亦七曜儲精者？然與諸有靈迹炳赫，古昔者弗論，在國朝太祖創世，兵戈所向，神輒陰祐。業已建廟鷄鳴山北。太宗靖難，又示顯相，因重起太和宫，設官專禮，即二聖尊信崇奉，罔不備至。非以神能護國衛民，于功當祀，故著爲令甲若兹。迄今所在寰域家尸户祝，祈靈飾虔，又何云怪矣。稷城南二十舉武有玄武廟，故址卑隘，兼后土諸祠居左，揆禮不倫，今而改闢中殿三間祀玄武，前創香亭，左三間祀伯益天駟法王，右三間祀后土聖母。前覆檐廊稱之，南樂廳五間，巽隅大門一間，周甃磚垣，内炫金壁，外列珍林，儼然穆肅，不啻舊觀遠矣。工始嘉靖丙午，訖丁未，糾資義民某等、鄉官某等、諸生某等，總之者信士丁大江也。績既底美，咸思攸長，乃綜誦略，刻此樂石，以著經紀云爾。

常慶寺新記

常慶寺在陽平里北五十舉武，經始邈焉，莫徵已舊貫。北上大雄殿五間，南雷音殿稱之，東西廊各三間。入國朝凡幾修矣，卒無住持，光塵就翳。嘉靖中，居人寧遠縣丞劉君鎔，長者劉欽、喬榭、任鉞、劉裕、王良等延訊名釋，得法師洪慶自萬泉孤山來。慶，河内人，初從少林寺惠師受戒具，精勤律儀鬱有宗風，至是頓錫常慶云。一日，慶與剡城簿劉君科謀曰："兹宇日圮矣，久將不支，我當之，君掎角之。"遂握長牘，謁檀越，乃至聚落，化愚破慳，得淨財若干，即爾庀徒興事，匠石競力，址不愆素，巍突蔑前，更以羨力，嚴諸法相加彩碧，環築繚垣，列堵如雲焉。蓋數月告績已，集緇侶誦諸品藏，慶自雜出牛畜稰布供之，復數月始罷，曰："吾以償夙願云。"慶又有徒法雲法林者，三上五臺，禮文殊，各燃一指，蓋得之經云"我以神力供養，不如以身供養"，故曰："若能燃手指乃至足指者，是名第一施二子之謂也。"其孫了通方在行童，亦知精進妙因，智果裒然，一堂稱盛矣。余友吴叟世禎修在家元行，與慶爲方外交，爰托記載，垂示悠遂。

夫佛氏爲西方聖人，稱于周史，蘇由與扈多比老聃，曰竺乾國有古先生，將過流沙，師之仲尼曰："三五非聖，西方之人蕩蕩焉無得而稱。"蓋伊時已知有佛矣。佛生滅猶人，世獨尊尚之，當在摩竭提國成正覺爾。時弟子蔭林藉草敝衣，行次無莊嚴，無處所，迄忉利優填鑄龍像毗舍離作雁堂，流及中土，濫觴于白馬寺。嗣是建造彌區宇，無慮萬億所，佛子以是名功德，戲殆不然矣。

夫佛守戒定慧，外駕果報慈忍之説以行之，故諦觀娑婆微塵，衆生咸欲超惡趣，免三毒五濁，躋净土極樂世界，世之人聆若風旨，雖武悍頑囂者流莫不懔懔改圖如不及，視中國仁義忠信之化反捷而易入。彼遵何德哉？能中其機故也。遠禍就福，人之情皆然，兹特設因緣以中之矣。肆漢魏來千百年，教與吾儒兩存而不廢，將非其故與儒者喜攻釋及睹，行事乃有大謬不然者。吾于釋氏惡得無取焉？時萬曆五年歲在疆梧赤奮若五月開明既缺之十三日記。

河東分司遺蔭堂記代參知胡公

河東潞村，古聚落也，介在解梁安邑間，地有鹽澤，國家財利實是綰轂其口，額置專使領之。有城已，又歲直指監榷綱令，有御史臺。乃河東司屬大夫不無受事，御史臺所獨無署，往來暴露。先是大夫奚啻十輩行，居嫌選事慮以畚挶遺諸父老憂，不欲也。諸父老自惟吾儕小人，皆有闔廬辟燥濕，二三大夫日將事而宸宇我，迄無處所，何以百姓爲？會今上即位某年，參知巴江梅公、副廉訪東海王公微民知無僪拒者，因之略址城南隅，并起兩署。前堂五楹，寢室稱之。後起臺爲亭三楹，雜列山石，花卉甚設，臺後射圃夾兩署，中有便户，凡大夫計事晝室共燕豆，跬步得之矣。比卒役，民益蒸蒸興謡黔慰也。無何，二公相繼遷去，不佞與吴興宋公代至，既坐享而賴之，有如蟹筐蠶績，然而可弁髦已乎？遂與厘舉嘉義，顔其廳曰“遺蔭堂”云。

夫兹地本以鹽策稱陸海，中具五民，四方大賈日涉津梁之上，車擊肩摩。乃南山有徒，挺白棓，五城少年間發萑苻中，越旅國門，即諸父老安得衽席而保之？求戟既潰，將拾瀋之謂何。

二公者方置伯格長，其堂下走多韎韋之跗注君子也，盜且奔秦矣。日者邊遽至，縣官興發一切仰給鹽策，使疲命道路，猶不無挈鐍篋于甌脱者。即今北虜解辮保塞，大司農徵需邊郡，歲尚不下巨萬，卒使千里坐致無虞沉累，又非自公平踐更部署候人得要領而能然與？《詩》有之：“雖無德與汝，式歌且舞。”今無論諸父老歌舞二公之德，芘休甘棠，其在廟堂均式靈之。不佞輩今日之役雖云計伐，借人日登斯堂庶幾焉有鳩乎？假百年而巋然者尚存二公之蔭如故也。爰此誦烈以風三事，俾有彝式。故記。

宜川新城記

萬曆元年癸酉城宜川，以歲侵已。明年甲戌孰復城，越乙亥冬十月工乃訖，蓋尹之能也。先是隆慶丁卯，北虜入離石出不虞，大肆殘轢，兩河繹騷，若將旦夕受敵者。尋以大軍走之。變聞，天子震怒，詔下責讓諸守臣問故焉，具以城惡對。于時用言者檄郡縣城城，乃宜川有是役。

宜川古白翟居，秦漢隸上郡，今屬延安，岩邑也。綿袤山谷數百里，西北亘橫嶂，雕陰梁，山居其前，東限壺口，古稱地險足恃者。我國家承平日久，百姓老死不知兵，且恃險無足虞，一旦聞城役，多煩苦不欲。尹曰：“今父老子弟患苦我，期令城成日勞我。”乃即慮事授徒量功，命日略基址，程土物，陳畚挶，類能而使之，各庀其司。尹不執樸以行築者，而築者各勉焉。城周八百二十五丈，高厚若干丈，塹深廣若干丈，四門甃瓴甓，上覆重樓，間陴立敵臺九，各覆以樓。緒既就，則于境内雲岩等四堡城舉以羨力新之計。卒事乃三年矣，功有次而不愆于素，蓋尹之能也。已而父老子弟果翻然相勞，以爲城之且晚，遂來列狀咨余，計功稱伐，永聲百世。余作而嘆曰：“有是哉，尹也！夫城以盛民，自崇鯀以來尚矣，毋亦云民所寄命也。故不城棄民，過城病民，亟城殃民。昔者莒渠丘城壞，恃陋不備，楚洨辰克其三都。楚既大城，陳蔡不羹而亦及于難。梁伯亟城弗處溝，公宫而民乃潰，君子概有罪焉。兹而尹知城陋，弗沮异議而作之，作之不侈大，而伊匹淢，役且三年而後成。《祈招》之詩曰‘形民之力而無醉飽之心’，尹有取爾哉！”尹聞之弗居曰：“兹役也，非尹之能爲，前觀察程公、今觀察劉公實先後之。尹則何有焉。”於戲！有二公主畫于上，則事有經而下不撓。尹如不能則由于城靡之咎不免也，烏睹有是城。

程公諱某，起進士，某地人。劉公諱某，起進士，某地人。尹趙氏，諱國相，余里人，前三晋推上計偕士。其人强毅有立，廉于財而短于取名，日以勤民之事弗恤，室人之弗堪，人不知自若也，庶幾乎持重遠到者，因并及而爲之記。

姑射山什方法寶[七]寺修造記

姑射山，晋之望也，中多仁祠，什方法寶寺在滴水岩俶落。魏晋古矣，石趙時佛圖澄曾一駐錫，隋開皇、唐貞觀中各事修葺有護，敕擘窠大書，詞甚具。其地北屏危巒，千仞如削，左右刲峰，崒嵂刺天。正箕而居，斯其在焉。中殿像設如來釋迦牟尼尊佛，蓋琢山骨成之，旁侍觀音世至二大士。南殿諸佛菩薩，品覺咸秩，爲東西序。東香積厨藏伊蒲之供，西居苾芻，舊觀乃爾。我明肅廟時，有比丘真玉者景行大迦葉，睹湫漏，庀徒開葥，稍東起樓懸蒲牢，樓北作定室暨東堂徛行脚，外竪大門，蓋自玉公迄徒如現等、孫性玄等，更三世畚鍤不息，而僅有成。於乎難矣！

按《圖記》寺幅幀東抵横嶺晋家峪石盆溝，南抵下岩寺，西抵三重崖。窣堵波在龍耳堧，其他表刹、井泉、上岩洞迹多不載。曩余三過班荆廉下見其徒，日夕奉道鳴犍，椎唱伽陁，受持諷誦，四方泉布，尾至不絶，已竊怪之。佛自肇生迦羅，讫摩竭由身毒越中夏，道里歲年，方廣所及洽于今。兹何説者？蓋人情不能樂其所不安，不能得于其所不樂爲之而安，而樂奚待？賢者不肖者猶勸焉。釋氏宗旨希夷人人有闓于中，復駕阿毗非想之説而鼓之，趨得于安且樂也。不然皇帝王伯治世尚矣，彼驟入之加易焉。其徒固云刑賞之内權衡制之，刑賞之外我法綏之，有以哉！今之世正象衰矣，得無馬鳴、龍樹其人與現等毋讓也。他日告余以是功德言觀萬世，乃迹本事據玄石而旌之，并著龍象爵里與附青雲而遠也。時萬曆九年歲在辛巳夏六月一日癸巳記。

梁氏祠堂記

少參梁公者，業由汴臬晋今官，當入楚，顧重違母夫人養，疏病告歸。歸葺舊居居母夫人，日偕伯季展侍歡如也。已而曰："君子作室先廟兹後矣。"因即居左規地構祠，正堂三楹，重檐西向，内作龕，奉四代主中尊，左右次列自祖長史君以上，各以妣附。乃龕上作層閣，誥敕載焉，是爲榮祀。堂兩翼齋室、神庫各三楹，南北對向，中儀門前堂三楹，東向，是爲三錫堂。堂左外門西出，左上家塾列焉。他日王子過，公延之觀，且曰："禮有典常，淺識難議，兹而祠載誥敕，私志雖衷，弗敢爲是。何如？"曰："有之。昔者穆虎匡周受厘祖廟作召公考，對揚王休，彼有取爾也。其'三錫'云何？"曰："自先給事受一命，逮不穀受二命，統之爲三錫云。兹以昭伐，不云太矣？"他若齋言思誠，庫言守籍，家塾言教損益有，概咸酌于中。故曰賢者更禮，不肖者拘焉有以夫。余嘗詔稽于往古，越在詩史，閟宫美僖，世室剌文，重禮先也。卜子夏獨稱學士，大夫始知敬祖，外都野人弗與齒。夫都野人持手而食，賤簡固當，世衰禮廢，號稱學士大夫者，亦且蔑然。如唐侍中珪不立先廟，爲執法所糾。即今位都卿相能首是義者，僅或見之，孰爲禮先？往從執鞭舍公何適矣。兄宗之起，若川然有原，以迎浦而後大。唯先處士醫藥活人，陰滋汪澤，逮及巡史，任不滿德秦相，發而未大，給事卒以賁志藴藉，靈貺沛集。今兹是役也，將謂表厥積厚者非與？公辟次曰："先人覆露予實享之，曷敢忘。願勒若語樹之堂壁，俾世萬子孫或庶幾焉可鑒，以鳩吾宗世吾祀。"王子曰："唯爰屬小吏書爲之記。"

公諱綱，字立夫，起家壬戌進士。其伯兄紀，字理夫，己酉計偕。季弟維，字持夫，戊午計偕。實克咸厥功者。祠建隆慶庚午，越壬申夏始安主告成云。

黄龍禪寺記

疏屬之山，峰美泉甘，隔絶世緣，蓋天設道場也。初黄龍禪師居之，有洞乃後有寺，世迭兵燹，寺廢洞存。國朝成化中，僧普明始建殿塔，制仍苟簡。嘉靖丙申，僧行貫再一修舉，伽藍方丈，山門顧前臨溪壑，咫尺缺陷，計莫從也。隆慶庚午，僧真玉者始率徒如惠、如奉移山塹谷，鑿石砌基，高彌二丈，闊倍之三。就其上建南殿，北拱主座，内設諸佛菩薩等相，金璧炅晃，回視險阻，頃成福區。考厥成，儒官姚公綬實多力焉。

一日，公携玉來問記。夫佛，身毒聖人也。身毒去中國西數萬里，當其生應常星，死葬回鹿，是在周莊匡間，中國不與知。後五百年，至漢永平中，騰蘭以經來。又五百年，至梁普通中，達摩以法來，震旦以東始知佛。由達摩溯之，佛二十八傳也。比來中土稱初祖，六傳至曹溪惠能，實受法具，嗣法者神會懷讓。又數傳乃有黄龍禪師，人稱黄龍三關，峻如壁立者是已。今去師千餘歲，嗣法者遠不可推。乃玉能恢復道場，俾宗風再振，法其在兹乎？經言能補故寺謂二梵之福，玉殆有之。有若浮屠不三宿桊下，恐生恩愛，又何寺之足云？既綜其事之始末，因并及之，以爲記。

社稷壇記

夫凡君國，舉稱社稷而祀之，維何？按祀典，社，土神，稷，谷神。人非土谷罔生立，從而祀之爲天下報功，教民厚也。配以勾龍后稷何？孔子曰“古之平治水土播植百谷者衆矣”，惟勾龍兼食于社，而稷爲谷神，固以功配之與是，禮也。溯諸三代，于周獨詳。《周詩》曰“乃立冢〔八〕土”，言社也。曰“以御田祖”，言稷也。至于《載芟》春祈良耜，秋報崇重之義何至哉。後代因之，禮文异制。我明興，厘正百祀，于社稷尤重，上自有國，下及郡縣，所在有壇，率以春秋二仲上戊日敦祀，成典也。

稷邑固有壇，在城西北里許，歲積頽爲牧豎場。隆慶丁卯，邑大夫孫侯睹兹惕然，克期鳩役，勇于改作，凡爲壇崇三尺，東西二丈五尺，南北如之。四出陛各三級，在建神厨、牲房、齋廊各三間。北甃瘞井，途南向，周繚以垣，上瓦下堊。不逾月竣工。蓋民悦易使故也。侯負通敏之才，行宜民之政，其慈祥惠和，既足以同其人民，爲之民者方伺侯令使而樂從之。即社稷之役，侯亦爲民非自爲也，而孰敢後？故一率作而壇壝改觀，神道尊矣。且無妨時，無病費，量工易宜，民心悦矣。合民心之悦以供明祀，以昭德馨，是謂民神合和，而福不介者，未之有哉！侯孫姓，諱倌，字承卿，陝西安化人。下車以來，興建大者若城塹樓櫓，若孔廟臺察分司，各有專記者不書，兹據牲石所在書之已爾。

山川風雲雷雨壇記

稷邑山川風雲雷雨壇，故在南郭外，歲久荒廢，至無以藉俎豆，承嚴祀。隆慶丁卯，安化孫侯來令稷，政平化洽，民是用和。于壇重作之，周繚以垣，方五十丈，臺崇三尺，左建齋厨庫所凡幾間，南大門幾間。不越月告完，於乎篤矣哉！侯之用心耶！

夫今之令，古諸侯也。古者諸侯祭封内山川，周禮有風師雨師，宋始從以雷，我朝從以雲。蓋山林川谷，民取材用則祀之，風雲雷雨，民資谷實則祀之，非此族也不在祀典。聖王制禮之精也。稷爲晋下邑，民樸俗蠢，土磽賦重。設令以來，鮮能以治行稱者。乃侯下車，布令一意寬和，與民更始，其煦沫濡哺不啻如子弟，而民事之如父母。然後幽理神道，崇正祀典，有必舉之，兹壇其一焉。且其言曰："民神一道，慢神則棄民，神安則民福。吾所舉重吾民耳。若不民義之務而聽于神，則吾豈敢？"先成民而後致力于神，固侯之用心與兹。以往歲時豐稔，則有報享，雨暘愆期，則爲修崇。壇不毁而侯之澤及于民者將與壇俱永乎！

侯諱倌，字承卿，安化人，嘉靖乙卯領鄉書第二。他所興建各有記，故略之云。

重修大義殿記

大義殿在稷城西弄，内祀漢先帝玄德，配享關壯侯雲長、張桓侯翼德者。追惟玄德君臣值漢標季，起异軍趨義，日與雁行，屬櫜鞬横厲中原，蹙孫逼曹，耽視一世。當是時，漢統幾再續，向令百六未際，舍天徵人，高光之烈亦何云多？即然大勢不兢，過剥成灾，威靈覃赫，終不爲大漢羞。成敗貿理，先史商之舊矣，姑略云爾。

先是元至治間，邑人姚好禮推義類生，曠有兹役，于時里舍伏臘謁款，臚歡騰歌，日釀塞具，不直欒社盛也。國朝天順初，曾加修葺。嘉靖乙卯遭地變，傾頹殆盡。儒官姚君綬實前好禮裔孫，思紹奕軌，諏同督郵田君耕、主簿馬君文光等，鳩材量工，拓基易蠹，塗以丹雘，方之舊貫。美哉乎邈殊甚已。經始嘉靖辛酉二月七日，落成四月八日。首義諸豪請著爵里，以詔來者，俾不失墜，故爲記。

烏堆新居記

烏堆距稷城南三十里而遥，古聚落也。我王氏土著于兹，溯所知蓋五世往矣。先素庵府君有廬一區，畀伯子居之，直其南別構居我，則創自嘉靖甲寅者，閱萬曆甲戌冬火焉。痛惟先君拮据數十年成之，一朝燼于不穀，其罪也夫！乃不穀母氏朱夫人謂曰："是曷可已，爾小子勿慮，未亡人且身之。"遂略址易材，庀工興作，咸與更始。南作正堂五楹，東西廂六楹，北禮堂五楹，寢室在正堂後五楹，東西堂庫四楹。工始丙子夏，迄丁丑冬告成，視舊加拓焉。時母氏春秋且八十，不穀未能安養，重以是爲母氏勞，又其罪也夫！既即乃居，母氏復謂曰："爾小子其知之，先君子構居湫隘，猶然逾歲時而成，日恐無以恤爾。後衣大布，飯脱粟，由故也家今差多于昔。曾是不意而舉若役，則伊誰之由？乃後居者繹思先德，折節爲儉，庶哉能世其家。不則躧筐范冠，居然享成，于所從來蔑如焉，維是家日就索。其爲子孫賢不肖可知已。爾小子其知之。"不穀濟既拜諾，退而書之曰：古者七十官休于政，庶人傳家。母氏直女婦行，矧云八十一爲先君愛子即不敢老，强貽不穀以安。天也罔極，母也天只。第如來者，析薪弗荷，將母之謂何？人鮮以約，失之則大布脱粟。有味乎其言，嗣爾族食于焉，尚永瞻哉，毋墜母訓，其殆稱曰亦能保我可也。載勒紀綱，用垂職志。萬曆五年十月望日不穀濟記。

玉虹橋記

衛郡舊城方七里，河水環之，直南有橋，訪落靡所徵記。萬曆癸未，今上析桐以封介弟，是爲潞藩。于時守臣經始，度地湫隘，慮無以稱隆旨，遵減而南闢之，近里許乃河水亘貫城中若圜玉，何奇也。顧橋以久圮，行人病焉。歲壬辰，布衣李希秋從燕來，脱身爲人傭，乃獨嗜義如渴，時負土石補甃之。已知非經久計，會男子李教鑒等誓募資重構，永圖厥勞。詣郡守請署，令守曰："橋梁王政所先，官職其事，若曹能任之，甚善。"隨諮及郡丞齊安曹公繼孝、别駕安德盧公茂、司理南中童公正蒙、汲令王君有道，咸許可。遂下令所在醵費直，俾之主進。微視以風，民應如響，輸算沓集，委緍若砥。乃始諏日鳩工，絶流攢塹，伐石易甎，巧力競趨，曾不愆素而橋成。高若干，下爲空以行水者二。闊若干，長若干，旁翼石欄如其長，顔以嘉名，蓋云玉虹橋。郡人黄玄氏將摭本事勒之石，讓功于守，守曰："嘻！奸人之有，是爲不義。兹役也，秋等罹胼瘃，與鄉賢豪士嘉與樂成之，守何及焉？重惟昔者鄭僑以乘輿濟人，尚謂不知爲政。周人造舟爲梁，卒亦興徒無已時。孰與孱功？一朝迄于永賴，民不勞而就緒，爲利何慱哉！不然藉令衛人日搴長筊而薪，不屬安得輪蹄往來如從枕席度也。"輒爲記而銘之。

銘曰：爰從肇判，越有川澤。橋梁聿興，王制有常。事在公府，匹夫曷勝？豈其爲傭，投袂而起。毅然首義，前于後禺。不日成之，愧乃三事。萌隸悳公，溯古則有。鍾離葉陽，彼何人斯？爲之則是，于昔有光。歲在執徐，諏事跰踵。天泉告勩，用載綱紀。勒之貞珉，以興嗣歲。

廣教寺修建記

寺在稷城南三十里許修善村，訪落靡得而紀。歲淪匽薄，傾椅枝柱堇如區謁舍云。兹仍舊貫而加修葺，南北兩殿伽藍，周廡改飾斧藻，脱然新矣。殿後度所間燥，别起祟寢，表著百靈，塗塓設色，光可以鑒。屬之榥梠，重棼楯顔，揭軒才躧，闌切如行，維摩方丈睹萬千由旬，師子高坐又如遍覆寶積。蓋中現諸净土，得毋稱未曾有哉。作是功德，實維比丘曉公張氏慧種，不歷阿僧祇刦而護法身，暫奉塵刹。諏于結夏，物土鳩傭，敢煩里旅。其諸長者，願加一力，曲爲聽之。猶云度是恒沙衆也。經始萬曆戊寅月日，告成不愆于素，因略梗概而垂之獻。

人蓋有言，遏矣西土，天之外區，爰自身毒，覃隆物化，二漢方志，莫或稱焉。雖博望定遠，稍存著列，楚王英盛，伊蒲之供，微義未譯，神明之已耳。乃至起滅因報，語怪迹譎，余聞之後説也。於呼！好仁惡殺于以化俗，聖王繼軌將孰以易之？君子無亦措异通方，公諸大道，庶幾無苛于相謀。故記。

校勘記

〔一〕"后"，嘉慶《稷山縣志》卷九作"若"。

〔二〕"息"，嘉慶《稷山縣志》卷九作"思"。

〔三〕"告"，嘉慶《稷山縣志》卷九後有"成"字。

〔四〕"七"，嘉慶《稷山縣志》卷九作"六"。

〔五〕"生"，嘉慶《稷山縣志》卷九作"王"。

〔六〕"極"，嘉慶《稷山縣志》卷九作"拯"。

〔七〕"實"，據文中及總目録當作"寶"。

〔八〕"冡"，據文意疑作"冢"。《毛傳》："冢土，大社也。"

龍塢集卷之十七

記類

重修興真萬壽宫記

距桐邑東五十里蘭德鎮，故有興真萬壽宫。先是其地名梨園，時聞絲竹，若步虚聲，居人駭异。勝國至元中，高士史公門弟悟元太師管志明規置道場，建壇宇樓閣，像設列真，六時朝禮，且以祝厘，遂樹榥眉别今名。前人具紀其事。洽于兹垂三百年，榱桷臺所匽薄不治，鞠爲茂草。上德遼演清者，玄家童師賈勇更始重肱，無胈乞告，丘里泉布，尾至于禺。效工庚午，辛巳役事載訖。莊嚴樓閣，門術繚垣，咸正罔缺，計費殆千緡。逢掖裴君述事，晋公之胄往寓公所輩謝氏杜治特市言爲金石刻。惟是道家者流，訪落軒後周左藏史，其他方志不概見，太史公論列六家始首及之。其術本虚無去健羨，專一精神，究與天地同長久。班固譏其謬，文景用之，卒臻理效。非如世主日從事祈年集靈，起華蓋，静輪徼望，不幾即軒后軼事若存若亡，左藏史約旨五千家人語耳，何後説之詳而奇也。三張托鳴鵠受籙謙之光，庭挽出言益荒漫不可原。如太霄琅函稱鬱單若那等天所主，元始靈寶，太上三清，旁及真官仙秩，事出天外，鄒衍不及譚通，人多惑焉。矧乃款啓其孰能不波。於呼！道貴在我藏，不虞以生心，第令横目竊竊有窺，猶然曰杓之人，彼倍譎者何爲也。毋亦返而正其本，術同體，百昌立，俗施事以及齊民尚，庶幾明庭觀化之遺，不然奚而云得吾道者，上爲皇下爲王也。

故岢嵐守邢公遺政記

岢嵐郡邊胡，西北直阸塞，屏匽全晋，俗羯羠不均，山多水患猥發，民輒爲魚。甌脱卒出入部中横甚，守比得不能者，苟偷一切，事以故日墜。武廟時，公以静海令高第領郡視事，日遍訊民所疾苦，與便利條剌之。已趣駕循虚落，周視水由湍悍處，口畫方略，授心計從史参許諾。民初憚煩苦，謂可者半，不可者半。公獨决策，用漢人堨水法，起提閼釃渠各如指，畚臿雜作，不浹辰就緒，民厝衽席安矣。至得反釀美田，兼貽數百年利。殷潤樂噲，百姓歌之，猶史起在鄴。然乘鄣卒業曰誰何？詎以越略使田者日挾弓矢從事，安在乘鄣爲？公敕農有得失一詭卒取當，乃後在野力作自如。卒有不法甚者，案主名簿責詳置重，比復移書誶讓長率曾不爲地，長率即以禮下之，輒又縱舍，部曲無敢嘩，境内稍治。

公起經術，爲吏主寬和，吏民敦謹者召便坐受事，尉薦之屬令鄉部葬枯粟乏勞倈不怠，間出權奇武斷，微視好惡諸已主臣自請，門下掾奉約束私，取一錢以上亡得。久之民益信嚮公，部使舉治行第一。無何以讒廢。時蓋閹瑾用事，中外焰附希進，公守故不爲變。瑾見謂倨，誣公勘戚里見田不實，矯旨奪其官，輸米千斛需軍興。郡民知公廉，無他長物，肩負争代者踵相錯。公竟得予長休告歸，民扳泣若免赤子于懷，相與尸祝奉嘗之，無間歲時云。

夫守亢一方之重，天子嘉與共理者詎非以民。故迹漢循吏南陽潁川稱得民，彼中土差易耳。以視壤界胡，林農伍鶵連其難固相萬，公獨頤指取辦。既已興民于利，洎跗注君子毋或干行，質有其文武矣。第令亡德，與女民伺以間投藉之，豈去而奉嘗七十載如一日？是稱得民深也，方之次公翁卿。猶邈諸往歲壬午，余以參知奉尺一自蒲移鎮岢嵐，幾得良能相效，屬以左右民詢及種髮，遮言無如故太守邢公能者，他日列公軼事甚具，請金石刻之。《詩》不云乎“雖無老成人，尚有典刑”，公則往矣，風軌儼然，孰兹可忽？載勒誦略，附其義于春秋，庶俾來者有徵焉。

公諱政，字以德，山東臨邑人，領成化己卯計偕，令静海日，起立學宫，洗岳氏冤獄，抗部使者停草場，逋課累萬，静海人德公一如岢嵐。公孫如默，某官。曾孫化，某官；侗，某官，并以宦政世其家，因記及之。萬曆十二年歲在涒灘冬十月日某官某記。

創建玄帝祠記

繇稷邑度汾而南，其鄉聚百數，大者無逾烏堆。烏堆南距山，左右夾兩澗，北直壽聖寺。兩澗縮口左个后稷，右个后土，雄翼大觀，居人環處其間，由來久矣。嘉靖中，父老夜望壬亥方有光如絳，或睹七道人迹之隱没，以爲神，宜因其直起祠，祠玄帝，仰副靈兆。時歲侵民詘，更算無應者。已謀之先素庵府君，府君曰：“諸君能合策，我何愛乎？”趣具所需材甓任之。于時賢豪長者争以次傳，不逾時祠成，凡三楹，中設神像并侍者，狀嚴金碧，光炅奪目。前屬棨次門，左鍾虡役。且竣，先府君捐舍，伯兄時政德甫終其事，延黄冠王道玄主祠。無何，伯兄亦捐舍。道玄日過余，言前事不可無述。余聞之惻然。夫玄帝，北方玄武宿也，其祀莫知所從起。迹秦漢作五畤，北方黑帝主之，祀九天，北稱玄天。殆其訪落然與議者，猥非禮所載術。當時博士諸生剌六經，制典曾是不廢，非苟而已。挽近世，事神益詳，蒙色肖貌，皂衣跣髮，牡荆襞旛，取像斗極，復有净樂玉虚師相之，譚事不經見，難以疑説正也。我朝太祖起徒步，成帝業，神若開之，爲祀鷄鳴山。迄成祖靖難，神降于師，事平行大報，別營寥嶺作帝畤，歲時太祝領之。環山起宫觀，無慮百千，巨麗差比大内。他郡縣民里社各裁以祠，無所與今祠，方廣才數武，禮懼不答，何知神道貴誠，上質明德馨香，匹夫則有誠于斯，歸于斯，庶幾不誣哉。爰是書之，以著經紀。

觀音祠記

自佛教入中國，挾禍福因果之説，中國人崇信之，雖椎鄙蠢悍難化之夫，聞其説莫不悚息歸依，視儒者之入人若加易焉。觀音爲佛者也，世俗事之甚于佛，厥以慈悲行解脱，尋聲普救，施及無邊。世傳劉宋王玄謨、元魏盧景裕皆臨重辟，稱頌名號，頓得脱免。事雖不經，人皆信之。

稷東南秦衛莊故有祠，敝且弗支，里之優婆夷若干，相率集資重構，周甃磚垣，彩飾嚴相。既竣役，請記翳爾。居人號稱仁里，于兹役也匪幾。觀音普門現化，救諸苦惡已乎？若然身不善，求彼觀音力，曷若以觀音自力其身者于因以度人。語曰“同于涉河，自力者濟，需援者没”，斯言雖細，可以喻大，敬諦爾衆，而爲之記。

龍塢集卷之十八

記類

游姑射洞天記

世之言佳山水者，咸稱江南，于冀北獨寥寥焉。豈通見哉？且以三晋言，太行左盤，洪河右繞，南亘中條，北雄姑射，其大勢巨觀，未可以一峰一水之秀麗者并談，誠爲神州靈奥之區，堯舜禹之建都非無見云。

姑射洞天者在稷邑之北，廣袤數百里，瑰奇秀拔，中多仙佛异人之迹，人鮮知游，游亦鮮知悉也。此殆山之不遇與？因思天下之山在遐方僻陬，不見知于人者不徒一姑射已也。余生平好奇，每游覽必窮其勝。歲戊午夏，遂有是游。記曰：出稷邑西門折北二十五里至姑射山麓，土阜凌遲，螺盤轉上抵澗道，山擘泉流，磴磳崩下。旁平石丈許可坐。取拳礫叠中流，激浪噴雪，因膝琴一鼓，緑水引響若迭和，非人間音也。憩玩少時，由澗道東麓進，兩壁儼立門合，垂藤蔓草葱蒨森茂。崖回目障，蕭然隔凡。溯行三里許，爲滑石嘴，其石光滑如礲峭立，泉水建瓶而下，聲硡礚震裂可愕，攀陟三四丈稍平。墱行又里許，有石臺，北向祠觀音，此姑射洞天山門也。前道泉脉伏没矣。祠西北數步有石井，水常平滿，舊稱蓮池，臨視清徹若有神物蟠其中者。余因更名龍井云。倚石欄回瞰，城郭林落，烟樹杳藹，拭目如畫。已往經歷，絶無人迹。稍前，始見僧徒數輩來迎，望禪林生雲走霧，有唧噪聲，宛入桃源聞鷄犬也。行半里至禪林，北倚高峰如屏，嵐翠可摘，左右兩峰對峙，連北峰而中斷若闕門，俗稱東西天門，禪林居箕掌中。由東南大門進至大雄殿謁佛，石像高丈許，取山骨自然琢成者。日暮，遂就東堂憩焉。僧具茶蔬啜之，與語俱不俗，似非食烟火人。明旦，枕上驚窗色赤射，疑已夕陽，起視知日映西峰倒影耳。此亦一竅妙也。早飯訖，僧導游禪林後石臺，臺上石屋有佛龕，舊稱無梁殿，旁多古木，根負土石，糾連疏扶，老幹偃蹇，若虬龍作勢不相下。出臺後北峰半石塔數級，傳爲佛光而建。徑東北巉岩曲上，構木架空爲棧道，躋步以渡，入岩下窿然若大屋，仰視懸石參差蒼緑，下數處乳泉滴石上，鏘然有聲。此滴水岩也。旁崁結僧居，稍西鑿洞深二丈，有佛像。就外石床趺坐，石壁有刻“太定年”數字，餘苔剔不可讀。俯視禪林隱隱，异禽小喙，飛鳴谷應，莫可名狀。忽片雲滃然，迅雷怒發，少雨即霽，山靈若有意而爲者。以陰氣侵寒，肌體凄然不可留，復出由東天門上。東南有方石，四面如削，高丈許，舊無名，乃題爲“印臺”。趨北步石磴登絶頂，飄風噓噏，衣體軒革，有如羽翰生肘，翱翔世表，又如列子馭氣立空中也。直北萬峰矗叠，通連紫塞。東視太行、王屋，環顧拱向，南望中條、極嵩，少朝對案，前若有章奏。右則洪河渺茫，風帆浪舸仿佛在目，太華、終南諸峰咸入指顧。俯視汾流在中，曾不一綫，姑射大觀莫此爲奇。西行百步，望遠岑雲氣氤氳，此隋文中子王通讀書洞也，隔十數里不可到。南折得西天門道，俯下有平石，闊數丈，上石壘爲雉堞狀，世爲唐太宗入關時駐此，今樵者往往猶獲銅鐵物如甲鏃，其傳匪虚。稍前望，絶壁石洞有仙氣，路不可階，俗稱姑射洞，即《莊子》云“藐姑射之山有神人焉，肌膚若冰雪，綽約如女子”，兹實録云。因盤桓企慕者久之。忽聞下方遠遠作鐘聲，知僧午飯也，遂自石梯繫葛藟嘯咏而歸。再至禪林，作《游姑射洞天記》。時嘉靖三十七年六月十九日，同者任子憲章也。

龍塢集卷之十九

雜議類

議處守令久任事宜工部作

夫國家張官置吏，均之爲民，守與令尤急者，謂親民而澤易暨也。漢法，守令賢者官至長子孫，要在其民安之耳。後世進孰輩藉口久任，謂數易長吏公私耗費，奸吏因緣絶簿書，盜財物。所易新吏未必賢徒，相益爲亂。又民知久任不敢欺罔，乃服教化。説者云爾，亦何偏指不參之甚耶？夫守令果賢矣，與民相安矣，久任之似也。倘非其人，概舉以爲期，將所臘毒于民豈淺鮮哉！且賢者愛民亦兼以自愛，語曰："新沐者必彈冠，新浴者必振衣"，朝廷不次選擢，亦賢者振彈之一機也。今而留滯州部，久困繩墨，則志慮銷鑠，如匪浣衣。下民積習轉生怠玩，卒于不振，官與民兩失之，用人者何賴焉？辟彼瑣屑腹背之毛，無所短長，姑取充位備員，優游歲月可矣，設使長駕遠馭之才，局促久頓，不得及時建白，彼有决轅而逸耳。矧如主父、嚴、徐者流，抱負雄略，末年通籍，復爾偃蹇循次，其如日暮途遠何？即令倒行逆施，謂能盡其才也乎？夫天之生材甚難，用材者輒又枉之如此，無怪邁迹之士不逢而掀揭旗常者之寥寥也。故風寒暑濕中于人有所底滯，不以疏瀹之則成痼疾，議久任而不知變者又何以异是？

河防議

按中國川原以百數，莫著于四瀆，而河爲宗。河流發自昆侖虚，色白，其流可濫觴，所渠并千七百一。川而色黄，翕納下流多故也。禹堙洪水，乘四載遍九州，睹河之羨溢害中國尤甚，唯是爲務，故導河自積石，歷龍門，南至華東，下底柱及盟津、雒内，至大坯，薄而東，水益大，地益平衍，湍悍難禁，制多敗。乃釃二渠播爲九道分殺之，諸夏賴乂安，垂七百七十年。至周定王時，河徙砱礫，始改故道，九河之迹漸至堙塞。漢文時，决酸棗，潰金堤。至武帝時，决瓠子，注巨野，通于淮、泗，泛十數郡，害及梁楚，其勢益横。故漢事河功稱詳。當瓠子始决，雖數興徒塞之，輒復壞。天子既用事萬里沙，還則自臨决河，湛白馬玉璧，令從官將軍已下皆負薪茭，下竹揵石填决口。功既成，則築宫其上，名曰"宣防"，因作歌以示詡美。自是河道北行，二渠復禹舊迹。又流爲屯氏，入千乘、棣德閒播而爲八。迄八十年無水患，則以勢有所分也。成帝時，屯氏河塞，又决館陶及金堤，泛濫兖豫，入平原、千乘、濟南，凡所灌四郡三十二縣。當其時，河堤使者王廷世以竹落大圍盛小石，兩船夾載下之，三十六日河堤成，天子嘉其功速費省，賜爵關内侯，黄金百斤。治河卒非平賈者，爲著外繇六月，豈不稱巨且難哉！乃彼直爲民避害耳。

今我國家都燕，百官衛士廪食一仰粟東南，由漕河委輸而上，所利賴非細小，等者稍潰决淤塞，千百萬口哺坐以就斃，胡可以漢事方之？故在列石畫臣日所焦勞，圖方略疇，非爲河工設者。大抵淮而上多漲入，有填淤反壤之害，淮而下多羨溢，横潰而成突决。百數年來，行河使專其責，朝而報决或塞也，夕下大司農發金錢數百萬估費修築疏瀹之，必累歲月。幸而就緒，上自行河使、司空官屬，至勤璽書、賜金幣勞賞之，吏士各以次敘録有差。曾不逾時，以决塞請者踵至矣。國家將遂置之，則阻運餉，一復經略，靡費益且不資，可奈何哉？夫所發金錢僦役夫皆游民無業，衣食仰給，縣官日以量受給如算，由之相屬。舉畚臿至易也，彼徒儢儢自爲謀，安肯褥食强力以速取辦如彼三十六日而成者？且所圖轉移塗墐，苟支目前，又安肯堅削深揵爲久遠計？甚者行河使雖開府其所，安得人置一喙？所屬有司部領非人，即因而乾没者有之，此奚异舉國家數百萬金錢填置澒洞虚壑中也？亦重可惜矣。且今所事者直取漢賈讓最下策，繕完故堤，增卑倍薄，使民常疲于救水，半失作業，勞費無已而行之者也。兹欲深明計算，酌便宜，商功利，從長用之，愚則謂莫若計地臨河州部，括所歲賦錢穀若干千百億數，分署河堤若干千百億丈，抵其直，魚貫次列，置伯落長，各守分界，時或某所潰且淤，因而責諸其人，彼必率屬效功，各爲己務，其告成必速，取計必久遠。歲終開府核所在堅瑕，勤者著外繇優復之，怠者罰治輸作，將使人人自兢也。如是即歲省國計可億萬數，舉直河左右千百里黔黎獲枕席而便安之者，亦且無已時。兹而爲計善莫善者也。不然，即以經明禹貢如平當、許商十輩行日使行河，歲輦金穀隆而至于堤也者，尚然無益耳。夫議者難斷而行之爲尤難，是不可以一方取也。故策士持議不相謀，各試有所長，後來者競言便巧，不顧利病，直欲壓前説而掩之，規以自立，甚無所用之虚名，如國是何？且也廟堂主畫臣一時眩所聽聞，暗于大較，復有平成永賴之略，亦將謂可者半，不可去者半也。持是爲國家，猶之泊不繫餘皇于巨浸，泛泛乎逐濤上下，而將何所届也乎？

詳刑議

人之言曰，聖王以德教興禮俗已矣，惡用是司空城旦書爲者？惟是德教有不及而刑辟作焉，聖王之不得已也。故大庭氏嘗以結繩致理矣。至中古刑辟日事，猶不足以勝奸萌。舜即好生，至罪四凶不少貸。禹見罪人下車而泣，猶必于罪之。用是知刑法于國家未始可少選不用也。顧用之何如耳？夏商之末，刑始恣濫，椓黥炮烙備用，而民益傲死不禁。周至文武稱善矣，不數傳，弛廢者半。穆滿以侈游車轍殘民，迄末年愯然興嘆曰："後世將追數吾過乎？"及聞七萃"勿失天常"之語，歸而命吕侯作祥刑，輕重諸罰有權。夫五刑之屬三千皆不可移，惟權于輕重之間，猶不失行法者之意。由戰國及秦，申、韓、斯、高輩用事一意誅殺，天下之網更密矣。然奸僞萌起，上下相遁，卒至不振，而國亦亡。《傳》曰："法令滋章，盜賊多有"，信然哉。漢興，乘秦之後破觚爲圜，斫雕爲朴，網漏吞舟之魚。吏治烝烝，不至于奸，民獲乂安。當其時，高祖入關，約法止三章。文景除肉刑，定笞令，天下歡然樂生矣。至孝武而張湯、趙禹者進，始作見知沉命腹誹之比，爪牙虎冠，吏鷹鷙毛，摯繩下如束濕薪，雖用武健嚴酷而稱愉快乎？乃民益輕犯法，勢幾不戢，以至佹而僅存倖也。下是唐仁皇念肉刑不復斷趾，覽明堂圖止鞭背，天下稱仁。何物曌主用俊臣之徒，開告密，置投匭，海内沸然不復生。宋設審刑院，庶幾近之，以至三百年未嘗殺一士大夫。漢唐奚有哉？

我朝祖宗以來，頒律令科條，甚設郡國置司理、提刑，内有中執法三大臣，亭擬覆讞，歲遣恤審開平反，恩至渥也。奈之何法久生玩，民日扞網，用法者雖亟增條例不少衰，將獨咎之民與？夫前主所是著爲律，後主所是著爲令，以此兩者居官守法可耳，非所與論于法之外。夫法一成者也，今而據三尺聽斷，民猶不寒而栗，乃深禍吏舞文巧詆，猾賊任威，有所訊鞫，按劾如章，傳爰書論報，無復出者，稍不服以笞掠定之。甚爲因緣賣請，陰陽人主與俱上下，所愛必撓法求活，憎者因而周内誅滅之。往猶侵下户之滑以焄大豪，邇者抵嚴官貴勢無復堂廉，是其法安在？直以意取之而已。夫今中都官所用，即祖宗之法具在，而治效相萬，所以用法者殊也。故善爲法者不欲以己甚窮民，窮之以所能者必報之以所不能，而法浸廢矣。蓋法以備民可以一方盡哉？朝例設而奸者隨者〔一〕，夕比興而亂者因之。法日益用，事日益新，上與下并起而相制，則不勝者受其患。患在民者少，而社稷安危居及之，是誠莫大焉。於乎！持平者尚欲以一切行之，其殆哉。

館選議

夫翰館之設由三代，及漢未有也。唐貞觀開元間，以學士擬登瀛至含象亭畫像，貴甚矣。五代兩宋尤重之。我朝祖宗以來，取宰相專此一途。每科首甲三人間一科增取庶吉士，有文華進學之稱，非不美善，直所取科條未當耳。蓋國家每求真材裨實用，矧館職行且列侍從，備顧問，宜得學問該博，庶幾老成典刑者始稱。今徒限年與貌，猥以白面當之，無論學術淺狹，道數不遠，充其類將化貝帶脂粉而後可。何陋也！昔伍負貌惡，太子光不欲見，至下帷數語未竟而援手入座矣。鬷蔑見賞于叔向，詎以皮相哉？夫年之少而于物之長者間有之，能幾何人？乃獨見公孫弘，再推上菑川，年且六十餘，既對太常，不數年即稱賢相。匡衡九試不中選，已乃中丙科，未十年不出長安門取相位。彼二公勛業在漢相中不多得，使限以年安而有此？夫今選者必遲歲月教習求效乎？猶之廟堂需珪璋，將取石璞琢磨用之，何若用其已成者爲便且易也？且館材科各有人，一取一不取，豈謂彼有此無邪？良亦暗于大較矣。

於乎！天之生材最難，昔人謂“千里一士比肩也，累世一聖繼踵也”。難如此矣。幸有之未必知，不知則與無賢同。天即殆于虚，生如世道何？本朝稱治，動云法唐虞三代，即此舉輓近世不及，後將何述矣？兹最秕政當變者，襲而安之如貫，惜哉！

校勘記

〔一〕“者”，據文意疑作“之”。

龍塢集卷之二十

奏疏類

乞歸養疏

工部都水清吏司辦事進士臣王時濟謹奏爲乞恩俯容終養事。臣原籍山西平陽府絳州稷山縣人，由今萬曆十一年進士，見在工部辦事。念臣草茅下品，幸際聖明，叨與釋褐，正宜一力服官，仰圖報塞，奈臣母朱氏年今八十六歲，日就衰暮，且臣無同産，尚乏嗣息，内外强近一無可依。即今遠隔數千里外，朝夕伶仃，實可憫惻。頃有書來，念臣不置，倘使憂能損生，天年莫竟，宇宙雖廣，臣何自容？用是隱衷，迫不得已。查得隆慶五年兵部辦事進士曹樓亦因親老乞恩終養，荷蒙俞允。臣今事體委與相同，伏望敕下吏部，查照前例，容令終養，庶臣烏鳥之懷少遂，今茲犬馬之效篤在來日矣。臣下情無任，激切懇祈之至，爲此具本親賫。謹具奏聞，伏候敕旨。

代張員外郎病告疏

禮部主客司主事今升儀制司員外郎臣張謹奏爲奉使中途患病事。臣原籍山西平陽府蒲州人，由進士萬曆十年某月某日，恭爲大慶覃恩事，祗命捧詔前往山西承宣布政使司開讀，事竣，理合依限前來供職。但臣素有羸疾，底滯未瘳，頃緣涉途匽薄風露，益成耗損。既迫嚴限，力疾起程，已于本年某月某日行至河南彰德地方。天時陰雨，遂中寒濕，痰喘委頓，眠食俱廢。延醫胗視，謂邪伏在内，不治將深，法宜静攝，非可藥餌旦夕已者。臣念逗遛逾期，恐貽鰥曠，輿疾星發，狼狽莫支。查得萬曆某年月日刑部主事陶允宜曾爲奉使，中途患病，乞假調理，吏部題覆，荷蒙俞允。今臣事體與彼相同，倘蒙均視，放回調理，庶沉疴之或痊，即捐糜之有日矣。臣無任哀懇，祈憐之至，爲此具本云云。謹具奏聞，伏候敕旨。

代梁晴翁乞遥授疏

舉人臣梁紀奏爲久病不能應試比例乞恩遥授職銜事。臣紀原籍山西平陽府絳州稷山縣人，年五十八歲，由本縣儒學廪膳生應嘉靖三十八年鄉試中式，至三十二年會試給引回籍，因感痰火，調理失宜，遂成羸病，久未平復。頃于萬曆十一年十一月内病痊，本布政司起送會試。行至途中，前病復作，勢轉委頓，迄不能行。臣念一芥鄙儒，幸際明聖，冀得進取，圖效萬一，無狀嬰疾，莫遂犬馬。切思萬曆三年浙江舉人臧繼華比照舉人秦鏜事例，乞恩遥授。該吏部覆准，照例填注南京都察院都事職銜致仕。臣之事體實與相同，伏乞敕下該部，查果無礙，比照前例量授職銜，俾臣丘壑餘生榮沾雨露。感服高厚之恩，永當銜結莫喻矣。臣無任激切，懇祈之至。謹遣家人梁賫具奏聞。

吏部揭帖

工部辦事進士王時濟爲乞恩終養事，職于本年六月初十日，爲母朱氏年八十六歲，日就衰暮。職無同産兄弟，又乏嗣息，疏乞歸養。蒙聖旨吏部知道。本部查臣有异母兄遺侄，非無以次人丁，與例不合，立案未覆。念職雖有孤侄，幼小又屬析居，未便侍養。頃又于八月十五日家書遞到，老母念職病成危篤，命垂旦夕，口呼職名，冀一相見。職聞之五内崩裂，欲再疏請，恐遂稽遲，遺憾莫追。倉皇具揭，即刻啓行，望乞仁慈，曲爲題覆。在職母子銘戴隕越非報矣。爲此具揭，須至揭帖者。

龍塢集卷之二十一

祭文類

祭楊襄毅公文

維萬曆三年歲次乙亥冬十二月乙丑朔，越十二日丙子，年家晚生王某等謹以清酌庶羞之儀遥致奠于故大[一]師楊襄毅公伯翁之靈。

嗚呼！天降皇祚，篤生偉人。洪川毓秀，條岳降神。聰發弱齡，名成冠歲。百里凫騰，六曹鵷綴。繼秉文憲，載奏武功。鐸振東魯，鞭打西戎。開府雁雲，蕩塵龍朔。玁狁于夷，王靈伊濯。遂拜司馬，克殿于京。再登冢宰，實維阿衡。銓兢品流，甄核群計。明試有程，官材無滯。端揆彜序，天子曰都。維師尚父，爾忠爾輸。位極三臺，班崇百辟。弼乃仔肩，罔憚朝夕。俄罹霧露，乞骸請休。詔加存問，醫藥勉留。賜告于家，少間勞瘁。庶幾有瘳，何恙不已。天卒難訊，莫我憖遺。兩楹忽夢，七日靡期。歲詎龍蛇，國亡蓍蔡。軫及皇情，輟朝興慨。寵增法賻，嘉號易名。行完終始，禮備哀榮。越昔先民，疇兹永久。勛德光昭，是爲不朽。承家維肖，矧此五龍。文武開閥，益大厥宗。俯仰于公，胡不足只。四時告成，目其瞑矣！我輩小子，附驥長君。通家世誼，締愛孔殷。聞訃惻然，怛絶衷曲。九原長咨，百身曷贖。駕言欲往，一慟臨棺。問途中阻，有泪空彈。遥致瓣香，副之束帛。詞以展哀，倘其來格。嗚呼！尚饗！

祭相國馬文莊公文

維萬曆歲次己卯冬十二月壬申朔，越七日戊寅，河東通家晚生王時濟，謹以蔬醴庶羞之儀，奉祭于故相國馬文莊公之靈，而爲詞曰：

岳高維華，瀆宗則河。百年浚發，間氣鍾和。篤生碩輔，繼踵卷阿。蓬館容與，石渠編摩。簡在肅朝，東宫是友。穆廟紹登，儼然祭酒。今皇冲齡，帝圖斯受。遂以尚書，作朋三壽。人望允屬，爲國老更。贊元弘化，維良協明。若金作礪，如鼎和羹。坐而論道，太階以平。不出長安，而致相位。前一匡衡，于公則二。霧露謂何，而公是罹。天子曰咨，卿其强食。侍醫臨治，何恙不瘳。天則弗慭，曾是莫留。宸衷軫悼，輟朝示優。大川將濟，而奪我舟。凡百增欷，典刑遽謝。杵不相舂，市爲之罷。祇庸方來，溘然歸化。豈夢奠乎，兩楹之下。王命護辦，使者典喪。易名加謚，贈賻如章。哀榮既備，鴻儀載揚。庶幾不朽，公亡詎亡。伊昔面公，于公磈壘。一語然明，七弦鍾子。數以陽春，載賡巴里。猥此下流，感同國士。丁丑之歲，我對太常。公爲宗伯，接我後堂。群龍在座，序以雁行。爰及久要，平生不忘。我罷公車，先廬守冀。公佛仔肩，政府庸奮。間者缺焉，久不聞問。企瞻平津，則莫我近。忽兹承訃，愕而且猜。潸然出涕，莫知我哀。人亦有言，爲知己死。我于公何，方之則是。綈袍舊戀，東壁餘光。于今已矣，云胡不傷。我有溪毛，維馨固在。浥彼黄汙，兹焉用酬。嗚呼哀哉！伏維尚饗！

祭何公文中丞崇教父

維萬曆歲次庚辰十月朔旦，稷山年家晚生梁綱、王時濟謹以束帛牲醴之儀奉祭于故開封府同知、敕封户部主事何翁之靈曰：

天葆淳和，地鍾靈粹。篤生偉人，百年間值。蚤承家學，文郁有光。郡國稱首，籍于太常。天子曰都，往哉西鄙。作藩金城，遂登卧理。乃用郡最，晋秩中京。官維都尉，式覃厥聲。府寺察廉，方膺華劇。曼容識高，不過六百。翩然歸矣，樂如何其？絳騶戲舞，朱襮吹篪。望以行尊，年同德邵。宜踐老更，乞憲廊廟。天胡不吊，遘此閔凶？百身莫贖，一代何宗？坐閱五朝，榮被三命。不朽庶幾，休光益夐。綱也不佞，分屬通家。追惟先執，莫喻我嗟。濟則無良，督君附驥。而公我公，我悲且喟。尚期异日，奉挹笑言。不謂今者，長别九原。挂劍無從，絶琴安托？一束生芻，寄懷冥寞。嗚呼！

代任生祭何公文

惟靈經術起家，不顯以世。首膺計偕，裒然高第。作刺西郡，掇若承蜩。三年治行，五褲同謡。天子陟明，再貳京尹。于汴之都，耻爲膺隼。得時而駕，方騁康莊。色斯舉矣，自有肺腸。歸樂云何，天倫不假。太守雁行，中丞膝下。問金高會，促席談玄。薄言觀者，謂公百年。風霧一朝，溘焉不起。天可訊乎，數鍾其否。虚里罷市，邦人輟舂。矧余小子，涕詎無從。我祖河間，公交一臂。先子長君，同門世誼。聿來誰鉥，通舊見搜。匪云賈好，長者之由。藐諸朔孤，韓憂始與。覆露實多，冀除其庶。景然在望，歸如靈光。豈期中路，城復于隍。飛鳥何依，喬松失蔭。人孰不哀，莫我爲甚。浥兹泂酌，潔彼溪毛。靈莫我吐，我悲且勞。嗚呼！尚饗！

代胡參政祭楊襄毅公文

吁嗟乎公，而今不作。已既八年，宛其如昨。追惟自昔，命世大賢。東振髦譽，西蕩腥膻。入由夏卿，爰登冢宰。銓核品流，權衡斯在。左右元后，實曰老成。具瞻攸係，君子道亨。四海帡幪，方如大厦。天不慭遺，謂之何者？聿余薄劣，早出公門。如卵而翼，德何可喧。往手綍焉，遂躋玄冢。再駕于兹，木已成拱。靈光不屬，徽音沫然。九京伊邇，奚從執鞭？幸有五龍，繩公之武。不朽者勛，盟于策府。于何不瞑，已矣夫公。生芻庶幾，用寫我衷。於乎！尚饗！

代祭王中丞孝泉公文

川岳降靈，實生夫子。經術起家，遂躋膴仕。官屬司馬，爲尚書郎。戎兵克詰，六師用張。詎厭承明，出副廉訪。既以拊循，兼之修攘。膚功奏矣，天子曰都。特兹簡擢，御史大夫。作鎮昌陵，匽屏畿内。虜騎西奔，疇其保塞。再膺顯命，開府榆中。無事乘障，胡塵聿空。方爾憂歸，忽來涣汗。右臂匈奴，君其往斷。馳傳以往，駐節金城。滅此朝食，奪乃先聲。都護戒嚴，横厲戊巳。傳惠甘陳，功垂齊美。蠅止于棘，翩其反而。楚興鳳嘆，魯歌雉噫。越在田間，栖遲旅亞。西土頌韓，東山望謝。一朝霧露，大漸遽臨。天乎不吊，國其喪珍。不佞伊予，羈貫之歲。早厠門墻，稱云爽慧。矧如阿母，子視我均。于焉并訃，我悲且辛。義重在三，懷同有二。九辯用招，于予何啻。挹泂以酌，越澗采蘋。我緒則萬，詞詎以陳？尚享！

代祭王封君文王宫諭父

東南天府，汪洋海邦。翕靈醖粹，哲人乃降。雖爾田間，誼敦處士。碨礌庚桑，延州季子。矧以經術，訓及象賢。二慧競爽，夔龍并肩。伯也天卿，屬當大拜。仲兮參藩，厥人維介。用是綸綍，不次覃恩。寵光歷録，裒然稱尊。八座奉歡，五珍在俎。戒勿擊鮮，謂久涸汝。詎云貴倨，三命益卑。敢于車上，而自儤爲。宜其百齡，永膺純嘏。曾莫憖焉，彼蒼何者。伊某小子，通家晚流。長君視某，門仞見收。冀奉光塵，竊于他日。今其已而，徽音永宓。山川修阻，執紼莫能。臨風百結，悲填我膺。尚享！

祭張封君文張相國父

維萬曆歲次癸未四月壬子朔，越十八日己巳，吏部等衙門辦事進士年家晚學生王時濟、南邦化、白所知、楊恂、荆州俊、陳震、鄭國俊、王政等謹以牲幣庶品之儀，遥致奠于誥封少師兼太子太師中極殿大學士嵋翁張老先生之靈曰：

天祚熙隆，允資元德。左右乃邦，光贊承翼。亶如翁者，篤生惟良。孔庭作則，殷鼎殫方。遂畀師臣，蚤膺爰立。弼亮三朝，歌謡四國。旃檀有本，厥枝乃芬。溯兹相業，伊疇之勛。帝典用光，恩推所自。副玉腰圍，卷龍肩被。萬石無恙，慶秩未優。定國繼世，于志乃酬。孰則如翁，五鼎八簋。垂三十年，而車上儤。謂翁仁者，福在方將。曾是不憖，天胡可量。訃來一朝，太師痛嗌。軫及皇情，温綸慰藉。寵頒渥詔，賻恤溢常。兩宫疊饋，中使徬徨。敕大鴻臚，敦嚴其事。往作便房，既封乃植。哀榮終始，舉世所稀。往而無憾，翁其庶幾。某等碨礧東鄰，互鄉西弄。附驥長孫，誼同伯仲。翁于我輩，實大父行。驚言長逝，云孰弗傷？謹以瓣香，申之束帛。遥絮一觴，倘其來格。於乎！尚享！

代祭張封君文

深山大澤，龍蛇是生。天祚命世，允以類成。伊昔河東，族名珂里。今孰繼之，翁有元子。早服庭訓，遂階木天。三朝論相，一代稱賢。咸曰師臣，爲世作矩。不有翁乎，空桑焉取？恩推所自，册典用光。玉圜衮被，榮極朝常。三命益恭，人歸長者。宜百斯年，永膺純嘏。天胡不憖，豈其夢楹？曾是霧露，大命遂傾。欻爾訃來，太師痛絶。皇用悼之，温綸示節。東園秘器，督以司空。賻隆三殿，恤溢兩宫。禮備哀榮，數完終始。休矣哉翁，死而亡死。某生也晚，未企光塵。冀于他日，幸炙而親。不謂今兹，宛罹此酷。臨風長嗟，百身曷贖。太師奔往，門仞蚤違。莫由敦事，捫衷則非。敬以牲牢，酌之黄汙。長跽陳辭，庶幾我顧。於乎！尚享！

癸未同榜祭臨川劉年伯文

古稱遺逸，風實藐而。廓落千載，疇其繼之。爰爾江鄉，有如夫子。伉迹前修，踔陵絶軌。起家經術，藉甚雁行。薄氏冲舉，吾可卷藏。自附延州，人歌磈磄。臨水狎鷗，趨庭教鯉。更兼儒俠，薄望厚施。好行其德，誦無已時。子對公車，裒然上第。捧檄江陵，駕將往税。庶幾過里，展慶家堂。板輿迎養，樂愷壽康。詎謂一朝，溘焉歸盡？哲人則萎，天胡不憖。子乍聞訃，躃踴長號。生幾捐矣，杖不勝操。我輩匪他，叨附鴻翼。誼即同胞，悲如罔極。于其奔往，哀此甇甇。生芻遥寄，鑒哉惟誠。於乎！尚饗！

會祭都督李公文

惟靈族高四姓，恩逮兩朝。太后同生，屬稱母弟。聖皇眷注，情篤渭陽。矧乃束脩，方之古昔。周維申伯，漢則長君。賢與之肩，貴亦其匹。窮窿茂祉，鼎集未涯。不謂太君，新棄杯棬。永言追痛，竟爾隕傷。孝友殉親，聞者增喟。俊民等居同梓里，光藉鄰垣。與游田蘇，不臧驃騎。一朝長别，涕詎無從。薄酬黄汙，少抒丹悰。僾如精爽，倘其來歆。嗚呼！尚饗！

祭都督楊公文

維萬曆十六年歲次戊子九月壬戌朔，越三日癸丑，年家晚生王某、何某謹以牲幣庶羞之儀，奉奠于大都督介翁楊老年伯之靈曰：

惟靈精涵河岳，胄出神明。世廟中興，越有襄毅。端服元采，具鑒人倫。繼體五龍，公實其季。少績家學，説禮敦詩。雅意天人，奪于恩紀。遂從虎旅，攘臂大魁。致身爪牙，爲緹騎帥。日直禁近，垂二十年。再考中書，榮階都督。腰横寶玉，班次上公。寵命方將，天胡不愸？居以霧露，溘盡一朝。傷哉百身，迄末之贖。緬今司馬，屬乃伯兄。矧有過庭，曰惟太史。門族光煒，無憾庶幾。惟濟與奇附驥嗣君，誼敦世講。常冀他日，克奉清塵。藐焉千秋，遽云已矣。靈歸故壠，舟次清源。輒供瓣香，兼之芻幣。于兹薄酬，一告哀衷。嗚呼！尚饗！

代祭邯鄲張封君文

荆山積潤，玉質含精。合浦洞嘉，珠光乃呈。物有至美，咸以類成。孰謂賢智，弗本所生。于惟我翁，天賦奇英。燕趙之杰，汪度恢宏。純仁衷藴，懿德躬行。乃鍾賢胤，肆大厥聲。掇科杏苑，列宿花城。循良异譽，鷄犬莫驚。治行丕績，璽書是迎。黄門登拜，茂兹寵榮。方期都俞，明良載賡。謂翁義訓，庶其有亨。翁胡弗待，即幽辭明？悲乎傷哉，領會是并。惟翁壽考，九數已盈。成功者退，天道維貞。嗣復克肖，没亦弗泯。抑又何憾，于焉罔平。維予小子，給舍逢萍。同胞之愛，异姓之兄。素欽高誼，嚮往攸征。報言弗愸，五内崩傾。生芻遥奠，痛予之情。神其莫吐，鑒斯微誠。伏惟尚享！

代王尹祭汪尉父文

世稱賢豪長者，則三吴而多有，如公者非其一耶。雖抱處士之誼，越在田間，而平生設然諾取予，見重鄉曲。即二三父老歲時宴會，援爲祭酒，非苟而已。又奚怪碨礧之居議俎豆者且紛紛也。語曰："不知其父視其子"，有若嗣君，稱神仙尉，宛如其人矣。不佞濫竽來稷，坐勞鞅掌，實賴之以左右予也。公今不起，而以憂奪。既用悲公，能無私慨？數千里外，言貌未親，徒藉神交。生芻遥奠，庶幾鑒之。於乎！尚享！

祭汪尉父文

江左風流，士多姱節。設爲名高，類居岩穴。有如公也，老于田叟。已諾必信，千金則輕。闤闠以來，喜游子弟。公目攝之，起而投袂。賢豪傾蓋，即與交歡。千里誦義，哀然稱難。遂以獨行，尊于州里。碨礧庚桑，延陵季子。旃檀有本，無枝不芬。彼其仁者，過庭奚云。實維好修，仙尉則是。睹乃象賢，公可知矣。不腆敝邑，得尉庶幾。嗟公不吊，遽奪之歸。哀我人斯，良以公故。公貌榮名，不朽亦足。山川既間，緒言未親。公今安在？空勞我神。鐵甕石頭，天門牛渚，仿佛見之，一樽遥舉。於乎！尚享！

祭王尹父文

吁嗟乎翁！緼靈含美。溱洧之間，稱隱君子。本富起家，秦陽則是。始仕禮官，周邦咸喜。公西小相，嗣稷太常。曳裾門下，舉白浮王。信陵虚左，賓客雁行。倦游司馬，一朝辭梁。夫何爲哉，田園日涉。矧乃名高，自喜爲俠。出無單車，門多緩頰。惡少逢之，畏中目攝。中年折節，篤意過庭。有如仲子，逐第明經。公曰及我，作爾典刑。小試百里，上應郎星。四野甘棠，千門弦誦。三月政成，百凡甄綜。言念令賢，實以公重。扳輿往迎，公曰焉用。我善匕箸，爾安于官。毋以我故，而貽素餐。無何訃來，令君痛絶。邑里罷舂，爲公泣啜。公其仁者，百年庶幾。天胡不慭，奪我令歸？某等未奉光塵，緬焉私淑。徒以神交，悼兹不禄。爰舉觴豆，生芻告虔。矯首南望，尚其顧旃。

代劉丞王〔二〕簿祭王尹父文

惟靈本以長者，孝弟力田。托迹周南，操行鄭圃。抱處士之誼，負節俠之聲。月旦高焉，邦人誦之。矧乃象賢，爲稷茂宰。方展庭訓，以大所施。何物彼蒼，忽兹不吊？舟藏巨壑，星隕少微。輟市罷舂，嗟胡及矣。某等哦松拙宦，栖棘散材。方仗庇于長君，遽哀奪于夫子。用是怛絶，有懷莫涯。聊假生芻，將之束帛。企予南望，庶其顧哉！

代祭别駕劉公文孟縣人

大河西來，行山東折。精爽百年，篤生人杰。有如夫子，夙載英聲。文學公幹，經術更生。矯彼雁行，韡若唐棣。副相難見，介然稱弟。爰從郡國，觀樂辟雍。天子按籍，爾世豢龍。乃試之官，實維都尉。往哉漢東，五馬差貴。三年治行，群計察廉。再用郡最，别乘彤襜。方屬嚴裝，趨程上黨。宛及一朝，溘焉長往。天胡不慭，降此鞠凶？百身可贖，九原靡從。不佞誼藉通家，情交一臂。疇昔風流，藐乎莫冀。興言執紼，官守謂何。生芻寄奠，有涕滂沱。嗚呼！尚享！

代平陽守祭鮑封君文

上黨鮑宗，叔牙諸裔。于漢子都，實維司隸。永恢比迹，貴戚肅然。凛如風紀，百世有傳。以迄于今，公雖徒步。行也彦方，聲則叔度。乃生賢胄，經術起家。堯階指佞，唐世觸邪。皇乃嘉之，謂公貽穀。錫以龍章，如綸斯沐。人曰貴倨，我牧益卑。矧爾夸比，車上僊爲。命不可知，淹淪大化。漏半鍾鳴，霜前葉謝。有如不佞，叨守河東。式閭在望，徽音遽空。言念長君，感及風木。莫控我哀，縮觴遥祝。嗚呼！尚享！

代藩臬祭賈封君文

趙國中山，士多忼慨。自古記之，風謡尚在。遐哉觸藺，千五百年。于今再見，夫子其然。奮迹成均，紆銅花縣。歌頌言游，琴稱子賤。爰及報政，期月已而。三秦治行，有二者誰？不次亟遷，中都别駕。五馬參差，卿貳之亞。沛宫帝里，南陽近親。糞除枌社，翦祓荆榛。辟乃載牽，服牛騣驥。百步不能，逝將同躓。拂衣而去，初服謂何？過庭嗣起，聲繼鳴阿。萬石休居，慶實在職。于公多仁，享及庭國。謂翁無恙，溘露一朝。殷奠詎夢，楚些難招。嗟嗟長君，埋輪未竟。千里訃來，毁幾滅性。凡我三事，怛焉心傷。人悲罔極，天胡不臧？王事見羈，往而不可。執紼靡因，有懷則左。戒哉將命，惟此生芻。以寄遥悰，神其我俞。

代平陽守祭賈封君文

惟靈間氣全鍾，孤標踔厲。經術傳家，不顯亦世。始宰百里，製錦有成。大邦作倅，實覃厥聲。鳥會倦飛，驥不受策。琅琊曼容，會稽安石。身即歸矣，式穀有人。中臺持憲，風紀由振。良愉快哉，宜爾遐福。難諶者天，忽兹不禄。謬予出守，郡伊股肱。直指行部，方是準繩。猝控凶聞，載奔載哭。慘慘余懷，矧曰風木。側身東望，畏此簡書。束牲遣告，倘其顧諸。

祭趙封君文

嗟嗟乎翁，今其云已。老成不憖，彼蒼何爾？疇昔之歲，拜翁于堂。翁藐則臞，而神則揚。于時灑然，稱异忘倦。宜其有子，爲金閨彦。彌哉爾性，世仰少微。詎未及百，九十庶幾。溘焉長休，成功已告。弛其天弢，還于大造。濟與嗣君，同門茹連。稔翁之德，且也有年。承訃云何，能不啜泣？我聞後時，紼未遑執。生芻一束，附以瓣香。靈其來赫，顧予之將。嗚呼！尚享！

代祭新城王封君文代平陽守

深山大澤，神物攸跧。矧曰海岱，式生多賢。多賢固難，一門幾見。爰及君家，雲蒸靄變。有弟如陸，難兄即陳。原鴒濟濟，行雁斌斌。荀氏家兒，阮門群從。池鳳連雛，階蘭宿種。人持青紫，轂鞶朱丹。都臺郎舍，陳臬理官。公于其間，前呵後叱。齊魯之墟，雅推經術。辟雍于樂，因用名高。太常虛第，士林稱豪。方爾卷懷，得時則駕。日與田蘇，風流王謝。來福維善，保昌以全。淑人君子，宜其萬年。云胡彼蒼，殲良太亟。不我憖遺，俾施方國。足無憾者，不朽已乎。臧孫有後，嵇氏何孤。曩余自西，薄游金馬。觀采中朝，求友天下。伊彼棠棣，鄂不韡而。于焉附驥，實獲我私。伯也同門，季今同署。長君周旋，同聲其庶。重兹世誼，托交以神。尚冀來者，奉挹光塵。曾是長休，心期未竟。莫贖百身，曷由一慟。我有絜酒，申之瓣香。寄言千里，抒此旁皇。

代祭張文毅公文

嗚呼！公以河岳挺秀，象緯降精。早列詞垣，遂膺簡在。

爰立作相，密勿三朝。猶之稷契佐堯，陶臯翊舜。始終一德，允協大中。誠社稷之元龜，爲天朝之巨棟。方此飪鼎，遽爾夢楹。訃聞之日，聖皇震悼。爲之輟朝，追册上公。紀綱佳域，禮極异數。寵以餙終，庶幾哀榮。于公曷憾。無奈遠邇毛倪，巳春罷市，若喪厥慈，而失于所恃也。得無傷哉！維某與公謬同里選，迄三十年。雖乘雲行泥，栖宿异處。聲臭相期，有如一日。今其已矣，我悲如何？頃以内難，沉痛未瘳，後于執紼。敬以芻炙，遣告冢舍。公起幽鑒，毋我吐乎。尚饗！

祭宫保嚴公文

天祚有道，敦致隆平。誕膺臺符，實維元德。爰從秀造，射策甲科。試織操刀，兩當岩邑。鳴琴坐理，馴雉興謡。用是陟明，爲郎三署。復以高第，出握郡章。地即股肱，居稱浩穰。褰帷甫及，佩犢翕然。旋履外臺，再膺分陝。陟由秦晋，作伯蜀川。屬在保厘，詔加副相。建旄開府，哀輯遠人。僰北劍南，羌髳懷服。時值醜正，遜膚歸田。今上理勞，尺一録舊。狎臨貴竹，乃始復踦。雖則賜環，未塞群望。尋以廷尉，拜命自南。兩貳槐班，晋爲司寇。執讞惟允，茂簡宸衷。儼度群僚，爰登冢宰。君子相賀，道長惟時。衡鏡高懸，品流咸秩。無何移疾，疏請乞骸。温諭勉留，雅志難奪。特爾賜告，養疴于家。間聞有瘳，詔書趣起。已又稱篤，隨用增階。優示眷存，歲給夫米。庶幾他日，仍俾阿衡。詎謂一朝，溘焉長逝。曾是莫憖，天胡不仁？軫及皇情，輟朝興慨。遣官董葬，付史易名。禮極哀榮，光昭不朽。惟是我輩，仰挹後塵。典刑具存，風流攸屬。跂予在望，日遲來儀。痛此不追，邈成千古。滇南萬里，執紼未由。猥有瓣香，副之束帛。一樽遥酬，倘其鑒之。

於乎！尚享！

校勘記

〔一〕“大”，據文意疑當作“太”。

〔二〕“王”，原目録作“主”。

龍塢集卷之二十二

祭文類

祭御史大夫吴公文

惟公精值岳降，靈炳臺符。一代偉人，兩間正氣。爰從筮仕，許國以身。世廟季年，權相在事。大爲奸利，流毒生人。公于其時，爲柱下史。抗章伏闕，請劍上方。禍觸披鱗，危當折檻。體嬰三木，受之如飴。編伍瘴鄉，甘從魑魅。人高武子，世仰史鰍。比及穆朝，方是湔祓。官仍往列，歲亟三遷。已復歸田，越十餘載。今皇修舊，趣起于家。實由納言，擢之廷尉。再歷卿貳，遂總憲臺。居以紀綱，爲中執法。色振西序，風厲周行。人亦有言，君子道長。王輅式軌，師寮肅清。率是典刑，永宜朋壽。天其何者，曾莫憖遺。俄爾夢楹，忽焉摧棟。凡百增慨，奪我老成。罷市輟舂，情孰云喻？我輩不佞，青瑣舊游。繼武後塵，景行高躅。方藉明德，秉以周旋。一臂頓亡，百身罔贖。弦由兹絶，涕詎無從。薄舉生芻，加之束帛。申言永訣，庶幾鑒之。尚享！

祭沈侍御年丈文

惟丈胄出中州，挺生南紀。世緣勛舊，説禮敦詩。伯仲之間，翩翩競爽。矯哉季子，獨步詞林。石渠編摩，國風變雅。已從蓬館，竟陟西臺。指佞觸邪，裂麻補衮。輶軒南邁，淮海波澄。驄馬西行，咸秦岳動。推溝拯溺，方屬紀綱。孰謂一朝，遘兹不吊？我輩與丈，并出師門。蘭如其馨，金門乃斷。情篤款密，日共周旋。别幾何時，居成千古。念今追昔，涕泗漣如。貴竹天遥，燕臺地迥。銜哀寄奠，渺矣平生。於乎！尚饗！

祭同舍郎寧公文

嗚呼先生，世濟明德。厥祖分陜，作伯樹庸。繩武于兹，殆云復始。爰從弱歲，矯伉束脩。攻苦下帷，專愚則是。解巾試吏，冰蘗益堅。擇步斯趨，處膏不潤。委蛇郎署，洵美素絲。方騁周行，得時而駕。天胡不憖，溘焉長休。嗚呼先生！古貌古心，式金式玉。昔徵福善，慶衍臧孫。今直不然，酷同伯道。屬纊之夕，傍一蒼頭。飯不及含，衣無再襲。舊館空寂，主喪其誰？聞者增欷，爲斯人慟。嗚呼先生！人孰無死，顔跖同丘。太上所由，庶幾不朽。素車將發，言旋故鄉。風雪滿途，魂氣安傳？我輩同梓，悲愴莫喻。祖道一觴，永别千古。嗚呼先生！伏惟尚享！

祭封君王年伯文

惟靈德美在躬，襟期表俗。敦然弘雅，長者之風。餘慶所鍾，誕乃家督。蚤以詞賦，博第南宫。兩握銅符，俱屬岩邑。宓琴坐鼓，潘樹生花。治行既高，徵軺載道。千里來訃，館舍遽捐。聞者痛摧，矧乃愛子。嗚呼傷哉！某等猥以世誼，夙景休風。尚冀异時，一展光範。今其已矣，悲如之何！薄遣生芻，陳詞托酬。庶幾冥漠儼旃，嗚呼傷哉！尚享！

祭封君白年伯文

惟靈精稟淳和，德茂長厚。早從黨序，發迹辟廱。人慕何蕃，時稱郭泰。耻爲禄仕，甘于沉冥。優游太行，放情王屋。篤生賢胤，業承過庭。射策太常，遂登上第。爲郎儀部，實藉文雄。再陟天曹，尤長品識。無何請急，趨侍嚴闈。萊彩方歡，梁木遽折。天其何者，不我慭遺？傷哉！某等伏驥長君，情關世誼。承訃悲怛，良切在原。拘于官常，末由執紼。緘詞遥奠，庶其鑒之。嗚呼傷哉！尚享！

祭安封君文

維萬曆二十年歲次壬辰四月庚寅朔，越二十日癸丑，年家晚生王某等謹以牲醴庶羞之儀，奉奠于封君安老年伯之靈曰：惟靈冑景琅琊，族高鄴下。家傳經術，獨尚卷懷。敷訓過庭，屬之式穀。太常射策，果用先登。遂藉金閨，儼然直指。惠文彈壓，况之伊初。唐世觸邪，堯階刺佞。恩覃所自，寵被如綸。服綉乘軒，光華閭里。方遲三命，奄棄一朝。不吊彼蒼，謂之何者？某等謬緣世誼，伏在下風。仰挹光塵，冀之嗣日。訃來痛怛，已矣曷追。竊附隻鷄，羞彼匏葉。薄言告酬，庶幾鑒之。尚饗！

祭年友張郎中文

惟公體麗三辰，精含五岳。弘材博贍，敏拔不群。經術起家，裒登高第。爰其初命，服政理官。平反三秦，咸曰毋害。比賚閥閱，天子褒嘉。榮陟司徒，以佐邦計。疆埸多故，開署雲中。方是借籌，遏彼亂略。天胡不慭？奄及殲良。聞者增悲，輟舂罷市。策長途促，壑改舟移。數則云然，將何可訴[一]？某等夙昔附驥，密奉周旋。謬寄爲邦，復當爵里。懷人伊邇，往駕弗援。追惟在原，彌其承睫。届兹先遠，歸偃黄壚。薄具生芻，酌以清醴。用申祖奠，庶幾來歆。嗚呼！尚享！

祭任封君文代作

吁嗟我公，允惟惇德。誕及象賢，策身資國。憲臺樹烈，天子覃恩。榮膺封爵，衰然稱尊。浚祉悠源，謂公未艾。蒼蒼彼天，不遐有害。哲人萎矣，云胡弗傷？人亦有言，成功退藏。小子無知，庭學式穀。步焉趨焉，爰克有淑。通家伊世，骨肉靡增。怛兹弗吊，五内摧崩。藉是生芻，用將衷悃。庶幾右哉，綏予繾綣。

祭梁封君文太原守式父

齊魯文學，天性固然。爰及夫子，踔厲無前。决彼大風，搏之直上。一對公車，遂封花壤。吾道小試，牛鼎烹鮮。塵兮滿甑，歌也載弦。聲何訏乎，色斯舉矣。唯是象賢，接迹而起。入直青瑣，職補華蟲。恩覃所自，寵被乃躬。詎厭承明，俄從守郡。間者闊焉，亟需聞問。雖不吾以，式穀謂誰？栴檀有本，厥香在枝。宜爾修齡，永膺純嘏。遽遘于凶，天其何者？疇昔之歲，締好嗣君。念兹不吊，五内如焚。出疆莫從，臨風虔告。曾是蘋蘩，寫我衷曲。於乎！尚享！

祭隴西白司訓右川先生文

嗚呼哀哉！伊昔君來，青氈與隨。伊今君往，丹旐載馳。君來何喜，多士得師。君往何苦，獨櫬孤兒。位薄道高，算長日蹙。宵夢殷楹，晨驚漢鵩。彼蒼何知，哲人不禄。已矣斯文，喪胡云速？越在我輩，甫一面君。片語共契，如蘭斯芬。依仁既切，景止益殷。曾是旦夕，今古俄分。素輪届途，言遵故國。隴高刺天，河廣彌極。酸風悲聲，愁雲慘色。魄返魂俱，勿南勿北。延陵有劍，許君不忘。脱驂欲賻，怛焉心傷。生芻在列，絮酒盈觴。靈兮如在，顧予之將。嗚呼！尚享！

代祭元城尹鄭君文

嗟嗟公邪，遽爾淪亡。士則喪類，國頓無良。喟昔同升，公封百里。元城弦歌，即武城此。詔曰簡在，耳目是咨。一麾出守，伊誰之爲。公既徂矣，人謂公屈。矧乃世昆，衷能不鬱。官靡德稱，古亦有然。罹兹暴露，莫測彼天。白輪在途，玄風四塞。魂氣罔他，言遵故國。牲醽在列，涕泗漣洏。都門一祖，萬古何期？尚饗！

代祭行太僕卿柳谷先生祁公文

嗚呼！天道何知，亦又何私？成功云退，四時乃爾。謂壽不登，逾七望八。謂位不尊，陟在卿寺。俯閲人世，復何憾爲？惟是邦家，老成不憖。後進瞻仰，山岳頓移。輟舂罷市，勢孰可止。某生也晚，叨與嗣君，同列鄉書。交親義重，載如金石。疇昔之年，幸一面公。粹顔若丹，宜其未艾。忽兹承訃，感悼曷既。謹絜清酌，兼之庶羞。于焉酬告，靈其格哉。嗚呼！尚饗！

代祭懷慶府照磨陶東溟先生文

伊自祖先，世載甲族。都運尚書，越乃父叔。承休景澤，挺异涵醇。志掩前烈，學則古人。直上搏風，或鎩其羽。羈彼短轅，窘兹長步。覃懷筵仕，人亦有言。才弘試小，官卑道尊。武皇南巡，供億獨舉。命服是榮，亟將論敘。翻然脱屣，興遂思莼。田園怡樂，詩酒陶真。訓禮過庭，分貽繞膝。子宦目成，孫婚手畢。遨游禔吉，餘四十春。環觀中域，如公幾人？疇昔之年，光塵奉挹。言笑有倫，登降翕習。咸曰祺齒，逾百則多。今不及九，天乎謂何？某也方托喬林，猥藉蔦蔓。永别增傷，曷申繾綣。罇罍薄酌，黍稷非馨。庶哉精意，冀降明靈。尚享！

代祭兩浙運判白野先生陶公文

天有冲和，孕靈積粹。畀及夫君，敦龐淵懿。出自崇閥，跨邁等流。攻鑽萬蠹，刻記千鞱。文壘擅場，騰騫早歲。叠笴穿楊，三秋棹桂。計偕旅逐，曾莫我知。歸求本實，枝葉何爲？躡屩高陵，喜承師訓。河内繼游，再勤學問。養日彌篤，德日彌完。栖遲三紀，弗樂于官。人曰深源，爾其不起。奈蒼生何，勉哉從仕。爰始就列，拜爵天朝。一麾出守，五褲興謡。南郡政成，東郊棠芾。黄霸需徵，魏尚負屈。改命越嶲，鹽策分猷。天胡不吊，溘焉作仇。夢奠當楹，聞鵩在户。福善理僁，殲良獨苦。嗟矣行廢，孰測其間。軻氏卒老，丘也轍環。不偶者時，常伸者道。生直其躬，死不喪寶。維某論交伊昔，締姻自今。九原矚目，萬古傷心。澄齊滿觴，嘉腯載俎。神其格斯，我是用祖，尚享！

祭馬封君文同州馬相父

岩岩華岳，昔藏器車。瀰瀰河洛，往符圖書。間氣百年，再鍾夫子。挺世昂群，紹踪軼軌。佐政赤縣，藉甚循良。列岳待次，色斯高翔。歸也孔休，過庭式穀。載陟玉堂，博聲天禄。方膺簡在，如綍覃恩。褒嘉有俶，而將彌尊。三命薦臻，臺衡伊始。胡不慭遺，逝而罔俟。成功者退，天道曷乖。矧云子貴，孫仍計偕。如柢斯苞，其茁滋大。浚彼源泉，而流益沛。嗟余小子，塊處河東。未瞻其範，實溯其風。藉以生芻，挹兹泂酌。庶其格思，昭哉冥莫。嗚呼！尚享！

祭高公文

惟靈碩德邵年，一邦共仰。天莫慭遺，兹焉長往。謝乃塵弢，即彼玄壤。風氣悲辛，雲光愴睇。孤也芁芁，席苫倚杖。執紼曷能，緘誠頓顙。惟神鑒之，於呼尚享！

代祭張封君文

嗟嗟我公，今其已矣。惇德粹顔，卒莫企矣。雲天西望，涕泗漣如。佩劍欲許，歲莫我居。惟斯哲人，云胡不禄？人亦有言，公其全福。謂公未達，有子振英。柏臺是長，厥施式宏。謂公未尊，載貤封爵。綉服法冠，其榮儼若。謂公未壽，年越古稀。修身俟命，完受而歸。四時有序，成功則退。于後允昌，于身其代。達生委順，彼蒼者天。人孰無死，公曷憾焉。某生也晚，洪河阻絶。懷哉象賢，締言未契。通家之誼，骨肉均親。痛兹弗憖，慘烈摧辛。執紼罔由，生芻遥具。公其來臨，而毋我吐。

代祭王經歷文

嗚呼先生！式玉式金，邵德邵年。有學有行，希聖希賢。初筮一官，志云經國。贊府維揚，位不稱德。秋風動思，早賦歸來。田園嘯傲，賓從徘徊。義訓有方，作模鄉土。子云克肖，孫曰繩武。宜享遐祉，天不憖遺。一疾弗起，哲人其萎。予生也晚，久欽風誼。心邇室遥，卒莫無覿。忽爾云訃，傷如之何？生芻告奠，涕出滂沱。古稱神交，惟公與我。靈乎有知，庶幾來妥。

代祭鄭翁文

惟河汾之在三晋，其地則鄒魯哉？自司馬遷、王通以來，文章道德之士代不乏人，其越在田間，侷處士之誼而稱隱君子者尚多，冀缺之風亦俗靡使之然耶？有如先生之先，由父文學公溯之，以經術起家者三世矣。一旦遷業弗居，退而自托于南畝，詎匪遏佚乎？而士之子不恒爲士矣。乃爾門稱通德，俗化彦方，是亦爲政，且也訓迪嗣人，再繩祖武，由之以榮施上下，奚必其身爲之？兹先生所爲終始大誼而高不可及者也。日者不佞問政是邦，先生未嘗至偃之室，雖于過庭，而私淑其如式閭之未遑。曾是霧露，殆不虞其並不慭遺也。溘爾歸盡，彼蒼則那。哲人已矣，傷如之何？黍稷非馨，我牲則載。亦有黄汙，于焉用酬。於呼先生，伏惟尚享！

祭高季公文

惟靈跅弛之才，剛方之氣。然諾不侵，躬行庶幾。義同卜式，佐國以資。爵儋一級，冠帶委蛇。方技多能，枕中獨得。弟父十言，倉公五色。友于爲政，德及善鄰。乞憲惇史，則宜有人。謂曰百年，爾彌爾性。天不慭遺，難諶者命。逾八望九，壽亦可知。成功者退，理又奚疑？女各有歸，男則耕讀。孫曾滿前，胡不瞑目！我從外傅，實主于公。女兄之故，荷乃帡幪。終始相親，托以肺腑。未訣長休，我悲良苦。九京歸矣，設此祖筵。靈兮不昧，其我右焉。

祭高封君文

吁嗟乎公，今遽已矣。河汾百里，老成具亡。維公之生，通敏雅博。起家經術，屈秩黄綬。拂衣歸來，篤訓過庭。則有長君，令帥西土。用是治行，沛承綸恩。既陟郡丞，亞二千石。識者咸謂公之緒餘，奕然光大。方期鼎禄，榮被未涯。天不慭遺，奄及淪坳。嗚呼傷哉！乃某與公，再世通好。郡丞夙昔，以長事余。欻爾訃來，能無悲慟？其奈先慈，通罹兹難。倚廬之中，瘠巨痛沉，迄不能往。頃知先遠，告歸壤厦。遣使奠斝，辭以寫心。非我不誠，于子高氏。耿然冥漠，庶幾鑒之。尚〔二〕！

祭梁三丈文

惟公先世，仕族稱雄。迨及金昆，閥閲增崇。公也負材，經綸夙擬。百不一施，用顛厥址。算長日短，德茂福凉。難諶者命，莫詰彼蒼。伯牛有斯，顔回不幸。匪徒曰兹，往哲同病。莫以寡妻，太君在堂。莫以孤兒，二兄在傍。達人大觀，死生晝夜。公處其常，于焉委化。嗚呼哀哉！人生所貴，相知者心。維公及我，情密分深。力疾在春，南宫就試。我同寢食，視公藥餌。歸云旦夕，俄成古今。平生知己，爰兹破琴。我内公侄，爲公槁瘁。我涕奚從，獨以道義。百身莫贖，一臂永分。縮觴陳臆，公聞不聞？嗚呼哀哉！尚享！

又祭梁三丈文

惟公性本豪邁，材負軒昂。黄門承蔭，紫棣聯芳。早歲攀蟾，俯視一第。顧弗第也，而遘兹戾。他無深憾，慈君在堂。孤遺麟趾，兄析雁行。杳彼蒼穹，爰有成命。修自彌期，短莫可兢。死生晝夜，公洞其微。文章盛事，不朽庶幾。痛哉惟余，婚姻之故。喬木其頹，蔦蘿焉附？玄館既闢，丹旌載揚。一酬申祖，千秋永傷。嗚呼！尚享！

祭外舅任翁文

嗟嗟我公，天性温純，有古人風。世稱長者，萬石君同。其爲掾也，存心濟物。夸毗争金，我獨辯屈。公今往矣，民之思公，猶不忘其仿佛。其居鄉也，有信勿欺。嗇夫憐財，我獨好施。公今往矣，鄰之思公，猶不忘其表儀。其居家也，教子式穀。守虜多藏，我獨積福。公今往矣，子之肖公，猶不忘其眉目。嗟嗟我公，可滅者生，不滅者德。生止五十，德留千億。天地之靈，元氣之形。神鬼神帝，爲日爲星。今當永别，甥舅之故。祖奠陳詞，監予衷愫。嗚呼！尚享！

代祭孫封君文

惟靈淑氣鍾英，賢關挺秀。抱德涵醇，篤先裕後。身其罔試，毓斯振振。銓曹秉鑒，棘寺持鈞。眷乃龍章，褒嘉伊始。爾養爾榮，誕維厥子。寵命沓至，休光鼎來。天胡不禄，而罹兹灾？理數有常，成功云退。既貴且壽，亦又何慨？某等猥聯世誼，子姓均親。企焉興悼，執紼靡因。薄奠伊阿，生芻束帛。用軫遐悲，靈其來格。尚享！

祭任世芳文

嗚呼先生！天賦奇資，心含道軌。爲人間之丈夫，尤儒中之君子。本内直而外方，不徇人而屈己。剛腸疾惡，或小人之見疑。遜志尚賢，實吾人之深喜。性耽玩好，如渴如饑。酒相忘于賢聖，琴渾化于成虧。或登高而吊古，或際景以賦詩。即其情之所至，興之所馳，蓋不知天地之有終始，人事之有歡悲也。自六月以會，予達連宵而相倚；念百蓂之間，君竟一疾而弗起。嗟哲人之云亡，實士林之積否。惜今辰其莫留，勉蕪詞而作誄。嗚呼先生！誰尤誰讟？固造物之多猜，亦人生之常理。况有鞠哀之兄，克肖之子。尚瞑目于九泉，諒獲寧于没齒。

祭裴封君文

嗚呼哀哉！死生者命，哀歡者情。邂逅之侣，捐别吞聲。昔同杯酒，今隔幽明。云匪木石，厥心孰平？君其歸矣，九泉之下。賓客縞衣，相送于野。嗟嗟悲夫，孰爲此者？胡畀以德，其年弗假？百年共盡，好醜同丘。或顔或跖，孰短孰修？達生委命，没寧曷尤。暫爲羈旅，于焉長休。君雖未仕，施及一鄉。有子英秀，邦家之光。于身薄發，于後將昌。君其瞑目，而無永傷。某莩葭之故，矧蒙見知。斗酒奉將，生芻爲儀。復綴以言，聊致予私。君其具歆，而毋我疑。

祭裴遠齋先生文

嗟哉維公，丈夫之特。義氣獨高，慷慨自克。千金弗吝，一言罔食。賓從日游，謳歌在側。既豐于財，復周于德。宜百斯年，胡罹此極？天耶人耶，亦胡可測？臨君之門，歸轝已飾。朝露初晞，商風慘色。楚些孰傳，肝腸痛蠹。緬惟四序，退以成功。生勞死息，渺乎蒼穹。固理之常，夫復何恫？況有孫枝，俯世之雄。早充觀國，爲翼爲馮。聲華赫奕，即如爾躬。托之不朽，瞑目哉公！

代祭馬省相文

惟靈天賦雄姿，世欽高義。堂堂之容，恢恢之器。爲郡功曹，休聲四暨。再辟于京，勤無廢植。遂領冠簪，家食待次。若假數年，施及有位。濟世弘猷，豈徒小試？云胡不禄，遽止于斯？才綿壽促，天實爲之。嗟予小子，生也後時。未識公貌，公女我釐。于焉締好，甥舅之儀。公即幽宅，我寧弗悲？敬修薄奠，陳以蕪詞。公其來臨，而弗我疑。嗚呼！尚享！

祭朱希賢文

去歲此月，君來縣門。今歲此月，君歸九原。未及百年，俄成千古。流光如斯，閲世良苦。罔由執紼，生芻告哀。情以辭見，君來不來？

校勘記

〔一〕“訢”，據明殘本作“訴”。

〔二〕“尚”，據明殘本後脱“享”字。

龍塢集卷之二十三

祭文類

祭誥封一品馬太夫人李氏文

於惟夫人，禀靈洽渭。德亞俔天，早以裘褐。事先相國，宛其如賓。既已造家，復覃厥後。盤辟膝下，玉栗蘭芬。伯氏玉堂，仲爲司馬。從容象服，方彼卜鄰。宜百斯齡，一朝奄及。彼蒼何者，孰其問之？不佞時濟追憶疇息〔一〕，托知相國。游于賢胄，況之田蘇。千里訃來，悲愴曷極！敬以束帛，副之瓣香。黍稷非馨，庶幾鑒此。於乎！尚享！

代祭誥封一品馬太夫人李氏文

於惟夫人，門承華緒，訓佩姆師。婉嫕慈柔，四德兼茂。既奉箕帚，琴瑟比和。禮助采蘩，恩垂踐葦。不幸中道，奪乃所天。身稱未亡，家淪不造。方罷朝哭，詎廢夜丸？迪誨嗣君，奮身鳳閣。永言聖善，宜享修齡。寵禄方將，溘焉不吊？豈其數會，彼蒼何知？某等猥以爪連，居忝屬戚。聞訃傷怛，曷可爲懷。不腆生芻，副之束帛。爰兹告酬，冀效惟馨。神理有知，庶幾來格。尚饗！

祭誥封一品太夫人張年母王氏文

維萬曆十八年歲次庚寅五月辛丑朔，越三日癸卯，年家晚生户部貴州司郎中王時濟、刑科給事中楊恂、江西道御史荆州俊、中書舍人鄭國俊等謹以牲幣庶羞之儀敬致奠于誥封一品太夫人張老年母王氏之靈曰：于維哲母，休承門緒，訓藉姆師。婉娩有儀，象德清穆。早奉箕帚，事先太師。鼓瑟同和，如賓其敬。爰從初命，以迄累階。寵服光華，品極内子。永言裘褐，不忘拽薪。方是執勤，米鹽中饋。不憚晨夕，贊乃和羹。問于過庭，誨若家督。以及伯仲，咸自起家。班笋鳴珂，布登朝署。不謂中道，爰豆告殂。永畢摧心，頃歲差健。宜享修算，覃被天休。云胡一朝，奄歸長夜。訃來群玉，號踴悲辛。杯棬猶存，聖善安所？濟等情關世誼，感倍在原。罔極同懷，末由臨慟。恭挹黄潦，假之生芻。薄寫哀衷，庶幾鑒此。於呼！尚享！

祭梁太母文

追惟太母，令德淑明。茂産華族，動合圖史。及笄有行，思媚先姑。相乃夫子，稱名法從。當其晝哭，茹痛未亡。言念托孤，遂專内教。拮据遷次，走幣割緯。果俾三君，雁行雲路。家稱聖善，世仰禮宗。綸命後先，休光赫奕。褕翟五采，副笄六珈。有識稱榮，閨閤鮮儷。爰自闔户，垂五十年。母儀婦程，肅如一日。方之前古，丹青所列，何以尚兹？嗚呼！人孰百年，母鄰大耋。宛其逝矣，哀榮并臻。獨以不佞，得尚母孫。溉及徽音，畀我内範。于歲之首，不幸妻亡。曾未徂歲，母亦不禄。莫莫彼蒼，其可問邪？曰暮之春，告期先遠。千秋訣别，酬此一觴。我心崩摧，有泪如雨。嗚呼！尚享！

代祭趙司勛母侯夫人文

於維母氏，大姓淑媛。于歸趙宗，稱箕帚婦。曾幾何年，藁砧見背。于時嗣君，藐然孤也。母罷朝哭，督令下帷。遂以經術，起家進士。始命南州，爰作司理。戒若文峻，訊及平反。郡内三年，迄曰毋害。既補地官，再陟主爵。公清識會，爲人倫鑒。知之者謂，是母是子。信哉！母氏春秋，日云高矣。嗣君請急，歸侍膝下。豈虞一眚，溘焉不禄。悠悠彼蒼，疇其問之。乃如綸恩覃被，翟冠象服。委蛇閭里，母道有光。歸從地下，成説無愧。又何憾邪！小子實于嗣君，屬門下走。稔聞母賢，方圖迂道。拜謁堂下，一展平生。比行其鄉，母不待矣。瞻彼繐帷，惻然摧痛。薄有束帛，藉以生芻，焚告靈几，庶幾鑒之。

代祭孫母太夫人文

於乎夫人！大姓名姝，德兼四行。訓聞師氏，親佩結縭。事若夫君，樹聲茂宰。愴焉中路，失乃藁砧。晝哭聿新，孟鄰斯卜。燁然膝下，雁序有成。或俟公車，或掌憲臬。潘輿萊彩，歲時承歡。既罷熊丸，竟被象服。人稱壽母，宜百斯年。如何一朝，竟爾不禄。悠哉彼蒼，孰可問者。有如不佞，托屬喬木。幸以弱息，得尚賢孫。方沐内則，頓成千古。痛惟余懷，曷但已耶？我聞有命，先遠届期。敬酬一樽，祖兹長别。庶幾冥寞，倘爲鑒之。於乎！尚享！

代祭劉夫人文

於惟尊儀，婉娩明淑。笄年合好，作嬪夫君。鼓瑟宜家，采蘩助祭。江沱咏德，鳴鳩均恩。襲寵兩朝，覃及三命。眷言福祉，川至方將。不謂一朝，溘焉歸盡。度之神理，杳如難諶。惟某夙藉門墻，景瞻慈範。痛兹長往，泣血茹荼。拘以官聯，無因縮地。敬此遣告，束帛生芻。冥寞有知，庶其來鑒。嗚呼！尚享！

會祭李太夫人文

於惟太君，靈鍾天俔，德合坤儀。大姓于歸，發祥中壼。誕我太后，育有聖躬。人亦有言，辟之造物。深山大澤，龍蛇自生。維是推恩，大開東第。五等疏爵，兩世啓封。親不獨親，母以及母。委蛇象服，阿那魚軿。豈乏督賢，承歡左右。日勞中使，出入起居。戚里華觀，莫與倫比。介哉繁祉，川至未涯。不謂一朝，溘先草露。慈宫震悼，如割方深。大内助哀，莫能仰視。徹懸新野，追賻修成。官屬敦嚴，董治後事。玉柙秘器，法襚鏤章。備極哀榮，足稱無憾。俊民等謬以通舊，托籍維桑。言念憫凶，同悲曷贖。兹聞先遠，部曲誡途。束帛載牲，瓣香雜芷。于焉一酬，永别千秋。冥寞有知，庶幾來鑒。嗚呼！尚享！

會祭馮母李孺人文

惟靈本以族望，作嬪崇門。奉帚宜家，采蘩稱孝。誕乃哲胤，訓及禮容。雅拜盤旋，爰如嗣稷。采齊肆夏，束帶立朝。遂以能官，恩推所自。象服瑳峨，方之古先。偉伯佳吏，緊今貴寵。職誰之由，人稱諸馮。世有賢母，詎其不信。惟是盛年，來祉方將。胡乃一朝，遘兹凶憫。俊民等既辱桑梓，習聞母賢。矧與嗣君，同朝知厚。言念不吊，實切感傷。輒以生芻，兼之泂酌。抒情冥寞，庶其鑒之。尚享！

祭盧母楊太孺人文

惟靈緒承門素，訓藉女師。風篤二南，行兼四德。笄年奉帚，事乃夫君。相敬如賓，穆然惠好。宜其家室，誕有諸郎。郡頌理官，邑稱茂宰。含香粉署，待詔公車。翩翩五龍，羅列膝下。歲時稱慶，彩錯滿前。矧是恩綸，被之象服。榮觀閭里，福綏方將。胡乃一朝，奄及不禄。彼蒼何者，降此鞠凶？濟等向焉謬以世誼，托交季子，聞訃悲傷。罔極莫喻，言念先遠。亟欲執紼，拘于官常。薄有生芻，屬之敦使。敬兹一酬，庶幾鑒之。嗚呼！尚享！

祭顧太夫人文

於惟夫人，門緒蔭高，天厘德茂。女師象訓，婉娩孔嘉。伊昔結縭，敦奉箕帚。事先夫子，不愆婦儀。舉案如賓，御琴同友。誕及家督，式穀有方。朝而問鄰，夕則和膽。蚤從射策，列署爲郎。試歷九官，階聯八座。後先恩紀，覃及所生。鼎養兼珍，笄副有瑋。人歸聖善，綏福攸宜。永保遐齡，榮華未艾。天胡不吊，一眚彌留。杯棬猶新，徽音遽漠。嗚呼傷哉！生也有涯，死貴不朽。古稱行義，或云禮宗。况之今兹，又奚以尚。憲遺中壼，迹美彤編。還極生人，庶幾無憾。愧某不佞，日侍嗣君。驅馳中原，鞭弭托屬。始由兩浙，再閱三韓。遂籍後塵，獲受成事。追惟德造，皆母之餘。忽承訃來，怛焉驚悼。跂予南望，欲往慟臨。越在疆埸，猥言不可。不腆束帛，附之生芻。長跪緘詞，靈其鑒止。嗚呼！尚享！

祭趙母夫人文

於惟夫人，世承華緒，德履穆清。爰自笄年，嬪我良特。敦奉箕帚，如鼓瑟琴。裘褐相從，比躋三事。敬同冀缺，思齊孟光。浚發有源，篤生佳胤。韶靈射策，布武詞林。東觀著聲，西臺振色。日方請告，歸覲慈顔。胡乃一朝，遘兹不吊？眷言杯棬，手澤猶存。瞻仰蕙帷，徽音遂漠。夫君秉憲，駐節青齊。契闊興懷，得無摧痛？嗚呼傷哉！維某不佞，景藉母儀，托屬姻末。訃來驚悼，莫喻悲辛。先遠戒期，罔從執紼。不腆束帛，副之瓣香。千里緘詞，敬告靈几。維馨或庶，倘期鑒之。嗚乎！尚享！

祭劉年伯母文

維萬曆十八年歲次庚寅十月己巳朔越二十日戊子，年家晚生貴州道監察御史張應揚；户部郎中王時濟、主事余夢鯉，刑部郎中董宋儒、主事劉鎮；工部員外郎蕭雍等，謹以牲醴庶羞之儀致奠于太孺人劉年伯母李氏之靈曰：于維母氏，婉淑有儀。爰自受禽，于歸夫子。嗣乃中饋，撫有諸孤。恩斯勤斯，同之毛裏。藁砧既往，朝哭方休。和膽焚蕭，勖以式穀。仲公蹶起，射策甲科。試政周南，化及墳汝。載用高第，驟陟西臺。指佞觸邪，凜然朝著。奚其有是，聖善所覃。宜享遐齡，永懷多福。板輿在駕，鼎養方隆。不謂一朝，溘焉歸盡。訃聞侍御，踴絶摧心。杯棬猶存，徽音遽沫。嗚呼傷哉！維是我輩，世誼分深。辟彼在原，展如罔極。川塗修阻，臨慟靡階。薄藉生芻，副兹束帛。寓詞以薦，庶幾鑒之。嗚呼傷哉！伏惟尚享！

祭馮母夫人文吏部

於惟母氏，名門淑茂，動合圖史，德兼姆師。及笄有行，相乃夫子。敬奉箕帚，諧同瑟琴。用是緼和，篤生象胤。胎不忘教，愛輔以勞。割緯劑熊，底之方穀。蚤登上第，試政海邦。桃李滿郊，弦歌盈耳。遂察尤异，特拜銓曹。簡要清通，爲人倫鑒。匪云聖善，將焉取斯。日謂倚門，春秋西夕。請急歸侍，冀娱餘年。何者彼蒼，遽奪其紀？嗚呼傷哉！有生同盡，兹又奚嗟。痛此禮宗，徽音永替。復惟托體，屬既有人。不朽者存，庶幾亡憾。某等猥與主爵，聯步周行。數奉清塵，重欽高胄。誼則同舍，情均在原。一承訃來，感愴彌抱。褰裳欲往，蜀路造天。不腆生芻，用旌遠恍〔二〕。緘詞以告，幸其顧旃。於乎！尚享！

祭馮母文

於惟夫人，鼎蔭淑媛，禮宗華緒。令德來括，曰嬪夫君。思齊徽音，嗣主中壺。采蘩有托，撫孤實勤。毛屬同親，鳩慈均哺。豈其問傅，資于卜鄰。維是象賢，蚤從射策。兩試雷邑，驟陟天卿。識會公清，況彼前彦。人歸訓迪，阿母之功。方飾潘輿，冀申仲養。展歡膝下，永篤遐禧。不謂一朝，奄及淪逝。殲乃聖善，嗟此令人。泣血椎心，云胡可訢[三]？某等謬緣桑梓，夙景玄儀。忽承訃來，傷哉莫贖。薄有黍稷，詎以維馨。籍[四]用生芻，加之泂酌。于焉告酬，庶幾鑒之。嗚呼！尚享！

祭王母文

於惟尊儀，湘沚名媛，粵西華族。笄年奉帚，相乃夫君。和比瑟琴，篤生穀似。蚤歲通籍，閥閲稱高。洎而推恩，驟加翟服。頃奉新命，秉憲中州。鼎緣方將，扳輿敬御。天胡不慭，溘盡一朝。痛哉使君，長號躃踊。慈顔翳矣，罔極云何。聞者增辛，輟舂罷市。念及扶服，三事告哀。奪我典刑，母也良苦。素輪既轄，丹旆載揚。桂水嶺雲，言遵故道。我聞有命，先遠戒期。拘以官常，末由出祖。不腆束帛，副之瓣香。用介陳詞，倘其來格。嗚呼！尚享！

代祭高母文

名門之姝，作配君子。繼室于先，撫乃孤齒。如屬于毛，而離于裏。損免獨寒，奇無訾毀。譬彼鳴鳩，其養均己。人亦有言，母氏任只。德云罔極，宜壽百年。奈何奄謝，不禄于天？子也在膝，孫而又玄。既富且貴，餘慶斯綿。人孰無死？之無憾焉。目其瞑矣，含笑九泉。鄙何人斯？婚姻之故。方藉徽音，俄驚朝露。玄館聿歸，丹旐載趣。愁霧滿郊，悲風撼樹。我醴既將，我牲則具。一祖長辭，庶幾來顧。

祭許淑人文

猗彼婉淑，茂哉幽貞。厥祥伊始，作對維城。内政允修，克諧君子。我特謂何，中道淪止？差若群從，守器得賢。屬毛離裏，愛不啻焉。母儀既敦，家聲益拓。不憚米鹽，日勤操作。爰徵女史，古有其人。敬姜載績，伯姬裎身。方之斯今，异世同軌。恃乃典刑，胡遽以死？生被爾禄，象服攸宜。終彌壽考，命也何咨？猥余單宗，大國非偶。弱息麟孫，謬托箕帚。痛兹長逝，已矣徒悲。不腆觴豆，聊籍〔五〕我私。嗚呼！尚享！

祭段恭人文

崇門華緒，明淑貞姿。大藩作嬪，實維我儀。宛其如賓，舉案敬事。媚于先姑，徽音克嗣。江沱靡悔，鳲鳩均恩。振振公姓，式穀以蕃。咸曰碩人，天休永迓。胡不憖遺，溘焉歸化？宫闈慘色，戚里黯然。詎以私慟，難遘者賢。生也有涯，往哉良苦。酬此一樽，告絶終古。尚享！

代祭邵母文

維靈令德貞淑，誕降自天。儷兹美特，克生象賢。長稱茂宰，百里鳴弦。民曰父母，聖善推先。仲遨魯泮，夕槧朝鉛。摶風待舉，敷賁三遷。鼎禄方臻，恩綸伊邇。宜享修齡，覃膺遐祉。一眚云何，倏焉不起。邦人永傷，斆我懿軌。矧附蔦蘿，寧勿悲止。言念徽音，長嗟已矣。嗚呼！人孰不死？亦順其常。載用有嗣，死而弗亡。庶幾瞑目，杳乎徜徉。玄廬信邁，丹旐驟揚。列牲在俎，絜酒盈觴。旅筵一祖，顧予之將。尚享！

祭吴孺人文

疇不爲婦，婦道疇全。疇不爲母，母儀疇賢。越乃相夫，列官槐市。興學關西，蘇湖則是。肖哉維子，内訓實弘。于古僅見，卜鄰同功。壼令既閑，兼之聖善。百齡攸宜，罹兹凶殄。玉從淵瘞，舟將壑移。天何可訴〔六〕，人胡不悲。某猥以蔦蘿，喬松聿附。咄嗟長歸，莫喻荼苦。敬牋匏葉，薄酬黄汙。靈其來格，而勿我孤。尚享！

祭陰母文陰司訓，閿鄉人

於維母氏，賢哉著聲。厥聲曷爾，有子陰鏗。子也敦茂，母玉之成。熊焉載和，宅其屢更。譬金在冶，如弩斯檠。人曰之子，才匹兩京。本之聖善，錫以令名。子業辟雍，不遑將母。言念食貧，羹藜含糗。毛檄適來，由米免負。奉乃扳輿，就兹升斗。禄雖則微，養實云厚。多士稷膠，喜承師誘。咸祝母齡，百千萬壽。天胡不穀，殲若壺儀？婺星夕隕，萱草朝萎。鶴馭良杳，烏啼何悲？及門有造，嗒然興咨。逾八望九，性匪不彌。喟彼頎碩，亦居卒夷。孑孑丹旐，騣騣素輀。率尊虞虢，翩其反而。我輩懷思，嗣君之故。驂不在乘，欲賻何賻。藉用生芻，酌維黄汙。豈伊物馨，齋衷是布。靈兮有知，庶其來顧。嗚呼！尚享！

代祭陰母李孺人文

嗟嗟母也，來幾何時，遽罹兹耶？當其寡居，少依茹荼，教子良苦矣。子甫成名，博一官，得斗禄，爲母氏養。兹焉春暉不待，寸草靡補，無怪乎罔極之痛之深也！雖然養止一日也，猶愈于不及養。春秋八十有七，至高也，而又及見其子之官，母氏何不瞑目者？且人之言曰，有生而死，有死而生。彼生冒冒，死焉已久。德如不渝，即死矣而生者自如也。母氏其庶乎？素輪南邁，故丘非遥。生芻祖奠，懷德無聊。嗟嗟！尚饗！

代祭張都憲母夫人文

惟靈天畀淳和，坤成令儀。克端陰教，作爲母師。誕我中丞，愛以勞輔。斷織和熊，鏃金笴羽。遂登甲第，爰剖縣符。母曰往哉，民徯爾蘇。比及三年，巷歌室舞。天子曰俞，袞職爾補。乃厪慈告，勖以納忠。諤諤庭直，邁古之風。既陟奉常，留都開府。再命越疆，母曰僂傴。子宦日達，母秉益虔。内言不出，左闔如填。懿彼少君，先姑用迪。洵恭甫家，主不忘績。豈無翟服，布素自安。豈無鼎食，脱粟猶飡。人亦有言，德宜遐祉。一眚奈何，遽然弗起。星沉南婺，萱萎北堂。痛兹不憖，莫測彼蒼。嗟矣四時，成功者代。數訖有常，徽淪難再。于維阿母，爾性爾彌。邁種其澤，式覃厥施。矧壽以形，百年固暫。不朽德存，庶幾無憾。伊余小子，駃堙蔑聞。中丞轉盻，獲厠冀群。我戴中丞，靡瞻匪父。聖善繹懷，罔極同溥。忽爾承訃，怛焉心摧。塊兹守土，執綍鮮媒。寄乃生芻，將之束帛。長跪緘辭，靈其我格。嗚呼！尚享！

代祭劉母文

於惟夫人，名門茂淑。來括有家，克敦雍穆。舉案操作，相乃夫君。經學奮迹，列署廣文。匪曰能妻，母儀堪仰。三宅式遷，二慧競爽。或直瑣闥，或解瀍鄉。鼎禄載渥，翟服斯煌。宜保遐禧，昊天不憖。生也有涯，命兮曷訊？云所憾者，未及百年。哀榮既備，亦胡憞焉？小子罷駑，困于冀豎。冢嫡睨之，空群見取。事三如一，我其敢諼？推及聖善，罔極同恩。俄承訃音，悲纏痛結。洛邑南瞻，山川間絶。束之芻帛，馳以瓣香。靈其庶幾，顧予之將。尚享！

祭高母文

嗟嗟孺人！匪余覯止。厥德曷知，言觀其子。其子汪度，國學有論。漢惟郭泰，唐實何番。維彼令人，繹兹聖善。閑静端穆，隔焉如見。匪惟有子，已既有孫。問奇自我，教是用尊。匪我鑄而，庭闈有訓。宜爾繩繩，不殄厥聞。忽焉歸化，痛此母儀。拂惟而吊，豈以予私。令命考終，數各有極。可朽者形，不朽者德。薤歌載路，靈輀夙征。來陳薄奠，某等之誠。

祭外姑文氏

惟靈毓于名門，來嬪賢族。婦道允藏，母儀式穀。厥子有聞，而女多淑。宜百斯年，天奪之速。某分忝莩葭，恩同骨肉。心將何極？痛惟一哭。嗟哉！秋露零兮蘭竟摧，白雲杳兮鶴不回。招莫及兮情苦哀，從君子兮歸玄臺。我牲兮維羊，我奠兮維漿。神來兮不求，我心兮徬徨。

代祭陳母文

於維淑人，柔惠貞良。閑家有則，居室允藏。昔事君子，婦順名章。中焉乖離，自稱未亡。咏彼柏舟，誓同共姜。乃鞠諸子，訓以義方。三遷既得，一舉有光。籍通金閨，出宰河陽。扳輿迎奉，甘旨日將。願言頤壽，協于無疆。云胡一疾，遽爾逢殃？熊丸罷和，蘭芷摧芳。悲乎痛哉！邦國永傷。緬維人生，貴曰富壽。鼎養弗豐，禄食五斗。年數幾何？逾八望九。況有懿德，死且不朽。令命考終，又曷怨咎。某誼敦世講，分屬通家。聞兹弗吊，頓拊咨嗟。生芻有奠，情思無涯。母其來右，而莫我哇。尚享！

代祭張守母文

於維阿母，令德允孚。德焉何以？生賢大夫。大夫克賢，慈仁愷悌。邦美循良，民歌子惠。繹思式穀，阿母之功。三遷斷織，終夜和熊。訓義有方，邁哉之子。亢厲雲衢，車凌風軌。含香粉署，簡在殊膺。帝曰西郡，維吾股肱。理欲得人，咨爾卧治。五馬濯征，翩然往莅。大夫戀只，母也曷違？扳輿迎奉，朝夕庶幾。云胡彼蒼，命不于德。寶婺沉光，靈萱改色。子兮躃踴，肝裂心摧。養弗從志，疇知子哀。素車既將，旦旐載樹。老稚攀援，貫涕如雨。緬余小子，伊昔窮鱗。蕩而失水，孰復我仁？大夫曰嗟，爾胡罹此。還我于淵，不憚勞止。我戴大夫，實惟我天。推及聖善，罔極同焉。冥魂于歸，言遵故道。祖奠生芻，怛絶彌抱。嗚呼阿母，壽德匪年。年靡不盡，德實永旃。母儀式前，崇伐在後。榮賁玄封，俟哉阿母。

祭高母薛孺人文

賢哉孺人，文清公孫。生有令德，曰嬪名門。孝乃舅姑，相彼夫子。儒績用成，家聲振起。淑嗣英發，早承熊丸。矯然長翮，遂爾高搏。古亦有言，仁宜禄壽。嗟嗟孺人，天胡弗憖？夫豈軒冕，因約乃身。子需榮養，命兮作屯。蒼蒼靡私，修短有數。不朽者存，兹亦云足。通家之故，風範久欽。訃來驚悼，惻切鄙心。爰有生芻，將之斗酒。靈我識乎？子師夫友。於乎！尚享！

代祭史母文

生有令德，貞淑純良。相彼夫子，婦道有光。藁砧早捐，嘹嘹霜鵠。恩斯勤斯，維孤用玉。既克成矣，轂哉象賢。幾届榮養，朝露忽先。乃撫乃孫，少稱嵬磊。角虎詞場，掣鰲筆海。咸曰詞訓，克底在兹。天胡不吊？莫我憖遺。母儀奈何，嗟嗟聖善。地下從夫，無靦于面。身躋耄壽，後覃厥貽。不朽者在，又胡慨爲？某佩服休風，婚姻之故。方藉蔦蘿，奄傷泉路。爰陳祖奠，用抒我忱。靈兮有識，庶幾來歆。

代祭裴太宜人胡氏文

惟靈以大姬之孫，配三眷之胄。婉孌令淑，藉甚二門。用是緼和，篤生象德。早年通籍，遂以能稱。郎署風流，使君高譽。獨行廉直，委蛇本朝。咨爾褒恩，恭承兩命。庶幾酬勞，斷織表則。母儀者也。不謂鼎禄方將，婺星失彩。蘭焚玉隕，傷如之何！余内匪他，夫人女弟。僝焉弱息，又尚賢郎。重惟世姻，托在肺腑。睹柳車之既駕，實綆泪之難收。薄奠一筵，旌别萬古。嗚呼哀哉！尚享！

代祭司馬母夫人文

惟靈氣禀貞淑，席訓姆師。令德來嘉，作配君子。用竟牛衣之志，遂臻翟服之榮。亦既稱賢矣。至乃藁砧中棄，霜節自矜。胥誨二孤，踵登鼎甲。迄若諸孫，或馳聲太學，或發解全晋，蓋云難哉！率兹休美，優游百年，固福善之常道。倉皇一眚，胡造物之不仁？雖然成功告休，耋耄猶運。人間多祉，覃敷式弘。地下良特，不宜久曠。含笑而往，庶幾無憾也已。維余小子，西鄙庸流。傾蓋麟孫，許結蘭佩。聞聖善之不慭，痛罔極之彌懷。楚些難招，越江中斷。生芻寄悃，泂酌傾私。靈兮有知，於乎來格。

代祭王夫人文王明輔母代陳潛甫作

維靈名族之姝，天植淑惠。爰奉箕帚，以事夫君。裘褐不忘，遂成廉吏。婦道光矣，既抱長君。匪直胎教，徙鄰斷杼。早俾策名，揚歷大藩。爲諸侯長，母訓茂矣。用是裒然，閭里稱率。每食必祝，宜爾百年。胡乃一朝，奄及淪逝？天不可問，於乎傷哉！某生也晚，幸侍麟孫，叨屬墻仞。夫人于我，實大母行。言念長歸，罔極同戚。薄有黍稷，豈其維馨。藉以生芻，加之泂酌。敬告冥寞，庶幾鑒之。

代祭劉太夫人文

婦道尚貞，母德以教。側聞夫人，兩端并效。早奉箕帚，曰事夫君。藁砧未幾，鸞鏡遽分。維是貌[七]諸，煦沫與處。朝和熊丸，夜相機杼。遂令通籍，爲時憲臣。恩推所自，光賁如綸。翟服嵬峨，萱花旎旖。令伯抗章，歸調甘旨。潘輿行樂，萊彩承歡。百齡庶幾，既和且安。莫測彼蒼，殲兹聖善。婺女沉光，彤闈就晏。孰弗死者？生也有涯。死而不朽，母則何嗟。疇昔之年，我罹羅箄。不有嗣君，即蔑今日。我德大母，實以嗣君。訃莫能往，悲則如焚。謹以瓣香，申之束帛。長跪陳詞，靈其我格。嗚呼！尚享！

代祭郭母文

維靈女行天嫠，閨閤特秀。獲配夫君，肅奉箕帚。己則少出，維江有沱。旁及篋助，矧不我過。遂育督君，爰及仲子。養視鳲鳩，恩同毛裏。延師丙舍，愛不廢勞。和熊斷杼，繼晷以膏。伯氏起家，便番五馬。仲復盱衡，狎盟作者。時歸聖善，方之古人。庶幾軻母，敬姜之倫。維是綸恩，旦夕被矣。云胡彼蒼，遽奪其紀？母德既邵，有後實繁。徽音則沫，不朽者存。維某猥以絲蘿，托附喬木。方藉休嘉，痛兹不禄。我聞有命，先遠屆期。敬將芻醴，用抒我私。於乎！尚享！

校勘記

〔一〕“息”，據明殘本當作“昔”。

〔二〕“恍”，明刻本亦作“恍”，疑作“祝”。

〔三〕“訢”，據明殘本當作“訴”。

〔四〕“籍”，明殘本亦作“籍”，據文意疑作“藉”。

〔五〕“籍”，據明殘本當作“藉”。

〔六〕“訢”，據明殘本當作“訴”。

〔七〕“貌”，據明殘本當作“藐”。

龍塢集卷之二十四

祭文類

小祥祭先君文

父逝幾時，宛及小祥。泣血長號，酬此椒漿。我行其庭，如聞其聲。求之莫得，我何以生？我行其處，如聞其語。視而莫見，我心痛楚。嗟嗟我父，今何往耶？有子煢煢，將何仰邪？尚享！

大祥祭先君文

自父違養，歲月再周。號天叩地，心摧氣遒。有時而忘，謂父在堂。十呼莫應，我心如狂。有時而夢，宛如其生。覺莫我睹，如刺我膺。嗚呼！兒今果失父耶？嗚呼！父今果棄兒耶？茫茫萬古恨曷已耶？悠悠九泉見何期耶？尚享！

蜡日爲素庵府君禫祭文

維考棄孤，昏冥超忽。已逾大祥，奄及間月。爰成禫薦，涓維嘉平。遺孤忉絶，念不欲生。析薪罔荷，承堂弗構。痛哉傷哉，昊天靡穀。有淆在俎，有酒在觥。庶其來格，綏我思成。尚享！

考祠落成安神告文

維神生雖布韋，心存濟世。好義勇爲，不假于勢。汾流洶洶，涉者興嗟。考曰子濟，將如此何？稽古哲言，人溺猶己。曰橋曰玆，維父維子。已乃賚志，徽音若聞。析薪弗荷，子内如焚。乃築寢宫，在汾之畔。維神永依，橋功幽贊。莫上莫下，罔北罔南。精英萃止，樂哉且湛。吉蠲陳詞，神其我格。歲時瓣香，庶幾無射。伏惟尚享！

祭朱耆賓成藝

惟靈惇謹禔身，褒然義俠。人所共推，郭解原涉。今其已矣，云胡弗傷？既懷其人，而過其鄉。其物俱在，其人則亡。嗚呼痛哉，杳乎茫茫。尚享！

鄉薦祭高曾祖文

於惟高祖，肯構是先。艱難胥宇，瓜瓞之綿。于惟曾祖，朝營夕作。敷菑惟勤，載遲其獲。我祖承之，慶源斯長。忠信是茂，孚于有鄉。樹德既滋，惟天陰騭。薄發于身，子孫逢吉。及于我父，不肖是生。器局凡猥，質匪高明。既曰有知，强服師訓。惟日孜孜，百千自奮。今躋弱冠，賓興届期。驪黄之外，幸莫我遺。登是賢科，敢云自致？覆露有初，實覃厥賜。辰會龍虒，精禋是將。牲升于俎，酒則在觴。虔告陳辭，惟神其右。庶無怨恫，永綏我右。

祭先瓏[一]文

維我後人，荷蒙先澤。覆露于玆，曷敢攸斁。春雨既濡，怵焉愴劇。用是埽除，浄寧玄宅。瓣香斗酒，麥飯豚牲。以修歲事，載竭禋精。庶幾冥莫，鑒乃衷誠。永庇爾後，益蹶厥生。伏惟尚享！

祭婦任氏

念子逝兮，倏夏而冬。哀我獨兮，涕泗沾胸。子適我家，弗彌三載。終始小心，又何罪悔？我有父母，惟子克諧。我有兄姊，惟子弗乖。子事我何，無違爾順。行有箴規，言必忠藎。子生富室，及我寡營。匪怒伊教，用玉汝成。我事儒修，子服中範。内政不嘩，外政不貶。謂子有後，一女而殤。謂子有壽，二紀而亡。自古迄今，云誰不死？子年幾何，而遽罹此？嗟嗟我妻，惟命何尤。如靈不昧，尚瞑于幽。

祭三姊文

嗚呼三姊！亡邪存邪？夢邪真邪？前臘二十一日，弟自城來候我長兄，值兄移疾東王，與姊邂逅外闔，款曲數語，念兄脚疾未瘳，責弟久滯城市，辭若迫切。彼時日就暝矣，弟馳東王，姊還其家。然而視姊精壯倍常，固無恙也。迨今新正，弟擬迎姊到城，控傯未閒。延至上元，俟甥棟來相約，棟竟不來。越十七日次明，家童趨報三姊訃音至矣。驚聞慟倒，幾絶復蘇。嗚呼三姊！亡邪存邪？夢邪真邪？前日闔門數語詎意爲永訣邪？奔赴靈榻，男甥哭左，女甥哭右，公姑哀哀，實裂我腸。賢孝如姊，亦不永年。冥冥天道，伊何説者？先君男二女四，時節宴會，笑語滿堂。前丁卯春長姊先逝，迨其冬先君長往。已痛骨肉仳離矣，不謂三姊遽亦違背。人生幾何，興言隕絶。冥冥天道，伊何説者？維姊屬纊之時，未獲手含，大殮之際，不及整幅，弟亦難堪此情矣。果食牲品，楮金瓣香，遠遣小奠，姊其來享。嗚呼我姊！亡邪存邪？夢邪真邪？

又祭三姊文

惟靈幼服内規，長配賢族。舅姑稱孝，妯娌稱睦。曰相夫子，代終有成。和熊教嗣，克振厥聲。宜享修齡，五十而究。孰謂仁者，必得其壽？男半有室，女半有家。其諸未畢，賫恨無涯。尸命在天，疇延疇促。安之而已，又何云告？矧維有子，而又抱孫。身雖朽止，不朽者存。明發徂征，言歸后土。我奠既將，我涕如雨。哀哀骨肉，成仳離矣。百千萬載，無見期矣。嗚呼我姊，庶來顧矣。冥寞有知，勿我吐矣。尚享！

亡妻梁氏小斂祭文

妻也奈何，今長徂矣！傷哉慟乎，天喪予矣。汝有愛女，號不欲生，我腸則斷，奄忽殆傾。今日何日，殮形就木。倘其庶幾，七日來復。嗚呼尚享！

終七祭亡妻

惟靈淑德敦和，宜家上下。左右于我，以至成名。三十年來，爰如一日。方圖偕老，溘焉淪亡。日月不居，已臨七七。思惟相與，終始大誼。此心摧裂，良不可堪。一酬几前，倘有來格。於乎尚享！

祭亡室梁孺人文

維萬曆十四年歲次丙戌正月丙申朔越十日乙巳，夫王　謹以剛鬣柔毛庶品之儀致祭于亡妻孺人梁氏之靈曰：嗚呼！痛妻之亡，音饗未沫。日月流邁，奄及周星。追惟奉帚，椎布之勤。悲纏心膂，曷日忘之。孑然者身，當此西夕。往者休矣，我勞如何？敬舉一觴，酬兹泉户。長號而已，靈其鑒之。

祭高曾祖考妣文

維靈樹德百年，澤流重裔。肆及不肖，實享慶餘。頃被朝恩，列官郎署。奉使西土，便道過家。輒因拜掃之期，聊申展墓之敬。庶其顧我，曖然居歆。不昧者靈，永垂覆露。伏惟尚享！

祭考妣文

哀哉父母，誕育不肖。恩斯勤斯，日企有成。蚤及弱冠，計偕公車。曾是未録，父已捐舍。以迄中年，甫就一第。母復違養，寸禄未沾。言念劬勞，罔極□抱。荷兹燕翼，叨命天朝。列官郎署，奉使西土。便道過家拜掃，維時敬行展墓。庶幾地下，永慰其心。陰騭眇躬，罔俾顛越。伏惟尚享！

祭亡室任孺人文

維室弱齡，來執箕帚。事我父母，庶幾稱孝。曾未三年，奄及淪逝。追念疇昔，曷日忘之。今叨一官，敬來展墓。靈如有在，宜鑒予懷。尚享！

祭亡室梁孺人文

維妻去我，歲逾兩周。我幸備官，奉使西土。過家展墓，悲愴何任？追惟在御，三十年所。毋曰操作，裒成我家。言有箴規，行多贊畫。方之良友，誼實兼斯。今遽永違，失我一臂。矧乃虛薄，新列下僚。疇復惄焉，匡兹不逮。於乎妻乎，有知不乎？冥寞相予，俾無尤乎。尚享！

祭亡室梁孺人文

於乎！自爾去我，奄及三年。哀哀子女，痛如一日。服制有常，實難違越。敬陳祭告，令從吉禮。於乎！自兹以往，爾有神道。四時疏數，冥鷩維宜。傷哉余懷，曷其有極！

校勘記

〔一〕“瓏”，據文意疑當作“壠”。

龍塢集卷之二十五

祭文類

方社祈年文代藩臬

於昭哉神！有物苴立，肇自龍烈。敷下土方咸賴，嘉生靡不嗣秩。豳歌土鼓之章，鑿椉畢禽之典。凡以美報虛禮云乎？迄我天朝，益嚴將事。載在令甲，罔敢墜遺。有若晋疆，邦之屏匽。地則窮阻，勢且邊胡。十萬户委輸，歲猶不足，百千里田作，食每無餘。哀我元元，嘗廑詔旨。日者驕陽作厲，徂暑覃酷。禾稚卒癢，來麰未播。果神道之不類，其守土之不臧？

某等叨此分憂，奉職無狀。爲民請命，影響幾靈。倘觸石以興雲，將崇朝而如注。即未如于今日，尚有裨于來茲。殺鄗謂何，焚尫徒爾。敬修歲事，神其右之。

二段先生祠落成安主祭文

惟二先生氣稟山川之秀，生當金元之朝，既聯登于甲第，遂大振乎風騷。乃守道以甘窮，恒進難而退易。學已富乎五車，詩實兼乎三昧。伯子削岳，仲子環瀛。有德有行，難弟難兄。時方淫哇，倐聞大雅。嚼羽含商，調高和寡。人隨代往，名并日新。豈期异世，澤過後昆。我來守土，景仰幽德。瞻拜荒蓁，喟焉慨惻。不忍叔敖之子行見負薪，詎使商容之閭過者罔式。聊成卜築，小構新祠。瓣香有所，神爽有依。兼俾宗裔灑掃時儼，庶幾九京而無遺憾。尚享！

禱雨文

惟神精凝水德，宅此坎方。能興膏澤，以輔穹蒼。雷鼓電旌，雲車風馬。德普群生，功垂函夏。懷兹洪惠，用建崇祠。歲時享獻，莫敢廢遺。惟神最靈，誠感誠應。或爽厥施，民靡有定。旱魃爲虐，自夏而秋。嘉禾就槁，赤野生愁。下民之辜，甘爲殍餓。無奈官租，將如國課。維兹一雨，公私攸圖。霈然如注，反枯爲蘇。曾不崇朝，奄及九有。用答神休，則曷敢後。

構汾河橋成祭文

隆慶元年十月朔日，舉人王　謹以柔毛庶品致祭汾水之神曰：維神生于天一，設爲地險。信彼中流，環我晋疆。神莫神焉者也。寒令堅冰，難通舟楫。爰成結構，用濟褰裳。惟願兹往，翕由順性，波汜不興，庶免病涉，永利攸行，惟神聽之。尚享！

第二次祭橋文

維隆慶二年歲次戊辰陽月朔日，孤子王　謹具柔毛庶品之儀，昭告于汾水之神曰：惟神發源晋陽，乃徑高梁。滋生群品，澤潤一方。波流浩蕩，勢阻褰裳。況值冬王，冰凝履霜。臨渡咨慨，于焉徬徨。聿予先考，睹兹惻傷。捐資結構，虹橋訖張。迨予不穀，嗣爲典常。仰憑靈祐，翕順呈祥。爰俾登濟，捷于舟航。民胥欣悦，載歌載揚。篤申微悃，居歆是康。

第三次祭橋文

維隆慶三年歲次己巳冬十月辛丑朔，越二十四日甲子，舉人王　謹以柔毛庶品之儀，昭告于汾水之神曰：于惟橋梁，乃我先君志事所存，不肖黽勉繼迷〔一〕于今，蓋已三年。惟神翕由效順，祐護奠安，永利攸行，致無覆泛。荷兹功德，其焉敢忘？敬伸微忱，仰答靈造，伏惟降格。

祀土文

維神司貞厚載，德配坤靈。主王四季之中，奠位八方之表。頃營新宅，三載于兹。畚鍤錐钁，不無觸犯。涓設清醮，仰答洪慈。祓滌宿愆，更延新祉。自此移居之後，常蒙幽贊之休。氣序安和，家門康太。神其職志，我是用謀。尚享！

校勘記

〔一〕“迷”，據明殘本當作“述”。

龍塢集卷之二十六

啓類

代賀辛中丞冬至

伏以招摇直子，當三統之肇端；協氣先春，覺一陽之初復。節稱亞歲，慶際迎長。恭惟某官海岳儲精，星雲挺幹，美紹玄馭，胄本武賢。聲早著于華夷，位實兼乎文武。撫黔黎而布時令，獨高羲仲之能；調玉燭以燮陰陽，不假鄒生之術。惠風穆而揚泰，愛日垂以舒和。喜動涵生，休隆薦履。如某分同馬走，迹忝龍攀，方藉燃灰，雅蒙震蟄。望臺階而欲企，將官守之謂何？輒以寸衷，輸之尺素，仰于嚴重，無任悚惶。謹啓。

代請邢侍御過河東

伏以西去輶軒，人望函關之氣；東來馬首，家徯黍谷之春。舞小隊于河干，肅前騶于道左。恭惟某官胤承公旦，業紹子才。執牛耳以狎齊盟，疇當博我；嬰豸冠以登法座，生自觸邪。豈曰鹽策所操，輒勞直指而出。寄九重之耳目，則耻徒埋輪；觀四國之風謡，乃居然攬轡。某等分同下走，官即司有。夙奉謦咳，日嚴刀尺。浥清塵其在�，知税駕乎非遥。庶爾僕班，願言御李。再儆絜令，并藉起居。謹啓。

代請邢侍御游龍門

伏以輶軒出使，四目代以并明；直指行春，群望統乎一覽。

惟大河之建瀉，據全晋之上游，派自天來，功隨禹造。勢成九折，力借五丁。巉岩斧鑿之痕宛其如昨，吞吐雲雷之狀尚迄于今。亦有仙宫，别開日月。居然异界，自結烟霞。樓霄突以抱蟾，檻星垂而斡井。亶域中之絶險，果天下之大觀。恭惟某官氣本川靈，標含岳秀。屹若中流之柱，瀾詎能移；汪然千頃之陂，淆不受濁。曾擊祖生之長楫，慣操傅説之輕舟。况值觀風，于焉探穴。倘再睹負圖之馬，驗疇數其如何？或重逢犯漢之槎，訊支機乎安在？不爾登高作賦，恢弘大夫之才；有如懷美興歌，領略風人之體。吊好奇之馬遷于故里，良亦足多；詢起予之子夏于鄉人，奚而不可？某等品流最下，泂酌實慚。方爾執鞭，偶同撤器，願前驅以戒道，奉後車之清塵。非敢冀頷下之珠，幸一洗塗中之尾。無非事者，盍往觀乎？亟欲褰裳，眷言發藥。謹啓。

代賀劉侍御冬至

伏以彩筆書雲，周曆届三正之始；黄鍾動律，堯蓂當二莢之飛。長至初逢，太來有漸。恭惟某官神凝蓮岳，胄藉御龍。柱下先聲，關西獨步。旁赤輪以扶軌，挺白簡以凌霜。正色南床，方埋文紀之轂；直繩北闕，共戟次鄉之章。詎徒爾以察官邪，方儼然而持國是。矧兹行部，值陰谷其回陽；屬在觀風，覺寒灰乎乍暖。履隨道長，慶與時諧。如某濫守一官，叨依巨庇。指臺星而翹佇，知和燮之有期。企綉斧以趦趄，奈起居之無自。素緘三閱，恐達殷生之函；紫氣重瞻，聊供尹喜之牘。言觀庶幾，悸越謂何。謹啓。

代賀余詹事考績

伏以文昌貳職，卓冠百僚。望苑兼曹，夙稱三善。既并成乎休烈，宜覃被以隆恩。恭惟某官錫夢自天，降精惟岳。承郇公之家學，鬱起聲華；紹正道之科名，巍登甲第。業已綜于虎觀，望常重乎鸞坡。遂以全才，惣之二柄。端居宫尹，舉世稱謝琰之光榮；協佐天卿，當寧美孝基之鑒賞。勞多已試，寵溢非常。奕葉叠紫誥之頒，過庭補皂衣之列。信調元乎有在，知爰立其非遥。如某分藉仞墻，光叨鄰壁。幸其憏千五百年之莫再，居然當二十四考之方初。厦賀空勤，聳星瞻于斗北；摳衣無自，奈株守于河東。奚以爲懷，願言奏記。所將不腆，庶其俞存。謹啓。

代賀梁尚書壽啓

竊惟岳降維申，挺作王人之輔；璜符在吕，誕膺帝者之師。揆皇覽之嘉辰，當秦正之首歲。恭惟某官圖先負馬，道佐有熊。世守一經，本高堂之絶學；家傳七序，繼叔敬之休聲。早翥鳳儀，遂成虎拜。大抱縱禽之略，弘抒匡合之才。銘勒醫閭，罷擊刁于遼左；館開碣石，撤乘障于幕南。人益具瞻，帝隆簡在。位以常伯，陟之縉雲。豈曰問陳肆宣尼之俎豆，毋然克詰張祈父之牙爪。自有神明，綏以百福。咸曰君子，宜其萬年。如某洛下小生，周南遺竪。分同牛走，志愧雄飛。受秋篤于尹儒，豈忘夢寐；原庾斯于鄭濯，溯有源淵。幾掃舍人之門，曾效互卿之步。矧懸弧之届旦，將善祝其謂何？猥守一麾，欲摳衣而不可；空懷八座，竟縮地之無由。輒陳里革之詞，用伫郭公之考。所將不腆，涉于瀆尊。仰冀俞存，曷勝悸越。謹啓。

代賀江陵張相公正啓

伏以北斗回春，當元正之届序；東皇應律，值亨履之肇端。况屬載賡，有如交太。恭惟某官三朝顧命，一德阿衡。宣燮陰陽，咸受歲成之賜；調和鼎鼐，特稱帝賚之功。翕納百嘉，覃宜五始，神明叶贊，品庶流歡。如某迹忝及門，光分餘壁。藩條是守，難登兩兩之階；厦賀空懷，曷既穰穰之祝。瀆尊兢惕，長跪伏慚。不腆是將，覬惟麾頓。謹啓。

代賀申相公正啓

伏以軒律風柔，嘉陽春之布德；羲輪馭緩，喜庶品之流輝。人咏泰階，天回斗杓。恭惟某官望降元聖，術濟中興。佛乃存肩，示一人以顯德；坐而論道，鼓四海于太和。凡在涵生，皆成曲造。如某猥以譾末，塊守西陲。際此綦隆，瞻言東閣。雖尺天之在望，奈縮地其無由。敬布微忱，僭干典記。所將不腆，丐覬俞存。謹啓。

代賀吏部尚書王公正啓

伏承陽已登三，信太階之有漸；風還吹萬，覺流品之無私。共慶履端，覃膺滋至。恭惟某官氣當間值，天爲時生。德本阿衡，望隆簡在。冢宰冠百僚之上，文昌居八座之尊。孝先獨以公方，頓回末俗；浚仲同其簡要，何有滯才。允副岩瞻，伫叶鼎和。如某昔忝郎吏，叨屬版曹。得從事于署中，同撤器于堂下。亟蒙卵翼，曲藉齒牙。丹寸空懷，竟披誠而莫報；青規幸届，輙感分以思投。將于幣先，倘其目攝。有干嚴重，少罄捐縻。謹啓。

代賀翰林學士陳公啓

伏以麟閣代言，久注私人之視；鳳池起草，獨高内相之稱。果得人以爲難，豈非賢而可據。望歸日下，寵自天來。恭惟某官承祚先聲，彭年家學。早從射策，遂擅登瀛。聞博倚相而更雄，才奇馬遷而兼麗。雖久與侍從之列，猶未專綸綍之司。頃以冰銜，總之玉署。春秋載筆，行看魯國之文章；涣汗摛詞，不齒漢家之爾雅。于焉彌縫碧落，豈無煉石之方。因而論次青編，允副藏山之事。將姬公之流也，郁我周文；如沮誦其人乎，光彼熊業。如某海邦下駟，草澤餘雛。本以腹背之毛，偶拔驪黄之外。感鑄顔之有舊，懷報孔之無因。忽承超遷，益深踴躍。蓬山阻水，即遥望乎三千；鈴院接天，願歸誠于尺五。所將不腆，輒附燕私。豈以爲恭，庶塵鴻灼。謹啓。

代賀御史大夫吴公正啓

伏以斗回天上，偕執法以揚和；春到人間，即近郊而先泰。福隨景介，道并時亨。恭惟某官胄紹仲雍，賢方季札。本爲時出，自結主知。頃緣副相之尊，作國屏匽；輒假中臺之節，開府薊丘。尹吉兼才，自足經文而緯武；灌壇多術，奚難偃革以銷金。幸際熙隆，騎罷甘泉之候；欣逢升運，烟沉細柳之烽。人快袞衣，士矜黼藻。知賜環于不日，伫曳履以當辰。如某曾事執鞭，叨分乘障。感鄰光之自昔，懷厦賀以于今。官守謂何，門墻伊阻。率然奏記，曷勝兢惶。謹啓。

代賀江陵張相公十二年考滿加太傅啓

伏以保兹錫命，端有寄于師臣；啓乃論功，得無嘉于哲后。業光負馬，恩賁懸烏。恭惟某官道佐中興，望隆絶席。叶九重之夢卜，當四海之岩瞻。補天功大于彌綸，獨膺簡注；扶日忠精于左右，自結主知。由爰立以逮兹，甫匝一星之紀；乃告成而作考，再超三少之階。于甘盤學也其能忘，即姬旦傅焉而斯在。澤流涣汗，皂衣竟補于符臺；音吐如絲，紫閣永歸于鏤鼎。儼然交太，翕爾同歡。如某稷下小生，互鄉晚進。叨趨墻仞，屢借齒牙。雖濫竽直指之間，愬鼓鑄曲成之内。矧聞懋典，適限觀風。輒有片懷，何緣縮地？欲假葛開之奏牘，恐達殷浩之空函。將賡載以興歌，詎贊言而乏詞。服周聃五千于柱史，副記丹青；俟郭令三八于中書，署連圖册。實無任于在藻，幸庶幾其鑒芹。謹啓。

代賀江陵張相公十五年考滿加太傅啓

伏以天工久代，業已亮于三朝；帝寵洊加，恩遂隆于一德。榮施絶等，遇際非常。恭惟某官顧命師臣，受遺元老。坐而論道，早膺爰立之求；啓乃沃心，懋著其凝之績。十五年而報政，居然仰成；三八考于中書，且也有待。赤舄更班于傅位，還同姬旦之尊；皂衣竟補于符臺，豈假觸龍之請？驟聞盛事，百爾忭歡。如某迹忝登龍，情深賀燕。企瞻東閣，雖倍切于摳衣；叨寄西垂，即無因而縮地。顧言奏記，方懼瀆尊，冀以臺光，俯而鑒照。謹啓。

代賀江陵相公正啓

春滿蒼郊，見太平之有象；日遲黄閣，知調燮之得人。慶際三陽，嘉膺百祉。恭惟某官蔚稱咸德，光弼中興。酌元氣以敷和，暖生陰谷；佐洪鈞以贊化，甲復苦荄。克叶魚水之歡，共成地天之泰。凡托埏填，俱切祝厘。如某尺蠖微生，走牛末分。久違翹館，方懷結于蓬心；悵望臺階，聊歸誠于梅鼎。仰誠嚴重，曷勝悚惶。謹啓。

邀邢侍御游龍祠啓

伏以館列九仙，儼湫龍之在宅；賢分八彦，快驄馬以行春。惟是襄陵，爰有神瀵。可一游而得豫，矧數里其非遥。恭惟某官池鳳揚苞，渚鴻振藻。文稱濯錦，才自濟用。早得雋于澤宫，遂觸邪于灘序。方兹行部，所係觀風。灞祓之仁于臨流而可寄，澄清之志一攬轡而斯存。魚吹細浪以窺人，鳥送好音而懷我。倘其褰裳而往，遠宗探穴之奇；或然依咏而歸，高紹浴沂之迹。某等幸然波及，願奉塵餘。已戒前騶，敢分末席？苟半咳之見諾，即一勺其爲多。實涉僭干，冀恕狂簡。謹啓。

邀邢侍御游霍岳啓

伏以志在五游，信偉人之高致；歌存四仰，諒君子之同然。維是霍峰，巋然晋鎮。振孤標而拔地，凌遠勢以插天。瓊室璇房，鬱隱神仙之宅；玉書金簡，深藏軒後之圖。客來姑射以逡巡，奴視太行而奔走。誠萬靈之奥所，爲八表之雄觀。恭惟某官節概挺然，杰出太山之上；風操卓爾，平登華嶨之巔。埋輪方自于都亭，問俗會臨乎岳麓。于焉作賦，知無愧于大夫；聊以適情，更何妨于仁者。因而層臺鼓掌，效李白之狂歌；倘乎千仞振衣，陋韓文之痛哭。庶成奇事，不負勝游。某等望謝朝隮，才慚膚谷。景高山而在仰，肅岩石以具瞻。方屬執鞭，願隨撤器。覬無嚴郤，少慰鄙悰。謹啓。

再邀游龍祠啓

伏以孰爲夫子，能忘川上之言？我思古人，尚有濠梁之樂。惟兹陵邑，爰有龍祠。玉色一泓，含遠天而澄碧；犀文千頃，射朝日以明霞。鼓來鼉窟其如聞，瑟借湘靈而若奏。于焉一游，得豫無論見笑于大方，因之三匝，何嫌差足嗣聲乎小海。詎云無事，况屬行春。同前

代邀邢侍御

伏以先驅玉璧，驟傳驄馬行春；拍手銅鞮，共喜鷺車隨雨。恭惟門下嵬標間世，正色當朝。挺霜簡于螭頭，寒生殿陛；望惠

文于柱後，氣奪奸諛。居然七貴之崇班，奉使三河而問俗。有如不佞，爰屬私人。燕市舊游，曾分末席。金門下采，幸侍清塵。今而跧迹田間，托孺文二天之庇；即欲披荆林下，傾平原十日之歡。分涉上援，情由中迫。輒不自揆，仰冀惠然。謹啓。

江陵張相國壽啓

伏以申生維岳，時當夏五之交；弼賚自天，世切臺三之仰。人神協贊，朝野歡騰。恭惟某官間氣所鍾，應期而出。蚤膺爰立，久屬具瞻。佐一人于有道之長，躋四海以太平之樂。齒方將而未艾，詎歲星游漢之辰乎；國永藉以同休，嚴公旦在周之日也。不佞掃門伊昔，望平津之客以空慚；守兔于今，效史克之歌而莫致。所有瓣香，比之戎菽。心如旌以馳祝，言豈物而能喻?謹啓。

賀蒲坂張相國首政啓代宋副使

伏以坐而論道，方久列于鉉司；畀以阿衡，實新膺于簡命。百僚喜競，萬姓歡呼。恭惟某官授履先聲，鳴珂舊族。早當爰立，已符維象之求；遂爾亮工，不負于田之卜。是誠天下之大老，奚直國人皆曰賢。試再賡虞氏之歌，足紹千古；願繼上王褒之頌，亦自一時。某往奉光塵，夙蒙咳唾。效翼趨于梅鼎，情同依藻之皃；得磬折于槐階，私寄在堂之燕。謹啓。

賀余相國初入政府代宋副使

伏以運值中興，方急弼諧之任；時需咸德，聿膺啓沃之求。有識騰歡，含生交暢。恭惟某官閣黿負异，井劍開祥。人望久歸，政途驟履。協九重之夢卜，副四海之具瞻。同聲以咏，太階立可待也，舉在而歌，有道行當見之。如某才謝四科，迹依數仞。感方同于鼇戴，賀實亟于燕私。敬此摳衣，猥陳記室。謹啓。

賀張相國入政府代

伏以帝有師臣，天下仰拱成之化；人稱元聖，日邊收坐論之功。矧若泰交，居然喜起。恭惟某官圖膺負馬，道佐右熊。家本鳴珂，符同受履。荷九重之簡在，當四海之具瞻。齊和傅説之羹，均鹽梅于五鼎；組綴仲山之衮，覃服被乎八荒。本咸德而叶贊重華，際熙朝而休揚濟美。鄉書解額，高標赤幟于長君；宫衛嚴司，更補皂衣于群從。榮光三世，競爽一門。追稷契之奇勛，即今其輩紹章。平之徽烈，屬後有人。某爵里晚流，龍門舊隸。歸耕谷口，迹雖遠于臺階；側望平津，心實隨乎斗杓。八行雲布，難裁頌祝之私；一介星馳，不盡起居之願。謹啓。

奉張相國啓代

伏以坐而論道，共推帝者之師臣；輔以迓衡，無如天下之大老。凡居流品，即在甄陶。恭惟某官身聳具瞻，位隆絶席。于川鼓檝，自鼎和羹。一德無愧于古人，太平又歌于今日。舉四海欣欣以相告，奚獨爾乎？在三朝斷斷兮無他，何如公也！儼化成之所被，合蠢動以含生。如某分藉門墻，恩同卵翼。緬燕南以跂，弘閣間者缺焉；依斗北而望，臺階懷如結矣。僭通詷問，曲冀庇存。更乞餘光，頻回末照。謹啓。

送内閣録啓代

伏以庭堅弼舜，藹龍步于四門；姬旦登周，歌《兔罝》于九野。豈譽髦之自爾，信鼓鑄之由然。恭惟某官道佐有能，圖膺負馬。兩朝顧命，一代宗臣。尹衡之知覺，先民咸存一德；夫子之文章，表世蔚起四科。肆當籲俊之期，謬屬獻賢之寄。矧兹全晋，且也奥區。地本唐虞之故都，家傳稷契之遺俗。南畝非無冀缺，西河再見卜商。十二策以干時，夫有仲淹之略；千萬言以著往，人好太史之奇。誦丘索而及《祈招》，孰非能者；薄風騷以還《大雅》，彼自多焉。猥取其良，即牝牡驪黄而罔計；試長于用，乃枲麻菅蒯以何遺。但某學謝高明，才慚巨識。雖足詰一聞于童子，幾能發十難于買臣？敢曰得人，庶不虚舉。行將隨計吏以對奉常，先此録成書而上通閣。效知則已，匪任是憂。謹啓。

張相公啓

伏以宣燮陰陽，疇畀歲成之賜；調和鼎鼐，獨歸帝賚之功。况屬載賡，有如交泰。恭惟某官望隆元聖，術濟中興。佛乃仔肩，示一人以顯德；坐而論道，鼓四海于太和。品庶流歡，神明叶贊。某厠迹門墻，桃李僅同半萼；托身鼓鑄，鴻基獨愧雙鈎。誼重在三，恩深吹萬。顧一麾而出守，難登兩兩之階；望重閣以傾懷，莫既穰穰之祝。瀆尊兢惕，長跪伏慚。不腆是將，覬惟俞納。謹啓。

家大人素庵翁徵鄉賓謝有司啓

禮尊邵德，聯鳩杖于縉紳；庠養高年，列龍鍾于俎豆。感慚父子，榮重鄉邦。詎祺吉之宜然，見神君之殊舉。涓惟陽復九日，莢易三蓂。淑氣方新，朝天幸邇。滌觴布几，少紓寸草之私；命駕臨門，愈激百朋之喜。

請邢太守啓

五馬行春，散陽和于大地；一麾税駕，沛雨露于千家。澤庇二天，光逾十日。某等識荆在昔，仰斗自今。辰維諏于念三，忱用抒乎萬一。擬下賓墀之拜，先陳記室之恭。

謝孫明府預送袍笏金花啓

分明夢裏，睹宫闕之九重；宛若醉中，披雲霞之五色。預傳臚唱，宫蜍喜氣藹青春；先導迎歸，韶樂歡聲喧紫禁。着羅藍而身飛特地，簪金翠而首戴如天。他時爲陸贄之生，此日兆王曾之第。事三如一，寧所自之敢忘；倍十爲千，當重習之是競。居然造我，還同草木含暉，即爾摳衣，聊望階塵頓謝！

奉邢太守五十壽啓時丙寅十月十六日

青女嚴司，秦紀屬新正之始；玄英佳候，堯階見一葉之飛。節届下元，慶逢初度。申生維岳，傅賚自天。凡既叨于庇庥，舉自深乎忭賀。恭惟台下簪纓奕世，詩禮承家。間氣鍾靈，五百年而名世；元精應命，八千歲以爲春。秘閣絲綸，尚見螭墀之舊草；戟門節鉞，重分虎竹之新符。閭閻動五褲之歌，田野詫雙岐之瑞。民懷父母，方欣顧復之恩；國有循良，不負蕃宣之托。于兹月陽敷煦，而值壽域洪開。既加孔子學易之年，况是伯玉無非之日。振鳳毛以繼美，暫駐皂蓋于藩封；補龍衮以收功，猶爲黑頭之宰相。壯心耿乎未老，鼎福萃而方來。某等戴有二天，感同日月。既栖棠蔭，分宜躬造于賓階；願祝松齡，理合少伸于主席。奈爾觸厲，殊未可風。不度昌辰，莫遂奉觴之拜；空馳望歲，聊陳獻頌之言。輒有菲儀，具諸列楮。尚垂矜鑒，并丐撝存。謹啓。

石翁小啓

神嵩紀度，星昴臨祥。計上巳之佳辰，尚餘十日；接丹臺之寶籙，敬捧一觴。某分屬半子之間，誠切千金之祝。春風座上，敢論冰玉之雙清？彩服庭前，共嗅芝蘭之叢馥。聊將不腆，仰冀麾存。懼在瀆尊，深惟原丙。

復馬太史啓

日者苑使尋途，草函存帛。聊信雅和，詎意寵頒。損及四面之風，兼灑千金之翰。某目方眩于按劍，心益愧于報瓊。受而且藏，永以爲好。入關之駕，當計日以撰行；負笈之徯，不旋時而可待。願假蓬山之館，求登弱水之梁。自惟幼學屠龍，竟爾長成夢鹿。怒角詞場之虎，徒奮空拳；涎垂筆海之鰲，莫知投餌。慶新皇之在御，喜多士之逢時。驚人而播一鳴，聲其誰唱？儀世而鼓六翮，羽或我先。倘楊意有遭相如，豈窮于邛理？而常何既遇馬周，不醉于新豐。葉屢射而必穿，玉再懷以求剖。食發醯鷄之重覆，行看溟鳥之高摶。諒點鐵之不難，或守株其可易。欲修副篚，恐累行人。略術一通，信非三上。遥望宫墻之咫尺，空憐河水之東西。無限懷思，臨緘于邑。

附馬太史啓

乃者姚使嗣來，載勤儀翰。兼欲寓目岳勝，因之税駕沙郵。殊承無已之高情，具見不羈之逸思。僕也煢煢在疚，耿耿注瞻。而秦苑春深，乃停雲望杳。徒掃落花之徑，竟閑應門之童。得非草楊子之玄，弗遑命駕；乘王猷之興，不待及門也耶。然聲應既同，則榻終有下。矧神交如故，即蓋可無傾。惟兹期近南宫，政新北闕。久矣文蔚豹變，時哉會際龍飛。行看賡大雅于蓬山，斯足慰知音于蓮社也。外函菲具，附見微忱。雲洞先生久滯荒廬，祇緣多冗。賴其高識，已得新阡。慚無瓊贈之厚將，感切玉來之美意，謝謝不盡。

龍塢集卷之二十七

啓類

延宴張相國啓

伏以國稱元老，敦先進之風流；鄉仰達尊，儼後生之師表。願言擁篲，幾欲御輪。恭惟大師柱盤翁張老年伯，胄本青陽，家傳黄石。佐熊際運，躍馬當圖。生而居陶唐虞夏之邦，夙已抱稷契皋夔之略。比承爰立，受顧命于兩朝；遂爾弼諧，持阿衡以一德。休休城府，二八同升。濟濟門墻，三千錯迹。况屬互鄉之輩，尤爲近聖之居。某等光借鄰垣，榮依珂里。即狂簡而裁，不知所非君子而取焉。有斯幸藉鳳毛，叨陪驥尾。通家有分，文舉之刺可投；别坐無能，袁逢之車倘過。戒于旦日，共獻朋尊。瀆僭謂何，兢惶莫措。謹啓。

邀李武清侯啓

門下世傳堯理，派本唐宗。姬籙當昌，蚤發祥于莘國；殷邦初造，遂符瑞于有娀。戚里光華，鄉邦寵溢。敢籍玳筵之惠，輒申瓊報之私。惟是俞臨，曷勝至願。

邀孫懷寧侯啓

門下家傳勛籍，世著兵符。虎旅千箱，屹鎮山河之重；貂垂七葉，光紹帶礪之盟。茅土榮分，鄉邦寵溢云云。

邀楊錦衣啓

門下家傳文武，世繼公侯。富貴逼人，處道居然。護國勛庸，表閥大年。曾記危樓，鄰壁生光，枌榆藉寵云云。

邀張中書啓

伏以仁賢在里，實表前茅。冠冕通家，益光後進。恭惟門下業承蹻鼎，望出名駒。直丹閣之鵷班，列紫薇之仙署。允矣人間麟角，居然池上鳳毛。行將紹尹陟之聲，伫以待韋平之烈。某等幸叨鄰比，兼辱寵招。輒藉瓊筵，用申李報。覬惟命駕，無任怡歡。

代賀張相國啓

伏以長離哺日，當雛儀具。九苞騕駃嘶風，未汗已覘千里。信家庭之异教，見世類之殊倫。恭惟某官岳降者神，天全以德。道光負扆，慶集承家。展也一門，爰睹是父是子；爽然二慧，真稱難弟難兄。賢方尹陟其何慚，業紹韋平而有待。如某早登墻仞，夙藉鄰光。喜盛美之初傳，覺恒情之頓倍。捫衷有激，良隨依藻之梟；拜賀無從，徒後在堂之燕。瞻言踴躍，無任下情。謹啓。

同門宴謝座主周老師啓

伏以逢衣在列，方群稷下之諸生；翹館初開，盡辟漢家之多士。華其燁如桃李，芬則本自旃檀。卵翼有歸，丘山在仰。恭惟某稱胄承公旦，家紹蓮溪。縱橫久識乎宣光，經緯無慚于道祖。早班青瑣，已聞諤諤之聲；日直黄扉，不奉期期之詔。每避人而焚藁，諫不爲名；既遇主而沃心，忠全輸素。頃緣籲俊，遂任懸衡。丹青飾而木偶成人，金玉相而康瓠作寶。顧盼起風雲之色，吹噓借腹背之毛。有如某等迹忝仞墻，材殊歷塊。思狂見與，殆庶豈然。外驪黄牝牡以幸收，即菅蒯絲麻而并録。有懷明發，恩則激于在三；罔極孔股，分合事之如一。輒于旦月，諏之元辰。敬肆初筵，冀少竟緒言之雅；倘迴嚴駕，庶用伸盍各之私。維是瀆尊，曷勝惶兢。謹啓。

代請張廷尉啓

伏以羸驄霜腕，入樂厩以雲驤；鈍刃土花，出薛門而虹躍。感均大造，幸爾鑄顔。喜侍同朝，願言與點。恭惟某官六經鼓吹，三戟家聲。選辟青錢，譽高白馬。當年出使，止都下而埋輪；此日持平，當橋邊以儆蹕。君子慶得鄰之卜，後生揚在座之風。某等迹忝韓門，身慚李御。向猥收于省棘，今獲耦于公車。蓋戴恩深，欣共百嘉之暢；君親倫等，豈忘一事之誠。敬擬良時月之某日，僭扳嚴駕，恭俟清塵。無任下情，覬惟俞允。謹啓。

賀吕南渠相國壽啓代丙辰諸公作

伏以歲星天上，當五百之昌期；椿樹人間，應三千之大數。誕兹元德，合享遐齡。恭惟某官維岳降神，旋乾□〔一〕世。少年吴下，早譽阿蒙。壯歲周邦，已稱尚父。緬先皇之在宥，首諧爰立之求；迄今上之當陽，再沐問安之寵。東山偃仰，無奈蒼生。北闕綢繆，其如緑野。適尚章而次協洽，齒已并于非熊；計初度以届覽揆，堂竟群乎賀燕。如某等伏思卵翼，仰戴丘山。分實在三，事當如一。溯姬旦風雷之格，雖則有年；依仲尼日月之光，宛其如昨。有懷縮地，願奉几杖以周旋；無計及門，空望宫墻而延佇。謬伸劉紙，軫達殷函。輒有副苴，冀旌遥祝。謹啓。

代何瑞卿請王明府啓

伏以匪怒伊教，常欣在泮之風；不知所裁，竊彼升堂之化。恩實同乎九我，感何啻于二天。恭惟—某官蔭藉三愧，家承獨步。手書數牘，即五經之指南；腹藁單辭，覺千人之俱北。方射金門之策，遽飛葉縣之鳧。桃李樹而春色滿城，弦歌聞而和聲載路。矧如某早蒙與點，遂荷鑄顔。服膺兩端，謬成一第。信陶鎔之有自，豈卵翼之能忘？雖則非人，敢效樊遲之御；幸而顧我，願回夫子之車。冀有成言，庶無愆素。謹啓。

啓同舍

同舍郎寧公秋宇先生卒于官。公操行高潔，方之黔婁。矢節固窮，亞于原憲。命不可測，竟遭冉耕之灾；天實無知，兼同鄧攸之苦。家遺萊婦，居且食貧。客倚蒼頭，喪莫爲主。一函旅櫬，千里孤魂。聞者惻心，譚之酸鼻。矧諸僚長，雅尚周仁。倘慕脱驂之風，資之歸路；詎無結草之報，效于將來。見義必爲，當仁不讓。敬此謟白，願領諾言。謹啓。

代啓嚴公子

伏以世不乏材，必復公侯之始；作而能述，益隆堂構之基。慶篤彌長，澤流伊邇。恭惟某稱宗門華緒，喬木休風。卓爾象賢，舉謂臧孫有後；煢然在疚，咸稱嵇紹不孤。訓佩二南，儼趨庭之孔鯉；孝先百行，同泣血之高柴。日與田蘇乎游，我輩安從萬里？代濟韋平之烈，君家鬱有三槐。兹假鷄炙于先公，輒附魚緘于主器。不忘者舊貌矣，滇雲如結，斯懷托之江芷。謹啓。

代啓馮司勛

伏以依劉令伯，方懷烏鳥之私；去國皋魚，輒遇風木之慟。興言罔極，莫喻終天。恭惟某官浚發臺符，源實開于寶婺；休承鼎蔭，秀獨挺于瑶山。甫在髫而教藉三鄰，方解褐而班升萬笋。居銓衡之妙選，分綜核之劇曹。識會公方，卓爾衣冠之表；清通簡要，瑩然冰鏡之中。頃緣囓背以疏歸，詎謂依門而罷望？睹杯與棬，雖痛結于壺闈；沐葉流根，已光膺乎象翟。矧如大孝，尚俟移忠。某等猥接周行，謬参同舍。蘭襟舊紉，幸臭味之不殊；雲樹暫違，慨音塵之莫嗣。側聞集蓼，彌軫在原。往哭陶嫗難化，雙飛白羽寄哀。郭氏才餘，一束青芻。顧訓禮之有常，貴權情而毋過。冀加溢米，庶慰倜饑。謹啓。

代復督府蹇公啓

伏以北鑰嚴司，當長城之重寄；中朝宿望，膺分閫之殊恩。行方佩以虎符，威以覃于龍朔。匈奴索氣，將士騰歡。恭惟某官异鍾岷峨，精涵臺斗。夙抱縱擒之略，宏負匡合之材。出太原以佐周，資兼文武；搜被廬而謀帥，敦在詩書。日聯八座之班，爲禁中之頗牧；時授四征之律，儼塞上之召方。握晝中權，詐變風雲之色；麾旌太乙，稀聞刁斗之聲。俎上折衝，薊門烽息。目中料敵，遼海波澄。共傳蹇叔，從來算無遺策；可知陳平，自昔計每出奇。暫曳輕裘，旋成于襄之烈；式瞻歸衮，正屬爰立之期。如某腹背冗材，驪黄末品。向分十室，猥托仞墻。幸簪筆于南床，實拔山于東閣。驟傳新命，喜倍常倫。賀厦有私，軒翔而欲同群燕；行人忽枉，絢爛而首及雙魚。益厘錫百之懷，曷喻在三之感。冀披誠于趙日，輒假記于殷函。積耿彌勞，訥言難既。謹啓。

答彭中丞啓

緬惟黔南要服，地本炎郊。徼外荒墟，圖當日表。方會搜以謀帥，幸妙簡之得人。恭仰翁台命世弘猷，匡時偉略。屏藩效績，已流咏于岷峨；制閫疏恩，復建牙于貴竹。雖有未馴之僸俗，合易冠裳；居令已敉之夷風，獲安枕席。經綸就緒，握勝晝于中權；王陛賜環，躋崇班于八座。時徯鼎和，衆切岩瞻。不佞濟忝籍朝常，濫竽郎署。斗筲末器，腹背餘毛。足未遂于登龍，心徒勤于賀燕。瑶函忽枉，載挹謙尊之光；竿牘輒申，頓忘援上之迹。所在感戢，莫既敷陳。無任悚惶，仰冀省鑒。

答李中丞啓

惟公居副相之尊，擁旄蚕國；握中權之重，開府錦官。恩篤兼三，化隆吹萬。猥以新箑，遠貽舊游。九華聯輝，五明競彩。藉之驅除煩暑，何快如之？因以奉揚仁風，有偃而已。不佞自分卑陋，養拙曹郎。詎意一麾，出領劇郡。持將便面，行佩穆如之休；從此趣裝，永惟肆好之雅。空函言謝，矯首馳情。

請吏侍沈蛟老啓

伏以綸閣舊恩，聖主廑來儀之望；銓衡重寄，群僚希曳履之聲。方咫尺以覲天，忽逡巡而返駕。良以白雲遥矚，在狄何堪？幸而烏鳥長鳴，依劉遂請。忠存戀闕，須調鼎于他年；孝慰倚□〔二〕，聊舞斑于兹日。人倫具美，世道攸崇。某等才乖方圓，羽慚腹背。謬當列署，夙托仞墻。惟是摳衣，擬班荆而道故；薄言折俎，藉晝舫以輸衷。既涉凟尊，曷勝惶兢。所冀開美，用副下情。謹啓。

潘尚書啓

伏以元公遜位，方興䨓尾之謡；明主賜環，重受濟川之托。人欣求舊，命荷維新。恭審尊臺運值佐熊，圖當負馬。三朝耆德，需黄閣以論思；八座崇班，晋青宫而作保。暫假東山之卧，散髮晞雲；忽承北闕之書，嚴裝趣霧。豈伊風雷表异，兼之河泊離屯。淮以南人將爲魚，願登息壤；汶以北舟浮于陸，亟借餘波。書副河渠，况前勞之易就；學通《禹貢》，將已事之可尋。玄圭之錫非遥，赤舄之來何暮？如濟分同牛走，材謝鶱飛。賀燕參差，末由掃舍。登龍咫尺，叵奈抱關。企引在兹，望光塵其如挹；先容無藉，慚竽牘之虚勞。兢若躋卑，居然援上。下情無任，仰冀鑒涵。謹啓。

王尚書啓

伏以雲開甲觀，紀聖壽之無疆；曳履明堂，喜天顔之伊邇。玉晨受籙，金鑒當前。恭仰翁臺家本三槐，位登八座。南都重地，暫寄股肱。北斗要樞，實司喉舌。兹者節逢誕聖，于焉躬致厘詞。乘上漢之仙槎，方揚帆于鷺渚。鼓中流之桂楫，遂彌纜于鰲磯。首百辟以趨蹌，有如星拱；舉萬年而遐祝，不盡嵩呼。行沾湛露之榮，端副來儀之望。如濟緬懷垂髮，爵里同升。空悵絶塵，金閨晚籍。平生如昨，見君子之善交；故舊不遺，荷長者之泛愛。惟是綈袍之在念，輒謀藉草以爲歡。禮涉瀆尊，分慚援上。仰丐許諾，無任下情。謹啓。

李中丞啓

伏以建牙雄略，威覃大國之風；握髮披襟，光藉扶桑之日。猥蒙垂汲，甚于投醪。幾欲上援，無然按劍。恭審翁臺將明遠識，山甫差肩。匡合奇謀，夷吾同步。已登岩而小魯，方表海以控齊。向焉杼軸空而盡被二東，發棠不難于再請；今也鷄犬聞而達乎四境，和鼎尤亟于一來。如濟素乏行能，過承禮遇。受廛三晋，曾托蔭于棠郊；于役兩河，復被暄于黍谷。八行忝及，揣分非涯。兼鎼爲多，用情彌泰。官既拘于匏繫，心實迫于旌懸。海鳥無知，誓將銜石。野人不達，謬事薦芹。無任下情，仰于崇照。謹啓。

郝中庵

比辱臺使，遠頒歲貺。造次裁謝，未展鄙私。伏惟淑氣開春，東風啓曉。道隨陽長，福并泰來。不佞方切斗瞻，欲同賀燕。其如匏繫，莫遂登龍。薄有所將，敢曰及物？仰于崇照，無任馳情。

元宵招集小帖

鶉火正中，共擬傳柑之宴；月輪初上，争觀濃李之游。梅萼競而先春，星毬炯乎如晝。太乙祀罷，占歲事之豐隆；紫姑迎來，卜人情之歡洽。對此良宵三五，可無美酒十千？火樹銀花，略爾隨乎時態；銅壺玉漏，矧不禁乎夜行。樂可曠諸，願言觀者。既無他供，故不預期。

答馬丞啓

亟荷虚襟，猥承折簡。願言星駕，乃其夙心。不速客來，難爲倉卒。遂食再宿之諾，而停既駕之驂。方命自裁，負荆莫贖。尚期嗣日，别領玄談。瀛洲妙音，幽蘭佳操，當爲洗耳以傾聽也。此復。

代山西戊午舉進寄座主楊侍御啓

伏以螭首簪毫，綽有岩廊之器；鵷行簉羽，欝爲柱石之資。卷舒不失其宜，出處攸關乎道。足蹐墻仞，思亟斗山。恭惟具官某象緯儲精，山川毓秀。學爲大受，誠命世之弘材；識以多聞，乃蒸民之先覺。子雲宿業，不啻草玄。伯起承家，矧惟清白。霜臺謇諤，睹朝日而鳳鳴；時雨甄陶，聆在陰之子和。味宜調乎傅鼎，志何竞于蠡舟。吴鈎一試而復藏，趙璧乍觀而完返。晋公安緑野之步，朝其若輕；留侯慕赤松之游，國將焉托？蒼生眼底，豈容偃蹇東山；赤舄雲間，會見飛來北闕。中臺彌望，前席久虚。某等負笈相從，深愧韓門弟子；操觚就質，叨陪魯國諸生。桃李藉以分芳，參苓具而罔裨。雖親炙之伊遠，詎私淑之或忘。班謁無階，承風溯響。恭修短剌，用繫遐悰。

上方尚書

惟某風塵末品，天地庸流。間者濫試牛刀，三年而僅一割；叨分羊牧，百里而苦群奔。慮逭責以無由，顧感恩之有自。日幸某官建牙朔北，擁節雲中。當輕裘緩帶之餘，溥吹律回春之惠。念兹單緒，憫及埋沉。纔借齒牙，便生毛羽。遂使應星之列，重沾剖竹之榮。仰戴陶鈞，何啻丘岳。臺階在望，雖有意于摳衣；官守謂何，竟纖趨而却步。輒有不腆，用布芹私。伏冀洪慈，俯爲麾頓。謹啓。

辭肅府啓

不佞某頃藉末役，遂涉大藩。方爾曳裾，旋蒙設醴。幽關洞而四闢，情瀾溢以旁流。對客千巡，王者之風迥别；臨餮三嘆，小人之腹易盈。果鶂鶂之在喉，遂咯咯以據地。雖云伐德，實基傾歡。醉已言歸，禮仍杜舉。計留十日之飲，興且有餘；奈非八公之賢，愧則莫措。啓行諏之明發，良覯冀于它年。何以爲懷，願言保德。謹啓。

李中丞啓

伏承遠使，頒送新書。捧受殊私，曷勝欣躍。榮實偕于吹律，禮豈但于存羊。傾首下風，再兹占謝。

代賀孫選部

伏以官榮藻鑒，實非賢而莫居；人倚玉山，果得才于已試。士歸司命，世仰懸衡。恭惟某官明復望高，孫陽識迥。早搏風而刺漢，遂束髮以登朝。益簡清衷，超居選部。柄四銓之刀尺，不獨毛玠公方；操群品之爐錘，會見阿戎清直。蹊絶李下，雖自昔已然哉；馬牧庭前，將于今而是矣。如某器同康瓠，守濫喬桑。睹除目而稱泰來，遥憶知人之行儉；望亨衢而知道長，端爲啓事之山公。徒有旌摇，緬懷厦賀。曲而照我，冀乃隙光。謹啓。

代賀王太守壽啓

伏以中岳降神，名世之英再出；左弧紀旦，孟秋之莢三開。况屬爲邦，争欣覽揆。恭惟某官夢松生而載腹，承槐蔭以亢家。斗北虚喉舌之司，河東實股肱之郡。俗方還于擊壤，風已襲乎歌童。不負五百里之分封，惟賴二千石之共理。某分同牛走，庇托鴻私。亟于摳衣，願效祝岡之里革；其如守土，難隨撤器之鬷明。敬寓瓣香，願回曲照。輒忘僭易，瀆尊謂何。謹啓。

代上賈侍御壽

伏以攝提紀度，歲始届于三陽；嵩岳降靈，蓂未既乎二莢。

欣初皇之覽揆，敢溯海以增籌。恭惟某官間氣鍾英，五百年而名世；元精翊運，八千歲以爲春。代繩年少之才名，家法長頭之學問。佐一人而司直，柄三尺以爲平。白簡當朝，矧未及知非之日；黑頭入相，云何假學易之年。幸壽域之弘開，屬陽和之大布。壯心耿乎向往，鼎福萃而方來。如某尺寸無階，徒知學劍。昂藏空走，敢意登壇？詩書禮樂之推才，實愧乎郤縠；牝牡驪黄之外選，誤中于方皋。義重在三，緬成我而同生我；事合如一，即摳衣以當舞衣。願言稽首，以祝松齡。何物抱關而違柏座，猥馳一介遥上長生。懷結在心，言不啻口。惟龍顔咫尺，公常沾雨露之恩；則羊角扶摇，我更藉吹嘘之力。仰丐電爍，無任河縈。謹啓。

代上姚給舍啓

伏以大鈞播物，及枯荑以生榮；鳴鳳在朝，引凡禽而振羽。孰非卵翼，須識爐錘。有如某者穎處囊中，足局轅下。方淪末宦，敢意亨途。日幸某官名曰觸邪，生而指佞。職既隆于補衮，量不隘于采葑。偶際行邊，過蒙奬録。遂從百里，得假一麾。詎云腹背之毛，亦借吹嘘之力。深惟踰望，杳不勝情。良篤意于銜環，輒旌懷于束帛。伏增戰灼，仰冀俞存。謹啓。

潘尚書啓

仰惟□膺門才涉，幸浥光塵。□孔御未親，尚違□謦欬。覬同末役，從徹器以求知；倘許啓予，藉班荆而待問。爲諒若虚之度，遂忘援上之非。敬俟下風，願言上書。謹啓。

校勘記

〔一〕“□”，底本漫漶不清，據明殘本當作“輔”。

〔二〕“□”，底本漫漶不清，據明殘本當作“門”。

龍塢集卷之二十八

疏語類

玄武〔一〕募傘蓋疏

竊以神道尚嚴，事之在乎明察；民衷貴順，舉焉矧以中和。緬北斗之玄真，爲南墉之洪庇。歲時共奉，儀無不周。衣冠出游，蓋則有缺。欲效團松結彩，方圖偃荷呈章。所須金刀，請署鉛槧。纔然不吝，便爾儲祥。敢告百凡，敬如疏者。

修禳募緣疏

嘗聞當有道之世，鬼不傷人；在觀德之時，神無乏主。矧際休洽，乃罹凶灾。風染大頭，或一門而具盡；民興訛語，合四境以繹騷。致九重御于怵攸，即三事奚而寧處。凡兹郡邑，各極丹衷。擬開太乙之靈壇，祇叩帝真之元祐。所需伊蒲之供自何而來？願乞刀布之餘從公所畀。事舉旦夕，諾毋二三。謹疏。

真武廟醮疏

恭惟玄天立極，值太古之一初；皇覽錫嘉，當暮春之三日。炳靈下土，仰同斗杓之瞻；敷祉上清，欣其龜蛇之躍。敬修醮禮，企答洪慈。諒非獨力所能，又豈一錢可辦？敬憑短疏，遍謁高閎。涓滴成河，賴一鄉之善士；陽和滿地，結同社之慶緣。倘發肯心，請書後例。事如不吝，福詎可量。

關將軍廟修造疏

大義在人心，無一時其可斁；元精貫天日，即萬古以常存。矧曰幾靈，居如響答。恭惟尊神生當百六，值汾鼎之將沉；誓無二三，挽沛宗于再造。威靈闖竪，奚直孤豚。氣折貉奴，渺然倀鬼。英雄圖略，雖隳九厄之餘；赫濯聲靈，實溥八荒之表。凛生氣而國嚴抱蜀，挹餘風而里起叢祠。惟兹高梁，爰在宸宇。舊有小構，屬邑治之脱甌；新拓崇基，藉宰君之巨鑒。遂緣雅意，遍告同盟。程土物以度工，舉旛在我；諏時日而經始，左袒爲誰。富室捐資，達官首義，方之八石以爲金；良工獻巧，力士輸斤，事豈六州而鑄鐵。匯海惟川乎可冀，移山在衆其何難！棟作飛雲，倘爾栖神有所；民依覆露，庶幾受益無量。既承諾言，請署爵里。

創建南關門閣疏

城有附郭，益嚴百雉之雄；關無重門，何示一方之險？維稷城之南面，據汾水之上游。勢即大觀，地當孔道。詎云伊減，空餘落落人家；謬曰重關，何但寥寥壙野。義以時舉，事在人爲。擬甃皋門，諒一錢其難辦；更崇雲閣，須衆力之可圖。爲兹遍叩高賢，所望共成美績。或金或粟，隨寡隨多。一簣爲山，進矣惟吾往也；百流成海，沛然其孰禦之。僝材僅以一時，告功迄于不日。城頭南望，會看朱雀之飛騰，水面東來，再睹蒼龍之變化。倘承然諾，請署尊銜。

重修關王廟疏

正氣在兩間，萬古還如一日；達人居群表，一言莫吝千金。矧爾有感必通，胡能見義無勇？恭惟大漢關武安王，二儀秉靈，三光挺異。爲劉社稷，作蜀股肱。勇拔千夫，吴魏視而爲虎；威横八極，華夷仰之如龍。義概掀天，忠誠貫日。生識神明之有在，没隆廟食于無窮。國庇民依，類呈顯迹。家尸户祝，遂遍遐區。惟稷邑之西墉，有神栖之故址。歲月久而虹梁半没，風雨深而鴛瓦四飛。革故者誰？鼎新在我。合百川以成海，所賴同心；由一簣而爲山，其如獨力？敬題短疏，遍謁高賢。大手王孫，笑把十千擎出；雄襟義士，欣將百萬擲來。但能一辨肯心，特地黄金如雨注；從教百凡稱願，倚天畫棟似雲飛。人結歡緣，世無難事。資其不吝，福詎可量。

水岩寺修北殿疏

佛居兜率，肇神藴于三靈；化被閻浮，覃弘慈于萬劫。左手斷喜妙國，實開不二法門；右袒坐衹孤園，載示無相真際。不道菩提有樹，直須浄土栽蓮。恭惟姑射禪林，法成福地。南屏少室，北枕五臺。漢武登記于當年，唐宗幸臨于初載。尊當六合，勢控九州。作筏迷津，萃華嚴之海會；乘轅覺路，納芥子于須彌。奈寶座經以歲年，法龕蠹于風雨。頽楹龍偃，墮瓦鴛飛。朅來空憶雙林，漏處誰擎一蓋？青山偶過，白社新從。本事素王，未承黄面。詎期象教托儒教以興隆，端爾聖緣隨世緣而結納。况有頭陀苦行，偏宜檀越同謀。捐火宅之金銀，豈無長者？捨鍾山之宇屋，信有名賢。洞開慳吝之關，大發樂施之藏。衆力不難于舉鼎，涓流自易于成河。人有肯心，世無難事。方輸財而輸力，輒美奂而美輪。粟粒亦多福北，恒沙無數分文。有濟功彌，浩劫常存。起予爲誰，作者乃聖。

水岩寺修南殿疏

毗舍離突起雁堂，安得一切具足？耆闍窟飛來鷲嶺，從教萬法修明。奈有此選佛場，可置作無人境？丈六身少要安頓，大千界合作因緣。舊寶坊前三後三，已成其半；這波演舉一廢一，當圖其全。知赤手移山之難，信黄面摶沙之易。一笠蓋滿佛頂，梁武爲誰？千金布祇孤園，長者即爾。喜遇增上事，須發正等心。但有芥子粒功，定得恒河沙福。如是如是！念哉念哉！

玄帝廟題鐘樓疏

西北天傾，難煉女媧之石；東南月曉，須鳴梟氏之金。頓此乾方，頹成巨壑。因之鼎構，突起靈區。奠玄帝之攸居，儼龜蛇之在列。雖美輪而美奂，未苟合而苟完。欲警晨昏，兑音如何可缺；願與工作，火宅倘或能捐。餘資横釀于崇朝，逸響四達于不日。五城更漏，詎俟霜後聞聲？十里人家，常令夢中發覺。眷兹勝事，仰仗高賢。肯結長緣，請題短疏。

校勘記

〔一〕“武”，原目録作“帝”。

龍塢集卷之二十九

引類

賀楊時茂與計偕引

伏以薇省興賢，載和食苹之賦；棘圍校藝，獨誇敚錦之榮。大鵬擊水以扶摇，孤鶚横秋而揚厲。風馳捷奏，雷動歡聲。恭惟足下壯志昂霄，宏材聳壑。胸藏千古，羅列宿以森芒；口吐萬言，叱三軍而賈勇。淵源宗雅，鏘然金石有聞；奴僕命騷，寂若蟲蛙詘響。關西夫子，原自承家。吴下阿蒙，堪爲刮目。開科值甲子，當元會之更新；入彀試英雄，况文明之際盛。鰲弄筆海，虎攫詞場。黄絹初摛，青錢果中。千尋擢桂，不煩吴斧之特；百步穿楊，豈假養弧之挾。已空群于冀野，知長價于燕臺。入對大庭，更紓雄略。縱横禮樂，行瞻袍笏之光；敷奏天人，應動宫蜍之色。三級浪中峥頭角，霖雨多方百花冠。上露姚黄，春風先到。某也自度疏庸末品，幸親切磋工夫。斷金成一臂之交，知深傾蓋；依玉荷十年之雅，誼出同門。盛事驟聞，常情喜倍。天才非李白，慚授簡以摛詞；地主有王喬，效前驅以走賀。彩旌揚而日光掩映，簫鼓動而霜氣肅清。下里粗陳，高明瀆聽。

賀宋守引

伏以時際亢陽，當六月而不雨；誠通大造，即三日以爲霖。深知倒海之功，大藉回天之力。禾彌舜畝，頌溢堯衢。寅審邦伯宋老大人執事，江左夷吾，斗南仁杰。孕黄山之鼎氣，獨負奇姿；鄰紫陽之門風，早傳正學。持鰲竿以競海若，入杏苑而占花魁。班笋鳴珂，宜接夔龍之步；剖符分竹，暫爲琴鶴之游。露冕行有脚之春，布陽和于四野；褰帷問無告之俗，恤疾苦于千家。煮糜粥以濟調饑，念根惻怛；設桁楊以示薄罰，衷切哀矜。兹當溽暑之時，忽值愆陽之厄。烟生柱础，縱鞭石以何功？火下飈輪，將塗牛而莫驗。聆晨鸛于蟻垤，杲焉日出海陬；候宵畢于星隅，倬彼漢横天外。雲空垂而不雨，苗將槁以就枯。窮巷興嗷，豐年失望。乃軫司牧之慮，親詣龍祠；遂竭再雩之虔，躬行露禱。誠在幽其必貫，感何遠而不孚。頓令魃鬼遭誅，俄遣屏翳受職。馳雲車而走風馬，睹膚寸之初生；喧雷鼓以掣電旌，驚重陰之乍合。不崇朝而如注，竟通夕以若傾。下隰上原，水護田疇俱繞；南疆北遂，波集溝澮皆盈。若在菑若在畬，仆偃重興而漲緑；或我稷或我黍，焦枯一洗而還青。兆嘉夢于維魚，已見豐登之象；協休徵于高廪，將書大有之年。操縱陰陽，人道還通乎天道；嘘吸造化，乃謀遂愜于神謀。幸小人之有依，奄觀銍獲；諒公室之具足，倏睹倉箱。咸嘖嘖以歸恩，舉欣欣而相告。燮理之階伊邇，作霖之望非虚。如某學類揠苗，化慚時雨。叨居屬邑，尚未遂于登龍；竊飲下風，更何由以披霧？膏潤均沾于九里，蚒蠓遠托乎二天。方同涸轍之鱗，乍含蘇而欲動；有如蟠泥之翼，幾試躍而未能。學野史以紀嘉祥，謬應王孫授簡；采童謡以矢美頌，輒依巴里成歌。

贈孫明府引

伏以上天垂象，郎星直燭于三臺；下土騰聲，仙令敷成于百里。觀風動采，偃草同春。喜并雷轟，光兼日賁。寅審某官執事，江東嫡派，關右名門。閉户十年，博極天人之奥，枕流當日，隱成霧豹之文。賦擲地以鳴金，嘯震岩而諧鳳。行居世表，赫陽秋著史之先聲；學爲儒宗，繩英閣説書之祖武。坰野千群閃日，拔駿足而一空；長安多士如雲，望詞鋒而俱伏。大宜調鼎，小試操刀。甫莅治于下車，即還淳于擊壤。謂學校首善之地，千仞而起宫墻；以城池保障之區，連雲而崇雉堞。飾頹壇以供明祀，奏溢賦以蘇疲民。狐狸遁于他方，寧容穴處；鴻雁集于中澤，其宄安居。懷好音而鴞鳥鳳鳴，服令教而蠏匡蠶績。早見孟珠還浦，争傳范甑生塵。政既表于百城，價自增于連璧。席留宣室，况逢特地吹嘘；名在御屏，衹是去天尺五。綸音待次，薦剡初膺。濟首戴二天，身栖千厦。少年學道，未升季路之堂；此日非賢，遽入言游之室。方聆聲于雙檄，輒受簡于六科。子雲壯夫，耻雕蟲之久廢；安石狂斐，覺擁鼻之徒勞。稍理宫商，略抒丹素。

賀孫明府引

伏以雙舃凌曉日，聿膺民社之司；百里散陽春，茂著循良之績。連章而騰華衮，類拔以藉茹茅。清議攸歸，輿情允愜。恭惟某官執事，藝林振藻，學海揚瀾。命世奇才，歲五百而間出；横空長翮，圖九萬以高摶。呦呦鳴鹿食苹，雅奏嘉賓之首選；矯矯化龍駭浪，愧貽多士之厚顔。方涌價于長安，遽承恩于漢闕。光騰晋野，郎星炯乎森芒；節弭河汾，井邑嫣然生色。况屬羲和授時之地，乃居后稷教稼之鄉。蒲蘆之政一行，蟋蟀之風遂變。彈琴自理，治河待于三年；製錦有成，事舉興乎百廢。鼓疲民而歌擊壤，一同如在春臺；返叔世而躋康衢，四境咸歸膏澤。繭絲保障，争高尹鐸之能；撫字催科，不齒陽城之拙。化同君奭，甘棠勿剪于召南；德并僖公，芹茆樂采于魯泮。自負阿衡之鼎，有俟烹調；人瞻傅説之舟，正須登濟。天地無私而普造，桃李不言而成蹊。方措手而盤錯四分，不逾時而旌書三至。轡銜在把，不妨熟路長驅；羽翼既成，況借東風著力。褒德之封可待，司徒之召非遥。凡托鴻私，俱懷燕賀。簇彩旌以揚日，春凝曉樹之霞；列瓊席以對花，樂雜鳴琴之語。用贊盛事，聊供短章。

贈安丞引

伏以男邦貳治，挹贊府之清修；侯服兼資，稱哦松之妙選。保厘胥暢，寮寀同休。恭惟某官執事，海岳殊姿，乾坤間氣。黌宫毓秀，價已溢于登臺；胄監蜚英，名更同于折角。衝濤起筆下，驟成蛟室之珠；列宿羅胸中，幻出天機之錦。材雄上國，望重東山。鵬翮長摶，合班聯于黎館；牛刀小試，暫税駕于花城。佐政一同，位列七司之上；寄銜百里，官仍六職之兼。雖有左鉗右摘之勞，不妨稱雨道晴之諺。超然群尉，逼乎宰君。車甫下而政令一新，星再周而吏民更造。春風座上獨薰，桃李之枝化雨。鐺中遍汛，桑麻之野。摘文星于巽地，陡起魁樓；浥泮水于蘆泉，乍開龍藏。賢聲四播，績增姑岫之高；令譽旁昭，澤并汾流之遠。書已褒于烏府，元屬藻鑒之公；檄更下于都臺，豈假梅花之賦？不數年而登列岳，雙陸之喻何疑？衹即日而視伊間，并瀨之祥可待。濟等帡幪夏屋，瞻仰高山。方佩德于忘言，忽慚懷于授簡。宫商聿謬，空貽春雪之羞；鉛槧就荒，何塞晨羔之請？恭抒短奏，謾拂長綃。

賀王明府引

伏以恩分漢闕，男邦膺百里之符；政被堯封，宰邑協五芝之瑞。旌移柏府，歡動花城。恭惟某官執事，宿學名家，清材濟世。岐山毓秀，式披霧隱之文；雍水鍾靈，已抱星羅之識。青年擢桂，稱麟角于關中；素志排雲，擬鳳毛于池上。合就蘭臺之選，暫爲墨綬之紓。奏言偃之牛刀，終期大用；展士元之驥足，尚有修途。治邑如烹鮮，味實宜于調鼎；郎官應列宿，光已射于中臺。諒製錦以何難，竟垂簾而自化。兼四科之政事，踵武聖門；媲千古之循良，追蹤漢史。三月報政，于今未見其倫；五最論功，自此伫觀其盛。澤沛汾流而并遠，績聯姑岫以增高。流水遇知音，已見觀風引汲；投珠無按劍，還來要路問津。聲徹岩廊，褒同華衮。何假梅花之賦，元屬藻鑒之公。某等瞻仰高山，帡幪夏屋。組章繪句，慚飛白雪。陽春噏雨含商，愧乏錦心綉口。僭當授簡，率爾援毫。

贈王明府引

伏以萬國同風，肇舉衣冠之會；雙鳬戀闕，行依日月之光。景丹陛以星馳，披紫雲而天近。恭惟某官執事，喬門閥閲，大乘文章。嵬然關右長楸，展矣人中翹楚。敷天葩以拔俗，已動奎躔；拾地芥以决科，暫應郎宿。康濟吐胸中事業，經綸運手内乾坤。騰漢驊騮，騁足無非熟路；發硎結緑，揮鋒頓失全牛。化以循良，瑞日照龜龍麟鳳；威而戢暴，秋風肅雕鶚鷹鸇。政甫三年，績興百廢。民懷卵翼，士飲醇醪。方回百里陽春，又浥九天雨露。征袍拂曙，早税駕于金門；邪幅趨朝，更承恩于玉殿。如某素慚學究，久負恩私。道路非以贈劉，祖筵難于借寇。驂鸞控而目矢雲飛，候吏鳴而心旌風竪。壯觀行色，烏得情緘。模頌口碑，居然技癢。

賀寧明府引

伏以承恩魏闕，榮分百里之符；覃化堯封，欣動三臺之望。光同日賁，聲逐風馳。恭惟某官執事，學自成家，材堪濟世。洪河毓秀，式當馬出之期；嵩岳降靈，會際申生之候。鹿鳴聽罷，方涌價于南宫；鳬振翔來，遽裂茅于西土。彈琴試理，製錦俄成。胡待三年，具興百廢。兼四科之政事，即聖門亦稱難。追千古之循良，在漢庭乎何有？萊釜播塵生之咏，花村稀犬吠之聲。賦不督而自完，名高臺察；檄如飛而交下，情愜烝髦。知啓事之非遥，信綸音之在邇。某栖遲雉野，覆庇棠郊。方耽鼓腹之游，猥承授簡之托。狀師生之雅意，詎含宫商；效巴里之餘賡，難倫春雪。

賀王掌教

伏以皋比坐擁，春生絳席之光；鸛鵲銜來，瑞動黄鱣之色。無賢不達，有識同歡。恭惟某官執事，河華鍾英，周秦挺秀。家承雙鯉，蔭藉三槐。誦詩讀書，尚與古人乎友；尊德樂道，宜爲王者之師。初振鐸于鼉叢，四科咸進；再移壇于鼎涘，七教兼陳。桃李爛其盈門，芝蘭馥而繞室。聽點瑟回琴之并美，化柴愚參魯以俱賢。爰若周饑，不待請而與之釜與之庾；相惟作範，如有求而式汝玉式汝金。詎徒安定興學于東南，宛爾横渠爲銘于左右。久矣芳聲之懋著，翕然當道以交章。谷口鶯鳴，知遷喬之在即；陰皋鶴唳，想冲漢之匪遥。某久竊末光，未列韓門。弟子欣聞异數，遽先魯國；諸生方擬摳衣，輒來授簡。先生自此升矣，小子何所述焉。聊供短章，用申僉悃。